国家出版基金项目
NATIONAL PUBLICATION FOUNDATION

吴敏霞等 編著

陜西碑刻文獻萃編

宋金元卷

中華書局

本册目録

431.966　康成此墓誌

説明

北宋乾德四年（966）閏八月刻。誌、蓋均爲砂石質。蓋盝形，誌正方形。蓋邊長57厘米，誌邊長58厘米。蓋文3行，滿行3字，篆書“太原郡」康公墓」誌之銘」”。誌文楷書33行，行字不等。郭貽撰文。蓋四殺飾八卦符號。20世紀90年代後期榆林靖邊縣紅墩界鄉圪坨河大隊華家窪林場爾德井村出土。現存榆林市文物保護研究所。《榆林碑石》《新中國出土墓誌（陝西叁）》著録。

釋文

故大宋國定難軍管内都軍指揮使康公墓志銘并序」

攝定難軍節度館驛巡官郭貽撰」

蓋聞大廈成陰，必藉紅梁之力」；明王建位，須憑上將之功。即見善領師徒，能和部仵。外展縱横之策，内懷慷慨之」誠。致令戎境無虞，王庭大治，不惟遐迩，悉慕威名，乃管内都指揮使康成此之功也」。曾諱山金，皇任洪門鎮使，次任上平關使，兼授北衙都知兵馬使。曾祖母株氏，次曰季氏。祖諱文義，皇」任東城副兵馬使。祖母盧氏。烈考諱爽，任節度押衙。烈妣長任氏，次南氏。公即元爽之令子也。儀」表卓尔，情懷豁然。發言而音似洪鐘，迴視而眼如巖電。爰從丱歲，便有沉機。從於昆季」之間，操持迥異；待向煙塵之下，功業終成。嘗值上府多難，南軍相逼。時府主大王獨」權度旅，外應龜城，甚藉奇人，共平家難。公唯思立事，務在榮身。因生歸附之心，願效」驅馳之節。自後陪隨霜戟，扈從風蹄。無若之不同，有艱危而備歷。被堅執鋭，罔辭深入之勞；破寨」收營，屢奮先登之勇。旋致兇徒自潰，峻壘復完。人民例免於傷殘，疆境再獲於寧静，蓋公之力也」。府主以無事之日，賞有之人。重禄所臨，唯公是首。因差補充定塞都副兵馬。公授寵若驚，臨危不懼。攀鞍躍馬」，每呈驍捷之能；拔劍屠龍，深蘊恢張之志。尋又補充安遠將軍使。既被渥恩，迴殊倫等。亡身爲主，常懷匪石」之心；斬馘争雄，誓著銘山之綾。又補充東城都虞候。晝驚夜巡，潔己而備彰公幹；抑强扶弱，當官而別播」威風。久治繁難，頗多勤恪。尋又補充隨使左都押衙。道光武列，德冠轅門。静乱分憂，爰處爪牙之任」；安人和衆，共傳鉤距之銘。尋又補隨都知兵馬使。名標上將，譽美公衙。寬弘之器益」恭，弼輔之功莫比。規模可法，品秩弥高。尋又補充五州管内都軍指揮使。公累荷殊」榮，顯膺峻級。從微至著，有以見功業之多；自下昇高，有以見官資之義。正分重寄，尤恨」得年。方嗟蒲柳之姿，據染膏肓之疾。良醫莫驗，大限難逃。重泉之路俄歸，逝水之悲空切。即以」康公於乾德四年三月廿八日，寢疾於于私第，享年六十有二。府主大王忽聞傾，莫遏悲傷」。俯念勤勞，仍頒吊贈。以其今年閏八月十三日，歸葬于夏州張繼堡北之禮也。公婚長曰郝氏，次」曰賀氏。德比楙蘭，容方桃李。訓之情恒切，優閑之道垂芳。弟見任衙前將副兵馬使。恭」和稟性，剛猛馳聲。義以先人，唯忠奉主。男長曰延祚，衙隊都副兵馬使。次曰延義、福香、團圓、香」成、香重、香香兒等，皆以幼從庭訓，長有父風。洞知禮樂之規，深曉安危之理。女長曰適氏周家，次曰適氏」李家。公汪洋大度，倜儻宏才。爲聖代之禎□，作明王之手臂。挾弓功堅，有寇皆除」。荷戟揮戈，剪蕩而無妖不散；韜盡妙擒，從如致家國以長安。俾峰疆之不舉，有以見公爲」主道也。勳名已遂，問望弥隆。脩短期固無遺恨。貽叨承眷奬，幸卜歲寒，慚將鄙拙之才，仰敘」英賢之德，蓋不獲已，强而述之，乃爲銘曰」：

家傳福祉，世襲英賢。堂堂人表，落落心田。文兼武立，孝與忠全。恢張志大，輔弼情專。力壯明王」，名標上將。燕頷殊姿，猿臂異相。意義堅剛，誠懷和暢。倜儻宏材，深沉器量。身當矢石，手執鋒鋩」。剪除寇孽，開托封疆。艱難備歷，勳績絡彰。僧加品秩，超越班行。節比松筠，年偃蒲柳。據染延灾」，虛勞針灸。大限俄臨，浮生莫守。貞石須鎸，垂名不朽」。

乾德四年歲次丙寅潤八月壬戌朔十二日癸酉」

按

誌主康成此，《宋史》無傳，生平事迹亦不見于他書。誌所載“嘗值上府多難，南軍相逼。時府主大王獨權度旅，外應龜城”，府主大王，當指李彝超。《舊五代史·世襲傳》載：“（長興四年）夏四月，彝超上言：‘奉詔授延州留後，已迎受恩命，緣三軍百姓擁隔，未放赴任。’明宗遣閤門使蘇繼顔齎詔促之。五月，安從進領軍至城下，彝超不受代，從進駐軍以攻之。”即指此事。誌所載康成此之家族世系、任職情況、生平事迹等，均可補史載之闕。此誌無書者。書寫較隨意，異體字、通假字、碑別字隨處可見，這一方面反映了墓主家庭經濟不太寬裕，同時也反映了宋初經濟較爲凋敝的狀況。

撰者郭貽，《宋史》無傳，生平事迹亦不見于他書。撰此誌時署“攝定難軍節度館驛巡官”。同時期亦撰有《何公墓誌》，署“攝節度掌書記”。

432.973　北宋新修唐太宗廟碑銘

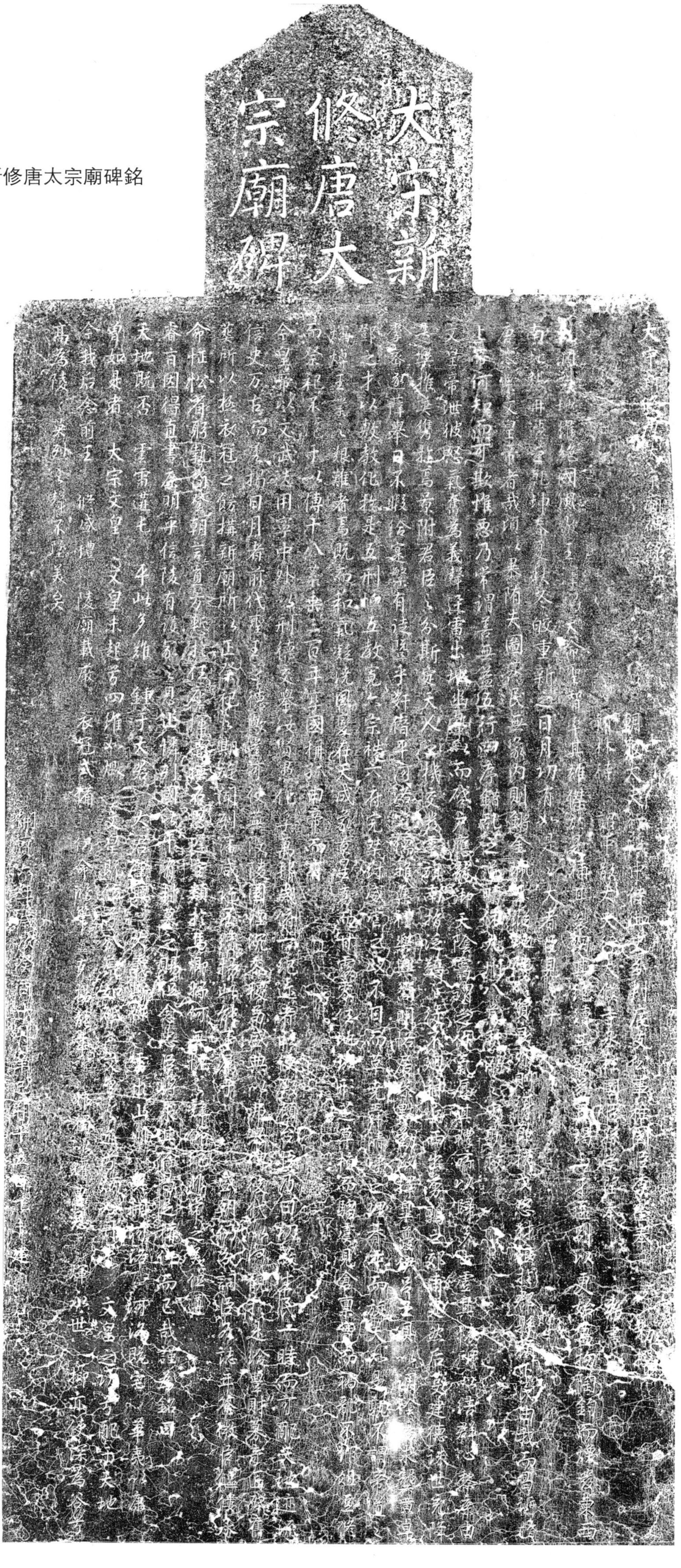

説 明

北宋開寶六年（973）十月刻。碑圭首方座。高292厘米，寬103厘米。碑陽額題3行，滿行3字，楷書“大宋新」修唐太」宗廟碑」”。正文行書23行，滿行50字。李瑩撰文，孫崇望書丹。碑身中部泐蝕較爲嚴重，文字多有漫漶不清。碑陰爲“唐太宗昭陵圖”。碑原存咸陽醴泉縣駿馬鄉舊縣村唐太宗廟遺址，1975年移存昭陵博物館。現存昭陵博物館。《金石萃編》《昭陵碑石》等著録。

釋 文

大宋新修唐太宗廟碑銘并序」

朝散大夫行殿中侍御史分判度支公事柱國臣李瑩奉敕撰」

翰林待詔中散大夫行太僕寺丞柱國臣孫崇望奉敕書」

乾綱裂，地維絶，國風歇，王澤竭。天命聖智，率其雄傑。於是補其裂，紉其絶，續其歇，益其竭。三才區別以更始，萬物陶鈞而焕發。東西」南北，張再造之乾坤；春夏秋冬，皎重新之日月。功有如是之大者，臣見之于」唐太宗文皇帝者哉！頃以暴隋失圖，蒸民無象。内則鏘金珮玉，縱蛇虺於賢良；外則弭節横戈，恣犲狼於郡縣。顧下民由我而曷訴，指」上帝何知而可欺。惟惡乃常，謂善無益。五行四序，錯乱之道疇依；九州八荒，焚溺之灾孰救」。文皇帝泄彼怒氣，奮爲義聲。迅雷出地，幽蟄以而啓户；應龍御天，陰靄謂之作氣。厚其禮，所以歸多士；虚其懷，所以結群心。黎庶由」是樂推，英儁於焉景附。君臣之分斯定，天人之機交發。靈旗南指，泛鷁之徒不迴；神兵西出，剪鶉之郊甫定。然后芟建德，誅世充，降」李密，逐薛舉，日不暇給，寔繁有徒。暨乎奸僭平，河洛宅，儒雅集，禮樂興，嚮明恪居，恭默勤政。擇皋、夔、伊、吕之具以調陰陽，求龔、黄、卓」、鄧之才以敷教化。於是五刑恤，五教寬，六宗袟，六府完。桀、紂威虐之政不日而革，堯、舜清浄之理期年而旋。夫如是，孰不謂帝道之」輝焯，王業之艱難者焉。既而和氣凝，澆風變。在天成象，景星高而甘露零；任地班形，芝草植而騶虞見。倉稟實而禍亂不作，俎豆修」而祭祀不絶。于以傳十八葉，垂三百年，享國稱孤，由帝而有」。今皇帝以文武迭用寧中外，以刑德交舉綏賢愚。化乎萬邦，歲俯一紀。迩者臨便殿，顧台臣，乃曰：功蔽生民，一時而可配天地；迹流」信史，万古而若揭日月者，前代聖王之德歟，豈可使蕪没陵園，湮沉黍稷。苟盛典以弗舉，俾後代以何觀。於是給豐財，募奇匠。啟舊」葬，所以極衣冠之飾；構新廟，所以正祭祀之期。旋聞列藩，咸訖丕績。揚此能事，屬于盛朝。仍分詞臣，各誌年籥。微臣傴僂承」命，怔忪省躬。執簡登朝，言直方慚於任座；揮毫撫石，思遲空類於馬卿。將何無愧之辭，仰紀非常之美。但遵」睿旨，因得直書。庶明乎信陵有護冢之恩，止憐列國；比干有封墓之賜，但念忠臣。將求其倫，曷足稱怍而已哉。謹爲銘曰」：

天地既否，雲雷遘屯。平此多難，鍾于大君。大君肇興，大義斯作。雲出山川，奥開河洛。河洛既宅，華夷以康」。曾如是者，太宗文皇。文皇未起兮，四維如燬。文皇既位兮，八荒如砥。文皇之迹兮，炳如丹青。文皇之功兮，配于天地」。今我后念前王，修盛禮。陵廟載嚴，衣冠式備。仍命鴻筆，克揚能事。非獨以耀豐恩，輝永世，抑亦使深爲谷兮」高爲陵，英烈之聲不墜美矣」。

開寶六年歲次癸酉十月辛巳朔十五日乙未建」

局部

按

關于宋初對岳鎮海瀆的祭祀，《宋史·禮志》載："太祖平湖南……命李昉、盧多遜、王祐、扈蒙等分撰岳、瀆祠及歷代帝王碑，遣翰林待詔孫崇望等分詣諸廟書於石。"此碑之撰立，即因于此。因年代久遠，碑風化泐蝕較重，釋文個別字依《金石萃編》補。

撰者李瑩，生平事迹附見《宋史·李瀆傳》。其曰："（李瀆）父瑩，字正白。善詞賦。廣順進士。蒲帥張鐸辟爲記室，因家河中。乾德初，右補闕蘇德祥薦爲殿中侍御史、度支判官。"其他不詳。撰此碑時署"朝散大夫行殿中侍御史分判度支公事柱國"。

書者孫崇望，《宋史》無傳。清人畢沅撰《關中金石記》云："崇望書宋時謂之院體，蓋用集《聖教序》筆意而加豐潤者。"亦書有《宋新修周武王廟碑》等，當爲宋初書法家。書此碑時署"翰林待詔中散大夫行太僕寺丞柱國"。

碑陽

説明

北宋開寶八年（975）四月刻。碑高132厘米，寬75厘米。正文楷書26行，滿行46字。李岵撰文。碑陰上部刻立碑功德者及碑文撰者姓名；下部刻民國時期馮欽哉所題跋文。現存大荔縣文物局。《金石萃編》《大荔碑刻》等著録。

釋文

若夫致情自逸，聖人生博弈之談；驗性迷方，諸祖散指月之諭。是以珠沉於海，俾罔象之忘機；補竅於身，使混沌之返□」。則必逍遥委化，復歸何有之鄉；清浄居真，共安無過之地。何須窮泰極侈，恣嗜欲於心胸；入聖從凡，昧修行於眼耳。唯釋」氏之教，興於曠劫。金剛三昧，爲法界之歸依；玉毫六通，作人天之瞻仰。灑醍醐以霈潤澤，則無不舒蘇；震法樂而激聲教」，則俱聞踴躍。是故衆魔既伏，列仙共歡。得樹神之精勤，感輪王之迴向。擎拳合掌，悟法相之皆空；落髪披緇，學菩提之無」上。其過去未来之因果，龍藏名言備矣，此何足以稱揚。覺皇受波旬之請而入涅槃，雖化身强焚而金質自永。舍利之寶」，散入□□。同州龍興寺東塔是其一也。截翠嶽於半天，影太陽於中道。隨氏之將興，祥兆見焉。金陵電滅，浮喜氣於東南」；火運炎空，籠祥光於中夏。夾輔王室，方嚴承相之尊；纂成帝功，競寒神尼之讖。隨文因以所居宅，是爲此寺。自後紅樓翠」殿，高危上入於雲霄；寶鐸珠輪，光彩傍侵於河洛。然則年代深遠，功績漸隳。瓦墜梁傾，欺風摧而雨敗；物存基在，但日往」而月来。不有否也，其何泰乎？有恒農楊氏名繼宗，乃左馮一長者也。金玉其貞，冰霜勵己。干以非道，有難犯之容；動以觀」時，多不平之色。以布施修崇爲己任，以謙和儉約爲身謀。人倫之中，不可多得。以爲芝蘭在佩，不如戒定之香；嵇吕成交」，争似聲聞之果。其是院之西，又有長興萬壽院。其住院僧前僧正法諱智峯，師号嚴静，章服副焉。秋袍自擁，夏臘甚高。羅」什博通，識五天之儀範；道安講唱，明三界之因緣。萬二千五百衆，咸願登門；一切十恒河沙，亦將共貫。恒農與之爲道侶」而甚密，亦猶昔之蓮花社也。高秋八月，演摩詰之玄談；宴坐一時，味如来之真語。許檀那爲布施，奉内財以供佛。用精進」爲焚修，依法身而潔己。居一日，乃謂峯上人言曰：東院真身舍利塔毁頽缺漏久矣，此不爲修，如之何有能興者。師欣然」贊成其事。於是集工人籌度之，鳩衆材，聚丹雘，無曉無夜，經營架構，于時即日而就。約其費用，將百萬計。雲煙乍斂，若漢」日之爯中；星月共臨，疑天樞之獨立。非夫有大力量，有大志願，豈能成此殊常之功德哉！先是，此寺鍾樓斜朽凋壞，及峯」上人院西殿并中尊列侍，並隨室時興塑，以之寖久，中間縱有貼補，亦罕能全功。恒農一旦皆以家財呼匠巧，取材用，及」金翠瓦甋之屬，並附益修飾之。十分之數，弥縫其七八焉。信矣！夫世尊之感應，長者之護持，非獨聞於往昔也。阿育王之」志氣，功滿行修；給孤園之清凉，法興教立。遂使清信上士盡生降伏之心，懱悏衆生頓换柔和之性。其誘化補報也如此」。府主連帥太師，鍾一千年之亨運，應五百載之閒生。衛社惠民，恤刑欽政。視匈奴如草芥，舞陽侯之横行；驅樓蘭」若狐狸，傅介子之深入。方持虎節，顯鎮侯藩。帳中號令之嚴，秋風偃草；門下平章之命，禁殿宣麻」。通總隴右公，朱研益丹，玉焚須冷。宰衡餘慶，自高定國之門；聖祖沖玄，必握真人之籙。觀風譙郡夏侯公，威稜有孰，如」松柏之負雪霜；忠信罔愆，比春秋之應日月。此際且登於蓮幕，匪朝即列於蓂階。嘻！道與時来，時與賢會。元戎物望」，多憐共治之榮；調御音容，不爽付囑之意。恒農以功願既畢，乃率以文之。岵也德行無取，文學甚虚。進未能輔相」帝王，立萬年之運祚；退不能交朋巢許，傲列嶽之風雲。而猶勞役風塵，徘徊州縣。賦慚鸚鵡，肯爲席上之珍；雨助蛟□，□」是池中之物。强搜鄙拙，用以紀云。

大宋開寶八年乙亥歲四月辛巳朔二十九日辛未建」（以上碑陽）

守司馬賜緋□□劉光倚」、守馮翊主簿權縣事孟正己」、守郃陽縣主簿權司寇王延徽」、守馮翊縣尉蕭光灐」、前攝司法參軍党仁遂」、院主大德賜紫戒珣兼官内僧正。功德主：長男延訓、次男知□、次男三江」。侄延美。

兼監察御史守録事参軍李岵著文

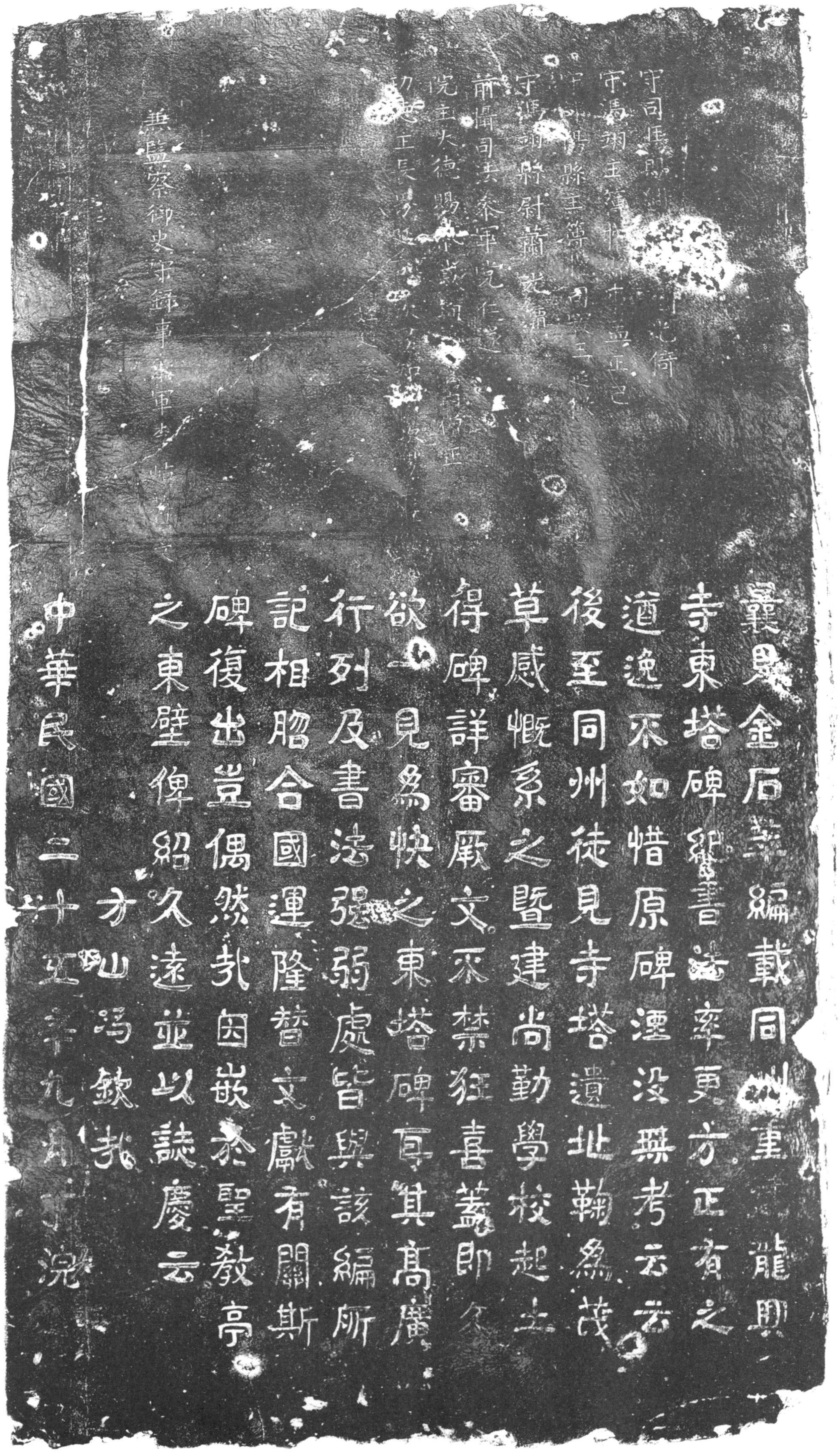
曩見金石萃編載同州重□龍興
寺東塔碑經書法率更方正有之
遒逸不如惜原碑湮沒無考云云
後至同州徒見寺塔遺址鞠為茂
草感慨系之暨建尚勤學校起土
得碑詳審厥文不禁狂喜蓋即名
欲一見為快之東塔碑㝍其高廣
行列及書法強弱處皆與該編所
記相脗合國運隆替文獻有關斯
碑復出豈偶然哉因嵌於聖教亭
之東壁俾紹久遠並以誌慶云
方山馮欽識
中華民國二十五年九月□浣

碑陰

曩見《金石萃編》載“《同州重建龍興」寺東塔碑紀》，書法率更，方正有之」，遒逸不如。惜原碑湮没無考”云云」。後至同州，徒見寺塔遺址鞠爲茂」草，感慨系之。暨建尚勤學校，起土」得碑。詳審厥文，不禁狂喜。蓋即久」欲一見爲快之《東塔碑》耳。其高、廣」、行列及書法强弱處，皆與該編所」記相吻合。國運隆替，文獻有關，斯」碑復出，豈偶然哉！因嵌於聖教亭」之東壁，俾紹久遠，並以誌慶云」。

方山馮欽哉」

中華民國二十五年九月下浣」（以上碑陰）

按

此碑《金石萃編》卷一二五收録，關于龍興寺之沿革，此碑之書、撰者及紀年朔望考等，均有所及。惜其未見原碑，故碑陰所載之撰者及功德主等均不見載，其所考撰者則嫌多餘。

撰者李岵，《宋史》無傳，生平事迹亦不見于他書。撰此碑時署“兼監察御史守録事參軍”。

434.998　寄贈夢英大師詩碑

説 明

北宋咸平元年（998）正月刻。碑螭首龜趺。高312厘米，寬102厘米。正文分上下六欄，每欄楷書33行，行字不等。陶穀等32人撰文，僧正蒙書丹。碑陽爲唐道因法師碑。現存西安碑林博物館。《石墨鐫華》《關中金石記》《陝西金石志》《西安碑林全集》等著録。

釋 文

寄贈夢英大師」

翰林學士承旨刑部尚書知制誥判吏部流内詮事陶穀上」

是箇碑文念得全，聰明靈性自天然。離吴」别楚三千里，入洛遊梁二十年。負藝已聞喧」世界，高眠長見卧雲烟。相逢與我情何厚」，問佛方知宿有緣」。

紀贈夢英大師」

工部尚書致仕楊昭儉上」

紀贈歌詩數百人，序師多藝各求新。未言」篆隸飛龍鳳，且説風騷感鬼神。琴有古聲」清耳目，鶴無凡態惹埃塵。英公所學還」如此，不錯承恩近紫宸」。

懷贈夢英大師」

樞密直學士朝請大夫上柱國賜紫金魚袋趙逢上」

林巒影裹有清賢，與我相知二十年。書」札愛工精玉筯，利名抛捨住金田。吟容賈」島稱詩匠，醉許劉靈作酒仙。别後近聞栖」華岳，乱雲應得恣情眠」。

吟贈夢英大師」

翰林學士中書舍人知制誥王著上」

到處聞人乞篆蹤，學来年久有深功。墨」池闊類湘江水，筆塚高齊太華峰。金」錫罷飛新解虎，鐵盂收掌舊降龍。知」師吟戀煙村景，不肯回頭望九重」

吟贈南岳宣義大師英公」

中大夫行右補闕内供奉柱國蘇德祥上」

學就書聞在道林，幾年辛苦用身心」。九霄雨露酬身早，百首風騷立意深。青」白野雲閑裏卧，古今碑碣醉中尋。因何」負此多般藝，可惜教師鬢雪侵」。

咸平元年正月三日建」

賜紫義省，僧智全、普嚴、守志」（以上第一欄）

贈夢英大師」

鎮國軍節度使趙文度上」

携笻何日别長沙，鳳篆功夫世所嘉。秦嶺」夜吟殘海月，章臺春講雨天花。净瓶遠」貯湘潭水，片衲晴披岳面霞」。聖主有恩酬絶藝，簾前師號紫袈裟」。

贈夢英大師」

護國軍節度使檢校太師守中書令行河中尹郭從義上」

雲水僧來説我師，换鵝書札轉高奇。揮」毫傳下千年字，貞石曾留幾處碑。混俗」市鄽人莫測，和光蹤迹鶴應知。蓮花結」社須容我，不似陶潛愛酒巵」。

寄宣義英公」

侍御史賜紫金魚袋何承裕上」

書札精奇已换鵝，仍聞依舊卧煙蘿。詩」成萬首猶嫌少，酒飲千鍾不怕多。鄉」寺夜闢雲夢月，石房寒鎖洞庭波。知」師收拾南歸去，爲憶漁人唱楚歌」。

重約恨無門今來贖
頻頻近酒罇
南
太子太保致仕呂端 上
名高湖外晚遊泰清詞
立方袍粹子身竹杖拄歸
世間人我疑簪組成為
塵
郎中上柱國賜紫金魚袋賈 玭
今感陶丞旨撰碑陰
滿篋詩章物外尋衛
帝城煙月不關心西遊
陳揖一霎吟
柱國賜紫金魚袋李 鑄
篆辯高能世莫窮五
三乘真歸達虛空賜衣
光呼奈苑中章對風
話在蓮宮
公
部郎中知制誥史館修撰賜紫金魚袋師頏 上
精孫雲光彩甚分明褒
海內無人不重名山約
涼剎一刀輕何妨換
篆每輕秦相法隸書猶鄙晉臣功多才
多藝如師少當世群賢盡讚風
狂吟八韻送英公賴歸故鄉遷殯二親
翰林學士承旨尚書吏部侍郎宋白 上
十八般書四海傳長安話別已多年今來
帝里重相見轉覺師心更自然下筆入神
皆得法出言成句盡通玄花時乘興先行
樂月夜忘機靜坐禪到處僧俗爭識
面滿朝英俊贈佳篇長沙毋葬彰純孝
八水人思有善緣衡岳醉投秋雨寺漢
江吟渡夕陽船前期指在春三月迴首
東風好著鞭
宣義大師英上人
正奉大夫給事中參知政事賈 黃中
金僊子使是師師高道寧容世網羈浩
浩心田龍可擾飄飄行止鶴應知塵機
擺落超三界古篆沉研冠一時莫怪伊余
苦瑜重白蓮花社有心期
喜英公大師相訪
給事中參知政事趙 昌言 上
僧中何事最聞名筆札高奇是夢英十
八家書無墨妙一千年 聖遇文明未將
六籍重刊石 余備國家求明師筆如虞鄭刊六經於石鐫 已駕三車到化城
此日勞師相枉訪巋然衿抱慰平生
贈英公大師 左拾遺郎 起 上
無事撓心長見醉有名傳世不曾醒
多年別我頭先白此日逢師眼倍青記
得 上都相會否夜飛杯篆老君經
寄懷英公大師清交
侍御史知雜事柱國賜紫金魚袋馬去非 上
雲隱秋鴻水隱魚相思難得惠休書
遙聞養性棲蓮岳不肯携筇入
帝都金殿聖緣應未斷玉堂知己漸凋
疎何人曾得陪高論頭戴神羊馬大夫
奉携英公大師詩匠
朝請大夫尚書司門郎中韓溥 上
悟解真空始壯年兩朝供奉近爐烟故鄉
夢斷三湘遠應制詩高四海傳晴望野
雲生紫閣夜吟蘭燭滴花殘應愁
內殿徵書至恐向東林負昔緣
寄贈終南英公上人
左諫議大夫知江陵府臧 丙 上
是箇人言好性靈鎬京碑記念千斤五
言出格為詩匠百盞長杯應酒星曾
把篆求身上紫幾將金買面前青多
聞國士相尋訪莫把松門晝夜扃
特吟詩二首送英公大師
禮部侍郎參知政事蘇 易簡 上
乘舟南去唯尋酒上馬西行只詠詩
醒醉去留皆遂意如斯方信是男兒
其二
情早著詩千首混
宗雷重結社頗持香
喜宣義大師英公相
康州刺史知同州軍州
三事天衣兩字師長
騎劣馬尋碑去醉臥
牆下容誇犬子興闌
馮假道來看我正值
贈英公大師 太子中
靈牋篆管少年時
三殿荷恩卿相看 兩
帝王知尋窮太華高
碑可惜篆文今絕筆
再逢英公有感 鄭
伊余行止任飄蓬與
眼文知長憶念白雲
會名何盛篆稱同勤
彼岸琉璃鉢裏看降
喜英公大師挂錫太華
作近隣
應留後跡漢蔡邕
無徒弟筆法收藏
贈英公上人 左拾遺知耀州
粹鍾衛岳誕吾師十
彤庭賜紫衣青簡篆

局部

送夢英大師」

翰林侍讀學士尚書兵部侍郎兼秘書監楊徽之上」

獨携瓶錫欲春殘，深入終南路屈盤。萬象」幽玄吟裏見，一心圓寂定中觀。翠微寺在」杉松老，紫閣峰高水石寒。莫凭危欄」臨北望，滿城煙草是長安」。

寄宣義大師英公」

左諫議大夫范杲狂筆」

西遊久不得師書，睹物相思展篆圖。情」厚未忘蓮社約，分深曾伴橘洲居。青」雲作陣宜長卧，白酒資吟莫破除。見」説近来揮彩筆，字皆飛動有功夫」。

寄英公大師

尚書主客員外郎直集賢院李建中」

往歲瀟湘一相見，詩成野逸筆狂顛」。近聞歸住長安寺，松老書窗又幾年」。（以上第二欄）

紀贈宣義大師夢英」

中散大夫守太僕少卿柱國賜紫金魚袋張洎上」

幾憶湯師役夢魂，醉吟想在落花村。背」塵事見尋常説，出格詩曾子細論。書信」寄憑雖有路，笑談重約恨無門。今来鬢」雪應多也，莫惜頻頻近酒樽」。

送英公大師歸終南」

特進太子太保致仕吕端上」

衡岳煙蘿紫閣雲，名高湖外晚遊秦。清詞」古學儒生業，圓笠方袍釋子身。竹杖拄歸」山裹寺，篆書留與世間人。我疑簪組成爲」縛，空仰吾師去路塵」。

寄贈宣義大師」

太中大夫行尚書兵部郎中上柱國賜紫金魚袋賈玭」

篆寫千文邁古今，感陶丞旨撰碑陰」。兩朝雨露書中得，滿篋詩章物外尋。衡」岳水雲長挂夢，帝城煙月不關心。西遊」去後無消息，想共陳搏一處吟」。

贈英公大師」

中大夫檢校禮部尚書守太常卿致仕上柱國賜紫金魚袋李鑄上」

僧門奇士有英公，篆隷高能世莫窮。五」色彩毫傳夢寐，三乘真諦達虚空。賜衣」深染函關上，寵號光呼奈菀中。幸對風」情添逸趣，好陪清話在蓮宫」。

吟贈宣義大師英公」

翰林學士朝奉大夫尚書刑部郎中知制誥史館修撰賜紫金魚袋師頏上」

禪得玄機筆得精，孤雲光彩甚分明。毫」端落紙堪爲寶，海内無人不重名。山約」終歸雙履在，髭因凉剃一刀輕。何妨換」取群鵝了，卻與迷徒指化城」。

廬岳僧正蒙書」（以上第三欄）

奉贈宣義大師英公」

朝奉大夫左諫議大夫騎都尉賜紫金魚袋李若拙上」

昔歲高名動九重，衡山别後碧雲空。紫」袍親受龍墀上，白足頻登虎殿中。小」篆每輕秦相法，隷書猶鄙晉臣功。多才」多藝如師少，當世群賢盡嚮風」。

狂吟八韻送英公暫歸故鄉還殯二親」

翰林學士承旨尚書吏部侍郎宋白上」

十八般書四海傳，長安話别已多年。今來」帝里重相見，轉覺師心更自然。下筆入神」皆得法，出言成句盡通玄。花時乘興先行」樂，月夜忘機静坐禪。到處僧俗争識」面，滿朝英俊贈佳篇。長沙母葬彰純孝」，八水人思有善緣。衡岳醉投秋雨寺，漢」江吟渡夕陽船。前期指在春三月，迴首」東風好著鞭」。

吟貽宣義大師英上人」

正奉大夫給事中參知政事賈黄中」

金僊子便是師師，高道寧容世網羈。浩」浩心田龍可擾，飄飄行止鶴應知。塵機」擺落超三界，古篆沉研冠一時。莫怪伊余」苦珍重，白蓮花社有心期」。

喜英公大師相訪」

給事中參知政事趙昌言上」

僧中何事最聞名，筆札高奇是夢英。十」八家書垂墨妙，一千年聖遇文明。未將」六籍重刊石余惜國家未明師筆如唐朝刊六經於石壁，已駕三車到化城。此日勞師相枉訪，豁然襟抱慰平生」。

贈英公大師

左拾遺鄭起上」

玉殿承恩四十年，水雲心已悟南禪。李」斯篆字功何妙，賈島詩章學太玄。笻」在幾嵯無虎鬬，鉢腥長笑有龍眠。聞」今未老休慵惰，剩把書蹤石上鎸」。（以上第四欄）

清洛喜英公大師相訪」

中散大夫給事中知河南府兼留守司事上柱國賜紫金魚袋許仲宣」

方袍紫染出彤庭，久在林泉養性靈」。無事擾心長見醉，有名傳世不曾醒」。多年别我頭先白，此日逢師眼倍青。記」得上都相會否，夜飛杯篆老君經」。

寄懷英公大師清交」

侍御史知雜事柱國賜紫金魚袋馬去非上」

雲隱秋鴻水隱魚，相思難得惠休書」。遥聞養性栖蓮岳，不肯携笻入」帝都。金殿聖緣應未断，玉堂知己漸凋」疏。何人曾得陪高論，頭戴神羊馬大夫」。

奉揚英公大師詩匠」

朝請大夫尚書司門郎中韓溥上」

悟解真空始壯年，兩朝供奉近爐烟。故鄉」夢断三湘遠，應制詩高四海傳。晴望野」雲生紫閣，夜吟蘭燭滴花箋。應愁」内殿徵書至，恐向東林負昔緣」。

寄贈終南英公上人」

左諫議大夫知江陵府臧丙上」

是箇人言好性靈，鎬京碑記念千廳。五」言出格爲詩匠，百盞長杯應酒星。曾」把篆求身上紫，幾將金買面前青。多」聞國士相尋訪，莫把松門晝夜扃」。

特吟詩二首送英公大師」

禮部侍郎參知政事蘇易簡上」

乘舟南去唯尋酒，上馬西行只詠詩」。醒醉去留皆遂意，如斯方信是男兒」。

其二」

祝融峰上曾傳納，太一山前舊結廬」。兩地逍遥已三紀，争教肯在帝城居」。

范守信、藺皐、李凝、孟改、石日新、王遇」、安懷玉、孟仁贍、張鈞、彭永、陳澮同建」（以上第五欄）

貽英公大師

尚食使昭州刺史知鳳翔府王承衎上」

文章篆籀久傳芳，灰志禪門道愈光」。豐鎬有心營寶剎，瀟湘無意卧雲房。陶」情早著詩千首，混俗何妨酒百觴。若許」宗雷重結社，願持香火學空王」。

喜宣義大師英公相訪」

康州刺史知同州軍州事陳文顥上」

三事天衣兩字師，長安風月更誰知。閑」騎劣馬尋碑去，醉卧荒廬出寺遲。辭」贍不容誇犬子，興闌兼許吐魚兒。左」馮假道来看我，正值嚴冬大雪時」。

贈英公大師

太子中允知洛陽縣事穎贇」

蠻箋象管少年時，幾賦簾前祝壽詩」。三殿荷恩卿相看，兩朝承寵」帝王知。尋窮太華高低景，念盡長安内外」碑。可惜篆文今絶筆，李陽冰後只吾師」。

再逢英公有感

朝散大夫前宗正丞兼國子書學博士郭忠恕」

伊余行止任飄蓬，與世乖違不可容。青」眼交知長憶念，白雲蹤迹又相逢。風騷共」會名何盛，篆隸同勤法轉功。□□羨師超」彼岸，琉璃鉢裹看降龍」。

喜英公大師挂錫太華」

希夷先生陳摶上」

暗喜蓮□作近鄰，撥開雲霧見師頻。有」時問箇艱難字，便沐周旋説與人。唐李監」應留後迹，漢蔡邕想是前身。堪嗟繼踵」無徒弟，筆法收藏在渭濱」。

贈英公上人

左拾遺知耀州軍州事上柱國賜紫金魚袋宋温舒」

粹鍾衡岳誕吾師，十九」彤廷賜紫衣。青簡篆文窮妙絶，碧雲詩句」入玄微。降龍鉢裹無塵染，迴雁峰前有夢」歸。他日好同蓮社約，逸眠禪坐兩忘機」。

武威安文璨、弟文晟刊字

巨延嗣」

勾當國子監人鄧德誠」（以上第六欄）

按

夢英，宋代高僧、書法家。釋名宣義。書迹傳世者有《篆書千字文》《篆書夢英十八體詩》等。此碑爲陶穀等三十二人爲夢英所作。

435.1005　雷有終墓誌

説 明

北宋景德二年（1005）十一月刻。誌、蓋均爲正方形。邊長均77厘米。蓋文3行，滿行3字，篆書“大宋故」雷公之」墓誌銘」”。誌文行書60行，滿行60字。王曙撰文，白憲書丹。蓋四殺飾四神圖案。1973年渭南合陽縣楊家莊鄉大册村出土。現存合陽縣博物館。《新中國出土墓誌（陝西壹）》著録。

釋 文

大宋故宣徽北院使起復雲麾將軍檢校太保兼御史大夫上柱國夏陽郡開國侯食邑一千八百户食實封陸佰户贈侍中雷公墓誌銘并序」

群牧判官宣德郎守秘書省著作佐郎賜緋魚袋王曙撰

翰林待詔宣德郎守秘書丞同正兼御書院祇候賜緋魚袋白憲書」

輿鬼之下，左馮晝野。千里而一曲，其川曰洪河；万仞而四方，其鎮曰太華。育粹含靈，宜生賢者。其有家傳義聲，世濟直氣。嘗更夷險，力致於青雲；克樹忠勞，自」結於明主。張蒼善計，早踐圖書之司；魏絳多功，獨受金石之賜。見之於馮翊雷公矣。公諱有終，字道成。其先曰方雷氏，女爲黄帝妃，是生玄囂，流慶顓頊」。神明之後，其族蕃昌。珪組聯華，英賢接武。在漢爲郡守，与人著膠漆之稱；在晉爲邑君，博物辨斗牛之氣。將軍山西之武毅，著作東觀之辞宗，並彪炳史傳，流」芳奕葉。遠祖咸，仕唐爲左庶子。作相春宫，實允人望。子孫避亂，衣冠中絶。曾祖諱昶，祖諱□，並肥遁素履，隱居養志。忠信行乎州里，慶善鍾乎似續。祖以先」太傅之貴也，累贈工部侍郎。顯考諱德驤，長源濬發，英才命世。一舉進士上第，起家辟磁州軍事判官，徵拜右拾遺。開寶、興國之際，歷御史、諫官。以讜言偉節」，感動萬乘。茂績藏於王府，直聲冠於朝右。不登三事，時論惜之。卒於工部侍郎，累贈至太傅。先妣太原縣君王氏，不幸早世。繼母南陽郡太君楊氏，以公」之升顯位也，受寶冠霞帔之賜。兹所以仲尼歎子産之亡，謂之遺直；臧孫知考父之後，必有達人。公即太傅之第二子也。月角奇姿，金方勁氣。生而爽邁，幼則老」成。通《春秋》大義，恥爲章句之徒；學縱横家流，好談王霸之事。乾德中，年十九，以門資調漢州司户，歷絳州垣縣、兖州萊蕪二縣尉。尺蠖屈以求伸，鷙鳥卑而欲」擊。以發宿奸，遷本縣令，兼萊蕪監。驥足踠而將展，牛刀割而有餘。太宗即位，知其可用，遣内官伍守忠与之同事，實廉察焉。守忠三旬而迴，具以事奏。徵歸」，未見，擢授大理寺丞，通判解州軍州事，兼提點兩鹽池。歲餘，周知其弊，乞乘傳自陳，進見條對。太宗爲之動容，因口敕与升朝官，特授右贊善大夫，仍以」解州小郡，遂省去知州田芳，以公權典。秩滿還都，以太平興國六年郊祀，轉殿中丞。尋而朝議，以密州難治，俾公往莅。未即路，復以京師據梁宋之郊，屯百」萬之衆，仰給淮海歲資國用。以公能聲治狀，足幹斯任，改充淮南轉運副使，錫五品章綬。正色而奸豪屏氣，清身而州縣承風。公庾如坻，號爲稱職。轉太常博」士，均輸如故。雍熙中，海縣無事，財力豐富，太宗欲揚威荒外，觀兵塞垣。十乘啟行，五將分道。瞻彼飛狐之口，實惟束馬之途。既銜枚而進師，須輓粟以濟衆」。董兹軍食，必藉通才。敕公帶本職，充蔚州飛狐路隨軍轉運使。公明威惠，申約束，事不愆素，人斯忘勞。克成破竹之功，頗賴輕賫之力。公以時運斯契，□□」爲期。太阿發硎，持則立斷；衝牙在佩，動而有聲。尋以本官充三司鹽鐵判官。又改判三司度支勾院，遷屯田員外郎，依前充職。藉千畝之年，轉本曹郎中，充□」部副使，仍賜金紫。又授度支副使。吏不敢欺，曹無留事。班固稱桑羊之言利，能析秋毫；賈季論趙盾之爲賢，有如夏日。俄以本官出知昇州軍州事。式是□□」，邦人宜之。及改元淳化也，就拜少府少監，以長南海。愷悌之風，行乎交廣。既徵候代，以親累，責授衡州團練副使。尋丁先太傅憂。方居左宦，遽罹家艱，哀號□」道，幾至滅性。行及許田，太宗知其非罪，就賜錢三十万。不時召見，与雪前事，又賜錢五十萬。仍抑奪，除都官員外郎，充度支副使，章服如舊。公莪蓼在心，□」棘視事。又遷鹽鐵副使，充江淮、兩浙、荆湖、福建、廣南等路茶鹽制置使。公示程品，課耗登，鈎距無迹而遺利皆收，羅絡不施而久弊盡得。職罷，轉工部郎中，知」天雄軍府事。方下車，徵復尚方少列，賜勳柱國，差知荆南軍府事。會川峡年饑，民弃爲盗，逼逐官吏，州閭雲擾。朝廷欲先之以文告諭之，以皇威命公充荆」湖夔峡路都轉運使，同兵馬司公事。沿峡而上，所在陸梁。公且戰且進，駐軍山半。時天久不雨，將士渴乏。公仰而潛禱，須臾大澍，皆以兜鍪繖盖取飲，無不霑」足。天意助順，人心益堅。於是席卷鼓行，勝氣百倍。至廣安軍。兹城也，一面阻江，三邊寨木。夜中月黑，賊衆大至，周呼舉火，炎焰燭天。我師震驚，諸將請戰。公計定」於心，安坐理髪。待其勢合，即於火光下潛引奇兵，自後擊之。賊出其不意，赴水火死者不可勝紀。謝艾對敵，據床麾軍；亞夫在營，堅卧止衆。公之方略，亦猶是」焉。自兹賊勢窮

大宋故
雷公之
墓誌銘

蹙，甚於拉朽。列郡歡迎，兩川甫定。一日，師次郊野，剗草設幕，居無一物。公良久入帳中，即見數蛇在下，出謂同列曰：“天恩其来矣。”數日，届普州」，果有中使賫綸誥至，授公右諫議大夫，知成都軍府事。盖公秉心宣力，神告之休耳。尋以所部便路之官。賊知其輕，稍稍復集。次簡州洛至縣，泊於佛寺。公度」其必至，乃密令左右重閉而止，召土人嚴更而鼓之。初夜，由間道而出，使返偵之，則賊圍之數重矣。及旦，唯得擊柝者二人。公之決策，率多此類。尋授充同捉」賊招安使。又賜御札，止充招安使。鎮静反側，勞倈流亡。再期有成，徵典近郡，差知許州軍州事。抽赴闕，又授知并州軍州事。至道二年，就拜給事中。郭伋以」鎮接未還，□恢以尤異增秩。明年，太宗上僊，遺賜對衣金帶，表殊念也。今上嗣統，就除工部侍郎。罷郡入朝，路由鞏洛。公以太宗委遇夙深，攀號罔」追。望喬山而飲泣，佇漢節以飛章。乞拜陵寢，優詔允答。及介圭肆覲，前席疇庸，以本官判審刑院，俄除户部使。當官而行，盡瘁事國。平三典之輕重」，辨五土之名物。詳讞惟允，興賦有加。翠華幸魏之年也，坤維上變，小校挺灾。主上講求將帥，思得頗、牧，以公久於邊事，深達武經，陟以廉車，付之兵柄」。特拜廬州觀察使，知成都軍府事，兼兵馬鈐轄。暢轂在門，淑旂指路。盜起南郡，蕭育以恩信亟行；兵弄潢池，龔遂以便宜從事。且曰：王均卒伍，事起猖狂，使□」嬰城，食盡即斃矣。於是，急擊連捷，均退保成都。塹隍而圍之，梯衝百道，金鼓一氣，凡六月而自潰焉。均之將逃也，一夕，月有大暈，久之，其旁復有白氣如巨□」形，荷鉞戟手，暈隨指缺。占者曰：“月陰類小人也，我軍有神助，彼其遁矣。”不數日，均果於暈缺之方亡走，追而斬之。其丹誠感激、冥應昭著有如此者。以功遷保信」軍節度觀察留後。布清静之化，安叛换之俗。亂繩不撓，自變澆風。大樹無言，何功諸將。公受二聖之知，前後兩入蜀，再朝天。累賜錢銀、文馬、寶帶，皆度越」常例，其數甚多。公悉以待使車、饗軍士。家財罄竭，語不及私。凡再使，過庫錢數千貫，俱上表乞納崇仁里第，皆有詔給還焉。惟君知臣渴見儀表，詔歸」京輦，恩旨特隆。俄授涇原儀渭鎮戎軍路部署。拜章陳讓，續奉敕知永興軍府事。又以西鄙未寧，降王人口宣詔旨，命公知秦州軍州事。公以秦甸控」扼西陲，城壘卑庳，不足威戎。乃表乞繕完，大興板築。公親自慰勞，暑不張盖，剋期而就，厥功茂焉。以圓丘慶恩，加檢校司空。景德元年，降使賫御書，錫黄金」四百兩，移充并代州管内馬步軍副都部署。寇恂以父老之思，再臨河内；季布以股肱之重，復往并州。丁楊夫人憂。公以幼失聖善，事如所生。方荣萊子之衣」，遽墨晉侯之経。起復，依前充并代州管内副都部署。是年冬，胡馬南牧，帝車順動。澶淵駐蹕，羽檄徵兵，詔公以麾下會師塞上。時鎮定諸路堅壁未□」，公聞命而起，沉機電發，孤軍直前，横制河朔。群帥不敢後期，六師爲之賈勇。及戎王請和，鑾輿歸闕，策勳舍爵，公宜与焉。尚以晉陽精兵，未可撤警，聖□」飛文，王人继軌。俾公迴旋，仍判郡事。牢讓之際，皇華已臨，爰錫泥書，俾朝丹陛。天子知賈復之功，諸公論曹參之人。物情攸屬，明命遄加。拜宣徽」北院使、檢校太保。寵錫便番，眷注優異。在帝左右，是謂大臣；宣國徽猷，實冠近列。參夔龍之步武，与朝夕之論思。方將代天工，庀王職，隮俗仁壽，致」主勛華。而積善無徵，梁木斯壞。人不蒙福，天實難諶。以景德二年七月十五日，思親感疾。秦醫雖至，晉豎俄深。翌日薨於京師崇仁坊之私第，享年五十九」。上方幸雍邱，覽奏震悼，即時車駕臨吊，揮涕失容者久之。賜銀三千兩，輟視朝二日。雖柳莊云亡，祭服以往；任昉告逝，投爪發哀，不是過也。制贈侍」中，敕□□臣監護喪葬，窀穸所費，悉官給焉。以其年十一月十六日，歸葬於同州郃陽縣如意鄉，從先塋，禮也。公始娶隴西牛氏，又娶鄭氏，封滎陽縣君」，皆先公□亡。今壽陽縣君王氏，夢天与蘭，有文在手，聿修婦順，克奉姑慈。以公久居外藩，未遑上請。及帷堂而晝哭，乃石窌以疏封。男四人。公之薨也」，惟帝念勞，故恤孤之典，越於彝等。長曰孝若，自西頭供奉官轉内殿崇班閤門祗候。貽清白之謀，禀義方之訓。入則孝而出則悌，在家必聞；敏於事而」慎於言，幹父之蠱。次曰孝傑，自左侍禁轉内殿崇班。次曰孝緒，自右侍禁轉西頭供奉官。次曰孝恭，白身，授右侍禁。爲箕爲裘，難兄難弟。自執喪也，皆漿不入」口，杖而後起。見□連之不懈，知五馬之俱才。女一人，年六歲。弟二人，並白身。曰有倫，授右班殿直；曰有慶，授三班奉職。妹一人，曰尼啓，因賜紫方袍。侄二人，曰」孝先，自將作監丞轉著作佐郎；曰孝連，自右班殿直轉左班殿直。嫡孫一人，曰嗣宗，白身，授三班奉職。公名卿之子，達練時務。深沉有城府，剛毅善決断。在」醜夷而無所争，臨大節而不可奪。有才有略，負真將之風；盡孝盡忠，得名臣之體。若乃優遊下位，夙夜在公，知無不爲，見可而進。興利難也，則荐更三部；親民」重也，則僅典十州。可不謂之才歟？撫士若子，料敵如神。市租悉饗於軍中，主賜皆陳於廡下。再臨兩蜀，妖賊爲之永清；還殿北門，鮮卑不敢近塞。可不謂之」略歟？惟疾之憂，未嘗稱老；能竭其力，曾不憚煩。季孫之事二君，無聞私積；曾子之陳百乘，方泣吾親。可不謂之忠孝歟？有一於此，猶謂之賢，兼是四者，足爲具」美。宜乎道將運契，名与功偕。搢紳仰其光彩，文武極其事任。進退有譽，華皓無玷。追榮蟬冕，飾壤之典穹崇；並命龍墀，延世之恩浹洽。大君興歎，安得於」祭遵；百姓何知，共悲於李廣。諸子等惸惸在疚，思樹先業。謂曙學於□史，見託撰

其族蕃昌陸組聯華英賢接武在漢爲郡守与人著聲㴋之稱在晉爲邑君博物辯
逮祖咸仕唐爲左庶子作相春宮實光人望子孫避亂衣冠中絶　曾祖諱昶祖諱
也贈工部侍郎顒孝詩德懿長源濬發英才命世一舉進士上第起家辟廬州軍
事秉茂績藏於　王府直聲冠於綱石不登三事時論惜之卒於工部侍郎累贈至太
也受寶符覆幬之賜是所以仲尼歎子產之已謂之遺直咸孫知者以之後必有達人
大義恥爲章句之徒學縱橫家流好談王霸之事乾德中年十九以門資調漢州司
軒遷承縣令兼來蒞監驥足一蹶而將展牛刀割而有餘　太宗即位知其可用進內
大理寺丞通判解州軍州事兼提點兩鹽池歲餘周知其弊乞乘傳自陳進見條對
遂省去知州田芳以公權典秩滿還都以太平興國六年郊祀轉殿中丞尋而相
給淮海歲資國用以其能聲治狀是膺斯任改充淮南轉運副使賜五品章綬色
故雍熙中海縣無事財力豐富　太宗欲揚威荒外觀兵塞垣十乘啟行五將分道
必藉通才　特以帶本職充蔚州飛狐路隨軍轉運使以明慮患中約束事不愆素
發硎特則立斷衝牙在佩動而有聲尋以本官充三司鹽鐵判官又改判三司度支
賜金紫又授度支副使吏不敢欺胥無留事班固稱桑羊之言利能析秋毫賈季
人改之淳化也就拜少府少監以長南海愷悌之風行乎文慶既微條代以親累責
性行及許田　太宗知其非罪就賜錢三十万不時召見与雪前事又賜錢五十萬
遷鹽鐵副使充江淮兩浙荊湖福建廣南等路茶鹽制置使以示程品課耗登鉤貽
州事方下車敞復當方步列賜勳柱國兼判南軍府事會川峽年饑民弃爲盜逼
都轉運使同兵馬司以事沿峽而上所在陸梁以且戰且進駐軍山半時天久不雨
順人心益堅於是席卷鼓行勝氣百倍至廣安軍蔽城也一面阻江三邊塞木夜中凡
理駭待其勢合即於火光下潛引奇兵自後擊之賊出其不意赴水火死者不可勝
勢所鐵甚於拉朽列郡歡迎兩川甫定一日師次郫野剗草設幕居無一物以良久

局部

述。謹按官簿，詳家諜，以無愧之詞，爲之銘曰」：

有宋受命兮，設教惟神。二后垂統兮，敷求哲人。英賢間出兮，誰非致君。□彼馮翊兮，允武允文。其文伊何，底慎財賦。其武伊何，克剪兇竪。歷殿大藩，人歌」來暮。兩鎮北門，獫狁之故。静專精敏，亮直坦□。弱冠秉持，華髪不移。寄重□□，功崇定□。□惜壽考，□心是悼。介士詔葬兮，錫以黄腸。歸窆何處兮，在郃」之陽。□□罷市兮，行路嗟傷。佳城一閉兮，□□□長。

西京作坊使長州刺史帶□□□□□□諸宫□監兼司□□内弓箭庫都大提點内弓箭軍器等庫石知顒護葬

御書院王餘慶、王欽刻字」

按

誌主雷有終，《宋史·雷德驤傳》附傳。此誌的出土，關于雷有終之家族世系、生平事迹、任職封賜、卒葬之地及喪葬監護等，均可與正史記載互爲補證。其兄有鄰子《雷孝孫墓誌》見本書436.1005條。

撰者王曙，《宋史》卷二八六有傳。河南人。北宋宰相。撰此誌時署“群牧判官宣德郎守秘書省著作佐郎賜緋魚袋”。

書者白憲，《宋史》無傳，生平事迹亦不見于他書。撰此誌時署“翰林待詔宣德郎守秘書丞同正兼御書院祇候賜緋魚袋”。

436.1005　雷孝孫墓誌

大宋故
光祿寺
丞雷公
墓誌銘

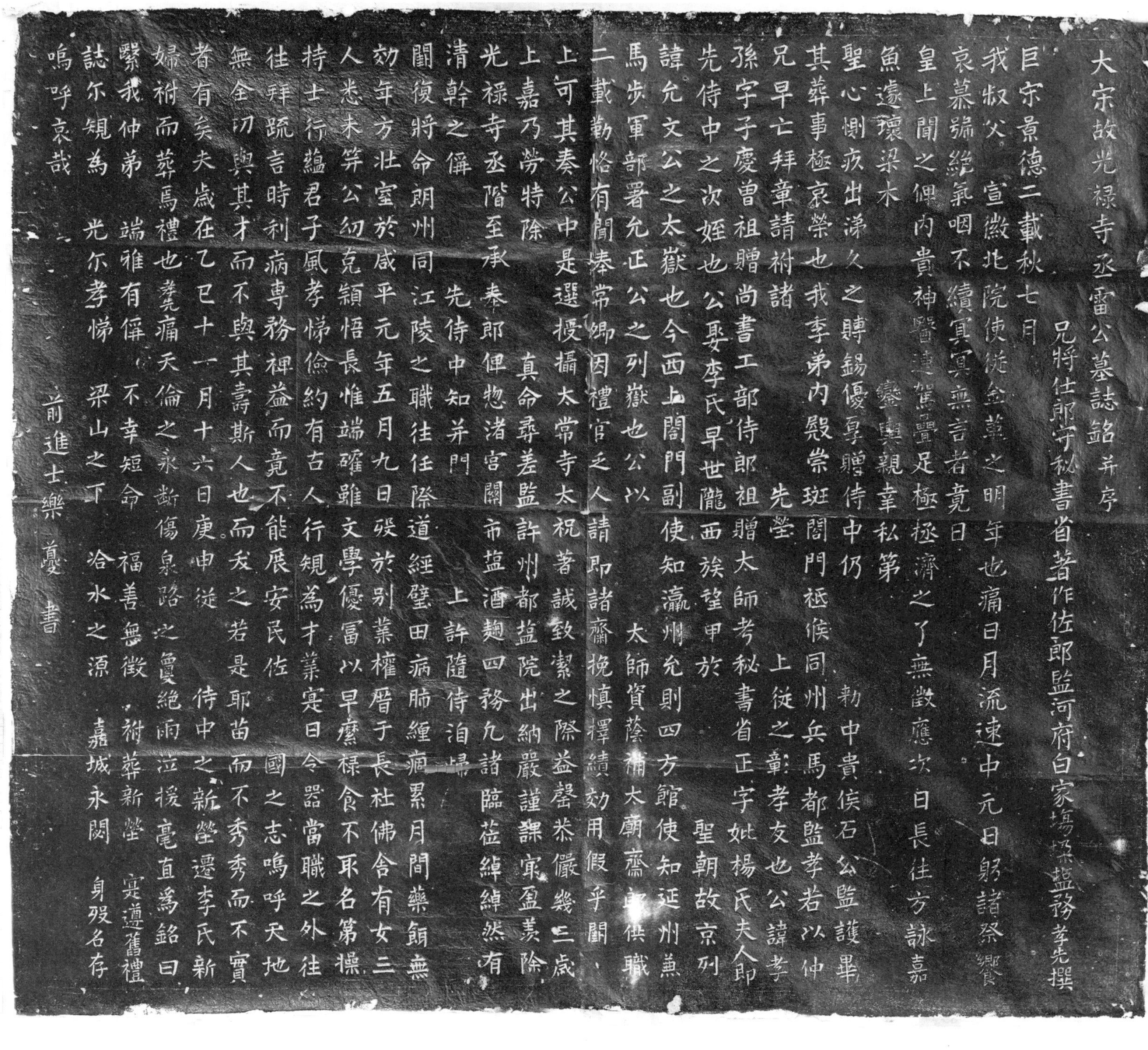
大宋故光祿寺丞雷公墓誌銘并序
兄將仕郎守秘書省著作佐郎監河府白家場[?]鹽務孝先撰
真宗景德二載秋七月
我叔父宣徽北院使從金華之明年也痛日月流速中元日躬諸祭饗
哀慕號絕氣咽不續冥冥無言者竟日
皇上聞之俾內貴神醫連駕疊足極拯濟之了無徵應次日長往方詠嘉
魚遽壞梁木　鑾輿親幸私第
聖心惻疚出涕久之賻錫優厚贈侍中仍　勅中貴侯石公監護畢
其葬事極哀榮也我季弟內殿崇班閤門祗候同州兵馬都監孝若以仲
兄早亡拜章請祔諸　先塋　上從之彰孝友也公諱孝
孫字子慶曾祖贈尚書工部侍郎祖贈太師考秘書省正字妣楊氏夫人即
先侍中之次姪也公娶李氏早世隴西族望甲於　聖朝故京列
諱允文公之太嶽也今西上閤門副使知瀛州允則四方館使知延州兼
馬步軍部署允正公之列嶽也公以　太師貲蔭補太廟齋郎供職
二載勤恪有聞　奉常卿因禮官乏人請即諸齋挽慎擇績効用假乎闕、
上可其奏公中是選攝太常寺太祝著誠致潔之際益罄恭儼幾三歲
上嘉乃勞特除　真命尋差監許州都鹽院出納嚴謹課冪盈羨除
光祿寺丞階至承奉郎俾惣諸宮闕市鹽酒麴四務九諸臨蒞綽綽然有
清幹之偁　先侍中知并門　上許隨侍泊歸
闕復將命朗州同江陵之職往任際道經璧田病肺纏痼累月間藥餌無
効年方壯室於咸平元年五月九日歿於別業權厝于長社佛舍有女三
人悉未笄公幼克穎悟長惟端確雖文學優富以早廕祿食不取名第操
持士行蘊君子風孝悌儉約有古人行規為才業寔日令器當職之外往
往拜疏言時利病專務裨益而竟不能展安民佐　國之志嗚呼天地
無全功與其才而不與其壽斯人也而叐之若是耶苗而不秀秀而不實
者有矣夫歲在乙巳十一月十六日庚申從　侍中之新塋遷李氏新
婦祔而葬焉禮也孝先痛天倫之永斷傷泉路之隻絕雨泣援毫直為銘曰
繄我仲弟　端雅有偁　不幸短命　福善無徵　祔葬新塋　寔遵舊禮
誌尔規為　光尔孝悌　梁山之下　洽水之源　嘉城永閟　身歿名存
嗚呼哀哉
前進士樂蔓書

1044

説明

北宋景德二年（1005）十一月刻。誌、蓋均長方形。均長66厘米，寬61厘米。蓋文4行，滿行3字，篆書“大宋故」光禄寺」丞雷公」墓誌銘」”。誌文楷書30行，滿行28字。雷孝先撰文，樂夔書丹。蓋四殺爲四神圖案，四周飾以蔓草紋。1973年合陽縣楊家莊鄉大册村出土。現存合陽縣博物館。《新中國出土墓誌（陝西壹）》著録。

釋文

大宋故光禄寺丞雷公墓誌銘并序」

兄將仕郎守秘書省著作佐郎監河府白家場垛鹽務孝先撰」

巨宋景德二載秋七月」，我叔父宣徽北院使從金革之明年也。痛日月流速，中元日，躬諸祭饗」，哀慕號絶，氣咽不續，冥冥無言者竟日」。皇上聞之，俾内貴神醫連駕疊足，極拯濟之，了無徵應，次日長往。方詠嘉」魚，遽壞梁木。鑾輿親幸私第」，聖心惻疚，出涕久之。賻錫優厚，贈侍中，仍敕中貴侯石公監護，畢」其葬事，極哀榮也。我季弟内殿崇班、閤門祗候、同州兵馬都監孝若，以仲」兄早亡，拜章請祔諸先塋，上從之，彰孝」友也。公諱孝孫，字子慶。曾祖贈尚書工部侍郎。祖贈太師。考秘書省正字，妣楊氏夫人，即」先侍中之次侄也。公娶李氏，早世。隴西族望，甲於聖朝。故京列」諱允文，公之太嶽也。今西上閤門副使知瀛州允則、四方館使知延州兼」馬步軍部署允正，公之列嶽也。公以太師資，蔭補太廟齋郎。供職」二載，勤恪有聞。奉常卿因禮官乏人，請即諸齋挽慎擇績效，用假乎闕」。上可其奏。公中是選，授攝太常寺太祝。著誠致潔之際，益罄恭儼。幾三歲」，上嘉乃勞，特除」真命。尋差監許州都鹽院。出納嚴謹，課最盈羨。除」光禄寺丞，階至承奉郎，俾總渚宫、關市、鹽、酒麴四務。凡諸臨莅，綽綽然有」清幹之偁。先侍中知并門，上許隨侍。洎歸」闕，復將命朗州，同江陵之職。往任際，道經璧田，病肺。纏痼累月間，藥餌無」效，年方壯室，於咸平元年五月九日殁於别業，權厝于長社佛舍。有女三」人，悉未笄。公幼克穎悟，長惟端確。雖文學優富，以早縻禄食，不取名第。操」持士行，蘊君子風；孝悌儉約，有古人行。規爲才業，寔曰令器。當職之外，往」往拜疏言時利病。專務裨益，而竟不能展安民佐國之志。嗚呼！天地」無全功，與其才而不與其壽。斯人也，而夭之若是耶！苗而不秀，秀而不實」者，有矣夫！歲在乙巳十一月十六日庚申，從侍中之新塋，遷李氏新」婦祔而葬焉，禮也。孝先痛天倫之永断，傷泉路之敻絶。雨泣援毫，直爲銘曰」：

繄我仲弟，端雅有偁。不幸短命，福善無徵。祔葬新塋，寔遵舊禮」。誌尔規爲，光尔孝悌。梁山之下，洽水之源。嘉城永閟，身殁名存」。嗚呼哀哉！

前進士樂夔書

按

誌主雷孝孫，《宋史》無傳，生平事迹亦不見于他書。但其父雷有鄰則《宋史·雷德驤傳》附傳。其叔父《雷有終墓誌》見本書435.1005條。此墓誌的出土，可補北宋雷氏家族之世系，以及雷氏與隴西李氏世貴聯姻之情況。

撰者雷孝先，生平事迹附見《宋史·雷德驤傳》。系雷德驤之孫，雷有鄰之子，誌主之兄。撰此誌時署“將仕郎守秘書省著作佐郎監河府白家場垛鹽務”。

書者樂夔，史書無傳。書此誌時署“前進士”。

437.1010　華嶽醮告碑

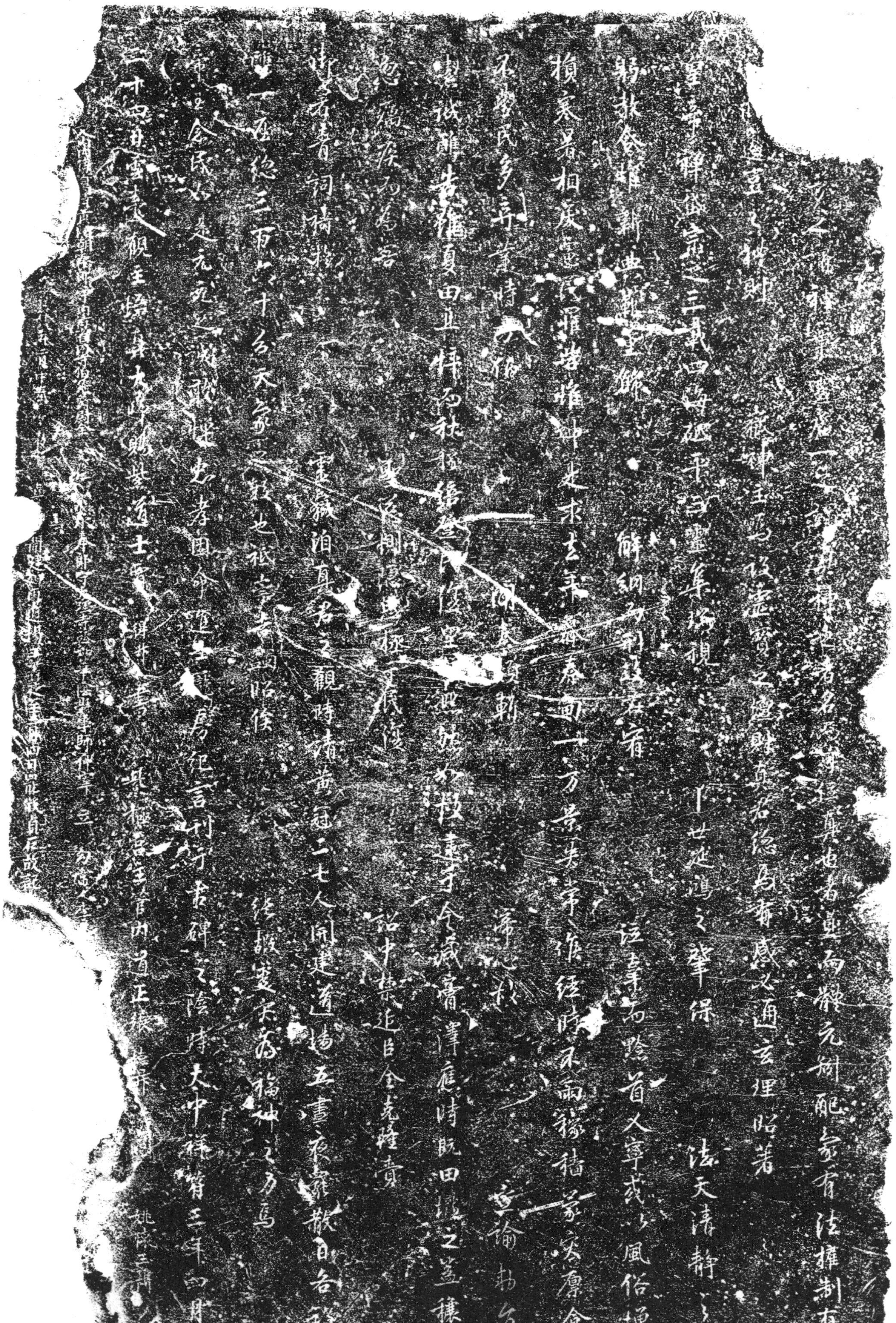

説明

北宋大中祥符三年（1010）四月刻。碑高99厘米，寬63厘米。正文行書14行，滿行36字。龐房撰文，賈得升書丹。現存華山玉泉院。《華山碑石》著録。

釋文

□□□方之謂神，□□□一之謂真。神也者，名而守位；真也者，貞而體元。矧配象有法，權制有」□。□籩豆之禮，則嶽神主焉；設靈寶之壇，則真君總焉。有感必通，玄理昭著」。皇帝禪岱宗之三載，四海砥平，三靈集瑞。視卜世延鴻之肇，保法天清静之」躬。教令惟新，典範重飾。解網而刑政在宥，泣辜而黔首乂寧。或以風俗增」損，寒暑相戾。慮民罹苦，惟神是求。去年春，秦甸一方，景失常候，經時不雨，稼穡蒙災，廪食」不豐，民多弃業。時方伯聞奏，頓軫帝心。故宣諭敕旨」，潔誠醮告。雖夏田且悴，而秋稼倍登。民復里□，熙然如故。逮于今歲，膏澤應時。既田壟之蓋穰」，忽癘疾而爲害。聖慈惻隱，思拯于民。復詔中禁近臣全克隆賫」御署青詞，禱於靈嶽，洎真君之觀。時請黄冠二七人，開建道場五晝夜。罷散日，各設」醮一座，總三百六十分，天象之數也。祇祟吉蠲，昭俟純嘏。變灾爲福，神之力焉」。帝至念民如是，元元之誠，敢憚忠孝。因命進士龐房紀言，刊于古碑之陰。

時大中祥符三年四月」二十四日

雲台觀主悟真大師賜紫道士賈得升書

紫極宫主管内道正張德昇□□姚懷玉鎸」

入内内侍自□黄門朝奉郎守内侍省内侍伯飛騎尉全克隆、承奉郎守大理寺丞知華

陰縣事師仲宰立

勾當人李」（下闕）

438.1030　鄠縣逍遥栖禪寺新修水磨記

大宋京兆府鄠縣逍遥栖禪寺新修水磨記
地肺山沙門志陸撰并書　武威安晟刊石
夫關市農田之賦，邦國所以備於年儲；疏流變磨之功，人世所以資于
日用。斯蓋匠妙，俾自儉行，實濟物之殊功，乃厨須之要務。長安鄠邑有逍遥栖
[illegible]即後秦三藏法師什公譯經之地也。山寺名標勝槩，面對終南，況草木
以雲奇，嘗為僧所開[illegible]境絶異，具載豐碑[illegible]寺之東南隅三里
已來，案圖經曰高觀之谷，其谷口有隙地，先是尚行溫之地，乃前寺主宗[illegible]
於年中以金帛易之，[illegible]始造今皆以[illegible]壚曾未田種，今寺主法普始一日與
同志曰：此處地據澗口，水會衆流，欲樹建於磨，豈似不煩於民力？既陳厥議，[illegible]
悦隨遂，乃募[illegible]善聲，開峻擇方，興功力會，乃資財。有信士張彥寶施
青蚨百緡助充營建，是以掄材[illegible]選匠鳩工，繩墨合於規模，巧拙皆依
制度。於是危樓巘起，疑蜃吐而雲成；駭浪奔輪，若虬蟠而搏影。且觀其源
危峯巘岫，狀怪形奇[illegible]也；瑩碧澄潭，深流無底，人而過者莫敢而窺。於
夏絶於炎燠，則可滋于稼穡，一方既於畦壠，則挹之弗窮。其磨亭正座五間
成[illegible]面開，客館東敞，僧房俾來者從以塵襟醒乎耳目，望遠天而空闊
良多，覩雨露於[illegible]觀豐章[illegible]然世外，林絶喧繁，嘉賞心獨刹於禪
[illegible]務，資於閭里，約貲美錢三百餘緡，歲月未周，工未功畢，是知地之興也
有其時，物之成兼良因。其主今寺主法普，[illegible]養主法明，並以精勤無怠
行有聞，皆繼踵於身，宗為鄉閭之所仰也。而兆積於功，俟安以樹於勝
者，然乃以厥事問[illegible]陵谷，若陸[illegible]見託，固讓弗得，輒述[illegible]
[illegible]年[illegible]八月二十五日記

説明

北宋天聖八年（1030）八月刻。碑高71厘米，寬73厘米。正文行書25行，滿行30字。沙門志陸撰文並書丹。碑下方泐蝕較重。現存西安市鄠邑區草堂寺碑廊。《金石續編》《户縣碑刻》著録。

釋文

大宋京兆府鄠縣逍遥栖禪寺新修水磨記」

地肺山沙門志陸撰并書

武威安晟刊石」

夫闤市農田之賦，邦國所以備於年儲；疏流變磨之功，人世所以資于」日用。矧兹匠妙，俾自輪行。實濟物之殊功，乃厨須之要務。長安鄠邑有逍遥精」舍焉，即後秦三藏法師什公譯經之地也。此寺名標勝概，面對終南。況草木」以靈奇，嘗高僧而間出。秦洎隋唐，皆高僧譯經之地也。境稱絶異，具載豐碑。此不復序。寺之東南隅三里」已來，案《圖經》曰“高觀之谷”。其谷口有隟地，先是尚行温之地，乃前寺主崇恩端」拱年中以金帛易之。從始迄今，皆以荒墟，曾未田種。今寺主法普，始一日与」同志曰：“此處地壖澗口，水會㶟流，欲樹建於磨亭，似不煩於巨力。”既陳厥議，咸」以悦隨。遂乃剪伐蓁蕪，鑿開峻岸。方興功力，會乏資財。有信士張彦實，施以」青蚨百繩，助充營建。是以掄材聚墨，選匠鳩工。徘徊盡合於規模，巧拙皆依於」制度。於是危樓崛起，疑蜃吐而雲成；駭浪奔輪，若虬蟠而搏影。且觀其源也」，危峰巘岫，狀怪形奇。下之水也，瑩碧澄潭，深沉無底。人而過者，莫敢而窺。故九」夏絶於炎殃，則可滋于稼穡；一方溉於畦壟，則挹之弗窮。其磨亭正座五間，都」成七架。西開客館，東敞僧房。俾来者洗以塵襟，醒乎耳目。望邃天而空闊，夜」月良多；睹雨霽於秋光，屏觀疊嶂。闃然世外，杜絶喧繁。噫！豈止獨利於禪林」，抑亦務資於閭里。約費羨鏹三百餘緡。歲月未周，土木功畢。是知地之興也，故」有其時；物之盛衰，良因其主。今寺主法普与供養主法明，並以精勤無怠，道」行有聞，皆繼踵於真宗，爲鄉閭之所仰也。苟非積於勤儉，安以樹於勝因」者哉。乃以厥事既周，慮遷陵谷。志陸猥承見託，固讓弗遑，輒述蕪辭」，誌于翠琰。時天聖八年八月二十五日記」。

住持寺主：法普、法珎　□□：行賓、行感」

當寺監寺：法全　供養主：法明　磨主：行達　典座：行素」

廣惠禪院主：惠安　前寺主：師榮樹石　維那：行□」

其磨地窠東至高觀澗，南至澗，西至坡陵上頭，陵頭通人過往，北至草堂寺。已上四至。

按

逍遥栖禪寺，即後秦鳩摩羅什譯經之草堂寺。位于今西安市西南秦嶺北麓圭峰山下鄠邑區草堂鎮。草堂寺之歷史沿革，歷來認爲起于南北朝十六國時後秦高祖皇帝姚興之逍遥園，後改稱草堂寺，唐憲宗時改名栖禪寺，唐末寺毁。宋乾德四年（966）改稱清涼建福院，金明昌四年（1193）復稱草堂寺等。則此碑之發現，可知宋仁宗天聖八年（1030）刻此碑時仍稱逍遥栖禪寺。文末又于磨地四至中云“北至草堂寺”，則亦稱草堂寺。碑下方泐蝕較爲嚴重，闕字依《金石續編》補。

撰書者沙門志陸，生平事迹不詳。撰此誌時署“地肺山沙門”。地肺山，《史記·夏本紀》正義引《括地志》云：“終南山，一名地肺山。”志陸則爲終南山某一寺院沙門。

439.1023—1031　劉孟堅墓誌

説 明

北宋天聖年間（1023—1031）刻。蓋長方形，誌正方形。蓋高44厘米，寬63厘米；誌邊長84厘米。蓋文2行，滿行3字，篆書“劉府君｜墓誌銘｜”。誌文楷書36行，滿行36字。李同撰文，段中庸書丹並篆蓋。蓋四周飾以蓮花圖案。誌左上角斷佚。20世紀70年代西安户縣北鄉出土，具體時、地不詳。現存西安市鄠邑區文物管理委員會。《户縣碑刻》《新中國出土墓誌（陝西叁）》著録。

釋 文

宋故□□郎試秘書省校書郎前守興元府司録參軍劉府君墓誌銘并序｜

朝奉郎尚書都官員外郎柱國賜緋魚袋李同撰

進士段中庸書兼篆蓋」

公諱孟堅，字良史，其先沛國人也。五代祖知俊，素懷勇略，早負軍功。仕梁歷懷鄭二州刺史、同」州節度使。以征伐繼出，師旅憑陵，爲梁主所忌。乃罄室歸秦，復徙家于蜀，遂爲蜀人。厥後宗枝」蕃衍，世德隆盛。固以書於國史，而紀於家諜，此不復述。大王父諱儒，含明隱耀，不求聲位。王父」諱則順，属中原寇亂，孟氏據蜀，居守高節，耻事覇主。父諱峭玉，連州軍事判官，以仲子立朝，追」封太子中舍。公即中舍之長子也。生禀異氣，天資粹靈。年纔勝冠，學就大志。囊文詣京師，卜遇」於王公大賢。時參知政事蘇公易簡大加稱賞，以是文價光於日下。端拱元年，一舉中進士第，釋」褐授大名府永濟縣尉。期年而中舍隕世，公泣血居喪，柴毀過禮。苦於苦梟之慟，傷乃欒棘之」感。孝德弥著，州里重之。服滿，授蒲州臨晉簿。淳化五年未幾，李順寇蜀，王師出討。公膺漕運之」命，議飛輓之急，親董輿賦，出疆鳳州，衹畏簡書，大充兵食。轉運使盧之翰、鄭文寶懋德加賞，飛」表薦能，乃就移丹州軍事推官。未赴任，爲蒲守潘太初構及非戾，罷去官守。公尚宏達，不顧小」謹，怡然樂道，了不介懷。至道三年，真宗嗣位，復授汀州上杭縣尉。值西戎未庭，邊境俶擾」，耀德興武，擢才任人。順州刺史王懷普出牧環郡，上殿奏公有武略材辯，乞任邊陲。詔改慶」州樂蟠主簿。凡三過大軍，境入靈武，公惟幾幹事，先辦推能。轉運使劉綜具善以聞，乞昇朝籍」。罷任歸闕，上《邊防七議》，大抵以進用忠良，排斥權倖，富國强兵之極策，居安慮危之要統。言」高道遠，聳駭聞聽。爲當要者嫉其能，事寢不舉。翌日，授公撫州宜黄縣尉。亟令赴任，仍放辭謝」，蓋不欲公對揚於天陛也。歲餘，詔舉制科，公上所業，乞應賢良方正。奉旨解印歸闕」。會國家以戎祀大事，遽罷其試，調授知虢州盧氏縣。時丞相寇公出鎮分陜，素以推重器能」，奏辟麾下，改命知陜縣事。秩滿，移知河南府福昌縣。西畿之任，舊制：非籍京朝，弗預其命。公試」芸閣而治者，蓋主上委其才能也。公以儒雅飾事，大洽民心，尹正表奏，乞改官秩。任滿，授興」元府司録參軍。子荆之量，長揖而峻威；逸民之能，清譚而著美。莅事期月，革去前弊。退公多暇」，落筆著文，附遞上《朝謁陵寢》《封禪》《祀汾陰》三大禮賦。降旨褒諭，得試長樂。未離任局，坐罪免」官。拂衣歸田，游秦入鄠。得別業於圭峰下，樂玩山水，耽味墳典。以顔子之德，始萌於貳過；柳惠」之賢，無怨於三黜。藴公輔佐君之業，抑騉駿騰夷之足。南陽諸葛非無社稷之能，太丘仲弓□」得公卿之譽。乾興元年九月二日，以疾終於墅居，享年六十。有文集三十卷。嗚呼！惟公風摽峻」整，襟韻曠達。六經之奥，百家之説，包貫胸臆，洞明損益。或興廢之大務，是非之要端，事當疑惑」，衆莫能断，公徐爲籌之，多出人表。辯論縱横，歷歷無窮，所謂智如炙輠者矣。惜其懷才抱器而」弗登顯位，樂天知命而不享遐算。夫人張氏，慈訓負道，婉淑著儀。後公數年而卒。男五人：長曰」蒙，克循儒訓，善奉家猷，孝悌不愆，慶基有後；次曰復，年二十一，策科進士，再命汾州幕，奉」□監蕲州洗馬茶兼知蕲春縣事，冒暑戒塗，遘疾于道，卒於威勝軍西湯驛，後公三年也，附葬」□□之右；次曰隨、曰寅哥、曰德哥，尚幼。女二人：長適右班殿直張表慶；次未適，先公而逝。以天」□□年十二月十八日，葬於京兆府鄠縣珍藏鄉成王里之原，夫人張氏祔焉，禮也。然金石之」□□在鴻筆，惠然見託，固讓不獲，謹爲銘曰：

猗嗟劉公，天資秀傑。探道邃古」，□風往哲。擢才俊域，振譽芳烈。神標冲邁，志意宏達。名位弗顯，道義攸存」。□哉不淑，邈矣塵氛。茂陵遺札，京兆高墳。没而不朽，永樹清芬。

安亮刻字」

按

誌主劉孟堅，《宋史》無傳。誌中所涉“李順寇蜀”事、坐“蒲守潘太初”罪、因“國家以戎祀大事”罷科舉考試事、寇準“出鎮分陜”事等，以及誌所述劉氏家族之世系、遷徙、任職及劉孟堅之生平事迹、所撰《邊防七議》《朝謁陵寢》《封禪》《祀汾陰》及文集三十卷等，均可與正史記載互證，並可補史載之闕。

撰者李同，史載不詳。撰此誌時署“朝奉郎尚書都官員外郎柱國賜緋魚袋”。

440.1049　樓觀改名順天興國觀公文碣

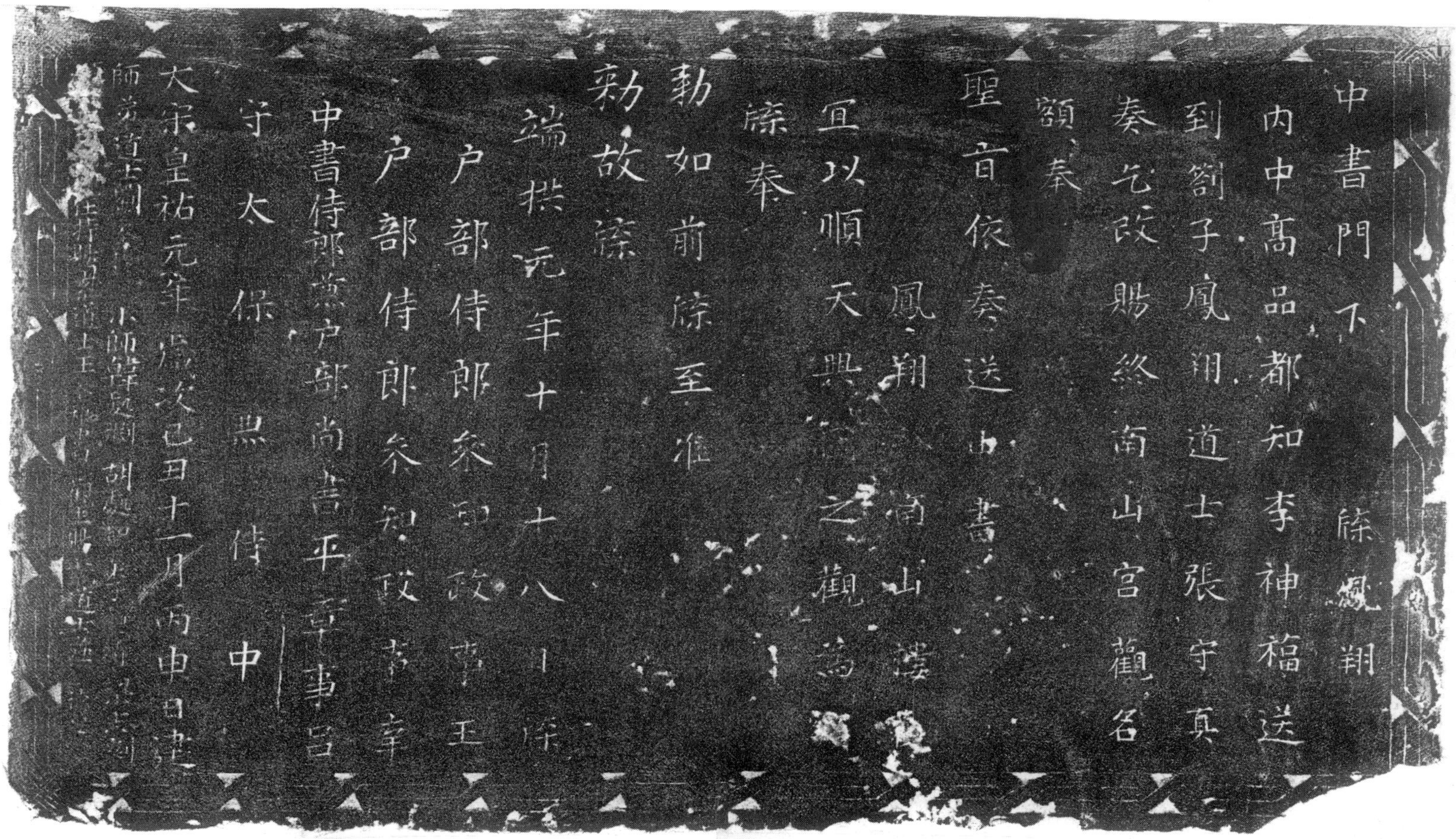

中書門下　牒鳳翔
內中高品都知李神福送
到劉子鳳翔道士張守真
奏乞改賜終南山宮觀名
額奉
聖旨依奏送中書
鳳翔　南山樓
宜以順天興　之觀爲
牒奉
勑如前牒至准
勑故牒
端拱元年十月十八日牒
戶部侍郎參知政事王
戶部侍郎參知政事辛
中書侍郎兼戶部尚書平章事呂
守太保兼侍中
大宋皇祐元年歲次己丑十一月丙申日建

説明

北宋皇祐元年（1049）十一月刻。碣長方形。高39厘米，寬76厘米。碣文楷書19行，滿行10字。周飾回形紋。現存周至縣樓觀臺説經臺西碑廳東墻。《樓觀臺道教碑石》著録。

釋文

中書門下牒：鳳翔」内中高品都知李神福送」到劄子，鳳翔道士張守真」奏乞改賜終南山宫觀名」額。奉」聖旨，依奏送中書」。鳳翔終南山樓觀」宜以順天興國之觀爲額」。牒奉」敕如前。牒至，准」敕，故牒」。

端拱元年十月十八日牒」

户部侍郎參知政事王」

户部侍郎參知政事辛」

中書侍郎兼户部尚書平章事吕」

守太保兼侍中」

大宋皇祐元年歲次己丑十一月丙申日建」

師弟道士劉□□　小師韓處淵、胡處和、李處清、梁志刻」

□□□□住持賜紫道士王□□書　觀主賜紫道士强□□」

按

此碑爲宋初中書門下所頒改樓觀爲順天興國觀之牒。由道士張守真建議，宦官内中高品、都知李神福送到（其生平事迹見《宋史·宦者一》），押鑒者有户部侍郎參知政事王沔、户部侍郎參知政事辛仲甫、中書侍郎兼户部尚書平章事吕蒙正、守太保兼侍中趙普（見《宋史·宰輔表一》“（端拱元年）二月庚子，王沔自樞密副使加户部侍郎、參知政事……二月乙未……參知政事辛仲甫加户部侍郎……二月庚子……吕蒙正自給事中、參知政事加中書侍郎兼户部尚書、監修國史，並同中書門下平章事……二月乙未……給事中許國公趙普守太保兼侍中”）。此碑對于瞭解宋初的宗教政策及宗教寺觀之管理等，都具一定的史料價值。

441.1056　遊藥水寺碑

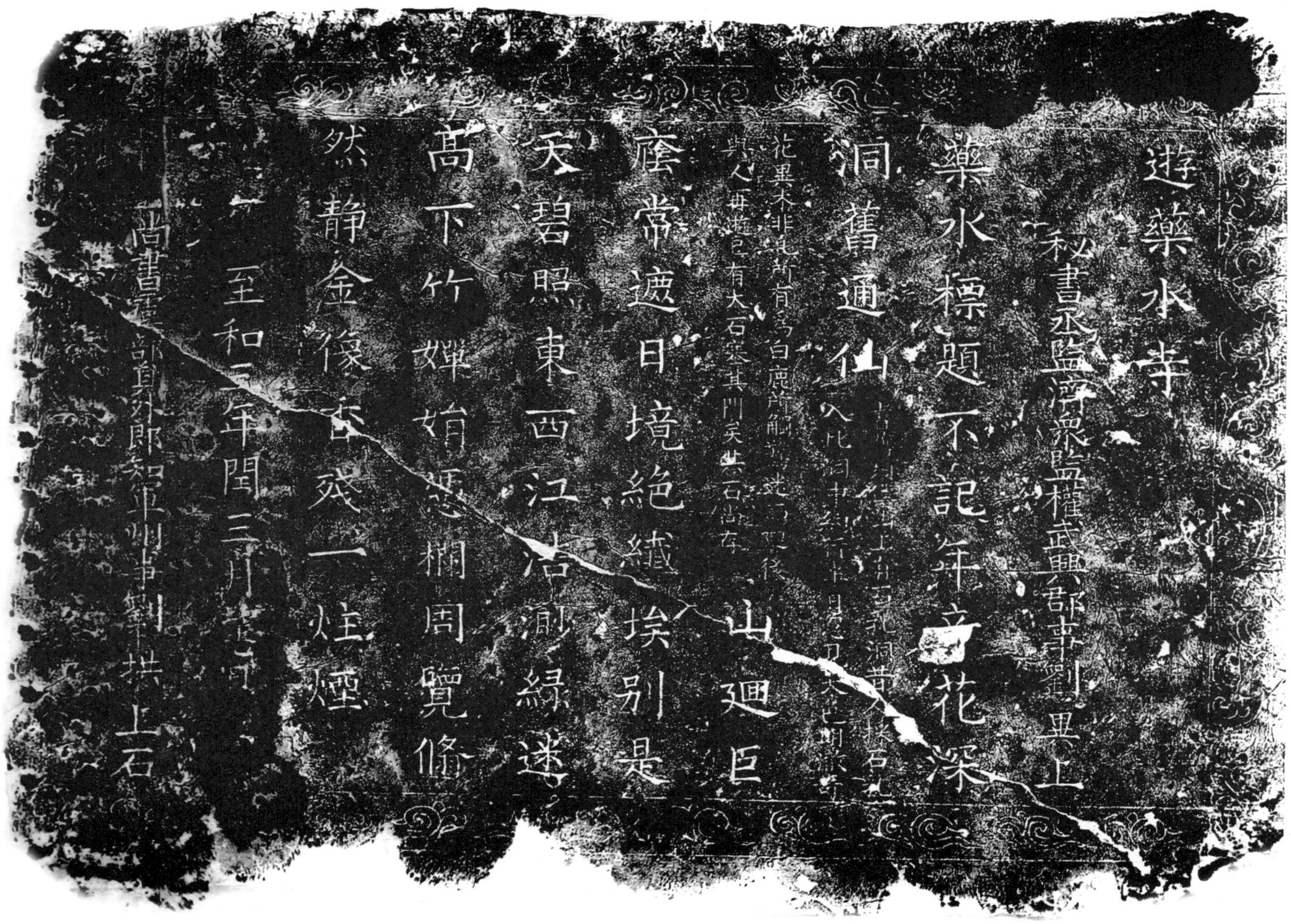

説明

北宋至和三年（1056）閏三月刻。碑高58厘米，寬85厘米。正文楷書11行，滿行10字。劉異撰文。四周飾卷雲紋。原在漢中略陽縣藥水寺。現存略陽縣靈岩寺博物館。《陝西金石志》《漢中碑石》著録。

釋文

遊藥水寺」

秘書丞監濟衆監權武興郡事劉異上」

藥水標題不記年，奇花深」洞舊通仙。耆舊相傳，山上有石乳洞。昔人採石乳」入此洞中，約行半日，忽見天色明徹，奇」花異木，非凡所有。爲白鹿所觸，驚迷而迴。後與人再遊，已有大石塞其門矣。其石尚存。山迴巨」麿常遮日，境絶纖埃别是」天。碧照東西江浩渺，緑迷」高下竹嬋娟。憑欄周覽翛」然静，金像香殘一炷煙」。

至和三年閏三月望日」

尚書虞部員外郎知軍州事劉拱上石。

按

撰者劉異，字成伯，福州人，宋仁宗天聖八年（1030）進士，官大理寺評事（據《宋端明殿學士蔡忠惠公文集·尚書屯田員外郎贈光禄卿劉公墓碣》）。

442.1060　侯訢墓誌

説明

北宋嘉祐五年(1060)十月刻。蓋盝形,誌正方形。誌、蓋尺寸相同,邊長均79厘米。蓋文3行,滿行3字,楷書“大宋故」侯府君」墓誌銘」”。誌文29行,滿行29字。趙瞻撰文,宗莘書丹,楊恪題蓋。蓋四殺綫刻四神圖案,誌四周飾卷草紋。近年周至縣出土。現存周至縣文物管理委員會。

釋文

大宋故朝奉郎尚書駕部員外郎前通判華州軍州兼管内勸農事輕車都」尉賜緋魚袋侯君墓誌銘并序」

承奉郎守秘書丞新知彭州永昌縣事騎都尉趙瞻撰」

河南宗莘書

成都任兼填諱

新平楊恪題蓋」

君諱訢,字叔泰,其先閬州閬中人。以景德初東徙家岐,自君而下,即爲」岐人。曾祖光裔、祖廷朔貲視君封始浹。國初大化,皆未及仕」。考文儁,乃仕至内殿崇班、閤門祗候,累贈左領軍衛大將軍。母王氏,贈福昌」縣太君。祥符中,領軍奉使督陝府西路刑獄,賜一子官,授」君三班借職,掌司竹監。會陳文惠公方參機務,才君精敏,奏可文吏」。詔换華州渭南縣主簿。入銓,補利州綿谷縣主簿。本道及州大吏推薦,擢授」將作監丞,出知滑州韋城縣事。遷大理丞,知河南府澠池縣事。遷太子中舍」,敕知忠州事。移疾不拜,即請監鳳翔府横渠鎮税務。既得請,就遷殿中丞」。上祀明堂,例遷國子博士。尋差通判梓州,就遷尚書虞部員外郎,賜五品服」佩。次遷司門員外郎,通判華州事。還朝,遷駕部員外郎。以嘉祐五年秋」七月二十有七日卒,享年五十二。以十月三十日,葬于鳳翔府盩厔縣仙遊」鄉孟召社之先塋,夫人孫氏祔焉。子男三人:曰復,早卒;曰震、曰益,方嚮學問」。女三人:一歸大理丞鄭惟幾,次歸普潤縣令張戩,次未字。君志學藝,持」議論,故所與游多世名卿。其謙折敏邁,聳善趣義,尤爲所長云。前葬日」,君之兄識敕其從兄之子去惑撰次行事,以其狀來請爲序贊,銘之墓石。予」謂狀有善志四,是亦不朽者已。初,吏州縣領行臺推最,凡三十餘獄,情得罪」臣,没齒無訟,是具書于利滑之考課,可得覆視。其爲澠令,時邑郭舊,苦水患」久之,道途廬舍寖齧以壞,君即帥衆行水,使距畎澮,此可訪澠之民爲」不誣。又曩在雍,與大理丞尚穎游。穎,有道師儒,死無餘財,君具錢十萬」,與好事者共賻其葬。此則雍人聞者,莫不義之。及今夏入朝,得疾病,士」人多來問之,君獨恬然方對賓客,談名理,齊生死,若初無苦者,頃間即」瞑,賓出具能道此。噫,亦達矣!是四善爲得才利義達之一端,又盡可質之于」文書謡俗及士大夫而信。則其從子狀爲無愧辭,予銘亦其可。即銘之曰」:

善惡於其藏也均,侯君有善也四,其不泯」則於歸之全也足云。

安元吉、張遵刊」

按

誌主侯訢,史無載。誌所載侯氏之家族譜系、侯訢所任職官及當時的行政區劃等,均可補史載之闕。此誌出土具體地點不詳,據誌所云“葬于鳳翔府盩厔縣仙遊鄉孟召社”,當爲今周至縣馬召鎮上孟家村。

撰者趙瞻,《宋史》卷三四一有傳。陝西周至人,與誌主同鄉。官至户部侍郎、樞密直學士。撰此誌時署“承奉郎守秘書丞新知彭州永昌縣事騎都尉”。

443.1061　宋壽昌妻師氏墓誌

宋故師
氏夫人
墓誌銘

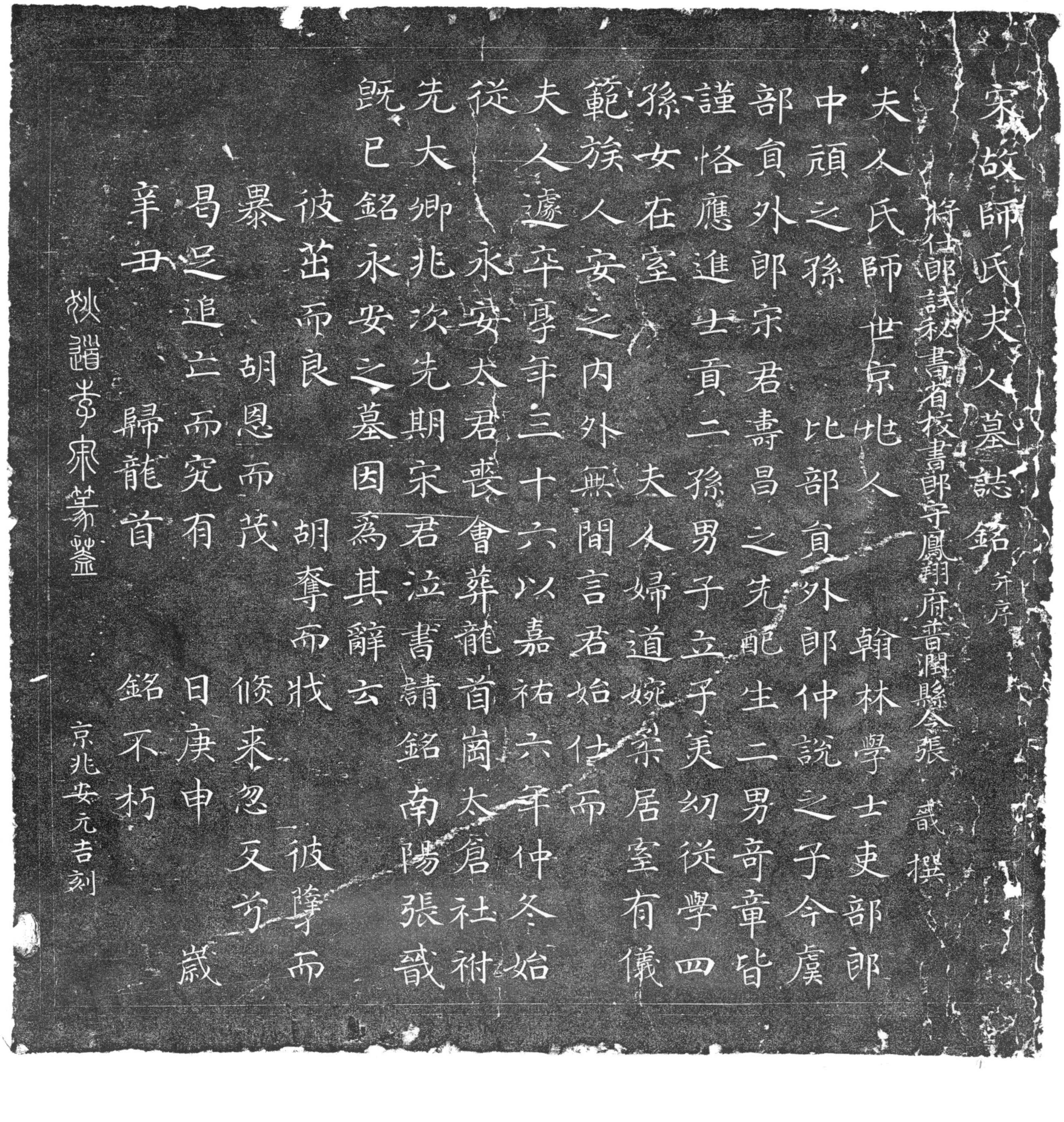
宋故師氏夫人墓誌銘并序
將仕郎試秘書省校書郎守鳳翔府普潤縣令張　戩撰
夫人氏師世京兆人翰林學士吏部郎
中頏之孫比部員外郎仲說之子今虞
部員外郎宋君壽昌之先配生二男奇章皆
謹恪應進士貢二孫男子立子美幼從學四
孫女在室夫人婦道婉柔居室有儀
範族人安之内外無間言君始仕而
夫人遽卒享年三十六以嘉祐六年仲冬始
從永安太君喪會葬龍首崗太倉社祔
先大卿兆次先期宋君泣書請銘南陽張戩
既已銘永安之墓因爲其辭云
彼茁而良　胡奪而戕　彼孽而
暴　胡恩而茂　倏來忽又兮歲
曷足追亡而究有　日庚申
辛丑　歸龍首　銘不朽
秋譜李宋篆蓋
京兆安元吉刻

説明

北宋嘉祐六年（1061）十一月刻。蓋盝形，誌長方形。蓋長41厘米，寬39厘米；誌長64厘米，寬61厘米。蓋文3行，滿行3字，篆書“宋故師」氏夫人」墓誌銘」”。誌文楷書17行，滿行17字，末行上六字爲篆書。張戩撰文，李寂篆蓋。蓋四殺爲四神及雲紋，四周飾雲紋，左、右上角斷佚；誌四邊爲雙綫框。出土時、地不詳。現存西安博物院。《陝西碑石精華》《新中國出土墓誌（陝西叁）》著録。

釋文

宋故師氏夫人墓誌銘并序」

將仕郎試秘書省校書郎守鳳翔府普潤縣令張戩撰」

夫人氏師，世京兆人。翰林學士吏部郎」中頏之孫，比部員外郎仲説之子，今虞」部員外郎宋君壽昌之先配。生二男奇、章，皆」謹恪，應進士貢。二孫男子立、子美，幼從學。四」孫女，在室。夫人婦道婉柔，居室有儀」範，族人安之，内外無間言。君始仕，而」夫人遽卒，享年三十六。以嘉祐六年仲冬，始」從永安太君喪，會葬龍首崗太倉社，祔」先大卿兆次。先期宋君泣書請銘南陽張戩」，既已銘永安之墓，因爲其辭云」：

彼茁而良，胡奪而戕。彼孽而」暴，胡恩而茂。倏来忽反兮」，曷足追亡而究有。日庚申，歲」辛丑，歸龍首，銘不朽」。

狄道李寂篆蓋

京兆安元吉刻」

按

誌主師氏，史無載。墓誌出土地點不詳，據誌所云“葬龍首崗太倉社”，當爲今西安市北郊大白楊一帶。其夫《宋壽昌墓誌》見本書445.1071條。

撰者張戩，《宋史·張載傳》附傳。北宋理學大家、關學創始人張載之弟。陝西眉縣人。撰此誌時署“將仕郎試秘書省校書郎守鳳翔府普潤縣令”。

444.1063　孫勝墓券

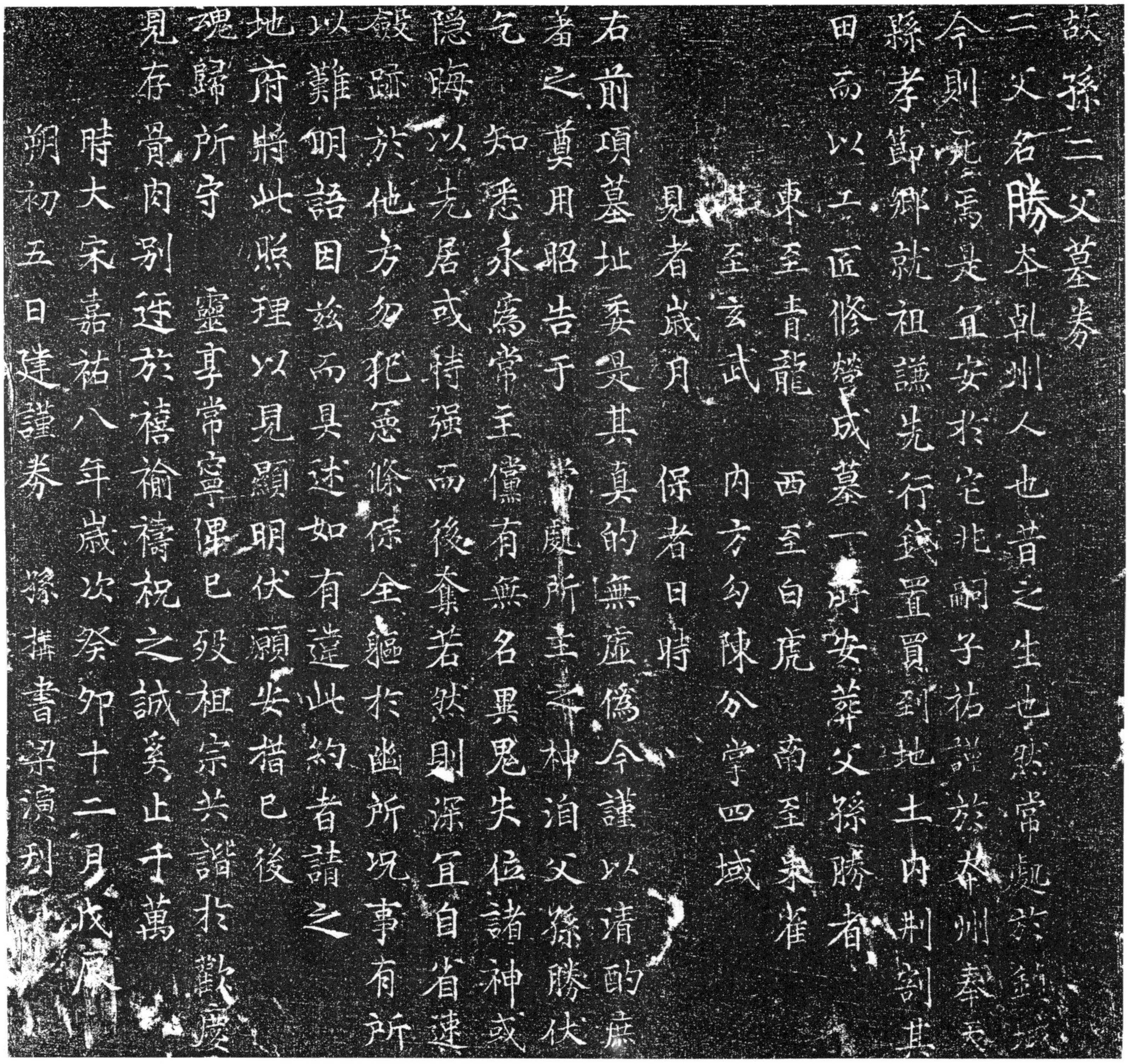

説明

北宋嘉祐八年（1063）十二月刻。券正方形。邊長40厘米。正文楷書19行，滿行19字。孫構書丹。近年乾縣出土，具體時間不詳。現存乾陵博物館。《咸陽碑刻》《新中國出土墓誌（陜西壹）》著録。

釋文

故孫二父墓券」

二父名勝，本乾州人也。昔之生也，然常處於鎮城」；今則死焉，是宜安於宅兆。嗣子祐，謹於本州奉天」縣孝節鄉，就祖謙先行錢置買到地土内，刑割其」田，而以工匠修營成墓一所，安葬父孫勝者」。

東至青龍，西至白虎，南至朱雀」，北至玄武。内方勾陳，分掌四域，見者歳月，保者日時」。

右前項墓址，委是其真，的無虚僞。今謹以清酌庶」羞之奠，用昭告于當處所主之神，洎父孫勝伏」乞知悉，永爲常主。儻有無名異鬼，失位諸神，或」隱晦以先居，或恃强而後奪。若然，則深宜自省，速」斂迹於他方；勿犯憲條，保全軀於幽所。况事有所」以難明，語因兹而具述。如有違此約者，請之」地府，將此照理，以見顯明。伏願安措已後」，魂歸所守，靈享常寧。俾已殁祖宗，共諧於歡慶」；見存骨肉，别迓於禧褕。禱祝之誠，奚止千萬」。

時大宋嘉祐八年歳次癸卯十二月戊辰」朔初五日建，謹券。

孫構書，梁演刊」

按

買地券，是東漢以後出現的象徵墓主擁有此墓地的券證。此券證行文流暢，四至明晰，是研究宋代買地券不可多得的珍貴資料。下文南宋淳熙元年（1174）滑璋地券同。

445.1071　宋壽昌墓誌

宋故尚書
虞部員外
郎宋府君
墓誌之銘

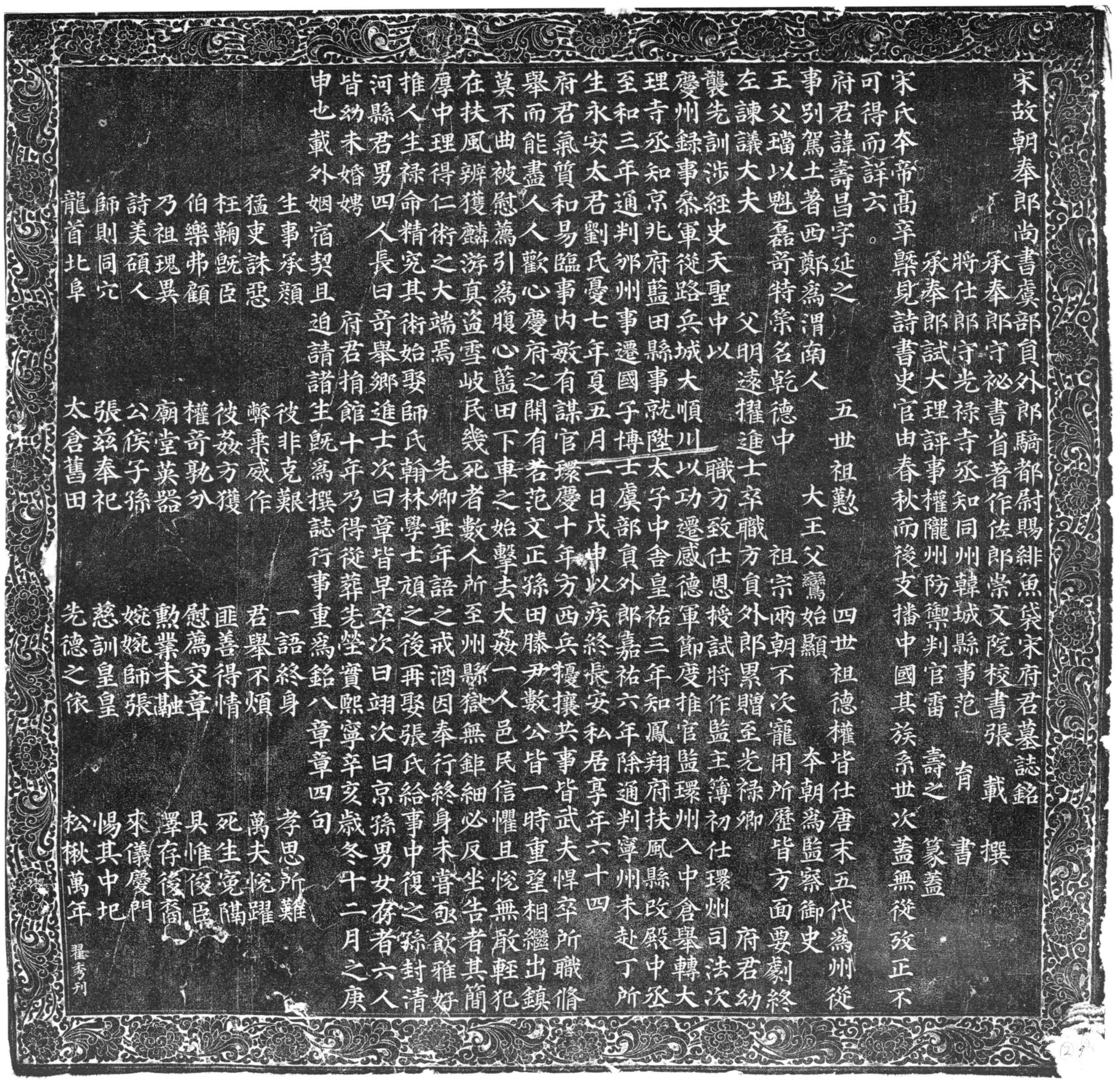

宋故朝奉郎尚書虞部員外郎騎都尉賜緋魚袋宋府君墓誌銘
承奉郎守祕書省著作佐郎崇文院校書張　載　撰
將仕郎守光祿寺丞知同州韓城縣事范　育　書
承奉郎試大理評事權隴州防禦判官雷　壽之　篆蓋
宋氏本帝高辛槩見詩書史官由春秋而後支播中國其族系世次蓋無從攷正不
可得而詳云。
府君諱壽昌字延之　五世祖勳　四世祖德權皆仕唐末五代爲州從
事別駕土著西鄭爲渭南人　大王父鸞始顯　本朝爲監察御史
王父瑺以魁磊奇特策名乾德中　祖宗兩朝不次寵用所歷皆方面要劇終
左諫議大夫　父明遠擢進士第職方員外郎累贈至光祿卿　府君幼
襲先訓涉經史天聖中以職方致仕恩授試將作監主簿初仕環州司法次
慶州錄事參軍從路兵城大順川以功遷感德軍節度推官監環州入中倉舉轉大
理寺丞知京兆府藍田縣事就陞太子中舍皇祐三年知鳳翔府扶風縣改殿中丞
至和三年通判邠州事還國子博士虞部員外郎嘉祐六年除通判寧州未赴丁所
生永安太君劉氏憂七年夏五月二日戊申以疾終長安私居享年六十四
府君氣質和易臨事內斂有謀官環慶十年方西兵擾攘共事皆武夫悍卒所職脩
舉而能盡人人歡心慶府之關有若范文正孫田滕尹數公皆一時重望相繼出鎮
莫不曲被慰薦引爲腹心藍田下車之始擊去大姦一人邑民信懼且悅無敢輕犯
在扶風辨獲麟游真盜雪岐民幾死者數人所至州縣獄無鉅細必反坐告者其簡
厚中理得仁術之大端焉　先卿垂年語之戒酒因奉行終身未嘗亟飲雅好
推人生祿命精究其術始娶師氏翰林學士頏之後再娶張氏給事中復之孫封清
河縣君男四人長曰奇舉鄉進士次曰章皆早卒次曰翊次曰京孫男女存者六人
皆幼未婚娉　府君捐館十年乃得從葬先塋實熙寧辛亥歲冬十二月之庚
申也載外姻宿契且迫請諸生既爲撰誌行事重爲銘八章章四句
生事承顏　彼非克艱　一語終身　孝思所難
猛吏誅惡　弊乘威作　君舉不煩　萬夫悅躍
枉鞠既臣　彼姦方獲　匪善得情　死生寬隔
伯樂弗顧　權奇孰分　慰薦交章　具惟俊臣
乃祖瑰異　廟堂英器　勳業未融　澤存後裔
詩美碩人　公侯子孫　婉婉師張　來儀慶門
師則同穴　張茲奉祀　慈訓皇皇　惕其中圮
龍首北阜　太倉舊田　先德之依　松楸萬年
翟秀刊

1062

説 明

北宋熙寧四年（1071）十二月刻。蓋盝形，誌正方形。誌、蓋尺寸相同，邊長均84厘米。蓋文4行，滿行4字，篆書“宋故尚書」虞部員外」郎宋府君」墓誌之銘」”。誌文楷書32行，滿行32字。張載撰文，范育書丹，雷壽之篆蓋。蓋四周及誌四邊均爲纏枝牡丹紋。出土具體時、地不詳。現存西安博物院。《陝西碑石精華》《新中國出土墓誌（陝西叁）》著録。

釋 文

宋故朝奉郎尚書虞部員外郎騎都尉賜緋魚袋宋府君墓誌銘」

承奉郎守秘書省著作佐郎崇文院校書張載撰」

將仕郎守光禄寺丞知同州韓城縣事范育書」

承奉郎試大理評事權隴州防禦判官雷壽之篆蓋」

宋氏本帝高辛，概見詩書史官。由春秋而後，支播中國。其族系世次，蓋無從考正，不」可得而詳云」。府君諱壽昌，字延之。五世祖懃、四世祖德權，皆仕唐末、五代，爲州從」事别駕。土著西鄭，爲渭南人。大王父鸞，始顯本朝，爲監察御史」。王父瑨，以魁磊奇特，策名乾德中。祖、宗兩朝，不次寵用，所歷皆方面要劇，終」左諫議大夫。父明遠，擢進士，卒職方員外郎，累贈至光禄卿。府君幼」襲先訓，涉經史。天聖中以職方致仕，恩授試將作監主簿。初仕環州司法，次」慶州録事參軍。從路兵城大順川，以功遷感德軍節度推官。監環州，入中倉，舉轉大」理寺丞，知京兆府藍田縣事，就陞太子中舍。皇祐三年，知鳳翔府扶風縣，改殿中丞」。至和三年，通判邠州事，遷國子博士、虞部員外郎。嘉祐六年，除通判寧州。未赴，丁所」生永安太君劉氏憂。七年夏五月二日戊申，以疾終長安私居，享年六十四」。府君氣質和易，臨事内敏有謀。官環、慶十年，方西兵擾攘，共事皆武夫悍卒。所職脩」舉，而能盡人人歡心。慶府之開，有若范文正、孫田、滕尹數公，皆一時重望，相繼出鎮」，莫不曲被慰薦，引爲腹心。藍田下車之始，擊去大奸一人，邑民信懼且悦，無敢輕犯」。在扶風，辨獲麟游真盗，雪岐民幾死者數人。所至州縣，獄無鉅細，必反坐告者。其簡」厚中理，得仁術之大端焉。先卿垂年，語之戒酒，因奉行終身，未嘗亟飲。雅好」推人生禄命，精究其術。始娶師氏，翰林學士頏之後。再娶張氏，給事中復之孫，封清」河縣君。男四人。長曰奇，舉鄉進士。次曰章。皆早卒。次曰翊。次曰京。孫男女存者六人」，皆幼，未婚娉。府君捐館十年，乃得從葬先塋，實熙寧辛亥歲冬十二月之庚」申也。載外姻宿契，且迫請諸生。既爲撰誌行事，重爲銘八章，章四句」：

生事承顔，彼非克艱。一語終身，孝思所難」。猛吏誅惡，弊乘威作。君舉不煩，萬夫悦躍」。枉鞠既臣，彼奸方獲。匪善得情，死生冤隔」。伯樂弗顧，權奇孰分。慰薦交章，具惟俊臣」。乃祖瑰異，廟堂英器。勳業未融，澤存後裔」。詩美碩人，公侯子孫。婉婉師張，來儀慶門」。師則同穴，張兹奉祀。慈訓皇皇，惕其中圮」。龍首北阜，太倉舊田。先德之依，松楸萬年。

翟秀刊」

按

誌主宋壽昌，《宋史》不載。誌所載宋氏之家譜世系、宋壽昌生平事迹及任職情況等，均可補史載之闕。墓誌出土地點不詳，據誌載“長安私居”“龍首北阜”，當爲今西安市北郊龍首原。其原配夫人《宋壽昌妻師氏墓誌》見本書443.1061條，其繼室夫人《宋壽昌妻張氏墓誌》見本書452.1090條。

撰者張載，《宋史》卷四二七有傳。北宋理學大家、關學創始人。陝西眉縣人。撰此誌時署“承奉郎守秘書省著作佐郎崇文院校書”。

書者范育，宋邠州三水人。舉進士，爲涇陽令。書此誌時署“將仕郎守光禄寺丞知同州韓城縣事”。北宋元豐元年（1078）七月亦書有《程樞墓誌》，時署“承奉郎守秘書省著作佐郎直集賢院權檢詳樞密院兵房文字”。見本書447.1078條。

篆者雷壽之，生平不詳。篆此蓋時署“承奉郎試大理評事權隴州防禦判官”。

446.1074　馬端墓誌

宋故西京左藏庫使銀青光祿大夫檢校左散騎常侍兼御史大夫充益利路
兵馬鈐轄提舉兵甲巡檢公事上騎都尉扶風縣開國伯
誌銘并序

説明

北宋熙寧七年（1074）三月刻。蓋佚。誌正方形。邊長89厘米。誌文楷書32行，滿行30字。劉顗撰文並書丹，李元直篆蓋。誌下部泐蝕，字間有漫漶不清處。1970年户縣甘亭鎮六老庵村出土。現存西安市鄠邑區文物管理委員會。《陝西碑石精華》《新中國出土墓誌（陝西叁）》著録。

釋文

宋故西京左藏庫使銀青光禄大夫檢校左散騎常侍兼御史大夫充益利路」兵馬鈐轄提舉兵甲巡檢公事上騎都尉扶風縣開國伯食邑五百户馬公墓」誌銘并序」

宮苑副使銀青光禄大夫檢校右散騎常侍兼御史大夫致仕劉顗撰并書」

狄道李元直篆蓋」

慶曆五年冬十月，相國文潞公鎮蜀，首上章請以馬端爲益利路兵馬鈐轄」，仁宗已常題記姓名於秘殿，見章，立可其奏，降制曰："坤維遠京師，握兵柄，苟非」才傑有威名者，豈副吾選。馬端文武兼才，宜往。"除左藏庫使。以行道病，至益七」日卒，享年四十六。以熙寧七年三月壬寅，葬於鄠縣澇水之北，從先塋也。前葬」，季子佶来請銘。顗早辱公知，記公立身行事尤詳，不當辭銘。公諱宗誨，字承之」，後改名端。曾祖翊，不仕。祖則，爲忠武軍書記，贈水部郎中。考景，登進士第，爲工」部郎中、直史館，贈太常少卿。公以遺表賜三傳出身，調爲藍田尉、蘇州司户、興」元府推官。遷大理寺丞、太子中舍、殿中丞、國子太常二博士、監察御史，换内藏」庫副使，供備左藏庫使。其歷任知秦州成紀、潁州汝陰、許州郾城，通判儀、延二」郡，知丹、鄜、利三州，梓夔、益利二路鈐轄。公襟靈俊邁，風度秀整。書史一覽，即誦」於口。其爲文與詩，氣格如杜牧之。尤工書，得鍾、王之法。壯年益勤，遂入妙品」。仁宗嘗令中使宣諭云："馬端表疏宜親書，勿拘真行也。"當時榮之。公爲童時，寇」萊公鎮京兆，與少卿夙舊，即其家，拜神座前。公引諸弟羅拜涕泣，萊公驚其風」儀，撫之曰："吾故人有令子。"及爲尉掾，擊奸抗論，不避權貴。在忠武、興元，贊畫太」守，有嘉譽。其爲縣令，鉗吏戛豪，必置之法，兇暴斂迹。夏戎寇延州，大將戰殁。范」文正公爲帥，辟公貳郡事。兵術民政，動多諮訪。時日不暇給，公視之有餘力。及」龐丞相至，公建議築橋子谷寨，以扼賊徑。與諸將被堅戮力，以終其役。龐公上」疏，稱公才略，换内藏庫副使，知丹州。既而夏戎請盟，公無試用，遂三徙以終。初，韓魏公經略西方，薦公文宜充臺閣，賜進士出身。及除御史，爲言者追其制。既」授益州命，上旨一歲與刺史。噫，其不壽豈數奇邪？及殁，聞者歎之，而貧無」以辦喪事。文潞公哭之慟，厚賻給之。夫人王氏，封蓬山縣，淑德多内助。公殁，篤」訓諸子以立。後公廿六年殁，今祔，禮也。四子：僚、佺、佶、倓。朝廷以公殁遠方，授」二子官。僚得奉職，後爲右侍禁都巡檢；佺得太廟齋郎，後六年卒。龐公追惟舊」功，復奏佶爲太廟齋郎，今爲邠州録事參軍，幹敏純孝，能嗣厥家。二女：長適中」舍崔衮，次適進士勾佾。孫男四人，女十二人。銘曰：

馬氏顯大，由漢至宋，史」不絶辭。洎公之生，傑才妙翰，天子嘉之。英氣沉略，慨然功名，大臣薦之。何」壽之不遐，位未崇高，而無所施。嗚呼！銘于泉，還大塊兮。

翟秀刻字

按

誌主馬端，《宋史》無傳，生平事迹亦不見于他書。誌所載馬端之家族世系及任職情況等，均可補史載之闕。又誌所載當時文士武將如"相國文潞公"即文彦博，"寇萊公"即寇準，"范文正公"即范仲淹，"龐丞相"即龐籍，"韓魏公"即韓琦等，均與馬端有交集，亦可與史載其時名流之交游及陝西地方軍事、經濟、司法、政治等形勢互爲補證。

撰書者劉顗，《宋史》無傳，生平事迹亦不見于他書。撰並書此誌時署"宮苑副使銀青光禄大夫檢校右散騎常侍兼御史大夫"。

宋故安
定程君
墓誌銘

447.1078　程樞墓誌

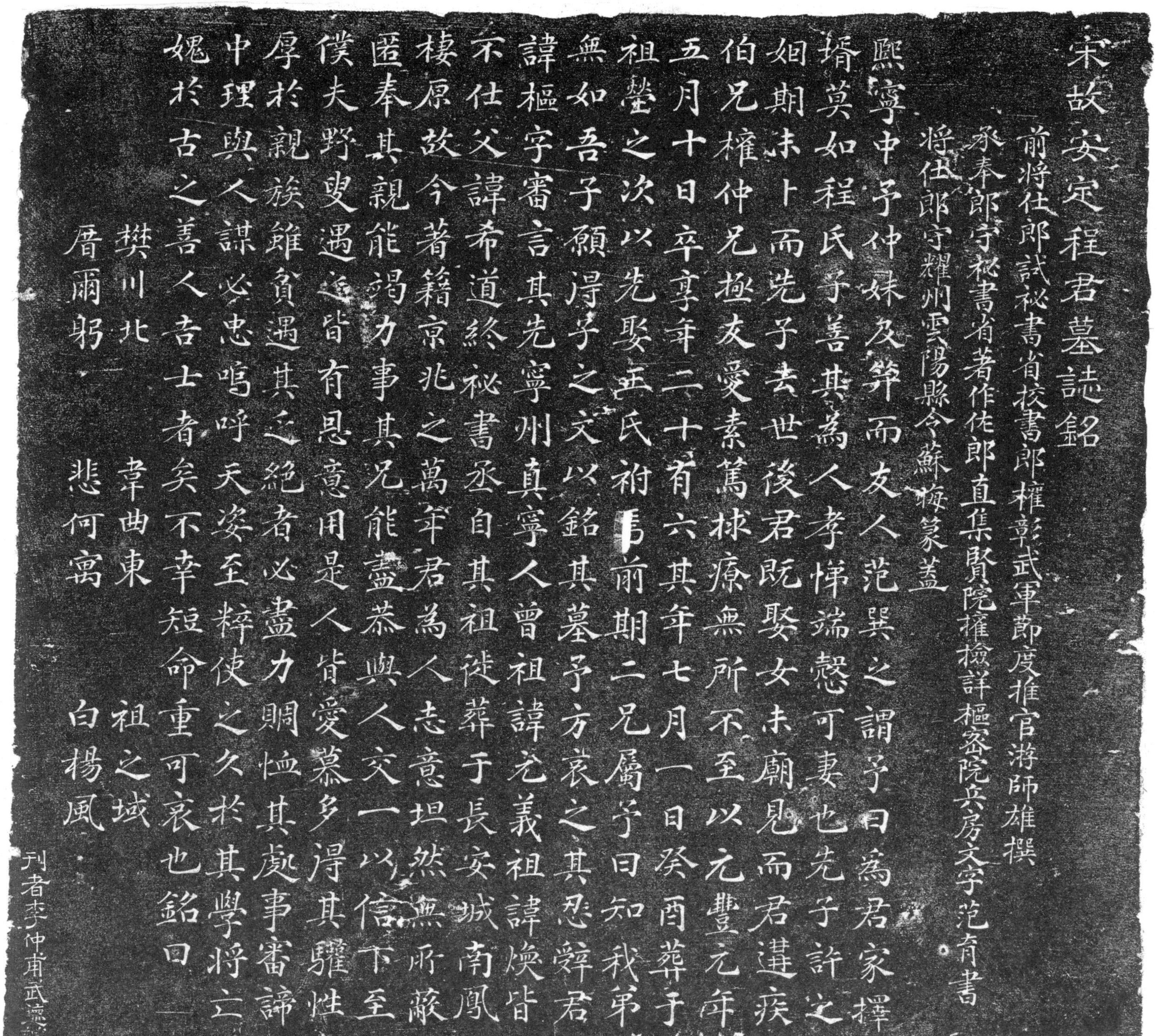
宋故安定程君墓誌銘
前將仕郎試祕書省校書郎權彰武軍節度推官游師雄撰
承奉郎守祕書省著作佐郎直集賢院權檢詳樞密院兵房文字范育書
將仕郎守耀州雲陽縣令蘇梅篆蓋
熙寧中予仲妹及笄而友人范巽之謂予曰為君家擇
壻莫如程氏子善其為人孝悌端慤可妻也先子許之
姻期未卜而先子去世後君既娶女未廟見而君遘疾
伯兄權仲兄極友愛素篤救療無所不至以元豐元年
五月十日卒享年二十有六其年七月一日癸酉葬于
祖塋之次以先娶王氏祔焉前期二兄屬予曰知我弟
無如吾子願得子之文以銘其墓予方哀之其忍辭君
諱樞字審言其先寧州真寧人曾祖諱允義祖諱煥皆
不仕父諱希道終祕書丞自其祖徙葬于長安城南鳳
棲原故今著籍京兆之萬年君為人志意坦然無所蔽
匿奉其親能竭力事其兄能盡恭與人交一以信下至
僕夫野叟遇之皆有恩意用是人皆愛慕多得其驩性
厚於親族雖貧遇其乏絕者必盡力賙恤其處事審諦
中理與人謀必忠嗚呼天姿至粹使之久於其學將亡
媿於古之善人吉士者矣不幸短命重可哀也銘曰
樊川北　韋曲東　祖之域
厝爾骸　悲何窮　白楊風
刊者李仲甫武德

説 明

北宋元豐元年（1078）七月刻。蓋盝形，誌長方形。蓋長46厘米，寬45厘米；誌長45厘米，寬44厘米。蓋文3行，滿行3字，篆書“宋故安」定程君」墓誌銘」”。誌文楷書22行，滿行21字。游師雄撰文，范育書丹，蘇晦篆蓋。20世紀80年代西安市南郊長安區出土。現存西安市長安博物館。《長安碑刻》《新中國出土墓誌（陝西叁）》著録。

釋 文

宋故安定程君墓誌銘」

前將仕郎試秘書省校書郎權彰武軍節度推官游師雄撰」

承奉郎守秘書省著作佐郎直集賢院權檢詳樞密院兵房文字范育書」

將仕郎守耀州雲陽縣令蘇晦篆蓋」

熙寧中，予仲妹及笄，而友人范巽之謂予曰：“爲君家擇」婿，莫如程氏子善，其爲人孝悌端愨，可妻也。”先子許之」。姻期未卜，而先子去世。後君既娶，女未廟見而君遘疾」。伯兄權、仲兄極，友愛素篤，救療無所不至。以元豐元年」五月十日卒，享年二十有六。其年七月一日癸酉，葬于」祖塋之次，以先娶王氏祔焉。前期二兄屬予曰：“知我弟」無如吾子，願得子之文以銘其墓。”予方哀之，其忍辭。君」諱樞，字審言，其先寧州真寧人。曾祖諱元義，祖諱焕，皆」不仕。父諱希道，終秘書丞。自其祖徙葬于長安城南鳳」棲原，故今著籍京兆之萬年。君爲人志意坦然，無所蔽」匿。奉其親能竭力，事其兄能盡恭，與人交一以信，下至」僕夫野叟，遇之皆有恩意。用是人皆愛慕，多得其驩。性」厚於親族，雖貧，遇其乏絶者，必盡力賙恤。其處事審諦」中理，與人謀必忠。嗚呼！天姿至粹，使之久於其學，將亡」愧於古之善人吉士者矣。不幸短命，重可哀也。銘曰」：

樊川北，韋曲東。祖之域」，厝爾躬。悲何寓，白楊風」。

刊者李仲甫、武德誠」

按

撰者游師雄，《宋史》卷三三二有傳。陝西武功人。北宋名臣、詩人、書法家。撰此誌時署“前將仕郎試秘書省校書郎權彰武軍節度推官”。書《宋壽昌妻張氏墓誌》時署“奉議郎權陝府西路轉運判官賜緋魚袋”。

篆者蘇晦，史載不詳。篆此蓋時署“將仕郎守耀州雲陽縣令”。

448.1078　王奕墓誌

説明

北宋元豐元年（1078）十一月刻。誌、蓋一體。高128厘米，寬76厘米。額文6行，滿行2字，篆書“宋故」都官」郎中」王公」墓誌」之銘」”。誌文楷書42行，滿行62字。任逵撰文，蘇衮書丹，周霖篆蓋。出土具體時、地不詳。現存西安博物院。《陝西碑石精華》《新中國出土墓誌（陝西叁）》著録。

釋文

宋故朝奉郎尚書都官郎中前知大寧監兼管内勸農事上騎都尉賜緋魚袋王公墓誌銘并序」

朝奉郎尚書司封郎中前提舉西京崇福宫輕車都尉賜緋魚袋任逵撰」

朝奉郎尚書職方郎中知汾州軍州兼管内勸農事上騎都尉賜緋魚袋借紫蘇衮書」

朝奉郎守太常博士騎都尉賜緋魚袋周霖篆蓋」

公姓王氏，其先魏人。案《元城祖舊之碑》及其系譜，乃晉太保祥之後裔。自晉更唐，逮宋興運，世有顯閥。曾祖而下，歷官秦蜀，因家京兆，今遂爲長安人。公諱」奕，字公嗣。皇曾祖諱延之，在太宗朝曾任起居郎。年過知命，坐公累，謝病去職，改尚書屯田郎中致仕。皇祖諱渡，官至尚書度支員外郎，累贈刑部侍郎。皇考」諱汝霖，爲人性度純明，篤於孝悌。爲舅氏樞相文忠陳公之所鍾愛，廕于朝，俾就薄俸，乞補三班。一命恩授右班殿直，仕至左侍禁，累贈光禄卿。夫人宋氏，即」故諫議大夫可觀之女。生四男子，公其長也。公年十三而喪其父，服未除，又喪其母。摧然哀慕，禮過成人。仲父司法憐其孤，視如己子。舉善而教，造次必於事業。公」亦孜孜不倦，務學課功。志節謹修，不群戲玩。比冠，博涉書史，尤通《左氏春秋》。所工詞章，格力清麗，聲望藹鬱，爲士大夫閒宴之美談。慶曆二年，擢進士第，釋褐調陝」州之平陸主簿。公始入官，任爲寮佐。輔行邑政，寬而不苛。尤能謹守條章，決平冤訟。吏民畏悦，頗著能名。於時部有劇盜，負險而伏，劫害生聚，殺其守尉。朝廷」聞之，立降優賞，以來捕者。公領尉事，痛其戮死縣官，憤惋不已。由是練兵礪器，力圖討襲。衆議謂公：“儒人自愛，膽決無勇。若委之親臨執殺，必畏賊鋒，不捷而還，寇」心熾矣。”公聞斯語，尤增感激。已而别其令曰：“夫忠義者，事君之節，吾儕之常道也。若不奮不顧身，臨危蹈難，以徇國家之急，豈丈夫子耶？”公於是躬率尉兵百人，偵」知處所，夜分秉火，擁衆而行。罩以未興，掩其不備。束首惡之黨，俘群兇之徒。不遁一人，悉擒而返。公遂獻功詣府，尋以狀聞，爲舊相陳公稱其能官者，蓋謂是爾。滿」歲論功，遷河西令。縣帶蒲關之坂，右據大河之要。土風不厚，井衍不熙。剛愎之民，群多妄訟。唯嗜漁鹽之利，不力農桑之業。公至爲政，持下以嚴，抑摘奸豪，督於公」調，振綱革弊，威望肅然。一府之間，號爲能吏。考課居最，用舉者遷秘書省著作佐郎，知華陰縣。歲中，以祀明堂恩加秘書丞。公再膺銅墨之寄，出宰是邑。背川」面岳，壤瘠賦重。公方以寬和之術，撫字貧民。會以在境之原，苑地蕃廡，爲舊尹著令，禁民不得縱牧私畜。時有農夫犯令，懼罪匿于里中。公使捕而獲之，決以輕法」。不逾旬日，被撻者因疾而斃，立爲近戚訴公于州，云本冒禁者，乃其孥也。公坐斷治誤，降監階州酒税。公既下遷，怡然之任。榷征利而有制，欺蔽廉而不彰。漕臺念」公以煩褻是司，非大才所職之地，以故移公文檄，承乏通守。公謂郡將武吏，不明詔條，遂與之剖決事機，率循文法，撫和戎夏，美化大行。臨局再期，移知汜水縣兼」管關事。公既拜命，以居人聚落彫敝，意頗不懌。既而歎曰：“百里之内，有民有社，不圖所以庇身，亦可以施於政矣。”未幾，到官視事。累月轉太常博士。頃之叙勳，加騎」都尉。公化民育物，惘默以邺刑爲意。政清務簡，官無留事。惟嚴於禦暴之禁，不貸奸伏。居暇則完客館，葺公舍。粲然善績，辨理者莫能尚焉，虎牢人至今猶思之。代」還都中，入尚書省，改屯田員外郎，知須城縣。公久爲才吏，復尹大邑。内附藩鎮，風庬俗豪。衆務繁劇，素號難治。前後官長，往往曠職。及公之莅事也，務以廉平致理」，寬猛得中，敷治化條，民懷利愛久之。會年穀不稔，細民艱食，嗷然狼顧，頗有飢色，訩訩竊議，欲流隸于它郡。公遂拊循慰勞，蠲徭損賦，以此群心怗堵，無一家壞其」業者。公又竭誠具道于府，然後大發倉廪，以賑救之，民無餓者。其邑中諸老相與話於其里曰：“今遇賢令，能活吾家。不共報德，是忘恩也！”於是合力生爲立祠，仍募」士人作記，以讚厥美。秩滿歸朝，改都官員外郎，監在京雜物庫。公以愛子謀姻，不干外補。辭大邦符守之佐，就京邑監臨之司。先領是局者，多效模棱，不根奸」弊。公既莅職，以謂天都貯物之地，經費所先，若不以幹局爲明，何以知出納之倖。遂日以廉勤律下，能績居多。計相器之，力薦于上。以其管庫有才，堪任錢穀」。英宗即位，遷職方員外郎，賜五品服。居久之，轉屯田郎中，勳再加上騎都尉。執政者以公例陞遠守，遂差知大寧監。今上嗣位，加都官郎中。俄以章賀」繼明，推恩親屬。奏其侄君陳爲郊社齋郎。公被忠良之選，出守下藩。爲治大方，

人性度純明篤於孝悌爲舅氏樞相文忠陳公之所鍾愛願于朝俾
夫可觀之女生四男子公其長也公年十三而喪其父服未除又喪其母
倦務學課功志節謹修不群戲玩比冠博涉書史尤通左氏春秋所工詞
主簿公始入官任爲寮佐輔行邑政寬而不苛尤能謹守條章決平冤訟
優賞以來捕者公領尉事痛其戮死縣官憤惋不已由是練兵礪器力圖
聞斯語尤增感激已而別其令曰夫忠義者事君之節吾儕之常道也若
分秉火擁衆而行罣以未興掩其不備束首惡之黨俘群皃之徒不逭一
河西令縣帶蒲關之坂右據大河之要土風不厚井衍不熙剛愎之民群
獘威望肅然一府之間號爲能吏考課居最用舉者遷秘書省著作佐郎
賦重公方以寬和之術撫字貧民會以在境之原苑地畜廡爲舊尹著令
被撻者因疾而斃立爲近戚訴公于州云夲冒禁者乃其孥也公坐斷治
是司非大才所職之地以故移公文檄承之通守公謂郡將武吏不明詔
既拜命以居人聚落彫敝意頗不懌既而歎曰百里之內有民有社不圖
民育物憫黙以卹刑爲意政清務簡官無留事惟嚴於禦暴之禁不貸姦
尚書省改屯田員外郎知須城縣公久爲才吏復尹大邑內附藩鎮風庬
敷洽化條民懷利愛久之會年穀不稔細民艱食嗸然狼顧頗有飢色詾
竭誠具道于府然後大發倉廩以賑救之民無餓者其邑中諸老相與語
以讃厥美秩滿歸　朝改都官員外郎監在京雜物庫公以愛子謀姻
職以謂天都貯物之地　經費所先若不以幹局爲明何以知出納之倖家

局部

務以寬仁鎮俗。蜀人信愛，呼爲慈父。至於老奸宿蠹，聞公長厚，莫不縮頸斂迹，望風」震悚，而罕有犯其法者。本監舊制，募民以煮鹽爲業，疏鑿林嶺，導注泉溜，畢力烹治，成鹺送官。日限千鈞之輸，以供公上之鬻。請其役直，以利其生。或額不周，則緩」其欠而後補。公下車之明年，歲凶不雨，滷泉幾涸，課入不充。民以數耗頗多，日憂逋責，遂建明旱暵，牒訴于公。公曰："鹽者，食用之急，不可闕也。"於是潔誠具享，禱雨」於神。越崇朝而甘澤驟降，水復潤下，如鹽興利。故得饒於經入，而移用足焉。編户晏然，頌公之德。先時監有僚吏貪而好佞，受賕既露，罷職而歸。監司疑公朋比其」人，縱逃贓坐，遂使廉其情狀，了無一毫之迹有累公者。以此上官信公清慎，有循吏之稱。公昔朝參轂下，預較試藝於省中，覽春官所黜文卷，擇其才格之善者，密」以達于主司，而後數人皆中優等。京師聞者，莫不賞公之藻鑑明發，不妄弃人。公守典居官，回翔二紀，以才薦者幾三十人，蓋以寒進無邪，卒不登於顯用。白首郎」位，任終一監，早衰而不得其壽，豈非命歟？公又以伏枕沉綿，潛心請老，垂干敷奏，天已降凶。知退而不假以年，良可哀也。以熙寧元年冬十月既望日，寢疾終于長」安之私第，享年五十有九。閭巷之親，皆相弔而哭於其家，曰善人亡矣。孰知公遇病遐方，輦歸故里，殁身牖下，不其幸歟。公既危惙，語於其室夫人曰："子侄君玉事」吾久矣，呼醫煮藥，勤亦至矣。吾兒皆幼，能主吾之後事者，非斯子其誰可乎。"由是親筆百言，留示恩信，以其遺廕，乞授一官。無何，以新典例革，不遂其請。烏呼！公之」爲人也，質重氣嚴，持心信厚。尤慎談笑，不好臧否人物。標置清尚，服膺名教。約己純素，不耽燕樂。與寮友議論政事，窮其理而後已。每公退平居，恬然淡坐，未嘗不」以文史自娱。由此人畏其高，而稱爲守正有常者。公娶范氏，累封壽安縣君。男子三人：長曰君玉，守儒未仕；次曰君佐，太廟齋郎；又曰君弼，謹而好學。女子二人：長」適故河中府司法參軍周永錫，先公而亡；次適大理寺丞東審官院主簿歐陽棐。其孤君玉卜以元豐元年戊午歲冬十一月辛未朔十四日甲申，奉公之喪，葬于」京兆府長安縣義陽鄉亭子社之新兆，以范氏夫人祔焉。前事之月，嗣子君玉以進士沈師言狀公之世系、官閥、德業、治行，請銘於同年友任逵曰："願著一篇，以作」先君窴中之記。"余謂銘者，所以紀其事功，傳信于後世者也。辱知既舊，何敢以辭。其銘曰」：

有偉王公，材宏器雄。瓌姿秀拔，太僕神鋒。辭氣温厚，珪璋吐虹。誠明之質，德操之風。能具斯美，萃于一躬。業精而仕」，介潔而忠。爵位雖顯，壯圖不充。猷爲有素，聲烈無窮。天報莫辨，弗躋壽終。瑑詞哀石，永秘幽宫。

翟秀、武德誠刊」

按

誌主王奕，《宋史》無載。誌所載其世系家族、生平事迹、任職情況等，均可補史載之闕。此誌出土具體地點不詳，據墓誌"葬于京兆府長安縣義陽鄉亭子社"，即爲今西安市長安區郭杜鎮，墓誌當出土于此。其夫人《王奕妻范氏墓誌》見本書449.1078條。

撰者任逵，宋初詩人。撰此誌時署"朝奉郎尚書司封郎中前提舉西京崇福宫輕車都尉賜緋魚袋"。

書者蘇衮，史載不詳。書此誌時署"朝奉郎尚書職方郎中知汾州軍州兼管内勸農事上騎都尉賜緋魚袋借紫"。

篆者周霖，史載不詳。篆此蓋時署"朝奉郎守太常博士騎都尉賜緋魚袋"。

449.1078　王奕妻范氏墓誌

宋故壽
安縣君
范氏墓
誌之銘

宋故壽安縣君高平范氏墓誌銘　并序
朝奉郎尚書屯田員外郎上騎都尉賜緋魚袋徐公袞撰
朝奉郎守太常博士監在京商稅院騎都尉賜緋魚袋趙倩書
并篆蓋
尚書都官郎臨沂王府君名奕之夫人范氏者本京兆長安人也祖諱守凝皇銜
內都虞候父諱湘皇試將作監主簿其妻杜陵馮氏也迺皇任尚書職方員外郎
諱師顔之長女生夫人未笄而主簿即世夫人在家事母以孝行著慧敏多藝能
於女功酥字成詩曲盡其巧亦善音樂舉族奇之年甫二十擇府君以爲之配
既歸王氏婦道居多當是時太君祖姑華髮在堂御家以法夫人爲長孫之婦孝
養不怠其於事上之儀晨昏省侍之禮肅如也加乎奉長以順遇夫以柔友娣婦
義而和教女妹慈而愛噫非夫人之雅性淑慎何以及此由是爲表裏宗屬稱爲
賢婦鄉人知者至今多之居久之府君登科歷官八政夫人適從守任治內有功
而能儉以奉身勤以率下至於莚僚友饌賓客莫不協同妾御力具肴羞寬而不
嚴祗慎職事無鉅細未嘗有一忤府君發乎愠色者古所謂夫有禮則柔從而
聽順夫無禮則恐懼而內諫者此其效歟夫人少育三男雪肌姝貌皆英物也在
嬰褓則弱而多病凡遇疾革募醫不効則府君露薰灼臂以匃於神奈何天奪其
齡俱未免懷而夭爲府君平生痛惜豈勝道哉後有男子二人長曰君佐太廟齋
郎次曰君弼學而未仕息女二人長適河中府司法參軍周永錫皆早卒次適大
理寺丞東審官院主簿歐陽棐乃故參知政事贈太師文公之令子也謹厚篤
學賢而有文舉進士一上高第有名於時夫人以二子孩幼遂如府君之命立其
姪君玉以爲長嫡倚幹家政主其後事令君玉果副先父之志能守其家夫人居
府君之喪哀瘁過禮忽一旦召君玉等坐而敎之曰吾不幸爲孀老之母死期將
至黨汝曹不改父道謹身立節保守門戶則吾之素願足矣諸子於是趣而對曰
欽佩慈訓安敢忘也居無何暴得風疾醫來不救頃刻卒于家之正寢享年六十
有一實熙寧二年正月十二日也即以元豐元年冬十一月甲申舉夫人之柩合
葬于長安縣義陽鄉亭社之原先都官之大墓禮也於戲自古之人或室或處而
有一槩之德一節之行尚以垂於史筆紀於壙石而况夫人以柔嘉之道清懿之
烈老爲哲婦殁齒于名公之門者乎考其善狀斯可銘也已遂爲銘曰
猗歟夫人兮　淑聲有聞　作配君子兮　以柔輔仁
睦夫黨兮　義風格　奉祭饋兮　儀法純
何降年之不永兮遽託骨於窮塵故勒銘于片礎兮以傳後人
翟秀李仲甫刊

説 明

北宋元豐元年（1078）十一月刻。誌、蓋均正方形。蓋邊長52厘米，誌邊長72厘米。蓋文4行，滿行3字，篆書“宋故壽」安縣君」范氏墓」誌之銘」”。誌文楷書32行，滿行31字。徐公袞撰文，趙倩書丹並篆蓋。誌四邊雙綫框。出土具體時、地不詳。現存西安博物院。《陝西碑石精華》《新中國出土墓誌（陝西叁）》著録。

釋 文

宋故壽安縣君高平范氏墓誌銘并序」

朝奉郎尚書屯田員外郎上騎都尉賜緋魚袋徐公袞撰」

朝奉郎守太常博士監在京商税院騎都尉賜緋魚袋趙倩書」并篆蓋」

尚書都官郎臨沂王府君名奕之夫人范氏者，本京兆長安人也。祖諱守凝，皇銜」内都虞候。父諱湘，皇試將作監主簿。其妻杜陵馮氏也，迺皇任尚書職方員外郎」諱師顔之長女。生夫人，未笄而主簿即世。夫人在家事母以孝行著，慧敏多藝，能」於女功，酥字成詩，曲盡其巧，亦善音樂，舉族奇之。年甫二十，擇府君以爲之配」。既歸王氏，婦道居多。當是時，太君祖姑華髪在堂，御家以法。夫人爲長孫之婦，孝」養不愆。其於事上之儀，晨昏省侍之禮，肅如也。加乎奉長以順，遇夫以柔。友娣婦」義而和，教女妹慈而愛。噫，非夫人之雅性淑慎，何以及此。由是爲表裏宗屬稱爲」賢婦。鄉人知者，至今多之。居久之，府君登科，歷官八政。夫人遍從守任，治内有功」。而能儉以奉身，勤以率下。至於筵僚友，饌賓客，莫不協同妾御，力具肴羞。寬而不」嚴，祗慎厥職。事無鉅細，未嘗有一忤府君發乎愠色者。古所謂“夫有禮則柔從而」聽順，夫無禮則恐懼而内竦”者，此其效歟。夫人少育三男，雪肌姝貌，皆英物也。在」嬰褓則弱而多病，凡遇疾革，募醫不效，則府君露薰灼臂以匄於神。奈何天奪其」齡，俱未免懷而夭，爲府君平生痛惜，豈勝道哉！後有男子二人：長曰君佐，太廟齋」郎；次曰君弼，學而未仕。息女二人：長適河中府司法參軍周永錫，皆早卒；次適大」理寺丞東審官院主簿歐陽棐，乃故參知政事贈太師文公之令子也。謹厚篤」學，賢而有文，舉進士，一上高第，有名於時。夫人以二子孩幼，遂如府君之命，立其」侄君玉以爲長嫡，倚幹家政，主其後事。今君玉果副先父之志，能守其家。夫人居」府君之喪，哀瘁過禮。忽一旦，召君玉等坐而教之曰：“吾不幸爲孀老之母，死期將」至。儻汝曹不改父道，謹身立節，保守門户，則吾之素願足矣。”諸子於是起而對曰」：“欽佩慈訓，安敢忘也。”居無何，暴得風疾，醫來不救，頃刻卒于家之正寢，享年六十」有一，實熙寧二年正月十二日也。即以元豐元年冬十一月甲申，舉夫人之柩，合」葬于長安縣義陽鄉亭社之原先都官之大墓，禮也。於戲！自古之人，或室或處，而」有一概之德，一節之行，尚以垂於史筆，紀於壙石，而況夫人以柔嘉之道，清懿之」烈，老爲哲婦，殁齒于名公之門者乎。考其善狀，斯可銘也已。遂爲銘曰」：

猗歟夫人兮，淑聲有聞。作配君子兮，以柔輔仁」。睦夫黨兮義風格，奉祭饋兮儀法純。」何降年之不永兮，遽託骨於窮塵。故勒銘于片礎兮，以傳後人」。

翟秀、李仲甫刊」

按

此誌出土具體地點不詳，據墓誌“葬于長安縣義陽鄉亭社之原”，即爲今西安長安區郭杜鎮，墓誌當出土于此。其夫《王奕墓誌》見本書448.1078條。

撰者徐公袞，《宋史》無載。撰此誌時署“朝奉郎尚書屯田員外郎上騎都尉賜緋魚袋”。

書並篆者趙倩，《宋史》無載。書並篆此誌、蓋時署“朝奉郎守太常博士監在京商税院騎都尉賜緋魚袋”。

450.1082　宗延英墓誌

宗君墓誌銘
宋故府州宗府君墓誌銘并序
鄉貢進士王慎修撰
鄉貢進士蘇霖篆額
鄉貢進士安後書

説 明

北宋元豐五年（1082）五月刻。誌青石質，圓首。高69厘米，寬58厘米。額文横排1行5字，隸書“宗君墓誌銘”。誌文楷書24行，滿行26字。王慎修撰文，安後書丹，蘇霖篆額。誌四周飾如意雲紋。近年榆林府谷縣高石崖鄉王家墕村出土。現存府谷縣文物管理所。《榆林碑石》《新中國出土墓誌（陝西壹）》著録。

釋 文

宋故府州宗府君墓誌銘并序」

鄉貢進士王慎修撰」

鄉貢進士安後書

鄉貢進士蘇霖篆額」

徇利而忘義者，人之常情。或能治産而不私諸己，處俗而語多及善」，亦君子之徒歟。宗君實得之矣。君諱延英，字遵賢。其先本洛陽人」。曾祖諱行德，嚴毅有武力。建隆初，爲府州威遠第一指揮使，因家焉」，今遂爲府谷人。祖漢傑，力農不仕。父諱重矩，和謹公直，精于吏事。占」籍軍馬司孔目官。君自幼性介然，少與群兒戲。既長，衣食七百餘」指，伏臘之供，上下均一。閨門雍睦，閭里稱之。常誡子弟曰：“富貴貧賤」本天也，而由人乎哉。但出孝入悌，勤事耕稼，温飽當足爾，慎勿他求」。”遇暇多遊州庠鄉校間，勉勵青衿，若父師之教。君有馬癖，尤善別」良駑，雖伯樂在前，必從其説矣。嚮因夏國納款，始議和市通商。郡官」委君往定博買協中之式，西人咸聽約束，無敢增損其價。後屢載」繒帛茶貨，市賀蘭之牛、紫河之馬，歲且千數，利或倍蓰，未常與群小」計錐刀之末。每聽逢掖談古今治亂，神竦意悦，終日忘倦。儻使夙習」吾道，取青紫易于拾芥，孰量其遠到哉。元豐五年四月十有二日，疾」終于家，得壽八十一。以五月十六日，葬於州北谷家里北平側，從吉」卜也。君娶馬氏、李氏、趙氏，皆祔焉。三男：曰文中，早夭；曰文年，醇厚」温謙，以有易無，肯堂者也；曰文蔚，今更名度。三女：長歸里民張安，次」適客將陶英，次嫁故殿直男姚明。五孫男，方佩觿就訓。三孫女，尚稚」。度即李氏所生，業進士，三隨豐州貢版。泣告余曰：“生無禄以逮親，没」不能美其所爲，豈人子耶？願得銘于石。”故直書其辭云」：

利也取之而不污，語也惟善則及諸」。刻斯銘于堅石，知君子之墓歟。

鐫者景福」

按

誌主宗延英，《宋史》無載。誌所載其家族世系及其生平事迹等可補史載之闕。特別是此誌所載“夏國納款，始議和市通商”、“定博買協中之式，西人咸聽約束，無敢增損其價”、“後屢載繒帛茶貨，市賀蘭之牛、紫河之馬，歲且千數，利或倍蓰”等，對于研究北宋與邊境少數民族政權之貿易互通及當時的經濟等，都具一定的價值。

撰、書、篆者均史載不詳。

451.1089　郭遘墓誌

宗故内殿崇班新差西京皇城司巡檢上騎都尉郭公墓誌銘并序
朝議大夫致仕賈蕃撰
供備庫副使葛昰書
内殿崇班王汻篆蓋
君諱遘字通叔自唐汾陽王後至曾大父曰獬涉五季兵乱養德避世于衛之
共城大父興太宗選以戎靈武有勞以死贈左司禦率府率父恩自始仕終
始河上未五十感濕痺疾還政而卒仁宗皇帝嘗謂侍臣曰黄汻得郭恩足
無憂矣　君即第三子以蔭補三班借職累遷西頭供奉官再以功遷内殿崇
班歷許州許田縣慶州酒稅環州圍堡寨兵馬監押慶州管界巡檢環州定邊
寨兵馬監押平遠寨主德順軍水洛城兵馬都監坐累去官會朝廷取靈武
以　君護環慶經略司輜重主帥失律例奪四官越四年以恩叙復又三年授
西京皇城司巡檢未行以疾終享年五十九夫人仁壽縣君葛氏追封仙居縣
君先　君十年卒三男子曰棐始八歲曰釆七歲曰槃六歲四女子長適太廟
齋郎馬昌言次適三班差使朱君維次未嫁次適進士田弁君爲人材敵温廉
沉厚恬如也與人交必以情人犯之怡然不與校善談論笑謔優游不傷故人
人與　君歡歷官知己殆二十人皆當世名公鉅人則所居蓋稱職矣恨　君
子幼不能知平生行事之一二獨馬氏之孤使人来言曰君巡檢慶州日茘原
堡戍卒憤怯主吏謀援羌人入堡以叛有期矣經略使王公舉聞以訪　君　君
曰緩之則殺傷禍大急之則可伐謀以平也王公深然之即曰非　君行不可
乃使更領千餘騎往行適與羌兵遇急擊之羌兵奔敗而卒謀亦不得發全活
者衆王公益喜　君爲有才連薦諸　朝又禁軍逃法當死能捕逃法有賞
君遇被捕者度無大過推己俸以予捕者而解逃者縛敦諭告誡使復於伍得
不死者蓋十數人嗚呼昔丙吉有陰德而病且篤夏侯勝曰有陰德者必饗其
樂以及子孫吉未獲報雖病必不死吉果不死以至封侯　君今所活多亦可
謂有德者一斥幾十年方復而暴疾以去家空位卑子幼妾弱幾不能歛藏
君之遺體且既不贏於其身矣謂必有後又可信然耶　君元祐四年五月十
四日卒其年八月二十三日　君之壻馬君田君舉葬　君於京兆府萬年縣
龍首鄉芙蓉原先將軍之封左夫人葛氏祔焉馬君既葬　君又將經紀其家
事庶諸孤與有立焉銘曰
德必有報　報不及躬　積久發遲　子孫其封
芙蓉先原　兆宅斯遂　既安既固　以利後嗣

説 明

北宋元祐四年（1089）八月刻。蓋佚。誌正方形。邊長65厘米。誌文楷書31行，滿行30字。賈蕃撰文，葛世延書丹，王汴篆蓋。四邊單綫框。1987年西安市曲江池窑場出土。現存西安博物院。《陝西碑石精華》《新中國出土墓誌（陝西叁）》著録。

釋 文

宋故内殿崇班新差西京皇城司巡檢上騎都尉郭公墓誌銘并序」

朝議大夫致仕賈蕃撰」

供備庫副使葛世延書」

内殿崇班王汴篆蓋」

君諱遷，字通叔。自唐汾陽王後至曾大父曰弼，涉五季兵乱，養德避世于衛之」共城。大父興，太宗選以戍靈武，有勞以死，贈左司禦率府率。父恩，自始仕，終」始河上。未五十，感濕痺疾，還政而卒。仁宗皇帝嘗謂侍臣曰："黄、汴得郭恩，足」無憂矣。"君即第三子，以蔭補三班借職，累遷西頭供奉官。再以功遷内殿崇」班，歷許州許田縣、慶州酒税、環州團堡寨兵馬監押、慶州管界巡檢、環州定邊」寨兵馬監押、平遠寨主、德順軍水洛城兵馬都監，坐累去官。會朝廷取靈武」，以君護環慶經略司輜重。主帥失律，例奪四官。越四年，以恩叙復。又三年，授」西京皇城司巡檢。未行，以疾終，亨年五十九。夫人仁壽縣君葛氏，追封仙居縣」君，先君十年卒。三男子：曰栥，始八歲；曰采，七歲；曰槩，六歲。四女子：長適太廟」齋郎馬昌言，次適三班差使朱君維，次未嫁，次適進士田弁。君爲人材敏，温廉」沉厚，恬如也。與人交，必以情。人犯之，怡然不與校。善談論笑謔，優游不傷，故人」人與君歡。歷官知己殆二十人，皆當世名公鉅人，則所居蓋稱職矣。恨君」子幼，不能知平生行事之一二。獨馬氏之孤使人来言曰："君巡檢慶州日，荔原」堡戍卒憤忮主吏，謀援羌人入堡以叛，有期矣。經略使王公舉元聞以訪君，君」曰：'緩之則殺傷禍大，急之則可伐謀以平也。'王公深然之，即曰：'非君行不可」。'乃使更領千餘騎往行，適與羌兵遇，急擊之，羌兵奔敗，而卒謀亦不得發，全活」者衆。王公益喜君爲有才，連薦諸朝。又禁軍逃，法當死，能捕逃，法有賞」。君遇被捕者，度無大過，推己俸以予捕者，而解逃者縛。敦諭告誡，使復於伍，得」不死者蓋十數人。"嗚呼！昔丙吉有陰德而病且篤，夏侯勝曰："有陰德者，必饗其」樂以及子孫。吉未獲報，雖病，必不死。"吉果不死，以至封侯。君今所活多，亦可」謂有德者。一斥幾十年，方復而暴疾以去。家空位卑，子幼妾弱，幾不能斂藏」君之遺體。且既不羸於其身矣，謂必有後，又可信然耶。君元祐四年五月十」四日卒，其年八月二十三日，君之婿馬君、田君，舉葬君於京兆府萬年縣」龍首鄉芙蓉原先將軍之封左，夫人葛氏祔焉。馬君既葬君，又將經紀其家」事，庶諸孤與有立焉。銘曰」：

德必有報，報不及躬。積久發遲，子孫其封」。芙蓉先原，兆宅斯邃。既安既固，以利後嗣」。

按

誌主郭遷，《宋史》無傳，其他史書亦不見載。其父郭恩，《宋史》卷三二六有傳，歷官延州西路都巡檢、秦鳳路兵馬都監、秦隴路兵馬鈐轄、管勾麟府軍馬事。與夏人交戰中戰死。誌所詳述之慶州兵變細節，史書記載簡略，此可補史載之闕。

撰者賈蕃，史載不詳。撰此誌時署"朝議大夫致仕"。

書者葛世延，史載不詳。書此誌時署"供備庫副使"。

篆者王汴，史載不詳。篆此蓋時署"内殿崇班"。

宋故宋府君夫人清河縣君張氏墓誌銘

452.1090　宋壽昌妻張氏墓誌

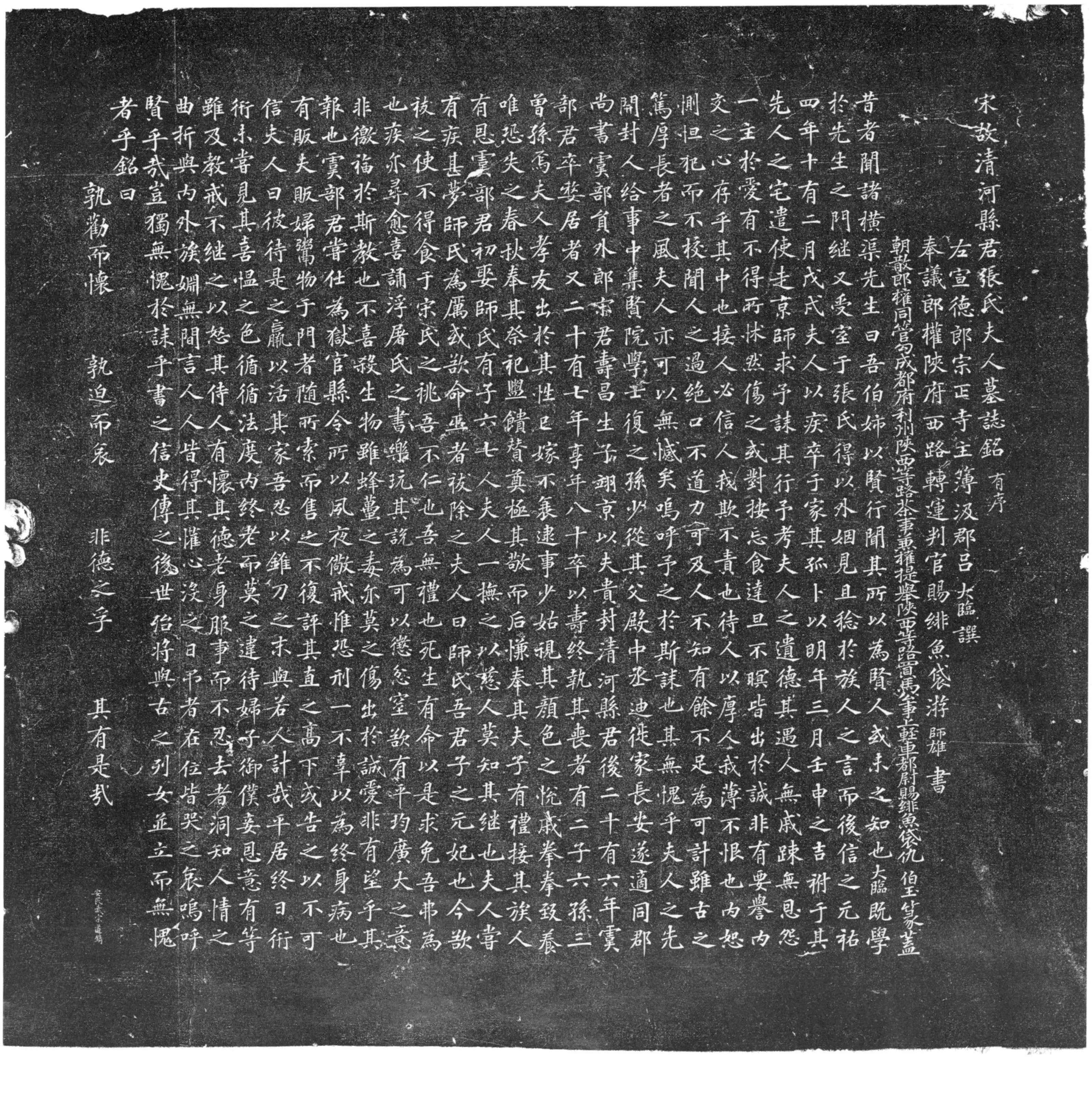
宋故清河縣君張氏夫人墓誌銘 有序
左宣德郎宗正寺主簿汲郡呂大臨撰
奉議郎權陝府西路轉運判官賜緋魚袋游師雄書
朝散郎權同管勾成都府利州陝西等路茶事兼權提舉陝西等路買馬監牧公事上輕車都尉賜緋魚袋仇伯玉篆蓋
昔者聞諸横渠先生曰吾伯姊以賢行聞其所以為賢人或未之知也大臨既學
於先生之門繼又受室于張氏得以外姻見且稔於族人之言而後信之元祐
四年十有二月戊戌夫人以疾卒于家其孫卜以明年三月壬申之吉祔于其
先人之宅遣使走京師求予誄其行予考夫人之遺德其遇人無戚踈無恩怨
一主於愛有不得所怵然傷之或對按忘食達旦不瞑皆出於誠非有要譽内
交之心存乎其中也接人必信人我欺不責也待人以厚人或薄不恨也内恕
惻怛犯而不校聞人之過絶口不道力可及人不知有餘不足為可計雖古之
篤厚長者之風夫人亦可以無憾矣嗚呼予之於斯誄也其無愧乎夫人之先
開封人給事中集賢院學士復之孫少從其父殿中丞迪徙家長安遂適同郡
尚書虞部員外郎宋君壽昌生子翊京以夫貴封清河縣君後二十有六年虞
部君卒嫠居者又二十有七年享年八十卒以壽終執其喪者有二子六孫三
曾孫焉夫人孝友出於其性已嫁不襄逮事少姑視其顔色之悦戚拳拳致養
唯恐失之春秋奉其祭祀豐饋奠極其敬而后慊奉其夫子有禮接其族人
有恩虞部君初娶師氏有子六七人夫人一撫之以慈人莫知其繼也夫人嘗
有疾甚夢師氏為厲或欲命巫者祓除之夫人曰師氏吾君子之元妃也今欲
祓之使不得食于宋氏之祧吾不仁也吾無禮也死生有命以是求免吾弗為
也疾亦尋愈喜誦浮屠氏之書樂玩其説為可以懲忿窒欲有平均廣大之意
非徼福於斯教也不喜殺生物雖蜂蠆之毒亦莫之傷出於誠愛非有望乎其
報也虞部君嘗仕為獄官縣令所以夙夜儆戒惟恐刑一不辜以為終身病也
有販夫販婦鬻物于門者隨所索而售之不復評其直之高下或告之以不可
信夫人曰彼待是之贏以活其家吾忍以錐刀之末與若人計哉平居終日衎
衎未嘗見其喜愠之色循循法度内終老而莫之違待婦子御僕妾恩意有等
雖及教戒不繼之以怒其待人有懷其德老身服事而不忍去者洞知人情之
曲折與内外族姻無間言人人皆得其懽心没之日弔者在位皆哭之哀嗚呼
賢乎哉豈獨無愧於誄乎書之信史傳之後世殆将與古之列女並立而無愧
者乎銘曰
孰勸而懐　孰廹而衰　非德之孚　其有是哉
安民武宗道鐫

説 明

北宋元祐五年（1090）三月刻。誌、蓋均正方形，尺寸相同，邊長均83厘米。蓋文4行，滿行4字，篆書“宋故宋府」君夫人清」河縣君張」氏墓誌銘」”。誌文楷書31行，滿行30字。吕大臨撰文，游師雄書丹，仇伯玉篆蓋。出土具體時、地不詳。現存西安博物院。《陝西碑石精華》《新中國出土墓誌（陝西叁）》著録。

釋 文

宋故清河縣君張氏夫人墓誌銘有序」

左宣德郎宗正寺主簿汲郡吕大臨撰」

奉議郎權陝府西路轉運判官賜緋魚袋游師雄書」

朝散郎權同管勾成都府利州陝西等路茶事兼權提舉陝西等路買馬公事上輕車都尉賜緋魚袋仇伯玉篆蓋」

昔者聞諸横渠先生曰：“吾伯姊以賢行聞。”其所以爲賢人，或未之知也。大臨既學」於先生之門，継又受室于張氏，得以外姻見，且稔於族人之言，而後信之。元祐」四年十有二月戊戌，夫人以疾卒于家。其孤卜以明年三月壬申之吉，祔于其」先人之宅。遣使走京師，求予誄其行。予考夫人之遺德，其遇人，無戚疏，無恩怨」，一主於愛。有不得所，怵然傷之。或對桉忘食，達旦不瞑，皆出於誠，非有要譽、内」交之心存乎其中也。接人必信，人我欺不責也；待人以厚，人我薄不恨也。内恕」惻怛，犯而不校。聞人之過，絶口不道。力可及人，不知有餘不足爲可計。雖古之」篤厚長者之風，夫人亦可以無憾矣。嗚呼！予之於斯誄也，其無愧乎！夫人之先」，開封人，給事中、集賢院學士復之孫。少從其父殿中丞迪徙家長安，遂適同郡」尚書虞部員外郎宋君壽昌。生子翊、京，以夫貴封清河縣君。後二十有六年，虞」部君卒，嫠居者又二十有七年，享年八十，卒以壽終。執其喪者，有二子、六孫、三」曾孫焉。夫人孝友出於其性，已嫁不衰。逮事少姑，視其顔色之悦戚，拳拳致養」，唯恐失之。春秋奉其祭祀，盥饋贊奠，極其敬而后慊。奉其夫子有禮，接其族人」有恩。虞部君初娶師氏，有子六七人，夫人一撫之以慈，人莫知其継也。夫人嘗」有疾甚，夢師氏爲厲。或欲命巫者祓除之，夫人曰：“師氏，吾君子之元妃也。今欲」祓之，使不得食于宋氏之祧，吾不仁也，吾無禮也。死生有命，以是求免，吾弗爲」也。”疾亦尋愈。喜誦浮屠氏之書，樂玩其説，爲可以懲忿窒欲，有平均廣大之意」，非徼福於斯教也。不喜殺生物，雖蜂蠆之毒，亦莫之傷。出於誠愛，非有望乎其」報也。虞部君嘗仕爲獄官、縣令，所以夙夜儆戒，惟恐刑一不辜，以爲終身病也」。有販夫販婦鬻物于門者，隨所索而售之，不復評其直之高下。或告之以不可信，夫人曰：“彼待是之嬴以活其家，吾忍以錐刀之末與若人計哉！”平居，終日衎」衎，未嘗見其喜愠之色。循循法度内，終老而莫之違。待婦子，御僕妾，恩意有等」，雖及教戒，不継之以怒。其侍人有懷其德，老身服事而不忍去者。洞知人情之」曲折，與内外族婣無間言，人人皆得其歡心。没之日，弔者在位皆哭之哀。嗚呼」！賢乎哉！豈獨無愧於誄乎。書之信史，傳之後世，殆將與古之列女並立而無愧」者乎。銘曰」：

執勸而懷，孰迫而哀。非德之孚，其有是哉。

安民武宗道鎸」

按

其夫《宋壽昌墓誌》見本書445.1071條。

撰者吕大臨，《宋史》卷三四〇有傳。陝西藍田人。北宋金石學家。其先汲郡人。因其祖通葬藍田，遂爲藍田人。先師張載，後學于程頤，無意仕進，專心學術，尤以金石學著名。撰此誌時署“左宣德郎宗正寺主簿”。

篆者仇伯玉，北宋權同管勾陝西等路茶馬事、權陝西制置解鹽使，曾知邠州。篆此蓋時署“朝散郎權同管勾成都府利州陝西等路茶事兼權提舉陝西等路買馬公事上輕車都尉賜緋魚袋”。

453.1090　京兆府府學新移石經記

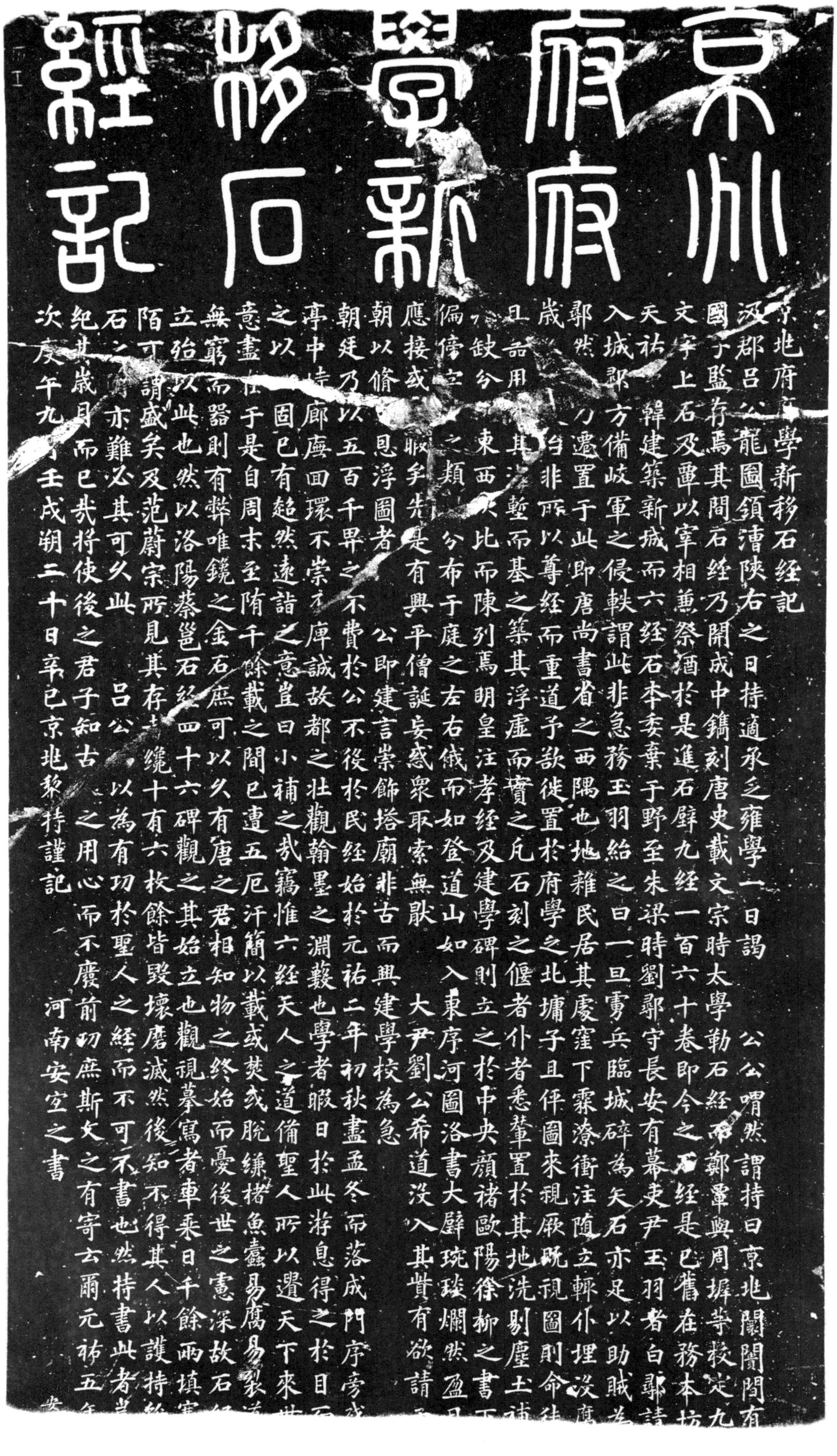

説 明

北宋元祐五年（1090）九月刻。碑高130厘米，寬83厘米。額文5行，滿行2字，篆書“京兆」府府」學新」移石」經記」”。正文楷書23行，滿行37字。黎持撰文，安宜之書丹。碑下部殘，有一至兩字泐蝕。西安碑林舊藏。現存西安碑林博物館。《金石萃編》《西安碑林全集》等著録。

釋 文

京兆府府學新移石經記」

汲郡吕公龍圖領漕陝右之日，持適承乏雍學。一日謁公，公喟然謂持曰：“京兆闤闠間有唐」國子監存焉，其間石經乃開成中鎸刻。《唐史》載文宗時，太學勒石經，而鄭覃與周墀等校定九經」文字上石。及覃以宰相兼祭酒，於是進石壁九經一百六十卷，即今之石經是已。舊在務本坊，自」天祐中韓建築新城，而六經石本委棄于野。至朱梁時，劉鄩守長安。有幕吏尹玉羽者，白鄩，請輦」入城。鄩方備岐軍之侵軼，謂此非急務。玉羽紿之曰：‘一旦虜兵臨城，碎爲矢石，亦足以助賊爲虐」。’鄩然之，乃遷置于此，即唐尚書省之西隅也。地雜民居，其處窪下，霖潦衝注，隨立輒仆，埋没腐壤」，歲久折缺，殆非所以尊經而重道。予欲徙置於府學之北墉，子且伻圖來視。”厥既視圖，則命徒役」具器用，平其溝塹而基之，築其浮虚而實之。凡石刻之偃者仆者，悉輦置於其地，洗剔塵土，補錮」殘缺，分爲東西次比而陳列焉。明皇注《孝經》及建學碑，則立之於中央。顔、褚、歐陽、徐、柳之書，下迨」《偏傍字源》之類，則分布于庭之左右。俄而如登道山，如入東序，河圖洛書，大璧琬琰，爛然盈目，而」應接或不暇矣。先是有興平僧誕妄惑衆，取索無厭。大尹劉公希道没入其貲，有欲請于」朝，以脩慈恩浮圖者。公即建言崇飾塔廟非古，而興建學校爲急」。朝廷乃以五百千畀之。不費於公，不役於民。經始於元祐二年初秋，盡孟冬而落成。門序旁啟，雙」亭中峙。廊廡回環，不崇不庳。誠故都之壯觀，翰墨之淵藪也。學者暇日於此游息，得之於目而會」之以心，固已有超然遠詣之意，豈曰小補之哉。竊惟六經天人之道，備聖人所以遺天下來世之」意，盡在于是。自周末至隋，千餘載之間，已遭五厄。汗簡以載，或焚或脱。縑楮魚蠹，易腐易裂。道雖」無窮，而器則有弊。唯鑱之金石，庶可以久。有唐之君，相知物之終始，而憂後世之慮深。故石經之」立，殆以此也。然以洛陽蔡邕石經四十六碑觀之，其始立也，觀視摹寫者，車乘日千餘兩，填塞街」陌，可謂盛矣。及范蔚宗所見其存者，纔十有六枚，餘皆毁壞磨滅。然後知不得其人以護持，雖金」石之固，亦難必其可久。此吕公所以爲有功於聖人之經，而不可不書也。然持書此者，豈特」紀其歲月而已哉？將使後之君子知古人之用心而不廢前功，庶斯文之有寄云爾。

元祐五年歲」次庚午九月壬戌朔二十日辛巳京兆黎持謹記

河南安宜之書

安民鎸」

按

此碑自豎立後未移動，爲西安碑林舊藏。碑所記陝西轉運副使吕大忠將唐石經及諸通唐宋碑刻新移于“府學之北墉”事，成爲確定西安碑林始建之時間，意義重大。又碑所載後梁時長安守將劉鄩保護歷史遺物，將委棄之唐開成石經移置于原唐尚書省西隅之事，説明了歷代對歷史遺産的保護貢獻。碑下部殘，闕字據《金石萃編》卷一三九補。

454.1093　盛南仲玉華宮題記

前坊州太守盛公玉華宮題記
予於幼年讀杜子美玉華宮詩愛其諷刺深切誦之
於心未之忘也元祐辛未得鄜中部所謂玉華宮者
在州之西南窮山之中既覽州經又視山圖疑其未
能盡狀其形勢一日王微之行縣鎮說玉華遺事將
往觀焉微之亦善丹青者因別續草本而又得張峪
所述官記考其舊圖曾不髣髴微之凡三往而盡得
其形容別作絹本今置于州之通濟亭欲好事者視
其圖不遊山而知玉華之為絕境也予於元祐癸酉
解組東歸夜宿玉華微之又來送別得以窮視其間
騎芝蘭谷步駐鑾崖視野火炕觀其飛流噴薄巖谷
深險夏有寒泉地無大暑真野人所蟠之地也詩所
謂遺構石馬今不復有但十八柱存焉昔唐文皇平
定宇內偏師一出則擒王滅國如翻手焉貞觀之治
幾及三代所不足者萬歲壽尔一日伐高昌得婆羅
門合不死藥服之無驗而有內熱之疾以至猒九重
之居常避暑於空山之中作為離宮屈指無百年而
遺跡殆盡高宗之世賜玄奘翻譯而後為浮屠居矣
使後世英魂不得棲真於玉華之中可哀也已然後
子美作詩且曰不知何王殿遺構絕壁下其傷之之
義深乎哉前龍坊盛南仲會王微之同遊因走筆誌
於屋壁時元祐癸酉二月十有一日也
宜君縣令鄭覺民立石　進士王績書　陳圭刊

説明

北宋元祐八年（1093）二月刻。碑青石質。長方形。長87厘米，寬73厘米。正文楷書23行，滿行20字。盛南仲撰文，王績書丹。四周飾忍冬紋。1977年銅川市印台區金鎖關鎮玉華寺遺址出土。現存銅川市玉華宫博物館。《銅川碑刻》著録。

釋文

前坊州太守盛公玉華宫題記」

予於幼年讀杜子美《玉華宫》詩，愛其諷刺深切，誦之」於心，未之忘也。元祐辛未，得麾中部。所謂玉華宫者」，在州之西南窮山之中。既覽州經，又視山圖，疑其未」能盡狀其形勢。一日，王微之行縣鎮，説玉華遺事，將」往觀焉。微之亦善丹青者，因别績草本，而又得張嵋」所述官記，考其舊圖，曾不髣髴。微之凡三往，而盡得」其形容，别作絹本，今置于州之通濟亭，欲好事者視」其圖，不遊山而知玉華之爲絶境也。予於元祐癸酉」解組東歸，夜宿玉華。微之又来送别，得以窮視其間」。騎芝蘭谷，步駐鑾崖，視野火坑，觀其飛流噴薄，巖谷」深險，夏有寒泉，地無大暑，真野人所蟠之地也。詩所」謂“遺構”“石馬”，今不復有，但十八松存焉。昔唐文皇平」定宇内，偏師一出，則擒王滅國如翻手焉。貞觀之治」幾及三代，所不足者萬歲壽尔。一日伐高昌，得婆羅」門，合不死藥，服之無驗，而有内熱之疾，以至厭九重」之居，常避暑於空山之中。作爲離宫，屈指無百年而」遺迹殆盡。高宗之世，賜玄奘翻譯，而後爲浮屠居矣」。使後世英魂不得棲真於玉華之中，可哀也已。厥後」子美作詩，且曰“不知何王殿，遺構絶壁下”，其傷之之」義深乎哉。前龍坊盛南仲會王微之同遊，因走筆誌」於屋壁。时元祐癸酉二月十有一日也」。

宜君縣令鄭覺民立石，進士王績書，陳玉刊」

按

玉華宫，位于今銅川市西北部之玉華鎮。始建于唐高祖武德七年（624），名“仁智宫”。唐太宗貞觀二十一年（647）擴建後，改名“玉華宫”，爲初唐皇家避暑之行宫。唐高宗永徽二年（651）廢宫爲寺，稱“玉華寺”。以唐玄奘翻譯佛經而著名。玉華宫自然景觀雄奇秀麗，清幽恬静，歷代詩人皆有吟誦，尤以唐代杜甫之《玉華宫》詩最爲著名。此題記即以杜詩爲引巡遊于此，有感而發。

撰者盛南仲，《宋史》無傳。曾官大理評事，歷知衡州、宿州。撰此記署“前坊州太守”。

書者王績，史載不詳。書此記時署“進士”。

455.1093　韓應墓誌

宋故贈右承議郎韓公墓誌銘

宋故通直郎守太子中舍知平定軍樂平縣事兼兵馬都監贈右承議郎韓府
君墓誌銘
左朝議大夫知相州軍州事兼管内勸農使上護軍彭城縣開國子食邑五百戸賜紫金魚袋劉航譔
左承議郎前管勾熙河蘭岷路都總管經略安撫司機宜文字武騎尉安師文書
右宣德郎知京兆府奉天縣簽書兵馬司公事劉淮篆蓋
府君諱應字丞之世家河南曾祖諱貫之故任太子洗馬祖義方故贈工部侍
郎父奉先故任光祿少卿贈光祿卿母趙氏永嘉縣太君自光祿徙居京兆臨
潼縣遂為臨潼人　君始以父任太廟齋郎初調綿州魏城縣尉時偶歲歉盜
賊充斥　君用智力夙夜警捕寇攘屏迹民賴以安丁母憂去職繼執父喪皆
以孝聞服除陜州司理參軍治獄詳明能察情偽疑辭隱訟片言輒決時有
繫囚陷於巧詆當以重辟不能自明　君力辨而生之故終　君之任民自以
不冤遷同州節度推官號為稱職監司郡守交章慰薦轉大理寺丞知鳳州河
池縣縣民狡獪素稱難治　君推誠撫字未嘗加以威刑曾不閱歲人心自化
會使者行縣過事威嚴　君與之論列不為回屈乃捃以公坐移監邠州酒稅
士人為之憤惋而　君處之自如或以左還勉　君者　君笑曰乘田委吏聖
人且為之苟無愧心何往而不樂也聞者嘆服任滿考課又以增羨就復知平
定軍樂平縣還太子中舍方將赴官以熙寧九年十月二十九日終於家享年
五十八　君生於名族幼能自立居家孝悌而蒞官公正處己接物一於至誠
言行有常不近名譽是以久而人益信之屈於小官閲遭遷謫未始枉道以徇
世態故其施設止於如此苟天假之壽使得行其志則其所未為者豈易量哉
君始娶孫氏贈真寧縣太君再娶左氏贈華容縣太君又娶任氏贈仁和縣太
君男三人曰周卿右通直郎新差權通判隰州曰端卿未仕曰介卿及進士第
登州防禦推官知晉州冀氏縣事已亡女二人長適比部員外郎通判棣州張
仲舒次適右朝散郎通判定州張延年孫男四人曰公亮曰公度曰公孺曰公
才皆習進士業以元祐八年十月十七日葬　君於京兆府萬年縣龍首鄉長
樂社之原從先塋也以孫左任氏三夫人祔焉諸子先期狀　君之行乞銘於
予義不得辭乃為之銘曰
顯允韓氏　世有令人　君始肯構　灼以才聞
位則時屈　道則已伸　未究之緒　其在後昆

説明

北宋元祐八年（1093）十月刻。誌、蓋均爲正方形，尺寸相同，邊長均76厘米。蓋文4行，滿行3字，篆書“宋故贈」右承議」郎韓公」墓誌銘」”。誌文楷書29行，滿行30字。劉航撰文，安師文書丹，劉淮篆蓋。1955年西安市東郊高樓村出土。現存西安碑林博物館。《西安碑林全集》《新中國出土墓誌（陝西壹）》著録。

釋文

宋故通直郎守太子中舍知平定軍樂平縣事兼兵馬都監贈右承議郎韓府」君墓誌銘」

左朝議大夫知相州軍州事兼管内勸農使上護軍彭城縣開國子食邑五百户賜紫金魚袋劉航撰」

左承議郎前管勾熙河蘭岷路都總管經略安撫司機宜文字武騎尉安師文書」

右宣德郎知京兆府奉天縣簽書兵馬司公事劉淮篆蓋」

府君諱應，字承之，世家河南。曾祖諱貫之，故任太子洗馬。祖義方，故贈工部侍」郎。父奉先，故任光禄少卿，贈光禄卿。母趙氏，永嘉縣太君。自光禄徙居京兆臨」潼縣，遂爲臨潼人。君始以父任太廟齋郎。初調綿州魏城縣尉。時偶歲歉，盜」賊充斥。君用智力，夙夜警捕。寇攘屏迹，民賴以安。丁母憂去職，继執父喪，皆」以孝聞。服除，改丹州司理參軍。治獄詳明，能察情僞。疑辭隱訟，片言輒决。時有」繫囚陷於巧詆，當以重辟，不能自明。君力辨而生之。故終君之任，民自以」不冤。遷同州節度推官，號爲稱職。監司、郡守交章慰薦，轉大理寺丞，知鳳州河池縣。縣民狡獪，素稱難治。君推誠撫字，未嘗加以威刑。曾不閱歲，人心自化」。會使者行縣，過事威嚴，君與之論列，不爲回屈。乃捃以公坐，移監邠州酒税」。士人爲之憤惋，而君處之自如。或以左遷勉君者，君笑曰：“乘田委吏，聖」人且爲之。苟無愧心，何往而不樂也。”聞者嘆服。任滿考課，又以增羡就復，知平」定軍樂平縣，遷太子中舍。方將赴官，以熙寧九年十月二十九日終於家，享年」五十八。君生於名族，幼能自立。居家孝悌，而蒞官公正。處己接物，一於至誠」。言行有常，不近名譽。是以久而人益信之。屈於小官，間遭遷謫，未始枉道以徇」世態。故其施設止於如此。苟天假之壽，使得行其志，則其所未爲者，豈易量哉」！君始娶孫氏，贈真寧縣太君。再娶左氏，贈華容縣太君。又娶任氏，贈仁和縣太」君。男三人：曰周卿，右通直郎，新差權通判隰州；曰端卿，未仕；曰介卿，及進士第」，登州防禦推官，知晉州冀氏縣事，已亡。女二人：長適比部員外郎、通判棣州張」仲舒；次適右朝散郎、通判定州張延年。孫男四人：曰公亮，曰公度，曰公孺，曰公」才，皆習進士業。以元祐八年十月十七日，葬君於京兆府萬年縣龍首鄉長」樂社之原，從先塋也。以孫、左、任氏三夫人祔焉。諸子先期狀君之行，乞銘於」予。義不得辭，乃爲之銘曰」：

顯允韓氏，世有令人。君始胥構，灼以才聞」。位則時屈，道則已伸。未究之緒，其在後昆」。

按

誌主韓應，《宋史》無載。誌所載其家族世系、任職封賜及其生平事迹，均可補史載之闕。

撰者劉航，《宋史·兵志》載：“熙寧元年……詔河南、北分置監牧使，以劉航、崔台符爲之。”其餘不詳。撰此誌時署“左朝議大夫知相州軍州事兼管内勸農使上護軍彭城縣開國子食邑五百户賜紫金魚袋”。

書者安師文，史載不詳。書此誌時署“左承議郎前管勾熙河蘭岷路都總管經略安撫司機宜文字武騎尉”。

篆者劉淮，史載不詳。篆此蓋時署“右宣德郎知京兆府奉天縣簽書兵馬司公事”。

456.1096　李宗師墓誌

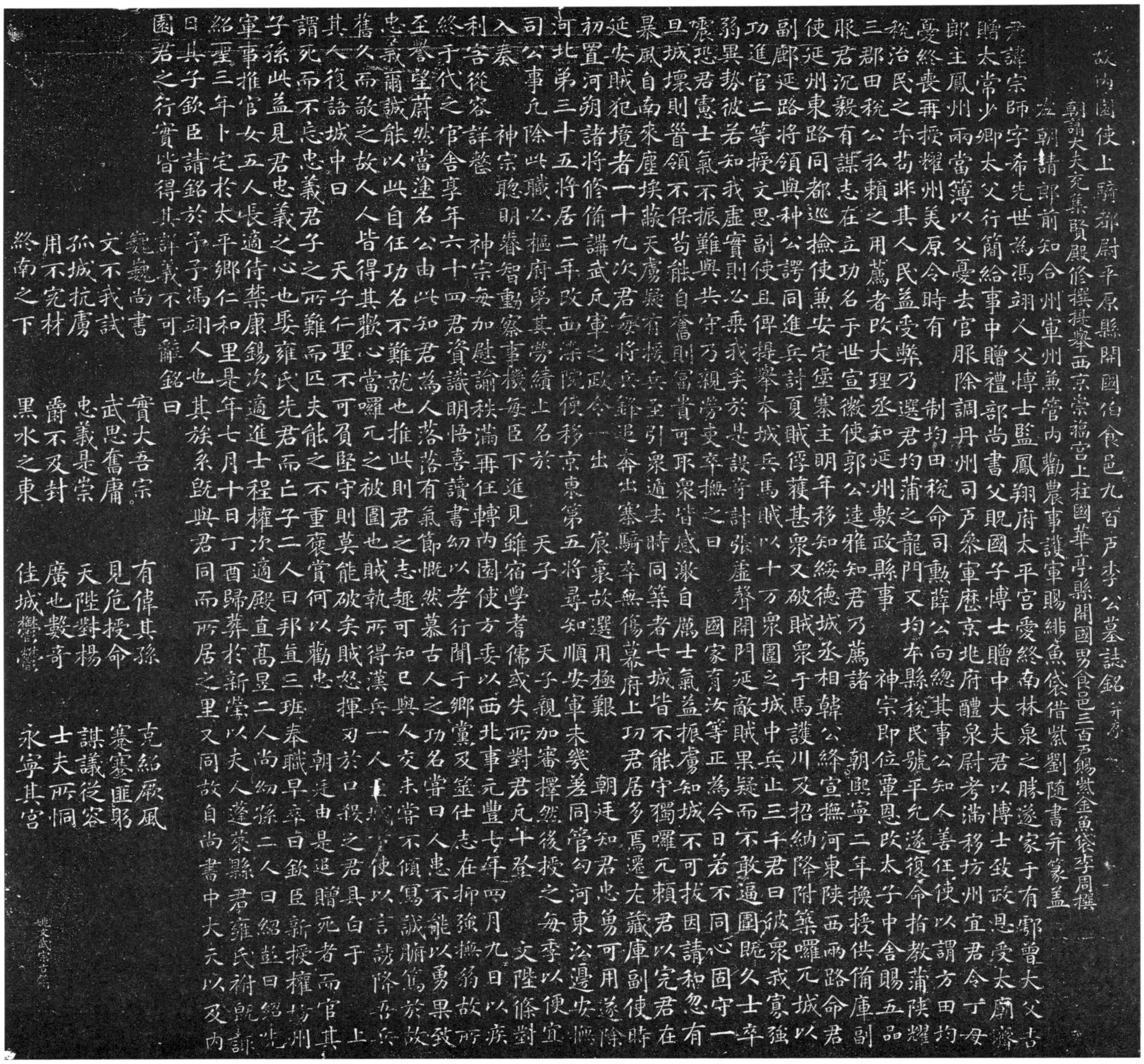
故內園使上騎都尉平原縣開國伯食邑九百戶李公墓誌銘并序
朝請大夫充集賢殿修撰提舉西京崇福宮上柱國華亭縣開國男食邑三百戶賜紫金魚袋李周撰
左朝請郎前知合州軍州兼管內勸農事護軍賜緋魚袋借紫劉隨書并篆蓋
公諱宗師，字希先，世為馮翊人。父博士監鳳翔府太平宮，愛終南林泉之勝，遂家于有鄠。曾大父吉，
贈太常少卿；太父行簡，給事中，贈禮部尚書；父覲，國子博士，贈中大夫。君以博士致政恩，受太廟齋
郎，主鳳州兩當簿。以父憂去官，服除，調丹州司戶參軍，歷京兆府醴泉尉，考滿，移坊州宜君令。丁母
憂，終喪，再授耀州美原令。時有　制均田稅，命司勳薛公向總其事。公知人善任使，以謂方田均
稅，治民之本，苟非其人，民益受弊，乃選君均蒲之龍門，又均本縣稅，民號平允。遂復命指教蒲、陝、耀
三郡田稅，公私賴之。用薦者改大理丞、知延州敷政縣事。　神宗即位，覃恩改太子中舍，賜五品
服。君沉毅有謀，志在立功名于世。宣徽使郭公逵雅知君，乃薦諸　朝。熙寧二年，換授供備庫副
使、延州東路同都巡撿使兼安定堡寨主。明年，移知綏德城。丞相韓公絳宣撫河東、陝西兩路，命君
副鄜延路將領，與种公諤同進兵討夏賊，俘獲甚眾，又破賊眾于馬護川，及招納降附，築囉兀城，以
功進官二等，授文思副使，且俾提舉本城兵馬。賊以十万眾圍之，城中兵止三千。君曰：彼眾我寡，強
弱異勢，彼若知我虛實，則必乘我矣。於是設奇計，張虛聲，開門延敵，賊果疑而不敢逼。圍既久，士卒
震恐，君慮士氣不振，難與共守，乃親勞吏卒，撫之曰：　國家育汝等，正為今日，若不同心固守，一
旦城壞，則首領不保；苟能自奮，則富貴可取。眾皆感激自厲，士氣益振。虜知城不可拔，因請和。忽有
暴風自南來，塵埃蔽天，虜疑有援兵至，引眾遁去。時同築者七城皆不能守，獨囉兀賴君以完。君在
延安，賊犯境者一十九次，君每將兵，鋒退奔出塞，騎卒無傷，幕府上功，君居多焉。遷左藏庫副使。時
初置河朔諸將，修備講武，凡軍之政令，一出　宸衷，故選用極艱。　朝廷知君忠勇可用，遂除
河北第三十五將。居二年，改西染院使，移京東第五將，尋知順安軍。未幾，差同管勾河東沿邊安撫
司公事。凡除此職，必樞府第其勞績，上名於　天子，親加審擇，然後授之。每季以便宜
入奏，　神宗聰明睿智，動察事機，每臣下進見，雖宿學者儒，或失所對，君凡十登文陛，條對
利害，從容詳整，　神宗每加慰諭。秩滿再任，轉內園使，方委以西北事。元豐七年四月九日，以疾
終于代之官舍，享年六十四。君資識明悟，喜讀書，幼以孝行聞于鄉黨，及筮仕，志在抑強撫弱，故所
至譽望蔚然，當塗名公由此知君。為人落落有氣節，慨然慕古人之功名，嘗曰：人患不能以勇果致
忠義爾，誠能以此自任，功名不難就也。推此則君之志趣可知已。與人交，未常不傾寫誠腑，篤於故
舊，久而敬之，故人人皆得其歡心。嘗囉兀之被圍也，賊執所得漢兵一人至城下，使以言誘降吾兵，
其人復語城中曰：　天子仁聖，不可負，堅守則莫能破矣。賊怒，揮刃於口殺之。君具白于上，
謂死而不忘忠義，君子之所難，而匹夫能之，不重褒賞，何以勸忠。　朝廷由是退贈死者而官其
子孫，此蓋見君忠義之心也。娶雍氏，先君而亡。子二人：曰邦直，三班奉職，早卒；曰欽臣，新授權坊州
軍事推官。女五人：長適侍禁康錫，次適進士程權，次適殿直高昱，二人尚幼。孫二人：曰紹藍，曰紹光。
紹聖三年卜宅於太平鄉仁和里，是年七月十日丁酉歸葬於新塋，以夫人蓬萊縣君雍氏祔。既諏
日，其子欽臣請銘於予。予馮翊人也，其族系既與君同，而所居之里又同，故自尚書中大夫以及內
園君之行實，皆得其詳，義不可辭。銘曰：
巍巍尚書，實大吾宗。有偉其孫，克紹厥風。
文不我試，武思奮庸。見危授命，蹇蹇匪躬。
孤城抗虜，忠義是崇。天陛對揚，謀議從容。
用不究材，爵不及封。廣也數奇，士夫所恫。
終南之下，黑水之東。佳城鬱鬱，永寧其宮。
姚文武宗古刻

説 明

北宋紹聖三年（1096）七月刻。誌、蓋均長方形。蓋長87厘米，寬85厘米；誌長84厘米，寬82厘米。蓋文3行，滿行3字，篆書“宋故内」園使李」公墓銘」”。誌文楷書39行，滿行38字。李周撰文，劉随書丹並篆蓋。1987年户縣天橋鄉丈南村出土。現存西安市鄠邑區文物管理委員會。《陝西碑石精華》《新中國出土墓誌（陝西叁）》著録。

釋 文

宋故内園使上騎都尉平原縣開國伯食邑九百户李公墓誌銘并序」

朝請大夫充集賢殿修撰提舉西京崇福宫上柱國華亭縣開國男食邑三百户賜紫金魚袋李周撰」

左朝請郎前知合州軍州兼管内勸農事護軍賜緋魚袋借紫劉随書并篆盖」

君諱宗師，字希先，世爲馮翊人。父博士監鳳翔府太平宫，愛終南林泉之勝，遂家于有鄠。曾大父吉」，贈太常少卿。太父行簡，給事中，贈禮部尚書。父晛，國子博士，贈中大夫。君以博士致政，恩受太廟齋」郎，主鳳州兩當簿。以父憂去官。服除，調丹州司户參軍。歷京兆府醴泉尉。考滿，移坊州宜君令。丁母」憂。終喪，再授耀州美原令。時有制均田税，命司勳薛公向總其事。公知人善任，使以謂：“方田均」税，治民之本。苟非其人，民益受弊。”乃選君均蒲之龍門，又均本縣税，民號平允。遂復命指教蒲、陜、耀」三郡田税，公私賴之。用薦者，改大理丞，知延州敷政縣事。神宗即位，覃恩改太子中舍，賜五品」服。君沉毅有謀，志在立功名于世。宣徽使郭公逵雅知君，乃薦諸朝。熙寧二年，换授供備庫副」使、延州東路同都巡檢使，兼安定堡寨主。明年，移知綏德城。丞相韓公絳宣撫河東、陝西兩路，命君」副鄜延路將領，與种公諤同進兵討夏賊，俘獲甚衆。又破賊衆于馬護川。及招納降附，築囉兀城，以」功進官二等，授文思副使，且俾提舉本城兵馬。賊以十万衆圍之，城中兵止三千。君曰：“彼衆我寡，强」弱異勢。彼若知我虚實，則必乘我矣。”於是設奇計，張虚聲，開門延敵。賊果疑而不敢逼。圍既久，士卒」震恐。君慮士氣不振，難與共守。乃親勞吏卒，撫之曰：“國家育汝等，正爲今日。若不同心固守，一」旦城壞，則首領不保。苟能自奮，則富貴可取。”衆皆感激自厲，士氣益振。虜知城不可拔，因請和。忽有」暴風自南來，塵埃蔽天。虜疑有援兵至，引衆遁去。時同築者七城，皆不能守，獨囉兀賴君以完。君在」延安，賊犯境者一十九次。君每將兵鋒，追奔出寨，騎卒無傷。幕府上功，君居多焉。遷左藏庫副使。時」初置河朔諸將，修備講武。凡軍之政令，一出宸衷。故選用極艱。朝廷知君忠勇可用，遂除」河北弟三十五將。居二年，改西染院使，移京東第五將，尋知順安軍。未幾，差同管勾河東沿邊安撫」司公事。凡除此職，必樞府弟其勞績，上名於天子，天子親加審擇，然後授之。每季以便宜」入奏。神宗聰明睿智，動察事機。每臣下進見，雖宿學耆儒，或失所對。君凡十登文陛，條對」利害，從容詳整，神宗每加慰諭。秩滿，再任轉内園使，方委以西北事。元豐七年四月九日，以疾」終于代之官舍，享年六十四。君資識明悟，喜讀書。幼以孝行聞于鄉黨。及筮仕，志在抑强撫弱，故所」至譽望蔚然，當塗名公由此知君。爲人落落有氣節，慨然慕古人之功名。嘗曰：“人患不能以勇果致」忠義爾。誠能以此自任，功名不難就也。”推此則君之志趣可知已。與人交，未嘗不傾寫誠腑，篤於故」舊，久而敬之，故人人皆得其歡心。當囉兀之被圍也，賊執所得漢兵一人至城下，使以言誘降吾兵」。其人復語城中曰：“天子仁聖不可負，堅守則莫能破矣！”賊怒，揮刃於口，殺之。君具白于上」，謂：“死而不忘忠義，君子之所難。而匹夫能之，不重褒賞，何以勸忠。”朝廷由是追贈死者，而官其」子孫。此益見君忠義之心也。娶雍氏，先君而亡。子二人：曰邦直，三班奉職，早卒；曰欽臣，新授權坊州」軍事推官。女五人：長適侍禁康錫，次適進士程權，次適殿直高昱，二人尚幼。孫二人：曰紹彭，曰紹先」。紹聖三年，卜宅於太平鄉仁和里。是年七月十日丁酉，歸葬於新塋，以夫人蓬萊縣君雍氏祔。既諏」日，其子欽臣請銘於予。予，馮翊人也，其族系既與君同，而所居之里又同，故自尚書中大夫以及内」園君之行實，皆得其詳，義不可辭。銘曰」：

宋故内
園使李
公墓銘

巍巍尚書，實大吾宗。有偉其孫，克紹厥風」。文不我試，武思奮庸。見危授命，蹇蹇匪躬」。孤城抗虜，忠義是崇。天陛對揚，謀議從容」。用不究材，爵不及封。廣也數奇，士夫所恫」。終南之下，黑水之東。佳城鬱鬱，永寧其宮。

姚文、武宗古鐫」

按

李宗師，《宋史》無傳，生平事迹亦不見于他書。此誌所載之李氏家族世系、李宗師任職情況、生平事迹等，均可補史載之闕。另，誌所載北宋時之均田改革、築囉兀城抗擊西夏等，均可與史載互證。其子《李邦直墓誌》見本書457.1096條。

撰者李周，北宋大臣。陝西大荔人。《宋史》卷三四四有傳。撰此誌時署“朝請大夫充集賢殿修撰提舉西京崇福宮上柱國華亭縣開國男食邑三百户賜紫金魚袋”。

劉随，史載不詳。書此誌時署“左朝請郎前知合州軍州兼管内勸農事護軍賜緋魚袋借紫”。

457.1096　李邦直墓誌

宋故奉
職李君
墓誌銘

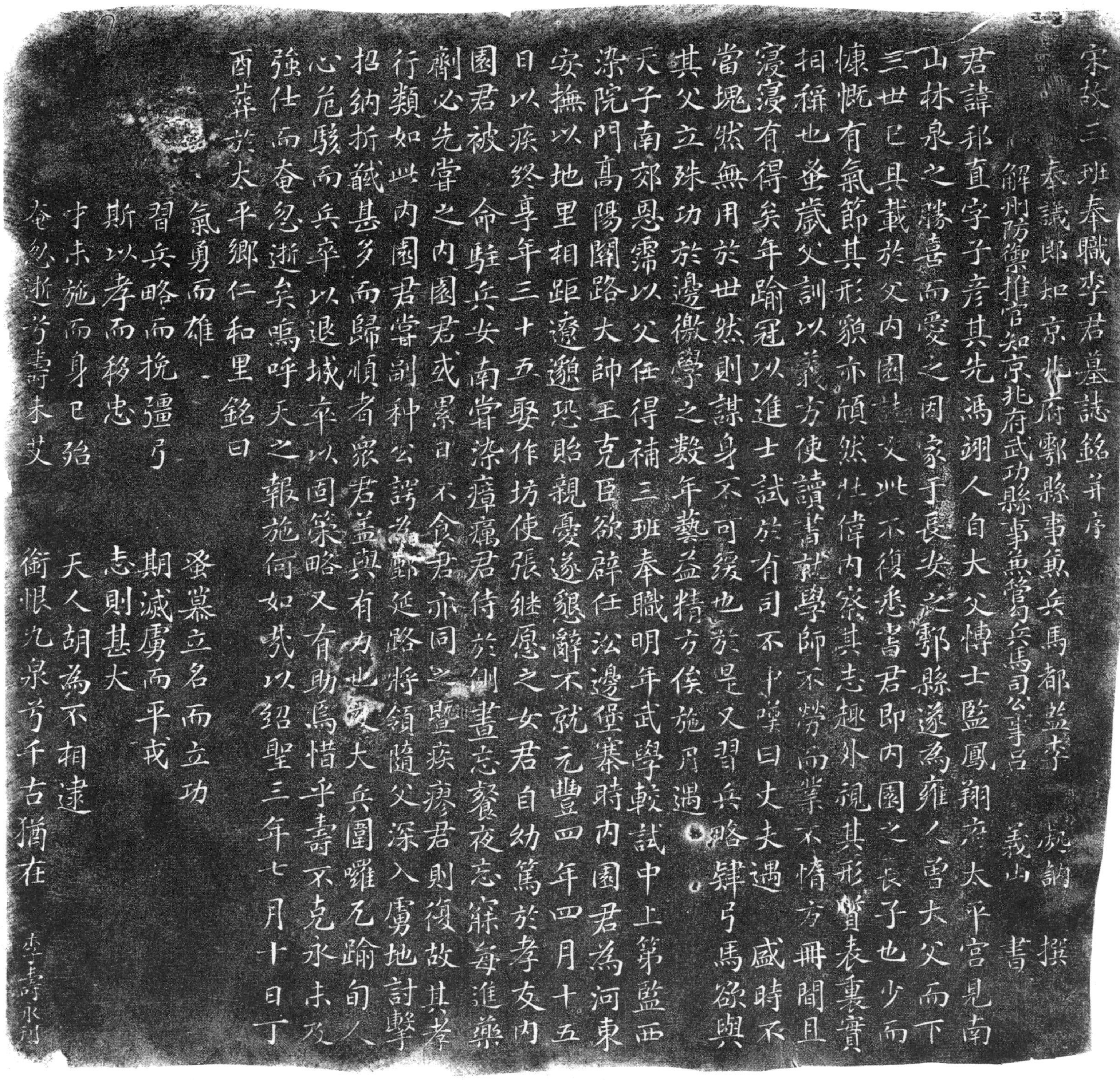
宋故三班奉職李君墓誌銘并序
奉議郎知京兆府鄠縣事兼兵馬都監李 訥 撰
解州防禦推官知京兆府武功縣事兼管勾兵馬司公事呂 義山 書
君諱邦直字子彥其先馮翊人自大父博士監鳳翔府太平宮見南
山林泉之勝喜而愛之因家于長安之鄠縣遂為雍人曾大父而下
三世已具載於父內園誌文此不復悉書君即內園之長子也少而
慷慨有氣節其形貌亦頎然壯偉內察其志趣外視其形質表裏實
相稱也蚤歲父訓以義方使讀書就學師不勞而業不惰方冊間且
寖寖有得矣年踰冠以進士試於有司不中嘆曰丈夫遇盛時不
當塊然無用於世然則謀身不可緩也於是又習兵略肄弓馬欲與
其父立殊功於邊徼學之數年藝益精方俟施用遇
天子南郊恩霈以父任得補三班奉職明年武學較試中上第監西
染院門高陽關路大帥王克臣欲辟任沿邊堡寨時內園君為河東
安撫以地里相距遼邈恐貽親憂遂懇辭不就元豐四年四月十五
日以疾終享年三十五娶作坊使張繼愿之女君自幼篤於孝友內
園君被 命駐兵安南嘗染瘴癘君侍於側晝忘餐夜忘寐每進藥
劑必先嘗之內園君或累日不食君亦同之暨疾瘳君則復故其孝
行類如此內園君嘗副种公諤為鄜延路將領隨父深入虜地討擊
招納折馘甚多而歸順者衆君蓋與有力也及大兵圍囉兀踰旬人
心危駭而兵卒以退城卒以固策略又有助焉惜乎壽不克永未及
強仕而奄忽逝矣嗚呼天之報施何如哉以紹聖三年七月十日丁
酉葬於太平鄉仁和里銘曰
氣勇而雄 蚤暮立名而立功
習兵略而挽彊弓 期滅虜而平戎
斯以孝而移忠 志則甚大
才未施而身已殆 天人胡為不相逮
奄忽逝兮壽未艾 銜恨九泉兮千古猶在
李壽永刻

説 明

北宋紹聖三年（1096）七月刻。誌、蓋均正方形，尺寸相同，邊長均58厘米。蓋文3行，滿行3字，楷書“宋故奉」職李君」墓誌銘」”。誌文楷書27行，滿行26字。李處訥撰文，吕義山書丹。1987年户縣天橋鄉丈南村出土。現存西安市鄠邑區文物管理委員會。《陝西碑石精華》《新中國出土墓誌（陝西叁）》著録。

釋 文

宋故三班奉職李君墓誌銘并序」

奉議郎知京兆府鄠縣事兼兵馬都監李處訥撰」

解州防禦推官知京兆府武功縣事兼管勾兵馬司公事吕義山書」

君諱邦直，字子彦，其先馮翊人。自大父博士監鳳翔府太平宮，見南」山林泉之勝，喜而愛之，因家于長安之鄠縣，遂爲雍人。曾大父而下」三世，已具載於父内園誌文，此不復悉書。君即内園之長子也。少而」慷慨有氣節，其形貌亦頎然壯偉。内察其志趣，外視其形質，表裏實」相稱也。蚤歲，父訓以義方，使讀書就學，師不勞而業不惰，方册間且」寖寖有得矣。年逾冠，以進士試於有司，不中，嘆曰：“丈夫遇盛時，不」當塊然無用於世。然則謀身不可緩也。”於是又習兵略，肄弓馬，欲與」其父立殊功於邊徼。學之數年，藝益精。方俟施用，遇」天子南郊恩霈，以父任得補三班奉職。明年，武學較試，中上第，監西」染院門。高陽關路大帥王克臣欲辟任沿邊堡寨，時内園君爲河東」安撫，以地里相距遼邈，恐貽親憂，遂懇辭不就。元豐四年四月十五」日，以疾終，享年三十五。娶作坊使張継愿之女。君自幼篤於孝友，内」園君被命駐兵安南，嘗染瘴癘。君侍於側，晝忘餐，夜忘寐，每進藥」劑，必先嘗之。内園君或累日不食，君亦同之。暨疾瘳，君則復故。其孝」行類如此。内園君嘗副种公諤爲鄜延路將領，隨父深入虜地，討擊」招納，折馘甚多，而歸順者衆，君蓋與有力也。及大兵圍囉兀逾旬，人」心危駭，而兵卒以退，城卒以固，策略又有助焉。惜乎壽不克永，未及」强仕，而奄忽逝矣。嗚呼！天之報施何如哉！以紹聖三年七月十日丁」酉，葬於太平鄉仁和里。銘曰」：

氣勇而雄，蚤慕立名而立功」。習兵略而挽彊弓，期滅虜而平戎」。斯以孝而移忠，志則甚大」。才未施而身已殆，天人胡爲不相逮」。奄忽逝兮壽未艾，銜恨九泉兮千古猶在。

李壽永刊」

按

誌主李邦直，《宋史》無傳，生平事迹亦不見于他書。其父《李宗師墓誌》見本書456.1096條。

撰者李處訥，《宋史》無傳。同州人。撰此誌時署“奉議郎知京兆府鄠縣事兼兵馬都監”。

書者吕義山，《宋史》無傳。蘭谿人，進士。官至户部侍郎。書此誌時署“解州防禦推官知京兆府武功縣事兼管勾兵馬司公事”。

458.1101　孫昭諫墓誌

説明

北宋建中靖國元年（1101）十一月刻。誌、蓋均長方形。蓋長87厘米，寬86厘米；誌長84厘米，寬82厘米。蓋文4行，滿行3字，楷書“大宋故」惠州刺」史孫公」墓誌銘」”。誌文楷書37行，滿行37字。王箴撰文，王振書丹，李公裕題蓋。誌下部泐蝕。1987年户縣南鄉出土。現存西安市鄠邑區文物管理委員會。《新中國出土墓誌（陝西叁）》著録。

釋文

宋故皇城使持節惠州諸軍事惠州刺史監鳳翔府終南上清太平宫護軍孫公墓誌銘」

朝奉郎監鳳翔府斜谷造船場飛騎尉賜緋魚袋王箴撰」

承議郎新差知鳳翔府扶風縣事兼兵馬都監賜緋魚袋王振書」

朝奉大夫行尚書考功員外郎賜緋魚袋李公裕題蓋」

皇城使孫公，以建中靖國元年十一月辛酉，葬于京兆府鄠縣界太平鄉孫思村顔家莊之先塋」。是年，公子預来請銘以誌公墓。序曰：孫氏，故河朔祁州鼓城縣人也。曾祖秀，不仕。祖遇，贈率」府率。父用，贈左屯衛上將軍。公諱昭諫，字子忠。自爲兒童時，狀皃嶷然，忼慨有大志，人固已奇」之矣。既冠，爲人詳審沉静，疏眉目，美鬚髯，凛凛然有不可犯之色，其際之則温裕如也。慶曆七年」，以父蔭補三班借職。嘉祐元年，始從先公監環慶路兵馬。時以屬羌叛命，公先衆人請行。總百」弩，奮擊不顧，賊兵乘風而靡，有司録功爲最。嘉祐二年，監環州防城庫。七年，以右班殿直戍慶州」虐埿堡。治平三年，以左班殿直權環州肅遠寨兵馬監押，累遷至西頭供奉官。熙寧三年，總兵牽」制，公乃深竞巢穴，破蕩梁戍嵬寨，斬首數百級，獲器甲羊馬不貲。及救應慶州大順城，破萌逋」都香西永嵬名嵬等寨，斬虜亦計千數。又解東谷之圍，破故□川之族，勾收環州驚疑之衆，皆」公首爲先鋒，開道以濟，以酬獎遷東頭供奉官，積將佐遷至内殿承制。元豐五年，從經制李憲收」復蘭會賊兵，又以酬獎遷西京左藏庫副使。七年，築蘭州，又遷文思副使，遂移知隴州、階州、岢嵐」軍。所至咸有美績，民頌不忘。元祐七年，以皇城副使知環州。州一日犬羊嘯聚，衆逾十數萬，攻圍」累日，公力勉諸將，開門延敵，以疑敵人，卒不敢犯。公處重圍中，晏然自若，奏樂宴飲。命諸將」分守要害，密縱奇兵，邀擊其歸，断其首尾，迫於洪德寨之隅。賊軍爲漢所擠，多殺傷數千人，牛馬」填委溝壑幾滿，賊母與數十騎遁去。朝廷聞而嘉之，賜白金、茶、藥以獎諭焉。民既德公之惠」，遂爲畫像祠之。八年，遷如京使。紹聖元年，移知河州。二年，改東作坊使。四年，復移環州，進築安疆」城，遷宫苑使。以五年接納李訛哆等歸漢，又築横山寨、通塞堡，遷皇城使。凡賞賚以百數。元符元」年得請，遂就差管勾終南上清太平宫，時年六十三。嗚呼！他人有一於此，皆自以爲當世奇才，如」公則未始以輕重爲計也。于時，當世名卿薦公者，凡四十餘人，是皆可考而不誣。然則余其敢」欺後世哉。惜乎，不使公蒙國重寄，俾得盡其所藴，而爲後人之所深惜也。公以晚節，遂厭兵」伍。自以志慮衰耗，終不能以筋力爲人贏縮。既得請於冷散之地，遂買田於終南山，拂袖以歸。乃」卜宗族所未葬者，總二十七喪，歸安宅兆，一以己俸辦之。悉以祖宗所分田施諸兄弟、親戚間，不」爲贏餘，令粗足充事而已。於是令家共具設酒食，請族人故舊賓客，與相娱樂。優游數歲，以疾終」于家，享年六十五。娶范氏，封長安縣君。子男八人：長曰竭，次端，次竚，早卒；次翊，軍將；次靖，三班奉」職；次竦，右班殿直；次竑，次竩，未仕。女六人：長適皇城使王況，次適左班殿直种師閔，次適左藏庫」副使張斌，次適左班殿直張沔，餘在室。孫男四人：長曰泙，次沄，次涣，次演，皆未仕。孫女五人，並在」室。皆率公教，無違者。嗚呼！公之遺風餘烈，播在當世，至後人有思公而不得見者，將何所」取信哉。是故不可以無銘也。銘曰」：

大宋故惠州刺史孫公墓誌銘

於穆神宗，在宋之隆。奮節金革，有来孫公。桓桓爪牙，其誰之同」。帝眷西顧，往守于環。黠虜跳梁，敢侮于邊。君命以師，出掃千里」。鳥駭獸奔，歸無餘騎。惟君之績，帝謂汝良。天胡不相，不競其長」。惟此歸老，晦迹自保。逍遥于家，克終壽考。松柏芊芊，在渭之涯」。何嗟及矣，有銘昭之。

安民、安延年、姚革刻」

按

誌主孫昭諫，《宋史》無傳，生平事迹亦不見于他書。誌所載孫氏之家族世系、孫昭諫之任職情況和生平事迹，均可補史載之闕。特别是北宋對西北邊境的防禦及其時的戰争，是研究宋、西夏關係的可貴資料。

撰者王箴，史載不詳。撰此誌時署“朝奉郎監鳳翔府斜谷造船場飛騎尉賜緋魚袋”。

書者王振，史載不詳。書此誌時署“承議郎新差知鳳翔府扶風縣事兼兵馬都監賜緋魚袋”。

題蓋者李公裕，史載不詳。題此蓋時署“朝奉大夫行尚書考功員外郎賜緋魚袋”。

459.1102　劉宗墓誌

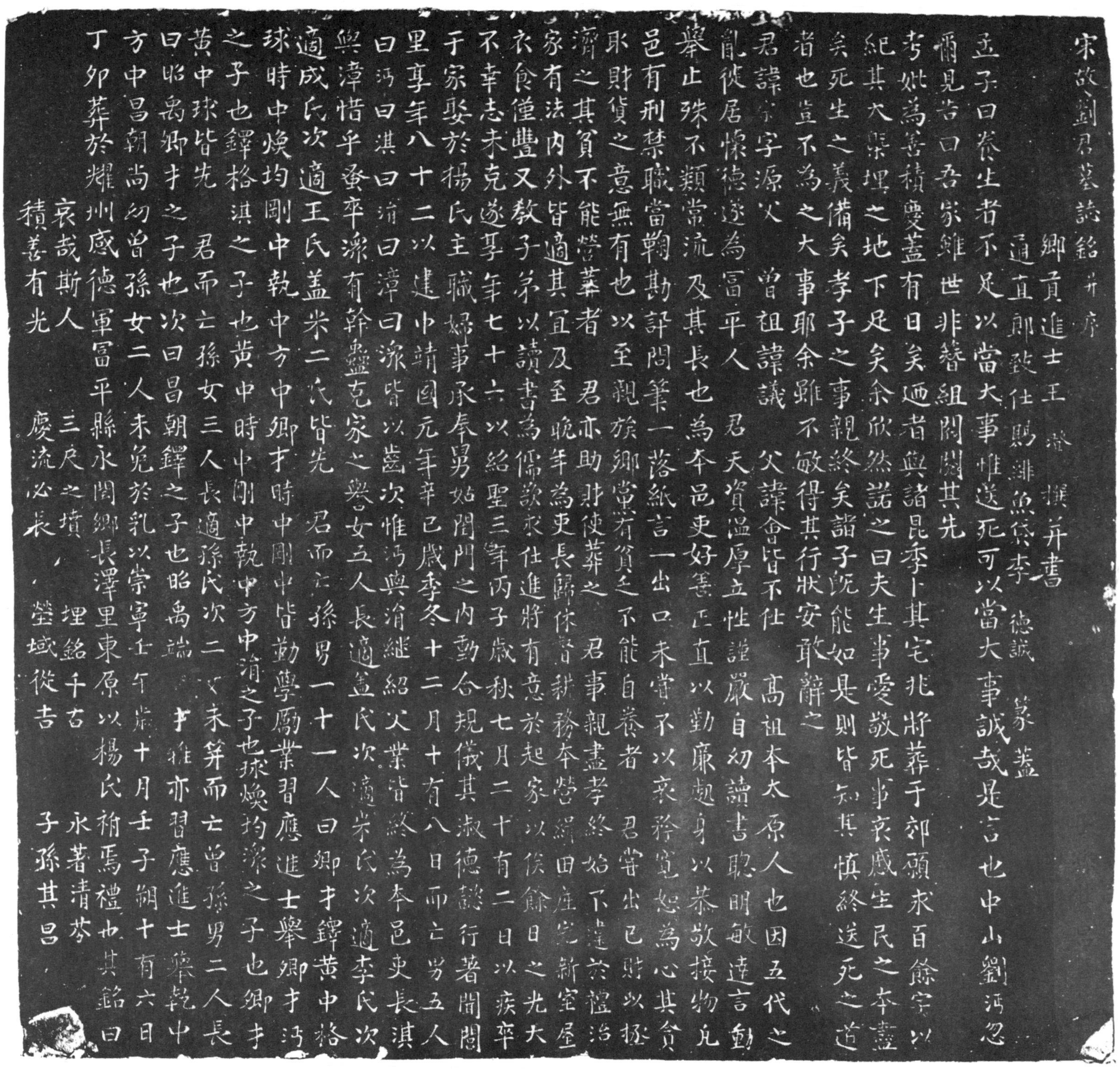
宋故劉君墓誌銘并序
鄉貢進士王□撰并書
通直郎致仕賜緋魚袋李德誠篆蓋
孟子曰養生者不足以當大事惟送死可以當大事誠哉是言也中山劉沔忽
爾見告曰吾家雖世非簪組閥閱其先
考妣為善積慶蓋有日矣迺者與諸昆季卜其宅兆將葬于郊願求百餘字以
紀其入藥埋之地下足矣余欣然諾之曰夫生事愛敬死事哀感生民之本盡
矣死生之義備矣孝子之事親終矣諸子既能如是則皆知其慎終送死之道
者也豈不為之大事耶余雖不敏得其行狀安敢辭之
君諱宗字源父　曾祖諱議　父諱會皆不仕　高祖本太原人也因五代之
亂徙居懷德遂為冨平人　君天資溫厚立性謹嚴自幼讀書聰明敏達言動
舉止殊不類常流及其長也為本邑吏好善正直以勤廉飭身以恭敬接物凡
邑有刑禁職當鞫勘評問筆一落紙言一出口未嘗不以哀矜寬恕為心其貪
取財貨之意無有也以至親族鄉黨有貧乏不能自養者　君嘗出己財以拯
濟之其貧不能營葬者　君亦助財使葬之　君事親盡孝終始不違於禮治
家有法內外皆適其宜及至晚年為吏長歸休晉耕務本營緝田庄完新宅屋
衣食僮豐又教子弟以讀書為儒欲求仕進將有意於起家以侈餘日之光大
不幸志未克遂享年七十六以紹聖三年丙子歲秋七月二十有二日以疾卒
于家娶於楊氏主職婦事承奉舅姑閨門之內動合規儀其淑德懿行著聞閭
里享年八十二以建中靖國元年辛巳歲季冬十二月十有八日而亡男五人
曰沔曰淇曰涓曰漳曰滁皆以齒次惟沔與涓繼紹父業皆終為本邑吏長淇
與漳惜乎蚤卒滁有幹蠱克家之譽女五人長適蓋氏次適宋氏次適李氏次
適成氏次適王氏蓋宋二氏皆先　君而亡孫男一十一人曰鄉貢鐸黃中格
球時中煥均剛中執中方中鄉貢時中剛中皆勤學勵業習應進士舉鄉貢沔
之子也鐸格淇之子也黃中時中剛中執中方中涓之子也球煥均滁之子也鄉貢
黃中球皆先　君而亡孫女三人長適孫氏次二人未笄而亡曾孫男二人長
曰昭禹鄉貢之子也次曰昌朝鐸之子也昭禹端□亦習應進士舉乾中
方中昌朝尚幼曾孫女二人未免於乳以崇寧壬午歲十月壬子朔十有六日
丁卯葬於耀州感德軍冨平縣永閏鄉長澤里東原以楊氏祔焉禮也其銘曰
哀哉斯人　三尺之墳　埋銘千古　永著清芬
積善有光　慶流必長　塋域從吉　子孫其昌

説 明

北宋崇寧元年（1102）十月刻。蓋盝形，誌正方形。蓋邊長54厘米，誌邊長53厘米。蓋文3行，滿行3字，篆書“宋故中」山劉君」墓誌銘」”。誌文楷書31行，滿行30字。王澄撰文並書丹，李德誠篆蓋。2003年富平縣華朱鄉劉坡磚廠出土。現存富平縣文廟。

釋 文

宋故劉君墓誌銘并序」

鄉貢進士王澄撰并書」

通直郎致仕賜緋魚袋李德誠篆蓋」

孟子曰：“養生者不足以當大事，惟送死可以當大事。”誠哉是言也。中山劉沔忽」爾見告曰：吾家雖世非簪組閥閲，其先」考妣爲善積慶蓋有日矣。迺者與諸昆季卜其宅兆，將葬于郊。願求百餘字以」紀其大概，埋之地下足矣。余欣然諾之曰：夫生事愛敬，死事哀慼，生民之本盡」矣，死生之義備矣，孝子之事親終矣。諸子既能如是，則皆知其慎終送死之道」者也。豈不爲之大事耶。余雖不敏，得其行狀，安敢辭之」。君諱宗，字源父。曾祖諱議，父諱會，皆不仕。高祖本太原人也，因五代之」亂，徙居懷德，遂爲富平人。君天資温厚，立性謹嚴。自幼讀書，聰明敏達。言動」舉止，殊不類常流。及其長也，爲本邑吏。好善正直，以勤廉處身，以恭敬接物。凡」邑有刑禁，職當鞠勘訊問。筆一落紙，言一出口，未嘗不以哀矜寬恕爲心。其貪」取財貨之意無有也，以至親族鄉黨有貧乏不能自養者，君嘗出己財以拯」濟之。其貧不能營葬者，君亦助財使葬之。君事親盡孝，終始不違於禮；治」家有法，内外皆適其宜。及至晚年，爲吏長歸休，督耕務本，營緝田産，完新室屋」，衣食僅豐。又教子弟以讀書爲儒，欲求仕進，將有意於起家，以俟餘日之光大」。不幸志未克遂，享年七十六，以紹聖三年丙子歲秋七月二十有二日，以疾卒」于家。娶於楊氏，主職婦事，承奉舅姑。閨門之内，動合規儀。其淑德懿行，著聞閭」里。享年八十二，以建中靖國元年辛巳歲季冬十二月十有八日而亡。男五人」：曰沔，曰淇，曰涓，曰漳，曰溁，皆以齒次。惟沔與涓繼紹父業，皆終爲本邑吏長。淇」與漳惜乎蚤卒。溁有幹蠱克家之譽。女五人：長適盖氏，次適米氏，次適李氏，次」適成氏，次適王氏。盖、米二氏皆先君而亡。孫男一十一人：曰卿才、鐸、黄中、格」、球、時中、焕、均、剛中、執中、方中。卿才、時中、剛中皆勤學勵業，習應進士舉。卿才，沔」之子也。鐸、格，淇之子也。黄中、時中、剛中、執中、方中，涓之子也。球、焕、均，溁之子也。卿才」、黄中、球，皆先君而亡。孫女三人：長適孫氏，次二女未笄而亡。曾孫男二人：長」曰昭禹，卿才之子也；次曰昌朝，鐸之子也。昭禹端方才雅，亦習應進士舉。執中」、方中、昌朝尚幼。曾孫女二人，未免於乳。以崇寧壬午歲十月壬子朔十有六日」丁卯，葬於耀州感德軍富平縣永閏鄉長澤里東原，以楊氏祔焉，禮也。其銘曰」：

哀哉斯人，三尺之墳。埋銘千古，永著清芬」。積善有光，慶流必長。塋域從吉，子孫其昌」。

按

誌主劉宗，史載不詳。此誌所載劉宗家族世系及生平事迹，均可補史載之闕。

撰者王澄，史載不詳。撰此誌時署“鄉貢進士”。

篆蓋者李德誠，史載不詳。篆此蓋時署“通直郎致仕賜緋魚袋”。

460.1104 耀州五臺山静應廟記

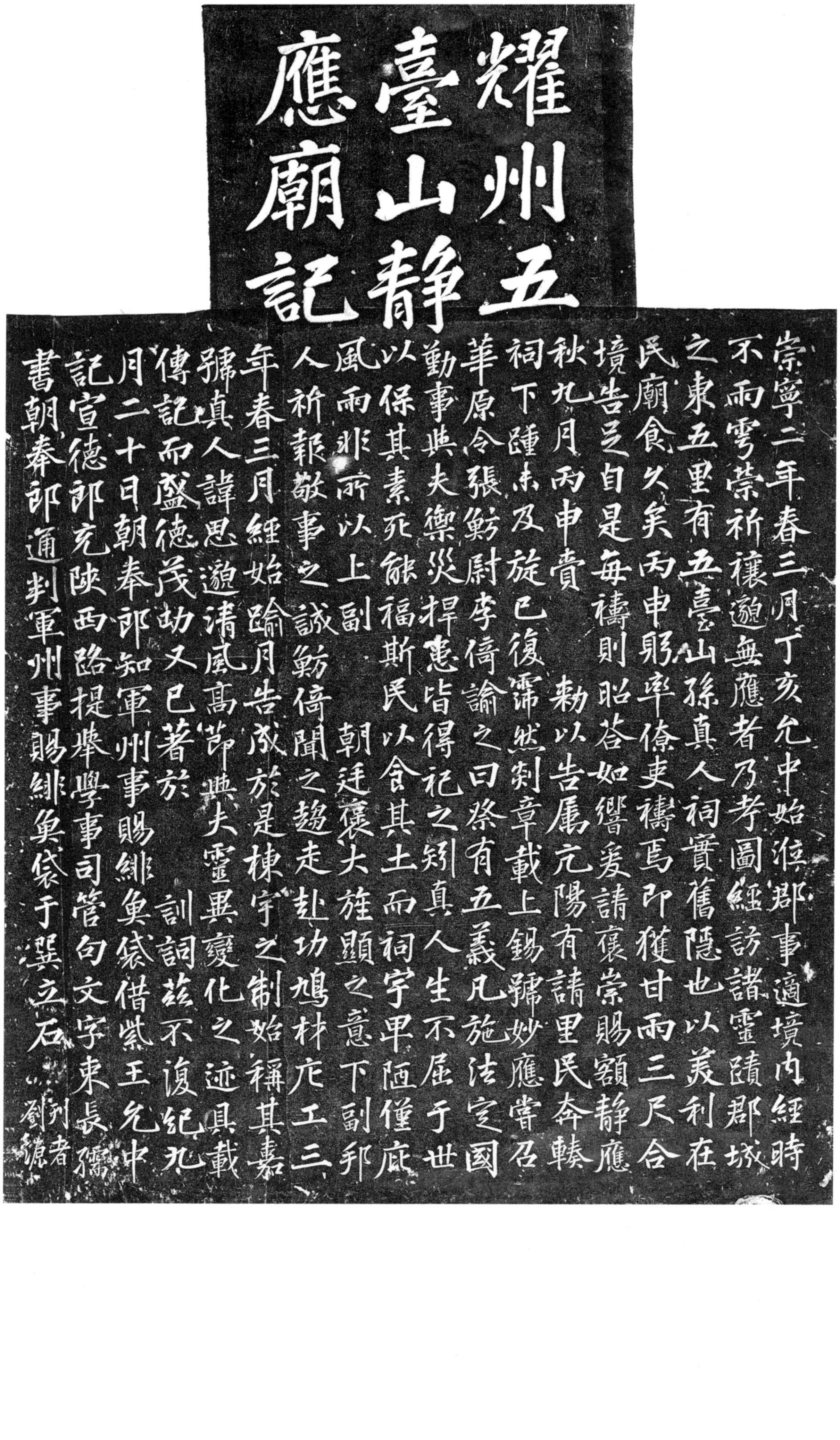

耀州五臺山靜應廟記

崇寧二年春三月丁亥允中始涖郡事適境內經時不雨雩禜祈禳遍無應者乃考圖經訪諸靈蹟郡城之東五里有五臺山孫真人祠實舊隱也以羨利在民廟食久矣丙申躬率僚吏禱焉即獲甘雨三尺合境告足自是每禱則貽荅如響爰請襃崇賜額靜應秋九月丙申賁 勑以告屬元陽有請里民奔輳祠下踵未及旋已復霈然剡章載上錫號妙應嘗召華原令張舫尉李倚諭之曰祭有五義凡施法定國勤事與夫禦災捍患皆得祀之矧真人生不屈于世以保其素死能福斯民以食其土而祠宇卑陋僅庇風雨非所以上副 朝廷襃大旌顯之意下副邦人祈報敬事之誠舫倚聞之趍走赴功鳩材庀工三年春三月經始踰月告成於是棟宇之制始稱其嘉號真人諱思邈清風高節與夫靈異變化之迹具載傳記而盛德茂功又已著於 訓詞茲不復紀九月二十日朝奉郎知軍州事賜緋魚袋借紫王允中記宣德郎充陝西路提舉學事司管句文字東長孺書朝奉郎通判軍州事賜緋魚袋于巽立石 刊者劉[illegible]

説明

北宋崇寧三年（1104）九月刻。碑方首方座。高156厘米，寬106厘米。額文3行，滿行3字，行書“耀州五」臺山静」應廟記」”。正文行楷18行，滿行20字。王允中撰文，束長孺書丹。原存銅川耀縣藥王山南庵。現存銅川藥王山博物館。《金石萃編》《陝西碑石精華》《藥王山碑刻》等著録。

釋文

崇寧二年春三月丁亥，允中始涖郡事。適境内經時」不雨，雩禜祈禳，邈無應者。乃考圖經，訪諸靈迹，郡城」之東五里有五臺山孫真人祠，實舊隱也。以美利在」民，廟食久矣。丙申，躬率僚吏禱焉，即獲甘雨三尺，合」境告足。自是每禱，則昭答如響。爰請褒崇賜額“静應”」。秋九月丙申，賫敕以告，屬亢陽有請，里民奔輳」祠下，踵未及旋，已復霈然。刻章載上，錫號“妙應”。嘗召」華原令張舫、尉李倚諭之曰：“祭有五義，凡施法、定國」、勤事與夫禦災、捍患，皆得祀之。矧真人生不屈于世」，以保其素；死能福斯民，以食其土。而祠宇卑陋，僅庇」風雨，非所以上副朝廷褒大旌顯之意，下副邦」人祈報敬事之誠。”舫、倚聞之，趨走赴功，鳩材庀工。三」年春三月經始，逾月告成。於是棟宇之制始稱其嘉」號。真人諱思邈，清風高節，與夫靈異變化之迹，具載」傳記，而盛德茂功，又已著於訓詞，兹不復記。

九」月二十日朝奉郎知軍州事賜緋魚袋借紫王允中」記

宣德郎充陝西路提舉學事司管勾文字束長孺」書

朝奉郎通判軍州事賜緋魚袋于巽立石

刊者劉源」

按

此爲藥王山現存最早記載有關孫思邈及其宫觀的碑刻。此碑書法筆力雄健，大氣磅礴，爲行楷之佳品。

撰者王允中，史載不詳。撰此碑時署“朝奉郎知軍州事賜緋魚袋借紫”。

書者束長孺，史載不詳。書此碑時署“宣德郎充陝西路提舉學事司管勾文字”。

461.1108　奉聖旨給地公據碑

説明

北宋大觀二年（1108）四月刻。碑螭首須彌座。高150厘米，寬53厘米。額文1行，篆書“奉聖旨給地公據碑”。正文楷書20行，行字不等。四周飾纏枝蔓草紋。周至縣樓觀臺舊藏。現存周至縣樓觀臺宗聖宫三清殿遺址西側。《樓觀臺道教碑石》著録。

釋文

清平軍公據」

本軍承永興軍牒，大觀貳年貳月貳拾玖日，尚書省劄子入内，内侍省皇城使、慶州防禦使、殿中省上舍局典御、兼提舉」修監終南山上清太平宫王仲千劄子奏：竊見上清太平宫近承尚書省劄子，奉」聖旨撥順天興國觀免税地陸拾餘頃，與上清太平宫常住，□勘會。順天興國觀係古樓觀，因張法師過太平宫，住持申□」將樓觀祖業地陸拾餘頃，計定夏秋課利斛斗肆佰伍拾捌碩、麻皮捌佰斤、雜收錢壹拾玖貫文足，割一半在太平宫充」常住，一半贍於樓觀。自来止是順天興國觀認納一半課利與太平宫，後来本宫令順天興國觀於一半田土每畝上添」納課利伍勝，因此厥有論訟不絶。兼太平宫見有膏壤熟地貳佰頃，開山荒地叁佰頃，山莨地共約壹阡餘頃，所收課利」供贍道衆等支使有餘。其順天興國觀止有上件祖業地土陸拾餘頃，今来却作張法師舊來免税地土，撥與太平宫」所有。順天興國觀道士、童行伍拾餘人並無吃用，即目無向活之意。况本觀係太上降車講道靈迹處所，張法師授業」於本觀。緣此，王清冲、王安中輒敢亂有告囑，欺罔孤寒道觀，紊煩」朝庭。伏望特降」睿旨下永興軍，勒令逐人出宫，給還元管地土並與順天興國觀爲主。所有計定租課一半之數，仍乞並赴清平軍送納充」官兵。請受貴免，杜絶詞訟。委是利便，取」進旨。貳月玖日奉」聖旨，依奏，劄付永興軍牒，請詳前項尚書省劄子内」聖旨指揮施行。須至出給公據者」。

右給公據付順天興國觀永遠照會。

大觀貳年叁月拾捌日給」

大觀貳年肆月初叁日觀主道士□□副觀道士□道□□□道士王道□□」

將仕郎華州渭南縣主簿□□□□□清平軍判官武□□

承奉郎權充清平軍使專切管勾上清太平宫管勾管事及管内勸農事借緋□概

按

這是一通北宋時期官方給順天興國觀的公文碑，以給公據的形式解決土地争訟問題。是研究宋元時期公文形式及宗教寺觀管理的重要資料。

462.1108　大觀聖作之碑

説明

北宋大觀二年（1108）八月刻。碑螭首龜座。通高378厘米，寬140厘米。額文3行，滿行2字，楷書“大觀」聖作」之碑」”。正文楷書28行，滿行71字。趙佶撰文並書丹，蔡京題額。碑額浮雕纏身雙龍圖案，碑身四周飾卷龍纏枝牡丹花紋。原在陝西乾縣文廟，1962年移藏西安碑林。現存西安碑林博物館。《金石萃編》《陝西碑石精華》《西安碑林全集》等著録。

釋文

學以善風俗、明人倫，而人材所自出也。今有教養之法，而未有善俗明倫之制，殆未足以兼明天下。孔子曰：“其爲人也孝悌，而好犯上者，鮮矣；不好犯上而好作亂者，未之有也。”蓋設學校」，置師儒，所以敦孝悌。孝悌興則人倫明，人倫明則風俗厚，而人材成，刑罰措。朕考成周之隆，教萬民而賓興以六德六行，否則威之以不孝不悌之刑。比已立法保任孝、悌、姻、睦、任、恤、忠、和」之士，去古綿邈，士非里選，習尚科舉，不孝不悌，有時而容。故任官臨政，趨利犯義、詆訕貪污無不爲者，此官非其人，士不素養故也。近因餘暇，稽《周官》之書，制爲法度，頒之校學，明倫善俗」，庶幾於古」。

諸士有善父母爲孝，善兄弟爲悌，善内親爲睦，善外親爲姻，信於朋友爲任，仁於州里爲恤，知君臣之義爲忠，達義利之分爲和」。

諸士有孝、悌、睦、姻、任、恤、忠、和八行，見於事狀，著於鄉里，耆鄰保伍以行實申縣，縣令佐審察，延入縣學。考驗不虚，保明申州如令」。

諸八行，孝、悌、忠、和爲上，睦、姻爲中，任、恤爲下。士有全備八行，保明如令，不以時隨奏貢入太學，免試爲太學上舍。司成以下引問考驗，較定不誣，申尚書省取旨。釋褐命官，優加拔用」。

諸士有全備上四行，或不全一行而兼中等二行，爲州學上舍上等之選。不全上二行而兼中等一行，或不全上三行而兼中二行者，爲上舍中等之選。不全上三行而兼中一行，或」兼下行者，爲上舍下等之選。全有中二行，或有中等一行而兼下一行者，爲内舍之選。餘爲外舍之選」。

諸士以八行中三舍之選者，上舍貢入内舍，在州學半年不犯弟二等罰，升爲上舍。外舍一年不犯弟三等罰，升爲内舍，仍准上法」。

諸士以八行中上舍之選，而被貢入太學者，上等在學半年不犯弟三等罰，司成以下考驗行實聞奏，依太學貢士釋褐法。中等依太學中等法，待殿試。下等依太學下等法」。

諸士以八行中選在州縣若太學，皆免試，補爲諸生之首，選充職事及諸齋長諭」。

諸以八行考士爲上舍上等，其家依官户法。中下等免户下支移、折變、借借、身丁。内舍免支移、身丁」。

諸謀反、謀叛、謀大逆子孫同及大不恭，詆訕宗廟，指斥乘輿，爲不忠之刑。惡逆詛駡，告言祖父母、父母，别□異財，供養有闕，居喪作樂、自娶，釋服匿哀，爲不孝之刑。不恭其兄，不友其弟」，姊妹、叔嫂相犯罪杖，爲不悌之刑。殺人略人，放火强奸，强盜若竊盜，杖及不道，爲不和之刑。謀殺及賣略緦麻以上親，毆告大功以上尊長、小功尊屬若内亂，爲不睦之刑。詛駡」告言外祖父母與外姻有服親，同母異父親若妻之尊屬相犯至徒，違律爲婚，停妻娶妻若無罪出妻，爲不姻之刑。毆受業師犯同□友至徒，應相隱而輒告言，爲不任之刑。詐」欺取財罪杖，告囑耆鄰保伍有所規求避免，或告事不干己，爲不恤之刑」。

諸犯八刑，縣令佐、州知通，以其事目書於籍，報學。應有入學，按籍檢會施行」。

諸士有犯不忠、不孝、不悌、不和，終身不齒，不得入學。不睦十年，不姻八年，不任五年，不恤三年，能改過自新不犯罪，而有二行之實，耆鄰保伍申縣，縣令佐審察，聽入學。在學一年，又」不犯弟三等罰，聽齒於諸生之列」。

大觀元年九月十八日，資政殿學士兼侍讀臣鄭居中奏乞以」御筆八行，詔旨摹刻于石，立之宫學，次及太學、辟雍、天下郡邑。二年八月二十九日，奉」御筆賜臣禮部尚書兼侍講久中令以所賜刻石」。

文林郎權醴州州學教授臣宋□，通直郎權通判醴州同管勾神霄玉清萬壽宫管勾學□□□□，起復朝散郎權知□州軍州管勾神霄玉清萬壽宫管勾□□□張□□□□」

通直郎書學博士臣李時雍奉敕摹寫

局部

承議郎尚書禮部員外郎武騎尉葛勝仲、朝散郎尚書禮部員外郎雲騎尉臣韋壽隆」、承議郎試尚書禮部侍郎學制局同編修官武騎尉隴西縣開國男食邑三百□賜紫金魚袋臣李圖南」、朝請郎試禮部尚書兼侍講實録修撰飛騎尉南陽縣開國男食邑三百户賜紫金魚袋臣鄭久中」

太師尚書左僕射兼門下侍郎上柱國魏國公食邑一万一千□百户食實封叁阡捌佰户臣蔡京奉敕題額」

按

北宋徽宗大觀元年（1107），資政殿學士鄭居中上奏施行八行八刑新政，宋徽宗親自書寫而摹刻于石，並立于學宫，詔告天下。該碑是研究北宋教育和科舉制度的重要資料。該碑碑體高大，刻工精細，特别是宋徽宗獨特的瘦金體書法，靈動流暢，風姿綽約，備受書法愛好者的喜愛。

463.1112　河瀆碑

説明

北宋政和二年（1112）正月刻。碑螭首方座。通高281厘米，寬125厘米。額文3行，滿行3字，篆書“敕修河」瀆靈源」王廟碑」”。正文楷書28行，滿行63字。陳振撰文，王崈書丹並篆額。額文兩側浮雕二龍戲珠圖案，碑身四周飾纏枝牡丹花紋。原立于陝西韓城市馮原鄉河瀆村，1988年遷至韓城市芝川鎮司馬遷祠。現存韓城司馬遷祠。《金石萃編》《陝西碑石精華》著録。

釋文

敕修同州韓城縣河瀆靈源王廟碑」

宣德郎知京兆府高陵縣事管句學事管句勸農公事兼兵馬監押臣陳振撰」

宣德郎充提轄措置陝西川路坑冶鑄錢司催促般運鑄錢物料句當臣王崈書并篆額」

皇帝臨御十有三年，典章文物炳然一新。正郊丘以辨兩儀，廣宗廟以嚴九室。興明堂以備配位之典，祠太一以答靈貺之符。明德衈祀，咸秩」無文；肹蠁駿奔，罔不祗慄。神祇祖考既已安樂之矣，而復以聲制律而樂和，以身立度而禮節。琢玉以成寶而文采彰，鑄金以象物而」基本固。前世之所廢而不講，後人之所忽而不問。發明誕告，悉出宸翰。詔令一下，不日而成。於是卿雲呈祥，靈光薦休，膏露零滋，朱草騰色，嘉禾之秀」，羽物之翔，凡曠古之所未嘗記者，連章累牘，奏之闕下，頌聲洋溢，周於四遐。玁狁來王，氐羌入貢。黔中嶺表，龍水播川。遺酋群醜，解辮屈膝，而願爲臣妾者，盖」不可以數計。古之所謂“天不愛其道，地不愛其寶，人不愛其財”者，具見於玆。故一事之舉，一物之來，類皆付之史官，刊之琬琰，銘之鼎彝，紀之以編簡，載之以竹帛。自」堯舜三代典謨訓誥之書，未有若此時之盛者也。惟此洪河，自大觀以來變濁爲清者，略有三焉。乾寧保平，率以累日，惟二年冬見于同州之韓城、郃」陽，其袤百里，其久彌月。詔遣尚書郎臣張勱持祝往祭。既抵其野，訪故祠，得破屋一區，風凌雨剥，頹圮殆甚。懼不足以尊顯靈德，上副」一人誠報之意。故已事而還，請新廟貌。詔可其奏。既賜幣券以經其用，又出大農之錢以助其不足。鳩工飭材，一不在民。庀事於政和元年秋八月之」壬寅，落成於二年春正月之甲子。凡爲屋之楹三十有四，堂崇以延，門嚴以閎。有廡如掖，有屏如植。籩豆之設有位，侍衛之列有所。輪奐丹雘，儼無不肅。乃」賜“靈源”爲號，因命擇詞臣而記其事。部使者猥以屬臣振，臣振不敢以荒斐辭。竊惟《洪範》之數，兆於五行；五行之證，原於五事。自視聽貌言思之近，推而廣之」，至五福六極休咎所報之遠，若符契然，豈人力也哉！夫堯以水土未平，吁謨而命禹；禹以百姓未安，瘽其身而告功。九年而洚水平，土作乂，考其績用，固非人力而所」爲者，可不歸之天乎！使百姓戴天而居，履地而行，力農而食，日用而不知，可不謂之神乎！澗溪潢潦之卑，朝盈而暮竭，有欲澄之者猶不能清，況崐崘萬里之勢，數千」年之久，敢自期於身嘗而目見之乎！非有作之聖人，其孰能與於此。今」皇帝道德之妙，蟠極上下；精誠之微，昭格幽顯。凡所以施設注措，一出於獨智，百辟卿士曾不足以探識其奥，而四方萬里鼓舞震動」，化貸成就，亦罔知帝力之所加。豈天之神與禹之智舉在是歟！福物之報，固有由爾。顧一河之清，惡足以盡之，而惓惓不忘者，亦以昭景命、領」純嘏，奉上帝之錫羡而已。竊嘗以傳記考之，河千歲一清，其應在人君壽考、天下治安。今接歲三清，應益昭著。自非睿聖撫運，溥博淵」泉，通乎高深，何以及此。是宜有以鋪張閎休，揚厲偉迹，而詔乎無窮也。如臣黽蟺之陋，顧安能識咸英之太和而調達之。姑以」區區之見，述其萬一而預榮焉。臣謹拜手稽首，而爲之頌曰」：

皇帝臨御，十有三年。禮制樂作，典章粲然。道德之妙，格于皇天。景星慶雲，膏露醴泉。諸福之物，克臻其全。大觀之初，濁河三清」。乾寧保平，郃陽韓城。有泓其澄，有光其榮。詔遣臣勱，報祭惟精。乃新其宮，靈源是名。郡縣奔走，累月而成。神歆其類，既安且寧」。皇帝有道，山川受職。珍符來貺，惟神之錫。皇帝有道，受福無疆。神之聽之，德音不忘。簿領臣振，預榮釐事。作爲聲詩，垂千萬祀」。

基本圖前世之所履而不講後人之所忽而不闡發明誕告志出[illegible]宸
羽物之翔凡曠古之所未嘗記者連章累牘奏之闕下顧[illegible]洋溢周
不可以數計沽之所謂天不愛其道地不愛其寶人不愛其財者具見於茲
堯舜三代典謨訓誥之書未有若此時之盛者也惟此[illegible]河自[illegible]訪
陽其袤百里其父彌月詔遣尚書郎臣張勸持祝往降[illegible]抵其[illegible]
一人誠報之意故已事而還請新廟額詔可其奏既賜幣[illegible]
壬寅落成於二年春正月之甲子凡爲屋之楹三十有四堂宇以延門嚴以
賜靈源爲號因命擇詞臣而記其事部使者猥以屬臣振臣振不敢
至五福六極休咎所報之遠若符契然豈人力也哉夫堯以水土未平[illegible]
爲者可不歸之天乎使百姓戴天而居履地而行力農而食日用而不知可
年之久敢自期於身當而目見之乎非有作之聖人其[illegible]能與於此
皇帝道德之妙蟠極上下精誠之徵昭格幽顯凡所以[illegible]施設
化貸成就亦罔知帝力之所加豈天之神與爲之智舉在[illegible]是
純嘏奉上帝之錫羨而已竊嘗以傳記考之河千歲一[illegible]其應在
泉通乎高深何以及此是宜有以鋪張閎休揚[illegible]偉
區區之見述其萬一而預榮焉臣謹拜手稽首而爲之頌曰
皇帝臨御十有三年禮制樂作典章粲然道[illegible]之妙格于
乾寧保乎郃陽韓城有泓其澄有光其榮詔之臣勸報祭
皇帝有道山川受職珎符來貺惟神之錫皇帝有道[illegible]受福

局部

降授奉議郎權發遣陝府西路計度轉運判官公事借緋魚袋臣郭倫」
降授朝議大夫直龍圖閣權發遣陝府西路計度轉運副使公事兼勸農使賜紫金魚袋臣趙佺」
降授朝散郎直龍圖閣權發遣陝府西路計度轉運使公事兼勸農使賜紫金魚袋臣陳遘」
臣李壽永、臣李壽昌刊字」

按

北宋大觀年間，黄河三次由濁變清，宋人以此爲瑞兆，宋徽宗亦遣官致祭，並御賜錢財重修河瀆廟，敕名“靈源”爲號。京兆府以此爲宋徽宗歌功頌德，特立此碑紀其事。

撰者陳振，史載不詳。撰此碑時署“宣德郎知京兆府高陵縣事管句學事管句勸農公事兼兵馬監押”。

書者王崧，史載不詳。書此碑時署“宣德郎充提轄措置陝西川路坑冶鑄錢司催促般運鑄錢物料句當”。

464.1119　題楮慧龍章雲篆詩文碑

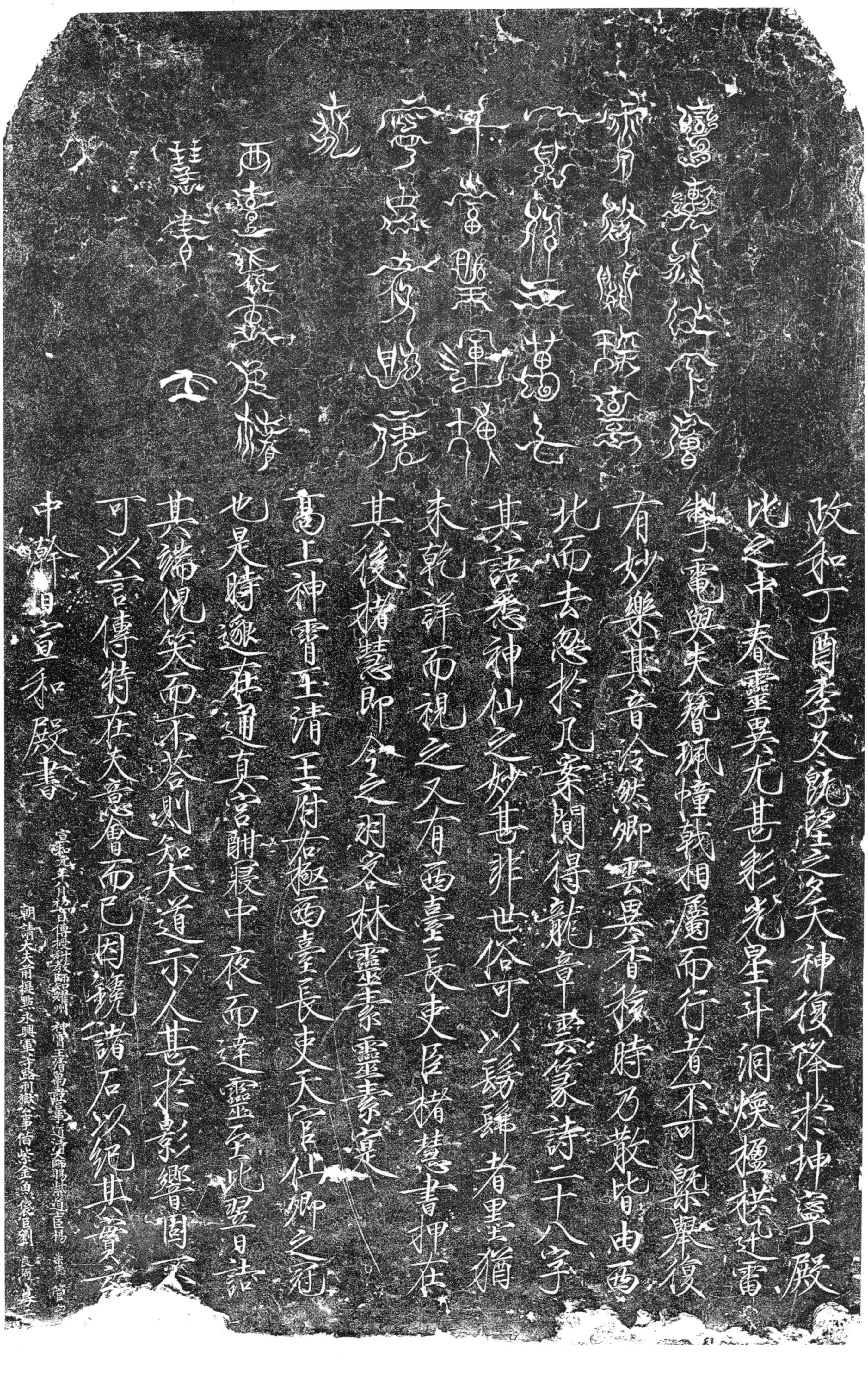

説 明

北宋宣和元年（1119）八月刻。碑圓首方座。高124厘米，寬72厘米。碑文分上下兩欄，上欄爲楮慧雲篆詩文8行，滿行6字；下欄爲宋徽宗御書文瘦金體13行，滿行18字。楮慧、趙佶書丹。原存銅川耀縣藥王山南庵。現存銅川藥王山博物館。《陝西金石志補遺》《藥王山碑刻》著録。

釋 文

鸞輿彩仗下層」霄，絳闕瑶臺」一見招。三萬七」千當聖運，坤」寧忠孝助唐」堯」。

西臺長吏臣楮」慧書」（以上上欄）

政和丁酉季冬既望之夕，天神復降於坤寧殿」。比之中春，靈異尤甚。彩光星斗，洞焕楹栱。迅雷」掣電，與夫簪珮幢戟相屬而行者，不可概舉。復」有妙樂，其音泠然。卿雲異香，移時乃散，皆由西」北而去。忽於几案間得龍章雲篆詩二十八字」，其語悉神仙之妙，甚非世俗可以髣髴者。墨猶」未乾，詳而視之，又有西臺長吏臣楮慧書押在」其後。楮慧即今之羽客林靈素。靈素寔」高上神霄玉清王府右極西臺長吏，天官仙卿之冠」也。是時，邈在通真宫酣寢，中夜而達靈至此。翌日詰」其端倪，笑而不答。則知大道示人，甚於影響。固不」可以言傳，特在夫意會而已。因鑱諸石，以紀其實云」。

中澣日宣和殿書

宣和元年八月初七日，傳授科教師知耀州神霄玉清萬壽宫事道清大師賜紫道士臣楊崇德管勾

朝請大夫前提點永興軍等路刑獄公事借紫金魚袋臣劉良弼募工（以上下欄）

按

此碑《陝西金石志補遺》上卷有釋文，名爲“宣和御書”，但誤作宣和三年。

碑文所云“林靈素”者，北宋道教正一派道士，爲尊崇道教的宋徽宗視爲神明，賜其號“通真達靈先生”，爲其建上清寶籙宫。政和七年（1117），宋徽宗將道士集中于上清宫，請林靈素向兩千名道士報告長生大帝君降臨之事，付希烈等人撰《降臨記》呈宋徽宗。此碑所記，即爲此事。此碑保存完好，是宋徽宗“瘦金體”的完整呈現，也是國内不可多得的名碑之一。

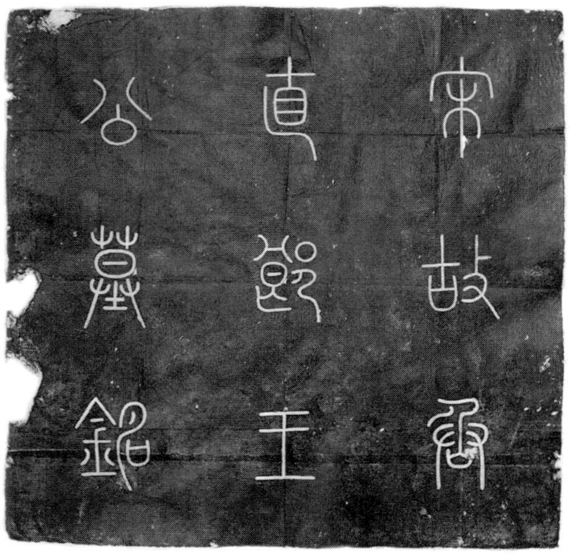

465.1119　王延年墓銘

説 明

北宋宣和元年（1119）九月刻。誌、蓋均爲青石質，正方形。邊長均79厘米。蓋文3行，滿行3字，篆書“宋故丞」直郎王」公墓銘」”。誌文楷書34行，滿行33字。雷次功撰文，仇憲書丹，王直恭篆蓋。1985年大荔縣東七鄉槐垣村出土。現存大荔縣文物局。《大荔碑刻》《新中國出土墓誌（陝西叁）》著録。

釋 文

宋故承直郎王公墓銘」

朝奉郎新差充興元府司録事雷次功撰」

敕賜上舍出身仇憲書」

通直郎王直恭篆蓋」

宣和元年春，余調官歸自京師，子永置酒相勞，劇飲歡甚，因感慨泣下，顧謂余曰：“桑榆」晚景，西崦已逼，樂事難得，兹會不厭其頻也。”間數日，余備雞黍會公，而公感疾不至。翌」朝謁公，問起居狀，公疾已革，不能執手一决别，而遽以不起聞。悲夫！葬有期，請余銘其」墓。余雖不敏，義不當辭。公諱延年，子永其字也，姓王氏，系出太原。曾祖龜從，任同州觀」察推官，終於任，因家焉，今爲馮翊人。祖文蔚，有才藻，登進士第。以詩名於時。丁晉公、孫」何、梁灝輩相与賡唱，作語警拔，高出其右，皆所歎服。官至秘書丞，累贈兵部侍郎。父億」，朝散郎致仕。公以朝散恩補太廟齋郎，調鳳州司户參軍。待制俞公充帥環慶，辟爲安」業等五寨簿。以朝散公年高，艱於迎侍，弃官就養。授承奉郎致仕。逾年，丁朝散憂。服除」，將遂隱居以求志，郡守監司惜其□列，薦于朝。再調閬州西水令，移利州録參。丁所」生母高夫人憂。終制，調開州萬歲令，移太寧監判官、秦州觀察判官。以疾尋醫，再調趙」州觀察判官、同州司刑曹事。官制行，加授文林郎，該供軍賞，典□承直郎。公幼志于學」，有俊聲，時流推服，期以必取名第。公性夷粹無競，不爲聲利所遷。既已得禄，人或勉之」，公曰：“正當行吾所學耳，何必區區章句間以較一日之勝負耶？”在仕路不妄吐一辭，以」求知老於選部。人皆歎其沈鬱，公處之泰然。用是當官蒞職，能以愛惠及民。其在秦州」也，歲遇風雹災，清水縣所管被傷尤甚。帥司檄公檢視，公具以實聞，盡蠲其税。漕屬怒」甚。公曰：“吾固審知其如是，忍俾農民無訴，以覬當塗之知。明日見責，不過失一二薦章」。不者，第有劾罷耳。”竟不爲屈。其在趙州也，河水浸贊皇諸邑民田，州請公往按。公至，則」如秦州之視雹災。明年，河復爲患，州委它官以往，果迎漕司意，檢不以實。縣數千人列」狀請于州，丐公視。公挐小舟，遍歷所訴地，以實聞，被抑者獲申。異時，公以事過諸邑，邑」民頌嘆，相与言曰：“吾屬免流離者，公之德也。”其於作令，寬恕不刻，事亦辦治，而所至咸」有愛譽。在西水，有甘露降杜豸園中，州圖其瑞于朝，蒙賜獎諭，邑人紀德于石。公」處心和易，不忤於物，雖家人，未嘗見喜愠之色。居官廉潔，計俸禄以度日。宦遊五十年」，篋無餘資。歸休里中，杜門不出。丈室蕭然，左右書史，手不釋卷。喜爲歌詩，閒吟詠自適」，超然有得，顧世事無足以累者。引年於格，當得朝郎。章上經歲，命未下，公意亦不介」也。三月二十七日，卒於正寢，享年七十三。卜以是年九月十八日，葬於大德鄉招賢里」先塋之次，二夫人楊氏、燕氏祔焉。男三人：涣，前任將仕郎、連州陽山縣主簿；澤、浹，皆選」士在學。女二人：長適雷師望，早卒；次適趙元紘，夫亡歸室。孫男二人：棠、寀。孫女三人。重」孫女一人。其銘曰：

萬轍皇皇走聲利，公兮攬轡趨仁義。愛惠臨民行吾志，仕則頡頏」中無愧。焜耀一時富与貴，德之騰實寧有既。面華背許，佳城鬱鬱。嗚呼！是爲子永之室」。

陳仲文刊

按

誌主王延年，史載不詳。誌所載其家譜世系、任職情況等，均可補史載之闕。

466.1120　柴炳墓誌

宋故將仕郎平陽柴公墓誌銘
從事郎監高州阜民錢監王琦撰
朝散郎致仕賜緋魚袋張□書并題蓋
公諱炳字仲明世爲華州蒲城縣人曾祖王晦德不仕祖文贈右中
散大夫父鼎臣朝請大夫知房州軍州事母紀氏曰仁和仇氏曰金
華紀氏有四子公迺其次明敏好學磊落尚義處己端方出言有序
初與諸昆季皆肄進士業既冠以大夫公遊宦南北諸弟隨侍至於
洒掃松楸幹辦生事一委於公之才力果能副焉自爾載入增羨
每回首鄉悉將所獲赴于親庭□毫髮私藏貴用仰食部華閱風知
悅建中靖國元年以父世恩補□將仕郎調興元府城固縣尉換將
仕郎公惟務公勤以自守迺精通少壯俗時按閱威信著聞盜賊遠
近境內肅然時號稱職居半歲丁大夫公憂服除調洋州司法參軍
權興元府褒城縣主簿憲使命公知其才幹以本府劇部獄訟繁夥
吏情不職奏舉對移充司理參軍未幾獄訟清簡遂絕冤濫先
是大辟李用宗欲定法次公獨訪之迺緣毆姪誤殺其姨其閱長
吏初不然之公再三懇請迺從並從貸命寔公之力也時以錢交子
折給俸料當復不行焉錢支用會計使黃公與太守魏公有隙因緣
据摭奏劾公亦坐謫後臺章言其無辜復□前政正再調定邊軍司
理參軍未赴任以疾終于家大觀四年十一月二十五日也享年四
十六初娶曹氏先以疾卒再娶□氏男五人振早卒揚掄皆肄儒業
女一人嫁某以宣和二年七月十□日與曹氏合葬于本縣善化鄉
孝仁里先塋之次公之次子揚狀公之事跡公之次姪揆以書屬銘
于予予與公又昔有一日之雅理當爲之銘銘曰
不屈而剛　不圓而方　磊落抱義　器且難量　養志就祿
亦士之常　承顏而仕　孝行增光　尉之威信　令人不忘
理云種德　門弟其昌　卜茲宅兆　終焉允臧

説明

北宋宣和二年（1120）七月刻。蓋佚。誌正方形。邊長56厘米。誌文楷書26行，滿行26字。王璹撰文，張介夫書丹並篆蓋。1967年蒲城縣龍陽鄉統一村出土。現存蒲城縣龍陽鎮統一村。《新中國出土墓誌（陝西壹）》著録。

釋文

宋故將仕郎平陽柴公墓誌銘」

從事郎監商州阜民錢監王璹撰」

朝散郎致仕賜緋魚袋張介夫書并題蓋」

公諱炳，字仲明，世爲華州蒲城縣人。曾祖玉，晦德不仕。祖文，贈右中」散大夫。父鼎臣，朝請大夫，知房州軍州事。母紀氏，曰仁和；仇氏，曰金」華。紀氏有四子，公迺其次。明敏好學，磊落尚義。處己端方，出言有序」。初與諸昆季皆肄進士業。既冠，以大夫公遊宦南北，諸弟隨侍。至於」洒掃松楸，幹辦生事，一委於公。公之才力，果能副焉。自爾歲入增羡」，每因省覲，悉將所獲赴于親庭，無毫髮私輒費用，俾貪鄙輩聞風知」愧。建中靖國元年，以父世蔭補太廟齋郎，調興元府城固縣尉，换將」仕郎。公惟務公，勤以自守，迺精選少壯，依時按閲，威信著聞，盜賊遠」遁，境内肅然，時號稱職。居半歲，丁大夫公憂。服除，調洋州司法参軍」，權興元府褒城縣主簿。憲使俞公知其才幹，以本府劇部，獄訟繁夥」，吏惰不職，奏舉對移，充司理參軍。下車未幾，獄訟清簡，遂絶冤濫。先」是大辟李用案成，欲定法次，公試詳之，迺緣毆侄，誤殺其姨。具聞長」吏，初不然之。公再三懇請，迺從。卒獲貸命，實公之力也。時以錢交子」折給俸料，當復不行，易錢支用。會計使黄公與太守魏公有隙，因緣」捃摭奏劾，公亦坐譴。後臺章言其無辜，復旨改正，再調定邊軍司」理參軍。未赴任，以疾終于家，大觀四年十一月二十五日也，享年四」十六。初娶曹氏，先以疾卒。再娶茹氏。男三人：振，早卒；揚、掄皆肄儒業」。女一人，未笄。以宣和二年七月十一日，與曹氏合葬于本縣善化鄉」孝仁里先塋之次。公之次子揚，狀公之事迹。公之次侄擬，以書屬銘」于予。予與公又昔有一日之雅，理當爲之銘。銘曰」：

不屈而剛，不圓而方。磊落抱義，器且難量。養志就利」，亦士之常。承顔而仕，孝行增光。尉之威信，令人不忘」。理云種德，門弟其昌。卜兹宅兆，終焉允臧」。

按

誌主柴炳，史載不詳。誌所載其家譜世系、任職情況等，均可補史載之闕。特别是誌所載“李用案”、“時以錢交子折給俸料”等史料，對于研究宋代法律、經濟等均有一定的價值。

467.1122　王熙墓銘

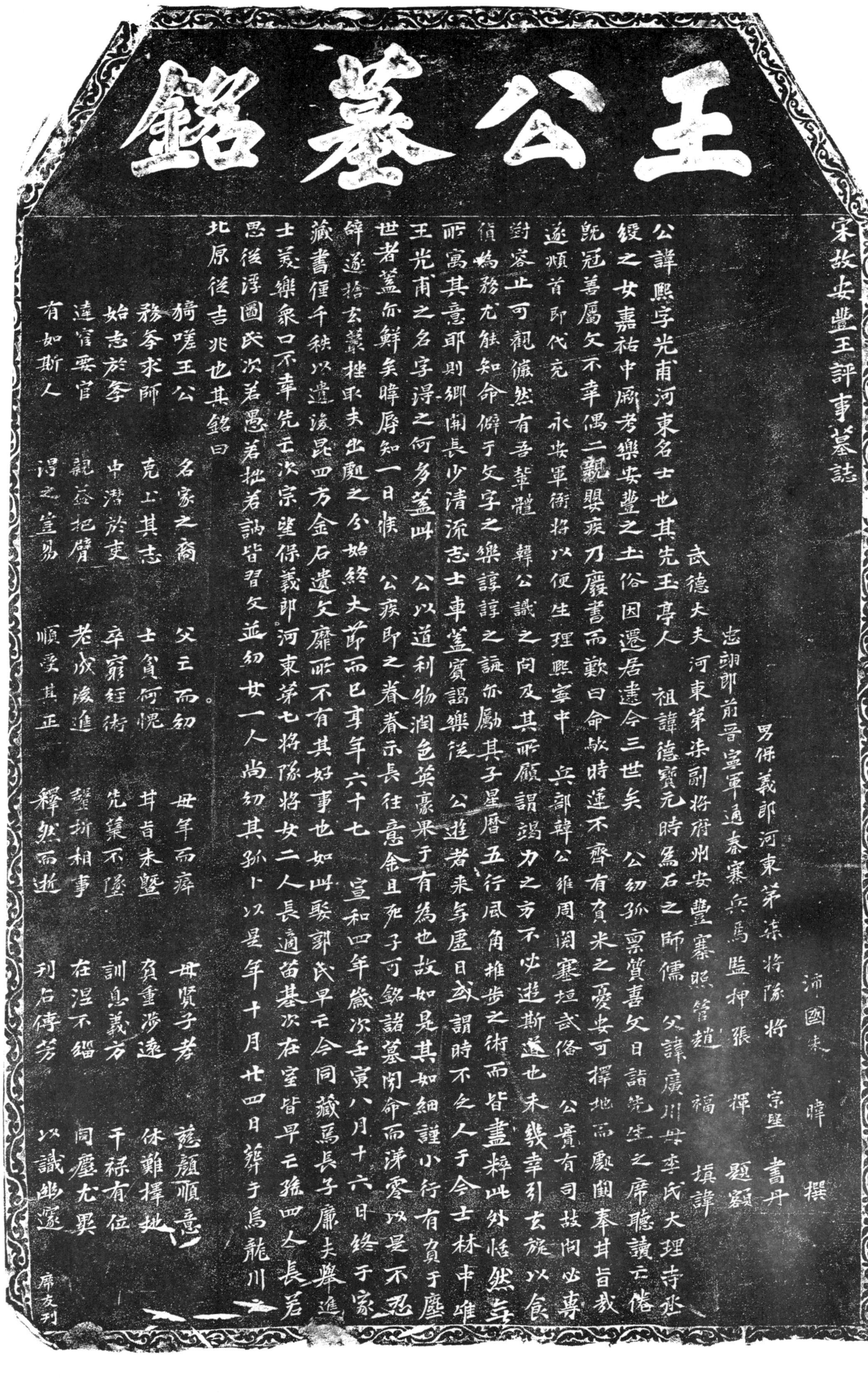

王公墓銘

宋故安豐王評事墓誌

沛國朱 暐 撰

男保義郎河東第柒將隊將 宗望 書丹

忠翊郎前晉寧軍通秦寨兵馬監押張 揮 題額

武德大夫河東第柒副將府州安豐寨照管趙 福 填諱

公諱熙字光甫河東名士也其先王亭人 祖諱德寶元時爲石之師儒 父諱廣川毋李氏大理寺丞綬之女嘉祐中爲考樂安豐之土俗因遷居遠今三世矣 公幼孤禀質喜文日誦先生之席聽讀亡倦既冠善屬文不幸偶二親嬰疾乃廢書而歎曰命欤時邪不齊有負米之憂安可擇地而處闔奉甘旨哉遂順首即代充 永安軍衙將以便生理熙寧中 兵部韓公維周閱塞垣武備 公實有司故知必專對容止可觀儼然有吾輩體 韓公識之向及其所屬謂竭力之方不必進斯道也未幾幸引去旋以食貧偽務尤能知命僻于文字之樂諄諄之誨而勵其子星曆五行風角推步之術而皆盡粹此外恬然無所寓其意耶則卿閭長少清流志士車蓋賓謁樂從 公遊者來無虛日或謂時不乏人于今士林中唯王光甫之名字得之何多蓋此 公以道利物潤色英豪果于有爲也故如是其如細謹小行有負于塵世者蓋亦鮮矣晬辱知一日恨 公疾即之眷眷示長往意余且死子可銘諸墓閉命而涕零以是不忍辭遂捨玄叢挫耶未出處之分始終大節而已享年六十七 宣和四年歲次壬寅八月十六日終于家藏書僅千秩以遺後昆四方金石遺文靡所不有其好事也如此娶郭氏早亡今同藏焉長子廉夫舉進士爰樂衆口不幸先亡次宗望保義郎河東第七將隊將女二人長適苗基次在室皆早亡孫四人長若思後浮圖氏次若愚若拙若訥皆習文並幼女一人尚幼其孫卜以是年十月廿四日葬于烏龍川北原從吉兆也其銘曰

嗚嗟王公　名家之裔　父亡而幼　毋年而瘵　毋賢子孝　慈顏順意

務本求師　克止其志　士貧何愧　甘旨未墜　負重涉遠　休難擇地

始志於本　中潛於吏　卒窮經術　先業不墜　訓息義方　干祿有位

達官要官　親盃把臂　老成後進　聲猗相事　在涅不緇　同塵尤異

有如斯人　得之宜易　順受其正　釋然而逝　刊石傳芳　以識幽邃

廉夫刊

説明

北宋宣和四年（1122）十月刻。誌砂巖質，平首削肩。高113厘米，寬71厘米。額文1行，楷書“王公墓銘”。誌文楷书24行，滿行40字。朱暐撰文，王宗望書丹，張揮題額。周邊飾卷草紋。1988年府谷縣大岔鄉南川出土。現存府谷縣文物管理所。《榆林碑石》《新中國出土墓誌（陝西壹）》著録。

釋文

宋故安豐王評事墓誌」

沛國朱暐撰」

男保義郎河東第柒將隊將宗望書丹」

忠翊郎前晉寧軍通秦寨兵馬監押張揮題額」

武德大夫河東第柒副將府州安豐寨照管趙福填諱」

公諱熙，字光甫，河東名士也。其先玉亭人。祖諱德，寶元時爲石之師儒。父諱廣川。母李氏，大理寺丞」綬之女。嘉祐中，厥考樂安豐之土俗，因遷居，逮今三世矣。公幼孤，禀質喜文，日詣先生之席，聽讀亡倦」。既冠，善屬文。不幸偶二親嬰疾，乃廢書而歎曰：“命歟！時運不齊，有負米之憂，安可擇地而處，闕奉甘旨哉」！”遂頻首即代充永安軍衙將，以便生理。熙寧中，兵部韓公維周閱塞垣武備，公實有司，故問必專」對，容止可觀，儼然有吾輩體。韓公識之，問及其所顧，謂竭力之方，不必遊斯道也。未幾，幸引去。旋以食」貨爲務。尤能知命，僻于文字之樂，諄諄之誨，亦勵其子。星曆、五行、風角、推步之術，而皆盡粹。此外，恬然無」所寓其意耶。則鄉關長少、清流志士，車蓋賓謁，樂從公遊者，来無虚日。或謂時不乏人，于今士林中，唯」王光甫之名字得之何多。蓋此，公以道利物，潤色英豪，果于有爲也，故如是。其如細謹小行，有負于塵」世者，蓋亦鮮矣。暐辱知，一日候公疾，即之，眷眷示長往意：“余且死，子可銘諸墓。”聞命而涕零，以是不忍」辭。遂捨去叢挫，取夫出處之分，始終大節而已。享年六十七，宣和四年歲次壬寅八月十六日終于家」。藏書僅千秩，以遺後昆。四方金石遺文，靡所不有，其好事也如此。娶郭氏，早亡，今同藏焉。長子廉夫，舉進」士，美樂衆口，不幸先亡。次宗望，保義郎、河東第七將隊將。女二人：長適苗基，次在室，皆早亡。孫四人：長若」思，從浮圖氏；次若愚、若拙、若訥，皆習文，並幼。女一人，尚幼。其孤卜以是年十月廿四日，葬于烏龍川之」北原，從吉兆也。其銘曰」：

猗嗟王公，名家之裔。父亡而幼，母年而瘁。母賢子孝，慈顔順意」。務學求師，克上其志。士貧何愧，甘旨未暨。負重涉遠，休難擇地」。始志於學，中潛於吏。卒窮經術，先業不墜。訓息義方，干禄有位」。達宦要官，親益把臂。老成後進，磬折相事。在涅不緇，同塵尤異」。有如斯人，得之豈易。順受其正，釋然而逝。刊石傳芳，以識幽邃。

席友刊」

按

誌主王熙，史載不詳。誌所載其家譜世系、任職爲文情況等，均可補史載之闕。

468.1126　新修太史公廟記

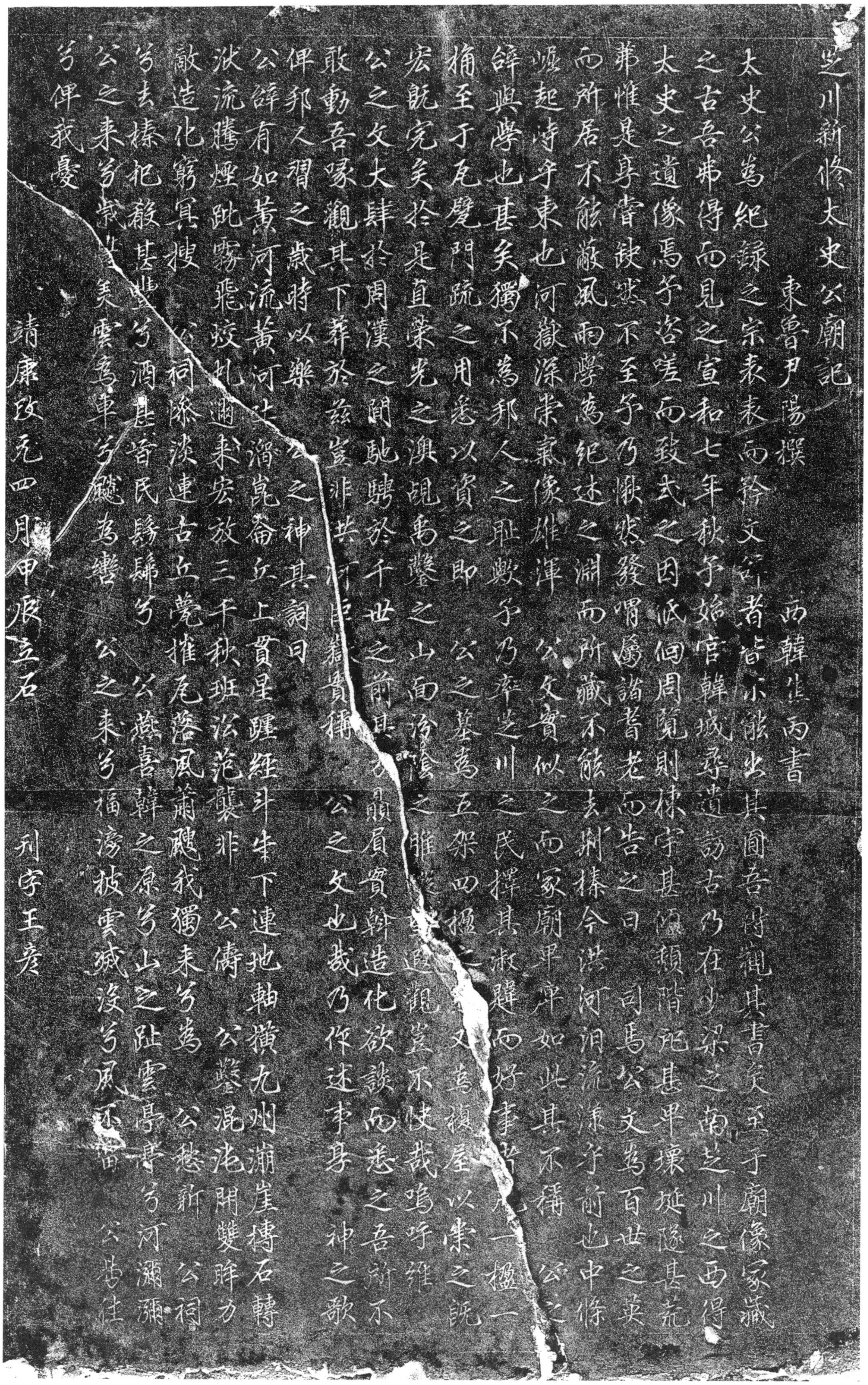
芝川新修太史公廟記
東魯尹陽撰　西韓佐西書
太史公為紀錄之宗表表而跨文字者皆不能出其閫吾得觀其書矣至于廟像家藏
之古吾弗得而見之宣和七年秋予始官韓城尋遺跡古乃在少梁之南芝川之西得
太史之遺像焉予咨嗟而致式之因低徊周覽則棟宇甚隘頽陋甚卑壞垣隧甚荒
弗惟是身嘗鞅然不至予乃愀然發喟屬諸耆老而告之曰司馬公文為百世之英
而所居不能蔽風雨學為紀述之淵而所藏不能表荊棘今洪河泪流源乎前也中條
嶇起峙乎東也河嶽深崇氣像雄渾公文實似之而家廟卑卑如此其不稱公之
辞與學也甚矣獨不為邦人之恥歟予乃率芝川之民擇其淑體而好事者凡一楹一
桷至于瓦甓門疏之用悉以資之即公之墓為五架四楹之又為複屋以崇之既
宏既完矣於是直榮光之瀕覘禹鑿之山面汾陰之雎遐觀豈不快哉鳴呼維
公之文太肆於周漢之間馳騁於千世之前其文翩翩實幹造化欲談而悉之吾猶不
敢動吾喙觀其下[illegible]於茲豈非[illegible]稱公之文也哉乃作述事身神之歌
俾邦人習之歲時以樂公之神其詞曰
公辞有如黃河流黃河之滔崑崙丘上貫星躔經斗牛下連地軸横九州瀨崖搏石轉
洑流騰煙跳霧飛蛟虬淵來宏放三千秋班汜范襲非公儔公鑿混沌開雙眸力
獻造化窮冥搜公祠隊淡連古丘蔑推瓦落風蕭颼我獨來兮為公葺新公祠
兮去榛杞毅甚兮酒是晉民踦歸兮公燕喜韓之原兮山之趾雲亭亭兮河瀰瀰
公之來兮美雲為車兮飈為轡公之來兮福滂被雲臧沒兮風公暮往
兮俾我憂
靖康改元四月甲辰立石　刊字王彥

説明

北宋靖康元年（1126）四月刻。碑高94厘米，寬57厘米。正文行書21行，滿行33字。尹陽撰文，焦丙書丹。現存韓城市司馬遷祠。

釋文

芝川新修太史公廟記」

東魯尹陽撰

西韓焦丙書」

太史公爲紀録之宗表，表而矜文辭者，皆不能出其閫。吾得觀其書矣，至于廟像冢藏」之古，吾弗得而見之。宣和七年秋，予始官韓城，尋遺訪古，乃在少梁之南、芝川之西得」太史之遺像焉。予咨嗟而致式之，因低徊周覽，則棟宇甚傾頹，階阤甚卑壞，埏隧甚荒」茀，惟是享嘗缺然不至。予乃愀然發喟，屬諸耆老而告之曰：司馬公文爲百世之英」，而所居不能蔽風雨；學爲紀述之淵，而所藏不能去荆榛。今洪河汩流，漾乎前也；中條」崛起，峙乎東也。河嶽深崇，氣像雄渾，公文實似之，而冢廟卑庳如此，其不稱公之」辭與學也甚矣！獨不爲邦人之耻歟！予乃率芝川之民，擇其淑韙而好事者，凡一楹一」桷，至于瓦甓門疏之用，悉以資之。即公之墓爲五架四楹之□，又爲複屋以崇之，既」宏既完矣。於是直滎光之澳，覘禹鑿之山，面汾陰之脽，縱望遐觀，豈不快哉！嗚呼！維」公之文，大肆於周漢之間，馳騁於千世之前，其力贔屓，實斡造化。欲談而悉之，吾所不」敢動吾喙。觀其下葬於兹，豈非洪河巨嶽實稱公之文也哉！乃作述事享神之歌」，俾邦人習之，歲時以樂公之神。其詞曰」：

公辭有如黄河流，黄河吐溜崑崙丘。上貫星躔經斗牛，下連地軸横九州。湍崖摶石轉」汱流，騰煙跐霧飛蛟虬。邇来宏放三千秋，班沿范襲非公儔。公鑿混沌開雙眸，力」敵造化窮冥搜。公祠慘淡連古丘，甍摧瓦落風蕭颼。我獨来兮爲公愁，新公祠」兮去榛杞。殽甚豐兮酒甚旨，民髣髴兮公燕喜。韓之原兮山之趾，雲亭亭兮河瀰瀰」。公之来兮歲豐美，雲爲車兮飇爲轡。公之来兮福滂被，雲滅没兮風不留。公曷往」兮俾我憂」！

靖康改元四月甲辰立石

刊字王彦」

按

太史公廟，即今之太史公祠，位于韓城市城南十公里芝川鎮，現爲全國重點文物保護單位。碑記宋宣和年間時任韓城縣令的尹陽復修司馬遷祠的經過。

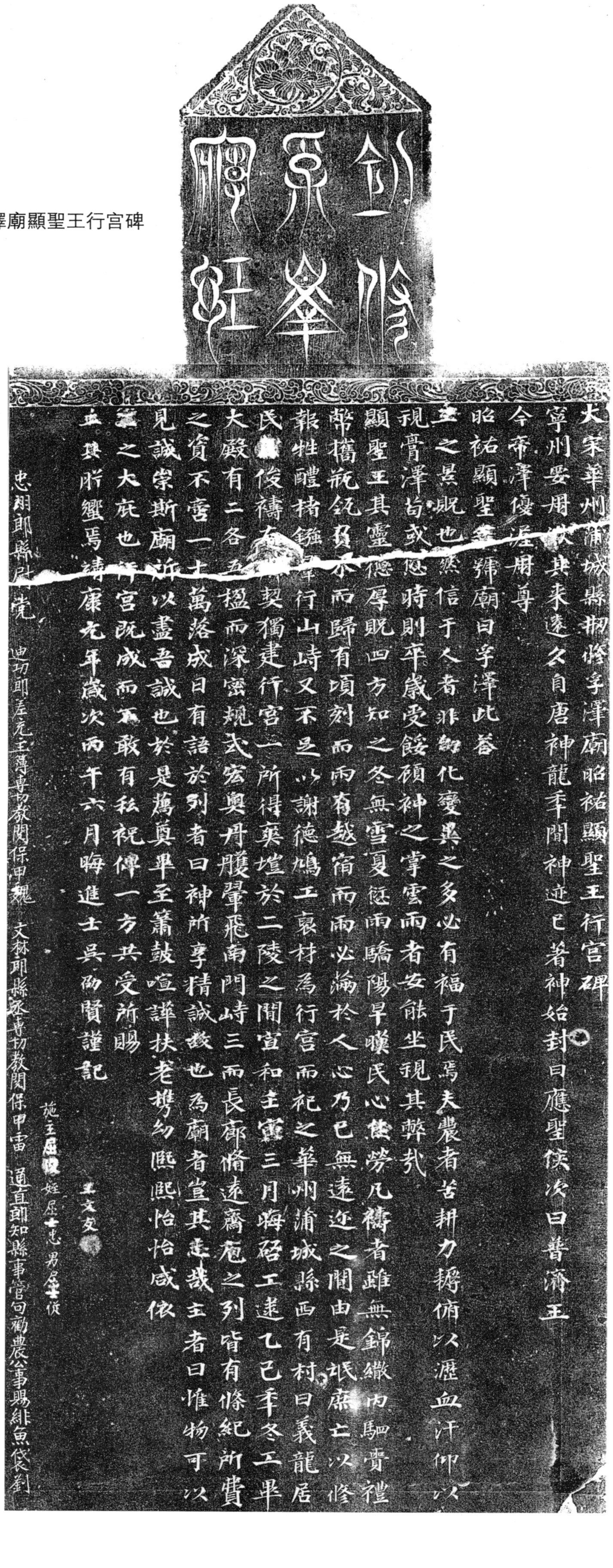
大宋華州蒲城縣𠝹修孚澤廟昭祐顯聖王行宮碑

469.1126　創修孚澤廟顯聖王行宮碑

説明

北宋靖康元年（1126）六月刻。碑螭首。高186厘米，寬69厘米。額文3行，滿行2字，篆書“創修」孚澤」廟紀」”。正文楷書17行，滿行37字。吴劭賢撰文。額頂部飾牡丹花卉圖案，碑四周飾纏枝花紋。1963年蒲城縣義龍顯聖王行宫遺址出土。現存蒲城縣博物館。

釋文

大宋華州蒲城縣創修孚澤廟昭祐顯聖王行宫碑」

寧州要册湫，其来遠久。自唐神龍年間，神迹已著，神始封曰“應聖侯”，次曰“普濟王」”。今帝澤優渥，册尊」“昭祐顯聖王”，號廟曰“孚澤”，此答」王之景貺也。然信于人者，非幻化變異之多，必有福于民焉。夫農者，苦耕力耨，俯以瀝血汗，仰以」視膏澤。苟或愆時，則卒歲受餒。顧神之掌雲雨者，安能坐視其斃哉」。顯聖王其靈德厚貺，四方知之。冬無雪，夏愆雨，驕陽旱暵，民心焦勞。凡禱者，雖無錦繖内騶，賫禮」幣，携瓶缻，負水而歸，有頃刻而雨，有越宿而雨，必滿於人心乃已，無遠迩之間。由是氓庶亡以修」報牲醴，楮鑼群行山峙，又不足以謝德。鳩工裒材，爲行宫而祀之。華州蒲城縣西有村曰義龍，居」民□俊，禱□□契，獨建行宫一所，得爽塏於二陵之間。宣和壬寅三月晦啓工，逮乙巳年冬工畢」，大殿有二，各五楹，而深密規式宏奥，丹雘翬飛。南門峙三，而長廊脩遠。齋庖之列，皆有條紀。所費」之資，不啻一十萬。落成日，有語於列者曰：神所享精誠故也。爲廟者豈其志哉。主者曰：惟物可以」見誠，崇斯廟所以盡吾誠也。於是薦奠畢至，簫鼓喧嘩，扶老携幼，熙熙怡怡，咸依」王之大庇也。行宫既成，而不敢有私祝，俾一方共受所賜」，王其肹蠁焉。

靖康元年歲次丙午六月晦

進士吴劭賢謹記」

施主屈俊、侄屈士忠、男屈士從」

忠翊郎縣尉党、迪功郎差充主簿專切教閲保甲魏、文林郎縣丞專切教閲保甲雷、通直郎知縣事管句勸農公事賜緋魚袋劉」

按

宋徽宗時，曾御題“孚澤廟”匾額，一時全國各地紛紛創建孚澤廟。此碑即記載了蒲城縣民屈俊因乾旱少雨，祈雨成功，遂籌資創立孚澤廟，供奉昭祐顯聖王，以顯其誠心之事。

470.1126　羅直温墓誌

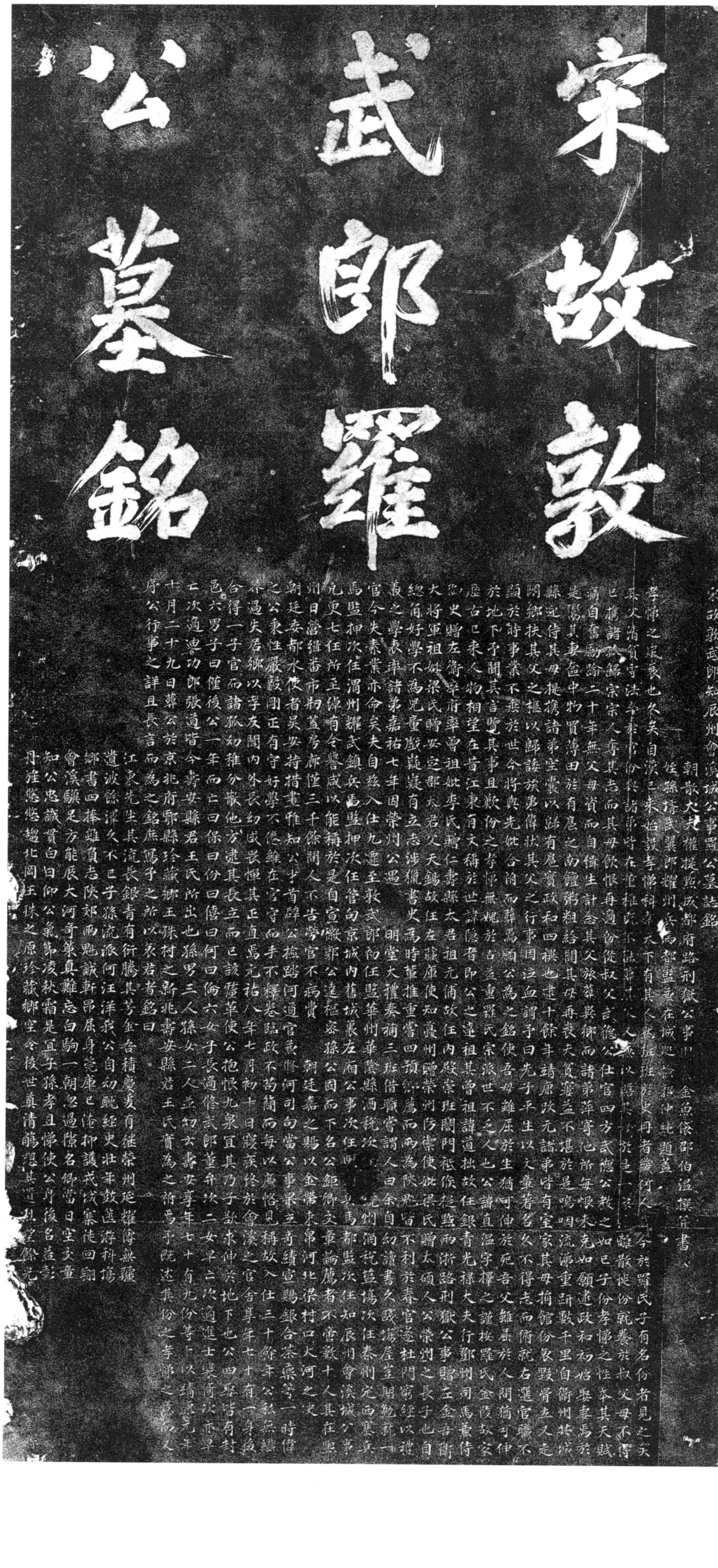

説 明

北宋靖康元年（1126）十月刻。誌高161厘米，寬76厘米。額文3行，滿行3字，楷書“宋故敦」武郎羅」公墓銘」”。誌文楷書35行，滿行46字。邵伯温撰文並書丹，郭仲純題蓋。1996年户縣大王鎮王守村出土。現存西安市鄠邑區文物管理委員會。《户縣碑刻》《陝西碑石精華》著録。

釋 文

宋故敦武郎知辰州會溪城公事羅公墓誌銘」

朝散大夫權提點成都府路刑獄公事賜紫金魚袋邵伯温撰并書」

侄孫婿武翼郎耀州兵馬都監兼在城巡檢郭仲純題蓋」

孝悌之風衰也久矣。自漢已来，始設孝悌科，幸天下有其人，然班班於史册者，幾何人哉！今於羅氏子有名份者見之矣」。其父清貧守法，卒於官。份與諸弟皆在童稚，既不能葬其父，又無以贍其母，於是一家流離散徙，份就養於叔父。母不得」已，携諸孤歸宗。宗人奪其志，而其母飲恨再適。份從叔父武德公仕宦四方，武德公教之如己子。份孝悌之性，本其天賦」。痛自奮勵逾二十年，無父母資而自緝生計。念其父旅葬異鄉，而諸弟萍寄他所，每恨未克如願。逮政和初，始娶妻焉。於」是鬻其妻奩中物，買薄田於有扈之南，饘粥粗給。聞其母再喪夫，貧窶益不堪，於是嗚咽流涕，重趼數千里，自衛州共城」縣迎侍其母，提携諸弟，空囊以歸有扈，實政和四祀也。逮十餘年，靖康改元，諸弟皆有室家。其母捐館，份哀毁骨立，又走」閿鄉，扶其父之柩以歸。謁族弟偉狀其父之行事，因泣血謂予曰：“先子平生以文章著名，久不得志，而俯就右選。官職不」顯於時，事業不垂於世。今將與先妣合祔而葬焉，願公爲之銘。使吾母雖屈於生，猶可伸於死；吾父雖屈於人間，猶可伸」於地下。”予聞其言，覽其事，且歎份之孝悌無愧於古，益重羅氏宗派世不乏人也。公諱直温，字擇之。謹按：羅氏，金陵故家」，歷古已来，人物相望。在昔江東有文稱於世諱隱者，即公之遠祖。其曾祖諱道拙，故任銀青光禄大夫、行鄧州司馬兼侍」御史，贈左衛率府率。曾祖妣李氏，贈仁壽縣太君。祖元備，故任内殿崇班、閤門祗候、提點兩浙路刑獄公事，贈左金吾衛」大將軍。祖妣梁氏，贈安定郡太君。父天錫，故任左藏庫使、知夔州，贈榮州防禦使。妣梁氏，贈太碩人。公，榮州之長子也。自」總角好學，不爲兒童戲，嶷嶷有立志。涉獵書史，爲時輩推重。嘗四預鄉薦，而兩爲陝魁，皆不利於春官。遂杜門窮經，以禮」義之學表率諸弟。嘉祐七年，因榮州公遇明堂大禮，奏補三班借職。嘗謂人曰：“余自幼讀書，久踐場屋，豈期勉就一」官？今失素業，亦命矣夫！”自兹入仕，九遷至敦武郎。初任監華州華陰縣酒税，次任監虢州酒税鹽場，次任秦州定西寨兵」馬監押，次任渭州耀武鎮兵馬監押，次任管句京城内舊城裹左廂公事，次任熙州兵馬都監，次任知辰州會溪城公事」。凡更七任，所至綽有令譽，咸以能稱。於是自宣徽郭公逵、樞密孫公固而下，名公鉅卿交章論薦者，不啻數十人。其在熙」州日，營緝番市，創蓋房廊僅三千餘間，人不告勞，官不病費，朝廷嘉之，賜以金帶束帛。河北梁村口大河之决」，朝廷委都水使者吴安持措畫。雅知公才，首辟公檢踏河道官兼修河司句當公事，果立奇績，宣賜銀合、茶藥等，一時偉」之。公秉性嚴毅，剛正有守，好學不倦，雖在官守而手不釋卷。臨政不苟簡，而每以廉恪見稱。故入仕三十餘年，公私無纖」芥過失。居鄉以孝友聞，内外長幼咸畏憚其正直焉。元祐八年七月初十日，寢疾終於會溪之官舍，享年七十有一。身後」合得一子官，而諸孤幼稚，分散他方，逮其長立，而已該釐革，使公抱恨九泉，宜其乃子欲求伸於地下也。公四娶，皆有封」邑。六男子：曰僅，後公一年而亡；曰保，曰份，曰僖，曰何，曰倫。六女子：長適修武郎董弁，次二女早亡，次適進士裴倚，次亦早」亡，次適迪功郎張道。皆今壽安縣君王氏所出也。孫男三人，孫女二人，並幼云。壽安享年七十有九。份等卜以靖康元年」十月二十九日，葬公於京兆府鄠縣珍藏鄉王殊村之新兆，壽安縣君王氏實爲之祔焉。予既述其份之孝悌之意，而又」序公行事之詳，且長言而爲之銘，庶寫予之所以哀君者。銘曰」：

孝悌之風衰也久矣自漢已來始設孝悌科革天下有其人然班班於史冊者幾何
其父清貧守法卒於官份與諸弟皆在童稚既不能葬其父又無以贍其母於是一
已攜諸孤歸宗宗人奪其志而其母飲恨再適份從叔父武德公仕官四方武德公教
痛自奮勵踰二十年無父母資而自緝生計念其父旅葬異鄉而諸弟萍寄他所每
是鬻其妻奩中物買薄田於有邑之南饘粥粗給聞其母再喪夫貧窶益不堪於是
縣迎侍其母提攜諸弟空囊以歸有邑實政和四禩也逮十餘年靖康改元諸弟皆
閉鄉扶其父之柩以歸謗族弟偉狀其父之行事因泣血謂予曰先子平生以文章
顯於時事業不乖於世今將與先妣合祔而葬焉願公為之銘使吾母雖屈於生猶
於地下予聞其言覽其事且歎份之孝悌無媿於古益重羅氏宗派世不乏人也公
歷古已來人物相望在昔江東有文稱於世諱隱者即公之遠祖其曾祖諱道拙故
御史贈左衛率府率曾祖妣李氏贈仁壽縣太君祖元備故任內殿崇班閤門祗候
大將軍祖妣梁氏贈安定郡太君父天錫故任左藏庫使知蘷州贈榮州防禦使妣
總角好學不為兒童戲嶷嶷有立志涉獵書史為時輩推重嘗四預鄉薦而兩為陝
義之學表率諸弟嘉祐七年因榮州公遇 明堂大禮奏補三班借職嘗謂人曰
官今失素業亦命矣夫自茲入仕九遷至敦武郎初任監華州華陰縣酒稅次
馬監押次任渭州耀武鎮兵馬監押次任管句京城內舊城裏左廂公事次任
凡吏七任所至綽有令譽咸以能稱於是自宣徽郭公逵樞密孫公固而下名公鉅
州日營緝畨市刱蓋房廊僅三千餘間人不告勞官不病費 朝廷嘉之賜以金
朝廷委都水使者吳安持措畫雅知公才首辟公檢踏河道官兼修河司句當公事
之公秉性嚴毅剛正有守好學不倦雖在官守而手不釋卷臨政不苟簡而每以廉
恭過失居鄉以孝友聞內外長幼咸畏憚其正直焉元祐八年七月初十日寢疾終
合得一子官而諸孤幼稚分散他方逮其長立而已該釐革使公抱恨九泉宜其乃
邑六男子曰僅後公一年而亡曰保曰份曰僖曰何曰倫六女子長適修武郎董弁

局部

江東先生其流長，銀青有衍騰其芳。金吾積慶爰有继，榮州延耀傳無疆」。遺波餘澤久不已，子孫流派何汪洋。我公自幼耽經史，壯年鼓篋游科場」。鄉書四捧雖負志，陝郊兩魁誠軒昂。屈身筦庫已淹抑，護戎城寨徒回翔」。會溪驥足方能展，大河奇策真難忘。白駒一朝忽過隙，名卿當日空交章」。知公忠誠貫白日，仰公氣節凌秋霜。是宜子孫孝且悌，使公身後名益彰」。丹旐悠悠趨北岡，王殊之原珍藏鄉。空令後世奠清觴，想其遺烈望餘光。

長安姚彦鎸」

按

誌主羅直温，史載不詳。此誌詳細記載了羅氏族系之由來、羅直温的五代族譜以及羅直温的生平事迹、任職爲官情況及配偶子嗣情況，可補史載之闕。特别是誌所記羅直温設立與吐蕃的蕃市交易、治理黄河水患等，對于研究宋代經濟、水利等均有一定的價值。

撰書者邵伯温，《宋史》卷四三三有傳。洛陽人。曾官大名府助教、長子縣尉、管句耀州三白渠公事、提點成都路刑獄、利路轉運副使。撰此誌時署“朝散大夫權提點成都府路刑獄公事賜紫金魚袋”。

471.1130　折可存墓誌

説 明

金天會八年（1130）十月刻。誌砂石質。長80厘米，寬76厘米。誌文楷書27行，滿行28字。范圭撰文並書丹。誌石泐蝕較爲嚴重。清光緒十八年（1892）府谷縣孤山鄉天平山折氏墳園出土。現存府谷縣城東南千佛洞。《榆林碑石》著録。

釋 文

宋故武功大夫河東第二將折公墓誌銘」

華陽范圭書撰」

公諱可存，字嗣長，府州之折也。惟折氏遠有世序，茅土相紹，垂三百年，代」不乏賢豪。公爲人剛直不撓，倜儻有大節。嘗慨然起功名之念，恥驕矜而」羞富貴。篤學喜士，敏於爲政，名重縉紳間，果公家一代之奇才也。曾祖簡」州團練使，贈崇信軍節度使，諱惟忠。曾祖妣劉氏，彭城郡夫人。祖果州團」練使，贈太尉，諱繼閔。祖妣劉氏，雲安郡夫人；慕容氏，齊安郡夫人；郭氏，咸」安郡夫人。考秦州觀察使，贈少師，諱克行，謚曰武恭。妣王氏，秦國夫人。公」以武恭蔭補入仕，爲右班殿直，俄遷左侍禁。官制行，改忠訓郎，充經略司」准備差使。公之仲兄，今節制承宣公也。時爲統制官，辟公主管機宜文字」。夏人女崖來擾我邊，西陲不寧者十有五年。女崖，酋之桀黠者。伺吾虚實」，洞察無遺，邊民苦之。朝廷立賞槑逐，統制命公率所部捕之。衆不滿百」，公設奇謀，以伏兵生獲女崖，遂奠西土。功奏，遷秉義郎、閤門祇候，陞第四」副將。宣和初元，王師伐夏，公有斬獲績，陞閤門宣贊舍人。方臘之叛，用第」四將從軍。諸人藉才，互以推公，公遂兼率三將兵，奮然先登，士皆用命，臘」賊就擒，遷武節大夫。班師過國門，奉御筆捕草寇宋江。不逾月，繼獲」，遷武功大夫。張孝純帥太原，辟河東第二將。雁門索援，公受命不宿，曰：“固」吾事也。”即駐兵崞縣。城陷，被執應州。丙午歲，自應間道而南也。季秋四日」，終於中山府北寨，享年三十一。庚戌十月四日，葬于府州西天平山武恭」公域之東。公娶吉州刺史張世景之女，封安人。一子彦深，保義郎，早亡。女」一人，許適蜀忠文公曾孫范圭。圭嘗聞公之來中山，蓋今太安人張氏乃」公所生母，尚在并門，公欲趨并拜母。無何，數不少延，壽止於斯。哀哉！忠孝」兩不得盡，在公爲深憾矣。於其葬也，圭受命於承宣公而爲之銘。銘曰」：

既冠而仕，仕已有聲。女崖巨猾，舉不再征」。俘臘取江，勢若建瓴。雁門之役，爲將治兵」。受命不宿，懷忠允勤。間道自南，憶母在并」。公乎云亡，天道杳冥。誰爲痛惜，昭昭斯銘」。

按

《宋史·折德扆傳》附折惟忠、折繼閔、折克行簡傳，而無誌主折可存之傳。誌所載折可存奉命與西夏作戰並生擒敵酋女厓，奉命南下平方臘之亂並力擒方臘，奉命“捕草寇宋江”等事，均可與史載互證互補。對于研究宋代邊疆問題、起義叛亂問題等，均具有一定的史料價值。

472.1169　楊從儀墓誌

説明

南宋乾道五年（1169）三月刻。額佚。誌高223厘米，寬106厘米。正文楷書41行，滿行120字。袁勃撰文，李昌謬書丹，王椿篆額。明代隆慶年間出土，移豎于楊從儀墓前，1973年移至城固縣五門堰保管所。現存城固五門堰文物管理所。《金石萃編》《漢中碑石》等著録。

釋文

宋故和州防禦使提舉台州崇道觀安康郡開國侯食邑一千七百户食實封一百户楊公墓誌銘」

左朝散大夫新通判成環軍州事主管學事兼管内勸農事袁勃撰」

右朝奉郎權知洋州軍州事主管學事兼管内勸農事借紫李昌謬書」

右朝散郎通判洋州軍州事主管學事兼管内勸農事賜緋王椿篆」

忠義，立身之大節；知勇，爲將之要道。此古今不易之論也。使忠義立於内，而或料敵不明，臨機不果，則亦無益於事功；知勇發於外，而或偷生以求安，避害以圖利，則亦無取於名節。有一于此，則不足以安國家、衛社稷。乃若忠出天資，知稱人傑，禦大敵於擾攘，濟中興於艱棘，卓然在義勇萬人中而獨成義勇之功」者，其惟楊公乎！公諱從儀，字子和，鳳翔天興人。曾祖懷信，曾祖妣王氏；祖武晟，祖妣李氏，皆潛德不仕。父仲方，以公貴，累贈武功大夫。母高氏，累贈碩人。公幼慷慨，嘗以功名自許。靖康丙午，金人犯順，連破諸國，狃於常勝，侵軼中原。所過輒下，無敢攖其鋒者。時太平久，兵備寖弛。乃詔陝西五路募義勇萬人勤」王，詔詞有"每聞邊報，痛徹朕心"之言。公聞而歎曰："國家艱難，正忠臣義士效死之秋。豈可久安田里，爲一身計哉！"即奮然而起，應原州之募。太守杜平見而奇之，曰："汝志不群，首赴義勇，所謂以義伐不義，異日唾手富貴居吾右矣！"建炎初三月，虜寇涇原，忠烈吴公玠破虜大將婁室于青溪嶺，分遣公以奇兵邀擊，斬」首一百七十餘級。補進武校尉，權天興縣尉。三年八月，忠烈遣公覘虜動息，公被圍於同州聖山廟。公仰天誓曰："若出重圍，當捐軀報國！"叱左右矢石交下，殺數百人。虜治雲梯，公急取竹爲籠，實之以土，號曰"土牛"。有頃，雲梯大集，遂以土牛摧折之。敵亂，乘勢大戰而出。轉承信郎，遷隊將。四年九月，我師不利於富平」，五路垂陷。忠烈會諸將于隴州八渡議戰，公獨進曰："虜人侵軼，無敢與争。惟公能挫其鋒於青谿嶺者，蓋得形勢之助也。今虜已陷涇原，將入熙河，計非半載未還。爲今之計，莫若先據地利扼其要害以制之。當爲公先取鳳翔，復爲基本。"忠烈曰："善。"即檄公領兵進復鳳翔。既入，悉降其衆，不戮一人，得粟三十萬斛。時」忠烈公方營寶雞西南曰和尚原，因貯公所得之粟以資餽餉，軍不乏食，士卒感悦。遂移府事以治之，檄公知天興縣事，本府駐劄，轉保義郎，陞部將。紹興改元三月，虜自熙河復圍鳳翔，勢益熾。公告二親曰："爲人之子，非敢蹈於不孝。今城中兵寡，守死無益，不若潰圍求援。"即泣別而行。公與子大勳率戲下百餘人」，力戰至夜半，突圍得出。忠烈見而勞之曰："尔忠有餘矣，奈二親何！"公泣曰："昨在圍中，勢必俱死。萬一天監其衷，戮力一戰，取之易尔。"忠烈壯之。權選鋒統領，守神岔。四月，忠烈遣公與敵戰于渭南，以奇功轉秉義郎，遷副將。五月，鳳翔虜酋没立會階州虜酋折合，各統五萬衆夾攻和尚原。忠烈遣公逆擊没立一軍于」神岔，大破之，獲敵

衛公急取竹為籠實之以土號曰土牛有頃実梯大集遂以土□推下之敵亂來勢大戰而出□□□信郎遷隊將四年九月我師
吳若先據地利扼其要□以制之當為公先取鳳翔復為基本忠烈曰善即檄公領兵進援鳳翔□入悉降其衆不殺一人得□
河復圍鳳翔勢益熾公告□親曰為人之子非敢蹈於不孝今城中兵寡守死無益不若潰圍求援即泣別而行公與子大敗□
進公與敵戰于渭南以奇□特奏補敦郎遷副將五月鳳翔虜酋沒立會階州虜酋折合各統五萬□夾攻和尚原忠烈遣公逆□
遣公擊之公賈勇先登接戰三日□虜又分兵寇龍門關統制吳公琦□勢敗走追及神岔虜援兵大至再合戰公以精兵橫□
正月公□兵以從忠烈許公帶本部出北山斷虜糧道行數日至麻家嶺遇敵接戰翌日至青谿虜會諸寨兵□掠自原合□
千餘里斬首數百俾右武大夫陞鈐轄二月偽元帥四太子擁大軍由商於侵饒風關犯梁洋經㭊斜道出鳳州再攻和尚原忠
萬來攻請□□□□□到曰為據梁洋走人以書見撒言很而色傲欲恃勢脅我儻不辱之誠為自弱今日之事決戰而已敵衆□
□四年二□□□□□□自元帥以下盡室而來示無返意全蜀震恐既戰我師初不利公急援第二堡外預設鹿角之地率
□者雖吳氏之功然於□□之際公有力焉以奇功轉中亮大夫郢州防禦使五年辟知洋州兼□內安撫司公事公嘗從忠烈
師撒离喝領大軍侵犯□□宣撫胡公世將擢公同統制與諸軍會於涇州回山原大戰三日虜氣未衰議者欲潛師而還留□
忠大夫七月虜據鳳翔胡□擢公知鳳翔府兼管內安撫使就守和尚原八月與虜戰于蒲坂河及涇陽連敗敵衆□斬數百人
呈諸軍凱還後三日偽元帥撒离喝整衆再犯和尚原公率千人進據□川金坡敵衆益盛士有懼色公厲聲曰當各奮壯□以氣
□際及因糧於敵餽運減省胡公嘉之數奏于□朝□既不□□□伸咊好是時將迎奉 徽廟梓宮請還 太后爲路遂許□
遴選諸師無出公右者十七年命公以本部兵屯仙人原公□守其地垂二十年保固無虞轉宣州觀察使會 朝廷詔大臣舉□
鳳翔至寶雞沿渭水連營列柵占據大散關□□宣撫招討吳公□□□援□□□當急圖之遂擢公節制軍馬知鳳州公
遂援三十二年閏二月公率勁兵出御愛山抵天池原□□撓敵□□及斫其餉道又□□□焚其東西兩山樓櫓鼓譟從之聲震
賊師恐我師乘勝擊之盡□□□□□□保□□□尚是渭水以南□□□□□功□拜和州防禦使□安康郡開國侯食邑□千七
淵嚴遂丐歸田里其請甚□□□公以□□力未衰止聽解兵□遂辟知龍州寔隆興元年之七月也明年改知文州又明年吳公
□□□□子游之言公慨□慕之銳意求退亡幾力請歸休乾道二年九月 敕授提舉台州崇道觀介梁洋閒居焉五年二月
□□□□□□□百戶曰大□武經大夫御前中軍同統制李□□昌曰大節從義郎御前前軍□□副將曰大昌秉義郎御
□□□清□□□信郎張祐□次適承信郎郭良臣次適□承節郎□□□次適保義郎傅汝弼□□□□□郎城固縣丞張滑□□在室
郎郎孫女十七人長適承□郎李雍次適承信郎張師古次適□承節郎劉之義次適保義郎□□□□承信郎張寔餘在室曾孫

局部

酋潑察胡郎君，俘斬二百五十有一。轉武略郎，兼閤門宣贊舍人，陞正將。十月，虜元帥四太子會諸道兵十餘萬，必欲取和尚原。先犯神岔，以警我師。忠烈遣公擊之。公賈勇先登，接戰三日。虜又分兵寇龍門關，統制吴公璘掩擊，敗走，追及神岔，虜援兵大至，再合戰。公潛以精兵横貫其腹，斷其首」尾。吴公引兵追及，虜大潰，俘斬千餘人，奪鎧甲牛馬萬計。轉武德大夫、開州刺史，遷統領軍馬兼秦鳳路兵馬都監。先是，虜恥屢敗，遂囚公二親于青谿寨，公内不自安。二年正月，公乞兵以往。忠烈許公帶本部出北山，断虜粮道。行數日，至麻家嶺，遇敵，接戰。翌日，至青谿，虜會諸寨兵爲援。自辰合戰至莫，大破虜衆」，奉親以歸。忠烈喜曰："公深入重地，能破强敵，迎還二親，可謂忠孝兩全。"轉武功大夫。三年正月，虜寇石板谷，忠烈遣公禦之。公先設伏以待，敵至，以奇兵劫之，虜衆敗走，追擊十餘里，斬首數百。轉右武大夫，陞鈐轄。二月，僞元帥四太子擁大軍由商於侵饒風關，犯梁、洋，經褒斜道出鳳州，再攻和尚原。忠烈復遣公引」本部，由間道應援和尚原。以功轉拱衛大夫。公嘗憤虜人侵暴不已，得其使，命即黥劓而歸之。公至和尚原，都統郭浩厲聲曰："比虜使至，公辱而使歸，是激敵怒。今擁衆二十萬来攻，請公當之。"公對曰："虜據梁、洋，遣人以書見，檄言很而色傲，欲恃勢脇我。儻不辱之，誠爲自弱。今日之事，决戰而已。敵衆百倍，何足慮也」！"統制吴公親率公等，於是鼓行而前，徑與虜戰于栢村，一擊破其三陣，敵衆大敗。追襲至渭，蹂踐溺死者不可勝計，水爲之咽流。吴公因謂衆曰："此捷楊鈐之力也。"轉親衛大夫。四年二月，虜入寇殺金平，自元帥以下，盡室而来，示無返意，全蜀震恐。既戰，我師初不利，公急據第二堡，外預設鹿角之地，率强弩併力迭」射。一日三戰，傷殺甚衆，虜引兵稍却。翌日，来攻萬人敵堡，統領姚仲重傷，公代之，率諸將戮力鏖戰五日，所向皆靡，大破敵衆，餘黨悉遁。自是虜不敢輕舉，全蜀之民各安其生者。雖吴氏之功，然於攻戰之際，公有力焉。以奇功轉中亮大夫、郢州防禦使。五年，辟知洋州，兼管内安撫司公事。公嘗從忠烈登殺金平，過」第二堡門，忠烈顧瞻形勢，指虜敗處，以策擊韉，謂公曰："此衿喉地。往歲一戰，安危所系，非公出力，幾敗大事。"嘆賞久之。九年正月，虜歸我河南侵疆。十年五月，虜復背盟，僞元帥撒离喝領大軍侵犯陜右。宣撫胡公世將擢公同統制，與諸軍會於涇州回山原，大戰三日，虜氣未衰。議者欲潛師而還，留裨將以扞。公曰」："我輩蒙國厚恩，今日當以死戰，奈何移禍它人。願留本部兵以拒之。"公張蓋示以閒暇，虜人競進。公叱咤力戰，縱我軍數萬衆得出，遂下回山。轉戰十餘里，全師而還。轉協忠大夫。七月，虜據鳳翔，胡公擢公知鳳翔府，兼管内安撫使，就守和尚原。八月，與虜戰于蒲坂河及汧陽，連敗敵衆，俘斬數百人，奪馬千餘匹」。轉履正大夫，陞都鈐轄，節制鳳翔府忠義軍馬。九月，遷馬步軍副總管。十一年七月，都統楊政出鳳翔，公隸焉。與敵人戰于陳倉魚龍川石鼻寨。屢戰屢捷，生獲虜酋珍珠孛堇，諸軍凱還。後三日，僞元帥撒离喝整衆再犯和尚原。公才千人，進據川金坡。敵衆益盛，士有懼色。公厲聲曰："當各奮壯心，以氣吞之。聞鼓畢」人，敢後者，斬！"公率衆先登，鼓噪競進。自卯至酉，殊死力戰，虜衆大敗。轉宣正大夫，遷統制軍馬。和尚原素號形勝，盖秦蜀必争之地。虜屢欲以奇取之，公扞守二年，竟無可乘之隙。及因粮於敵，餽運減省，胡公嘉之，敷奏于朝。敵既不得意，遂伸和好。是時，將迎奉徽廟梓宫，請還太后鸞輅，遂許割和尚原。十二」年春，詔宣諭使鄭剛中分晝其地，而移公知鳳州。既割和尚原，而殺金平復爲要地，傍則仙人原也。四川兵費邊儲萃于魚關，三者相距皆十許里。有司謂當得人以守，遴選諸帥，無出公右者。十七年，命公以本部兵屯仙人原。公鎮守其地垂二十年，保固無虞。轉宣州觀察使。會朝廷詔大臣舉智謀武略可」充將帥者，参政楊公椿首以公應詔，授正侍大夫。三十一年九月，虜主元顔亮遽絶和好，南自江淮，西連秦隴，舟車器甲之盛，亘古未有。乃分遣僞帥合喜統兵數十萬，自鳳翔至寶雞，沿渭水連營列栅，占據大散關。宣撫招討吴公謂公曰："賊據散關，扼吾衿喉，當急圖之。"遂擢公節制軍馬，知鳳州。公引兵與敵對」壘，且相視形勢難以力取，於是晝易旌旗，夜增火鼓，示不可測。虜益增備轉粮草，爲持久計。吴公親提大兵出涇秦，攻德順軍以分其勢。仍命公牽制散關。僞帥合喜果分兵赴援。三十二年閏二月，公乘勢遣兵出御愛山，抵天池原，驚撓敵寨。及断其餉道，又密遣兵焚其東西兩山樓櫓，鼓噪從之，聲震山谷。虜人驚」駭，弃關而走。公乘勝進據和尚原，則虜亦宵遁矣。翌日，有騎數千復来入谷，公領兵逆擊之。時天大雨雹風霧，晝晦。公選神臂弓射之，虜酋中流矢，引衆敗去，若神助焉。寶雞賊帥恐我師乘勝擊之，盡焚大寨，退保鳳翔。由是渭水以南復歸版籍。以功真拜和州防禦使，賜爵安康郡開國侯，食邑一千七百户，食實封」一百户。公自壯歲從事軍旅，未嘗一日在告，盡瘁王事，常若不及。每自嘆曰："吾奮身畎畝，荷國恩寵，誓欲捐軀以效尺寸。今年逾七十，力所不逮，勉强而不可得矣。"會王師解嚴，遂丐歸田里。其請甚確。吴公以公精力未衰，止聽解兵職，遂辟知龍州，寔隆興元年之七月也。明年，改知文州。又明年，吴公移鎮漢中。梁」、洋接境，實爲重地，乃辟公復知洋州，兼管内安撫使，節制軍馬。洋人聞公之来，舉酒相賀曰："復得吾邦舊使君矣。"老稚歡迎，不絶于路。公暇日嘗讀《漢留侯傳》，至"願弃人間事，欲從赤松子游"之言，公慨然慕之，鋭意求退。上章力請歸休。乾道二年九月，敕授提舉台州崇道觀，介梁、洋間居焉。五年二月十八日，以疾」終于所居之正寢，享年七十有八。娶章氏，卒。再娶苗氏，卒。皆贈令人。又娶張氏，累封令人。子男八人：曰大勳，右武大夫、果州團練使、御前右軍統領、權統制彈壓軍馬、安康郡侯，食邑一千七百户；曰大亨，武經大夫、御前中軍同統制本管軍馬；曰大節，從義郎、御前前軍第三將副將；曰大昌，秉義郎、御前右軍第一將」隊將；曰大年，忠訓郎，亡；曰大林，忠翊郎、御前前軍第一將隊將；曰大森，曰大有，皆成忠郎。女十人：長適武功大夫、左部正將丁立，亡；次適左武大夫、御前中軍同統制本管軍馬胡清；次適承信郎張祐，亡；次適承信郎郭良臣；次適承節郎彭宷；次適保義郎傅汝弼；次適右從事郎、城固縣丞張湑；餘在室。孫男十一人」：曰祖慶，秉義郎、成都府路第二將隊將；曰祖廉，承信郎、御前前軍第三將隊將；曰祖榮，成忠郎；曰祖顯，曰祖仁，曰祖寧，曰祖椿，曰祖輝，曰祖賢，皆保義郎；曰祖詵，曰祖訓，皆承節郎。孫女十七人：長適承信郎李雍，次適承信郎張師古，次適承節郎劉之義，次適保義郎侯詵，次適承信郎張寔，餘在室。曾孫男三人：曰世」忠，保義郎；曰世輔，曰世傑，皆承節郎。曾孫女三人，在室。元孫男二人：曰紹先，曰紹光，皆承信郎。諸子以其年三月甲申，舉公之喪葬于城固縣安樂鄉水北村生祠之側。維楊氏系緒遠矣，自東漢太尉震起于關西，以清白遺子孫，奕世載德，代不乏人。公奮乎千載之後，自致功名，有光于祖，可謂天下偉男子矣」。朝廷雅聞公名，故所賜訓詞有曰"知義之貴，以勇得名。益奮壯心，遂成偉績"，搢紳誦之，以爲美談。公善射，發無不中。嘗偕王人劉参贊子羽行饒風嶺，有虎突出叢薄間，人皆辟易。公躍馬而出，以一矢斃之。故射虎之名，喧達都下。方二親之在虜也，而青谿之民日贍其費，賴以保全。及公破青谿，既得二親，併載其民」以歸，給田廬，家之於梁、洋，至今賙給不絶。朝廷聞之，以孝義特賜旌表。公之行不特此也，爲郡尤以愛民爲本。初，洋州有楊填等八堰，久廢不治，公皆再葺之，溉田五千餘頃。復税租五千餘石。又增營田十四屯，公私以濟。民爲立祠。宣撫處置張公浚聞于上，賜詔獎諭。初，公至鳳翔也，有流民數万在境内，或」疑其反側，悉拘于山谷間。公矜其無辜，皆縱之。後岐雍大歉，流民復入關就食，公復納之，所活甚衆。西邊饋運自昔頗艱，公至鳳州，首創營田四十屯，民力减省，軍食充足。又預築鳳之黄牛堡，以塞散關之衝；創文之高平原，以控西羌之路。尔後皆獲成效。其先見之明，古之名將所不能及。公惟寬厚喜士，不以其貴」驕人。接物逮下，喜愠不形于色。雖部曲偏裨，率皆待以恩禮。軍旅之暇，採摭諸史兵家實效，分門成帙，釐而爲三十卷，目之曰《兵要事類》。漢守張行成、太學博士李石，皆蜀名士，爲之序引，其書遂行于世。初，公預爲送終之具，嘗託門下士朱滸昆季迹其行事，編爲《陞除録》。勃偶備員魚梁總幕，得親炙公言論。一日，公」出示所録，委勃爲誌。勃竊駭愕，因問其故。公曰："僕以義自奮，以勇立節。每遇戰事，許國以死。萬一得酬素志，則區區之心，誰能表襮之。故欲先爲之計，儻得名卿鉅儒特書其事，他日瞑目無憾矣。"勃嘆曰：自中原俶擾，豈無忠臣謀士力作中興。然於出處用捨之際，或有愧焉。公始以數百孤軍出重圍不測之親，從吴」氏伯仲挫乘勝方張之虜，堰楊填以惠梁洋之民，復散關以壯川蜀之勢，起匹夫之微而爵通侯之貴，勤勞百戰之餘而優游乎二千石之良，明哲保身，以功名始終，蓋未有如公之全者也。使人人皆如公徇國而不徇私，懷義而不懷利，則何患乎勳業之不立耶！異時載在盟府，繪像作頌，血食一方，祀必百世，其誰」曰不宜！乃爲之銘。銘曰」：

炎光晦曚，赫然而中。天祐生賢，龍飛雲從。其賢伊何，翼翼楊公。公来自西，名達九重。惟天子明，喜得牙距。料敵制勝，允兼文武」。膚公上聞，天子曰嘻。利勢安强，皆汝之爲。忠以禔身，義而報國。智可周物，勇摧大敵。備德有四，孰與之京。風廓霧舒，偉績用成」。導利之功，惠澤無窮。粒食用乂，是敬是崇。氣老愈壯，金湯是託。或云不吊，遐邇驚愕。梁山峨峨，漢水湯湯。公名與俱，德音不忘。

西周王傑刊」

按

誌主楊從儀爲南宋抗金愛國將領。其事迹散見于《宋史》各紀、傳中，略而不詳。此誌系統記述了楊從儀六代家譜世系，以及楊從儀的生平事迹、任職爲官、四十年抗金等情况，均可補史載之闕。其所編纂《兵要事類》，《宋史·藝文志》亦不載，可補之闕載。特别是誌文所載關于吴玠指揮的和尚原戰役、仙人關戰役之細節，楊從儀興修水利之楊填堰等，爲研究南宋軍民抗金史及漢中水利史，都提供了珍貴的資料。釋文闕字依《金石萃編》補。

撰者袁勃，史載不詳。撰此誌時署"左朝散大夫新通判成環軍州事主管學事兼管内勸農事"。

書者李昌謂，史載不詳。書此誌時署"右朝奉郎權知洋州軍州事主管學事兼管内勸農事借紫"。

篆蓋者王椿，史載不詳。篆此誌蓋時署"右朝散郎通判洋州軍州事主管學事兼管内勸農事賜緋"。

473.1169　守護法藏誡文碑

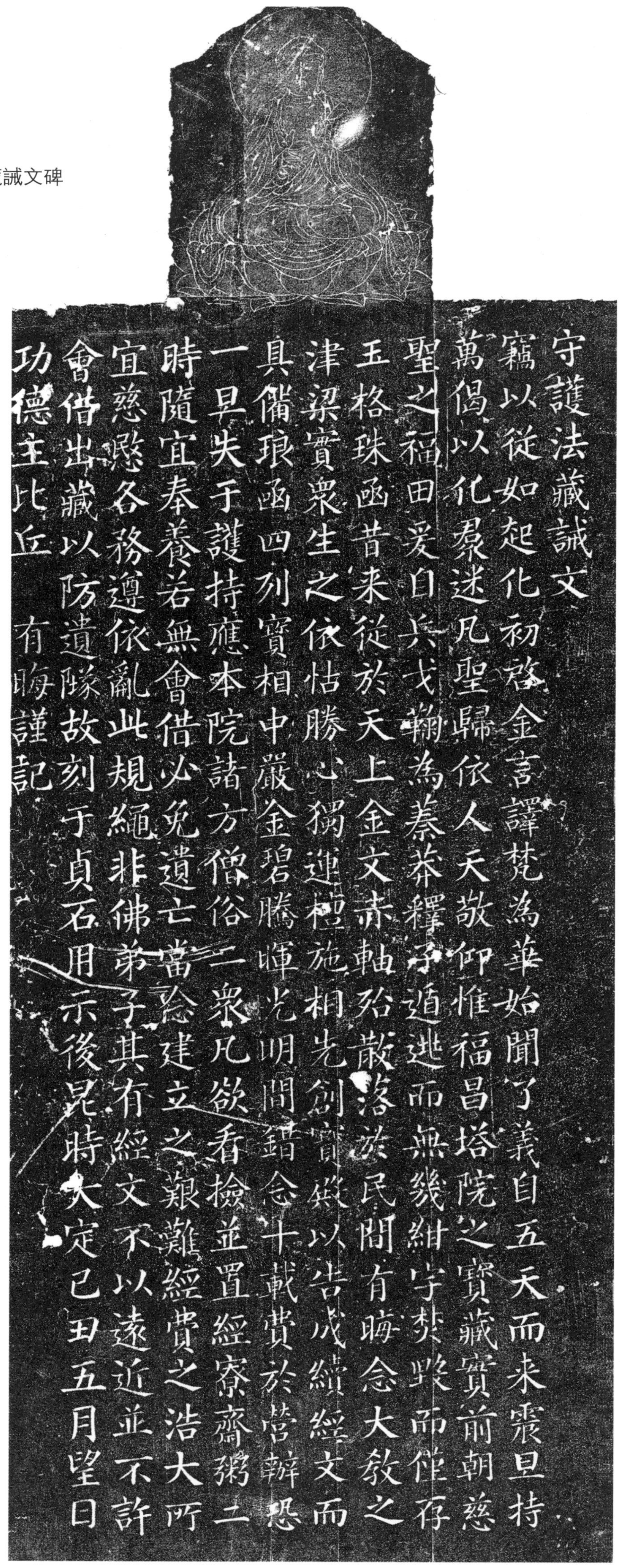

守護法藏誡文

竊以從如起化初啓金言譯梵爲華始聞了義自五天而来震旦持

萬偈以化羣迷凡聖歸依人天敬仰惟福昌塔院之寶藏寶前朝慈

聖之福田爰自兵戈鞠爲蓁莽釋子逭逃而無幾紺宇焚毀而僅存

玉格珠函昔来從於天上金文赤軸殆散落於民間有晦念大教之

津梁實衆生之依怙勝心獨運檀施相先創寶緻以告成續經文而

具備琅函四列實相中嚴金碧騰輝光明間錯念十載費於營辦恐

一旦失于護持應本院諸方僧俗一衆凡欲看檢並置經寮齋粥二

時隨宜奉養若無會借必免遺亡當念建立之艱難經費之浩大所

宜慈愍各務遵依亂此規繩非佛弟子其有經文不以遠近並不許

會借出藏以防遺隊故刻于貞石用示後昆時大定己丑五月望日

功德主比丘　有晦謹記

説明

金大定九年（1169）五月刻。碑螭首圭額。額高23厘米，寬17厘米。正中綫刻觀音坐像。碑身高101厘米，寬53厘米。正文楷書12行，滿行26字。原立于長安縣福昌塔院。现存西安市長安區杜公祠保管所。《陝西碑石精華》《長安碑刻》著録。

釋文

守護法藏誡文」

竊以從如起化，初啟金言；譯梵爲華，始聞了義。自五天而来震旦，持」萬偈以化群迷。凡聖歸依，人天敬仰。惟福昌塔院之寶藏，實前朝慈」聖之福田。爰自兵戈，鞠爲蓁莽。釋子逋逃而無幾，紺宇焚毁而僅存」。玉格珠函，昔来從於天上；金文赤軸，殆散落於民間。有晦念大教之」津梁，實衆生之依怙。勝心獨運，檀施相先。創寶殿以告成，續經文而」具備。琅函四列，寶相中嚴；金碧騰暉，光明間錯。念十載費於營辦，恐」一旦失于護持。應本院諸方僧俗二衆，凡欲看撿，並置經寮，齋粥二」時，隨宜奉養。若無會借，必免遺亡。當念建立之艱難，經費之浩大，所」宜慈愍，各務遵依。亂此規繩，非佛弟子。其有經文，不以遠近，並不許」會借出藏，以防遺墜。故刻于貞石，用示後昆。

時大定己丑五月望日」

功德主比丘有晦謹記」

按

守護法藏誡文，爲後世揭示了守護經藏的戒律規範。此碑書法深得柳公權之神韻，點畫爽利挺秀，骨力遒勁，具有較高的藝術價值。

474.1170　尚書禮部惠濟院牒

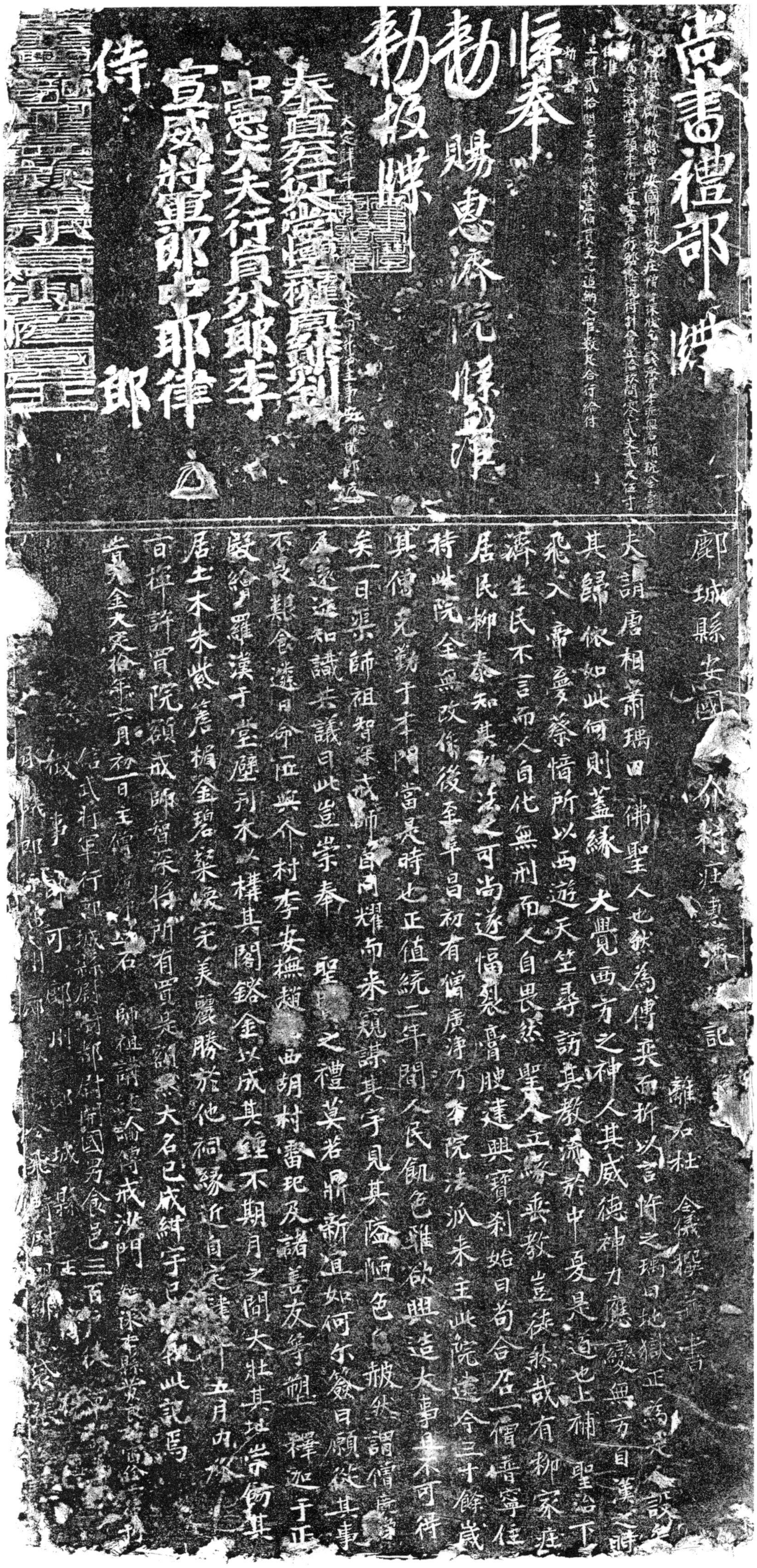

説 明

金大定十年（1170）六月刻。碑青石質。高153厘米，寬66厘米。正文楷書分上下兩部，上部15行，行字不等；下部19行，滿行31字。洛川縣秦關街農機站出土，出土時間不詳。現存洛川縣博物館。

釋 文

尚書禮部牒」

鄜州據鄜城縣申安國鄉柳家莊僧智深狀，乞納錢承買本莊無名額院舍壹」□爲惠濟院名額。本州尋□官行踏檢視，得計舍壹拾玖間零貳丈貳尺伍寸」□准」上畔貳拾間已下合納錢壹佰貫文。已追納入官，數足合行，給付」。敕□□」牒奉」敕賜惠濟院。牒至，准」敕，故牒」。

大定肆年伍月貳拾日令史向昇、主事安假、權□□」

奉直大夫行太常博士權員外郎劉」

中憲大夫行員外郎李」

宣威將軍郎中耶律」

侍郎」

正奉大夫禮部尚書兼翰林學士承旨知制誥修國史王」（以上上部）

鄜城縣安國□介村莊惠濟院記」

離石杜令儀撰并書」

夫謂唐相蕭瑀曰："佛，聖人也。"然爲傅奕面折，以言忤之。瑀曰："地獄正爲是人設矣」。"其歸依如此，何則？蓋緣大覺，西方之神人，其威德神力應變無方。自漢之時」，飛入帝夢，蔡愔所以西遊天竺，尋訪其教，流於中夏。是道也，上裨聖治，下」濟生民。不言而人自化，無刑而人自畏。然聖人立緣垂教，豈徒然哉。有柳家莊」居民柳泰，知其教法之可尚，遂愊裂膏腴，建興寶刹。始曰苟合，召一僧普寧住」持此院，全無改作。後至阜昌初，有僧廣浄乃本院法派，来主此院，逮今三十餘歲」。其僧克勤于本門。當是時也，正值統二年間，人民飢色，雖欲興造大事，且不可得」矣。一日，渠師祖智深戒師自同耀而来，窺諜其宇，見其隘陋，色自赧然，謂僧廣浄」及遠迩知識共議曰："此豈崇奉聖賢之禮，莫若鼎新，宜如何尔？"簽曰："願從其事」，不畏艱食。"遴日命匠與介村李安撫、趙□西，胡村雷玘，及諸善友等，塑釋迦于正」殿，繪羅漢于堂壁，刊木以構其閣，鎔金以成其鍾。不期月之間，大壯其地，崇飭其」居。土木朱紫，檐楣金碧，粲焕完美，麗勝於他祠。緣近自定□□，五月内承」旨揮許買院額。戒師智深將所有買是額□大名已成，紺宇已□□此記焉」。

時大金大定拾年六月初一日

主僧廣浄立石

師祖講經論傳戒沙門智深、本縣黄良□、雷佺□□刊」

信武將軍行鄜城縣尉騎都尉開國男食邑三百户徒（下闕）」

徵事郎可鄜州鄜城縣主簿（下闕）」

承議郎行鄜州鄜城縣令飛騎尉賜緋魚袋張公（下闕）」（以上下部）

按

此碑史無記載。據王昶所撰《金石萃編》所收陕西十四通牒文碑言，此碑所記鄜城縣惠濟院之由來，亦金代大定年間通過狀告、納錢、請賜等規程，終由禮部所頒發而來。是金代宗教管理政策的實物體現。

475.1174　南宋滑璋地券

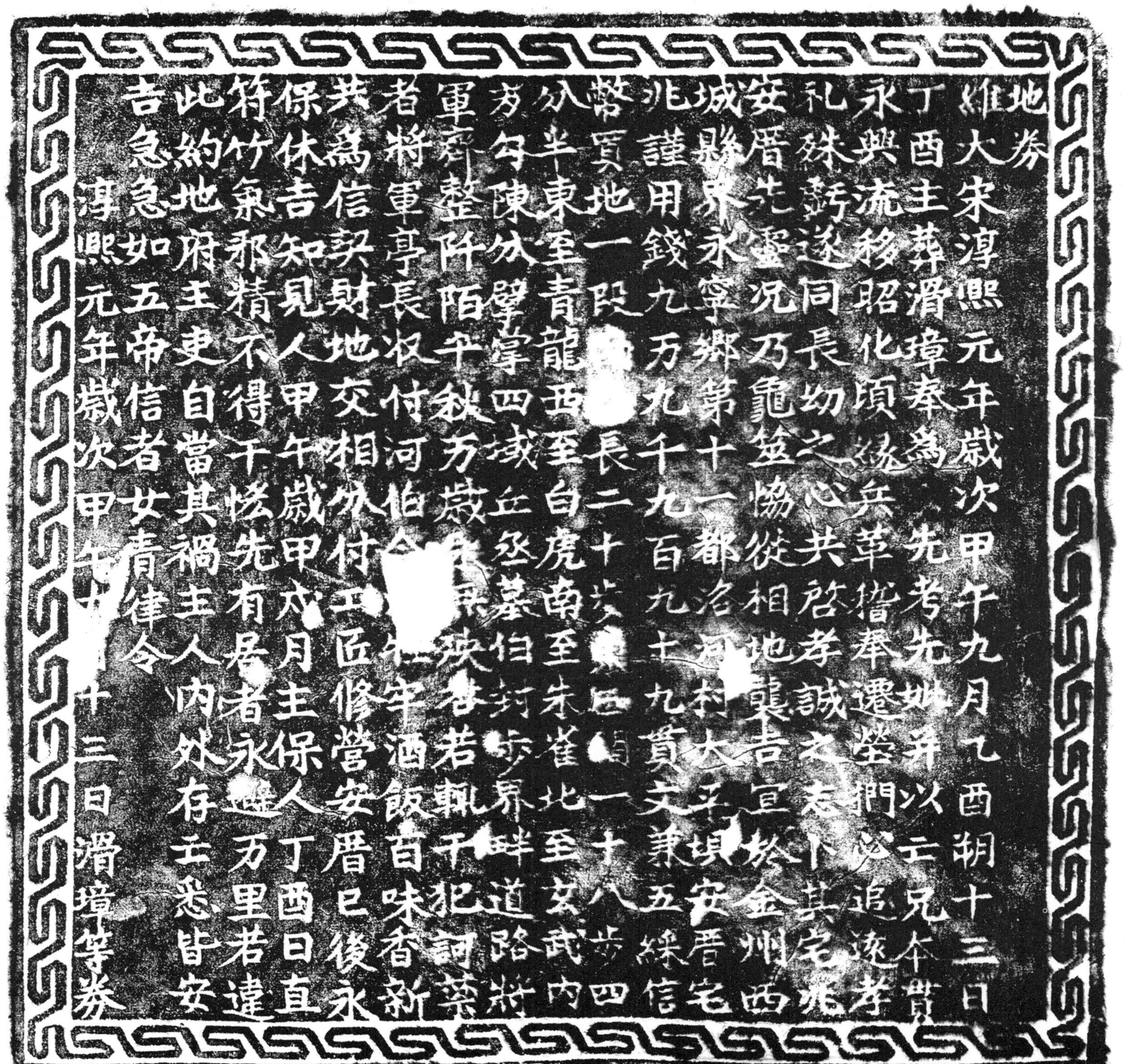

地券
維大宋淳熙元年歲次甲午九月乙酉朔十三日
丁酉主葬滑璋奉為先考先妣并以亡兄本貫
永興流移昭化頃緣兵革揩奉遷塋擇必追遂孝
礼殊舒遂同長幼之心共啓孝誠之志卜其宅兆
安厝先靈況乃龜筮協從相地襲吉宜於金州西
城縣界永寧鄉第十一都洺□村大平塡安厝宅
兆謹用錢九万九千九百九十九貫文兼五綵信
幣買地一段□西長二十步□□闊一十八步四
分半東至青龍西至白虎南至朱雀北至玄武內
方勾陳分擘掌四域丘丞墓伯封步界畔道路將
軍齊塋阡陌千秋万歲□□殃咎若輒干犯訶禁
者將軍亭長收付河伯令□牲牢酒飯百味香新
共為信契財地交相分付工匠修營安厝已後永
保休吉知見人甲午歲甲戊月主保人丁酉日直
符竹氣邪精不得千恡先有居者永避万里若違
此約地府主吏自當其禍主人內外存亡悉皆安
吉急急如五帝信者女青律令
淳熙元年歲次甲午□□十三日滑璋等券

説明

南宋淳熙元年（1174）九月刻。券正方形。邊長34厘米。券文楷書19行，滿行19字。四邊飾回字紋。20世紀80年代安康市張灘滑璋墓出土。現存安康博物館。《安康碑石》著録。

釋文

地券」

維大宋淳熙元年歲次甲午九月乙酉朔十三日」丁酉，主葬滑璋，奉爲先考、先妣并以亡兄，本貫」永興，流移昭化，頃緣兵革，稽奉遷塋。捫心追遠，孝」礼殊虧。遂同長幼之心，共啟孝誠之志，卜其宅兆」，安厝先靈。况乃龜筮協從，相地襲吉，宜於金州西」城縣界永寧鄉第十一都洛河村大平垻安厝宅」兆。謹用錢九万九千九百九十九貫文，兼五綵信」幣，買地一段。南北長二十步，東西闊一十八步四」分半。東至青龍，西至白虎，南至朱雀，北至玄武。内」方勾陳，分擘掌四域。丘丞墓伯，封步界畔。道路將」軍，齊整阡陌。千秋万歲，永無殃咎。若輒干犯訶禁」者，將軍、亭長收付河伯。□□牲牢酒飯，百味香新」。共爲信契，財地交相。分付工匠，修營安厝。已後永」保休吉。知見人：甲午歲甲戌月。主保人：丁酉日直」符。竹氣邪精，不得干恡。先有居者，永避万里。若違」此約，地府主吏，自當其禍。主人内外存亡，悉皆安」吉。急急如五帝信者女青律令」。

淳熙元年歲次甲午九月十三日滑璋等券」

476.1174　周倫墓誌

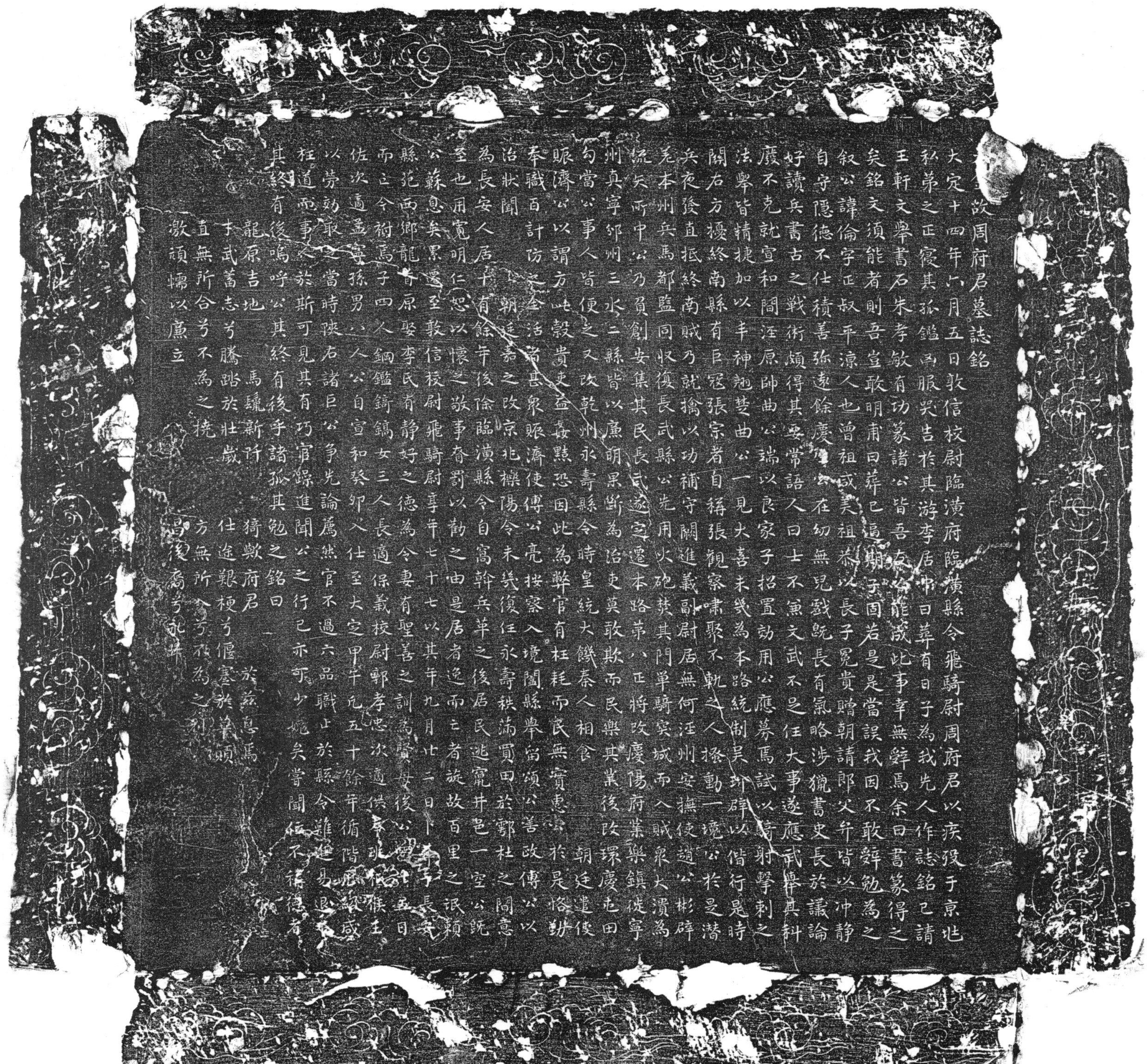

説 明

金大定十四年（1174）九月刻。蓋佚。誌正方形。邊長61厘米。誌文楷書32行，滿行32字。四側飾雲紋。1977年西安市西影路冶金地質研究所出土。現存西安博物院。《新中國出土墓誌（陝西叁）》著録。

釋 文

大金故周府君墓誌銘」

大定十四年六月五日，敦信校尉、臨潢府臨潢縣令、飛騎尉周府君以疾歿于京兆」私第之正寢。其孤鑑凶服哭告於其游李居中，曰："葬有日，子爲我先人作誌銘。已請」王軒文舉書石，朱孝敏有功篆。諸公皆吾友，必能成此事，幸無辭焉。"余曰："書、篆得之」矣，銘文須能者，則吾豈敢。"明甫曰："葬已逼期，子固若是，是當誤我。"因不敢辭，勉爲之」叙。公諱倫，字正叔，平涼人也。曾祖咸美。祖恭，以長子冕貴，贈朝請郎。父弁。皆以冲静」自守，隱德不仕。積善弥遠，餘慶生公。在幼無兒戲，既長有氣略。涉獵書史，長於議論」。好讀兵書，古之戰術頗得其要。常語人曰："士不兼文武，不足任大事。"遂應武舉，其科」廢，不克就。宣和間，涇原帥曲公端以良家子招置效用，公應募焉。試以騎射擊刺之」法，舉皆精捷。加以丰神翹楚，曲公一見大喜。未幾，爲本路統制吴玠辟以偕行。是時」，關右方擾，終南縣有巨寇張宗者，自稱張觀察，嘯聚不軌之人，搔動一境。公於是潛」兵夜發，直抵終南，賊乃就擒。以功補守闕，進義副尉。居無何，涇州安撫使趙公彬辟」差本州兵馬都監。同收復長武縣，公先用火砲焚其門，單騎突城而入，賊衆大潰。爲」流矢所中，公乃負創安集其民，長武遂定。遷本路第八正將，改慶陽府業樂鎮，徙寧」州真寧、邠州三水二縣。皆以廉明果斷爲治，吏莫敢欺，而民樂其業。後改環慶屯田」勾當公事，人皆便之。又改乾州永壽縣令。時皇統大饑，秦人相食，朝廷遣使」賑濟。公以謂方此穀貴，吏益奸黠，恐因此爲弊，官有枉耗，而民無實惠。公於是恪勤」奉職，百計防之，全活者甚衆。賑濟使傅公亮按察入境，闔縣舉留，頌公善政。傅公以」治狀聞，朝廷嘉之，改京兆櫟陽令。未幾，復任永壽。秩滿，買田於鄠杜之間，意」爲長安人。居十有餘年，後除臨潢縣令。自窩斡兵革之後，居民逃竄，井邑一空。公既」至也，用寬明仁恕以懷之，敬事慎罰以勸之。由是居者逸而亡者旋，故百里之氓，賴」公蘇息矣。累遷至敦信校尉、飛騎尉。享年七十七，以其年九月廿二日，卜葬于長安」縣苑西鄉龍首原。娶李氏，有静好之德，爲令妻；有聖善之訓，爲賢母。後公四十五日」而亡，今祔焉。子四人：鋼、鑑、錡、鎬。女三人：長適保義校尉郭孝忠，次適供奉班祗候王」佐，次適孟寧。孫男八人。公自宣和癸卯入仕，至大定甲午，凡五十餘年，循階歷級，咸」以勞效取之。當時陝右諸巨公争先論薦，然官不過六品，職止於縣令，難進易退，不」枉道而事人，於斯可見。其有巧宦躁進，聞公之行己，亦可少愧矣。嘗聞位不稱德者」，其終有後。嗚呼！公其終有後乎，諸孤其勉之。銘曰」：

龍原吉地，馬鬣新阡。猗歟府君，於兹息焉」。才武蓄志兮，騰踏於壯歲。仕途艱梗兮，偃蹇於華顛」。直無所合兮，不爲之撓。方無所入兮，不爲之刓」。激頑懦以廉立，昌後裔兮永年」。

按

誌主周倫，史載不詳。誌所載其家族世系、爲官任職及生平事迹，均可補史載之闕。此墓誌出土于今西安市西影路，宋金時屬咸寧縣苑東鄉地。而墓誌載"葬于長安縣苑西鄉龍首原"，則宋金時屬長安縣苑西鄉地。待考。

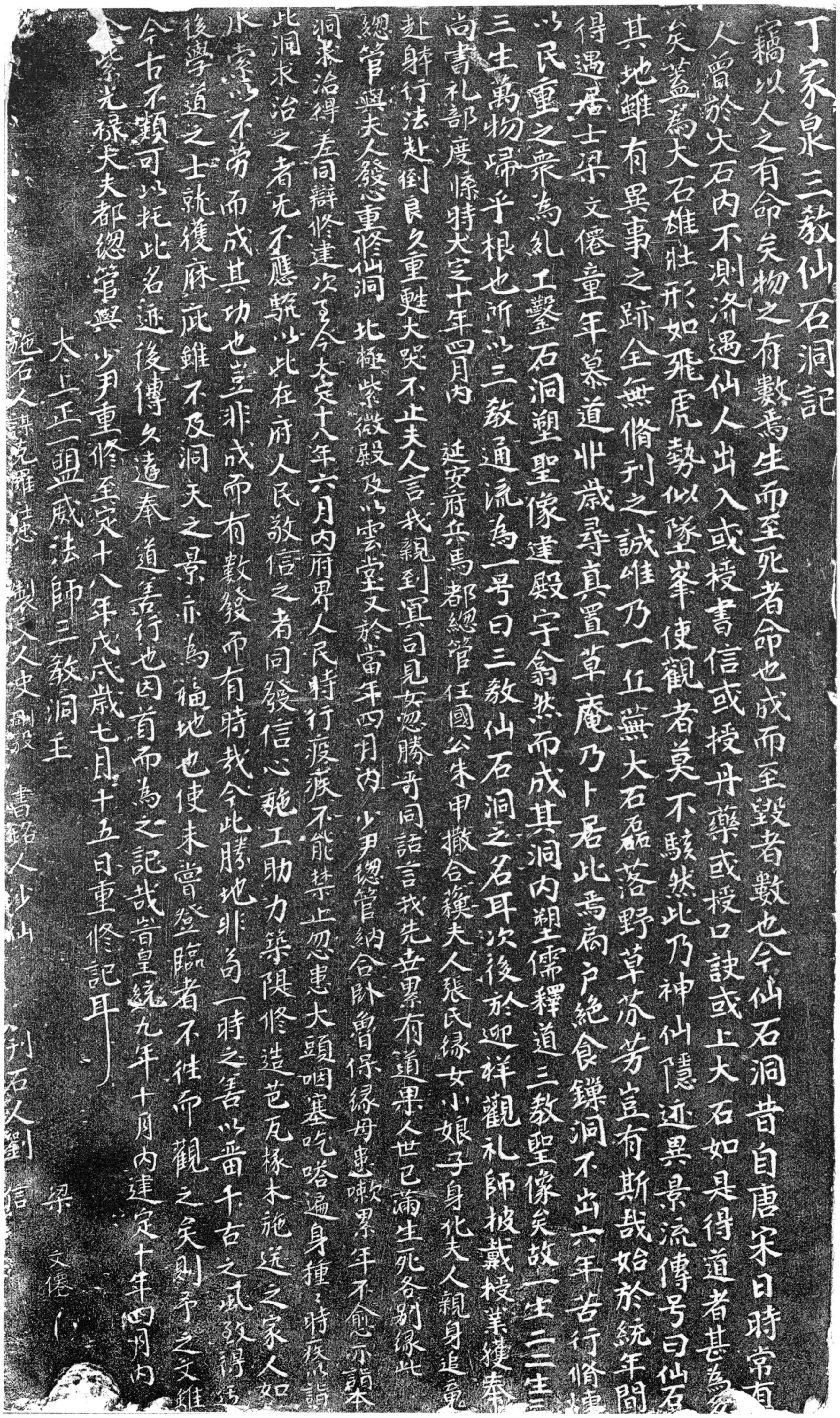

丁家泉三教仙石洞記

竊以人之有命矣物之有數焉生而至死者命也成而至毀者數也今仙石洞昔自唐宋日時常有[illegible]
人曾於大石內不測濟遇仙人出入或授書信或授丹藥或授口訣或上大石如是得道者甚多[illegible]
矣蓋爲大石雄壯形如飛虎勢似墜峯使觀者莫不駭然此乃神仙隱迹異景流傳号曰仙石[illegible]
其地雖有異事之跡全無脩刊之誠唯乃一丘蕪大石磊落野草茶芳豈有斯哉始於統年間
得遇居士梁文僊童年慕道卅歲尋真置草庵乃卜居此焉扃户絶食鑠洞不出六年苦行脩煉
以民重之衆爲糺工鑿石洞塑聖像建殿宇翕然而成其洞內塑儒釋道三教聖像矣故一生二二生三
三生萬物歸乎根也所以三教通流爲一号曰三教仙石洞之名耳次後於迎祥觀礼師披戴授業捷奉
尚書礼部度牒特大定十年四月內　延安府兵馬都總管任國公朱申撒合襍夫人張氏緣女小娘子身化夫人親身追[illegible]
赴躬行法赴倒良久重甦大哭不止夫人言我親到冥司見女忽勝哥同語言我先世累有道果人世已滿生死各别緣此
總管與夫人發心重修仙洞　北極紫微殿及以雲堂又於當年四月內　少尹總管納合路曾得緣母患嗽累年不愈亦請本
洞來治得差同辯脩建次至今大定十八年六月內府界人民時行疫疾不能禁止忽患大頭咽塞吃喀遍身種種時疾亦詣
此洞求治之者无不應驗以此在府人民敬信之者同發信心施工助力築限修造苞瓦椽木施送之家人如
求索亦不勞而成其功也豈非成而有數發而有時哉今此勝地非當一時之善以留千古之風致得[illegible]
後學道之士就獲庥庇雖不及洞天之景亦爲福地也使未嘗登臨者不往而觀之矣則予之文雖
今古不類可以托此名迹後傳久遠奉道善行也因首而爲之記哉旹皇統九年十月內建定十年四月內
金紫光祿大夫都總管與　少尹重修至定十八年戊戌歲七月十五日重修記耳
太上正一盟威法師三教洞主　梁文僊[illegible]
施石人謀克羅法德　製文人史翻毅　書銘人沙仙　刊石人劉信

説 明

金大定十八年（1178）七月刻。碑高117厘米，寬71厘米。正文楷書19行，行字不等。史剛毅撰文，沙仙書丹。1998年延安清涼山仙石洞出土。現存延安寶塔區文物管理所。《陝西碑石精華》著録。

釋 文

丁家泉三教仙石洞記」

竊以人之有命矣，物之有數焉。生而至死者，命也；成而至毁者，數也。今仙石洞，昔自唐宋日時，常有」人曾於大石内不測濟遇仙人出入，或授書信，或授丹藥，或授口訣，或上大石，如是得道者甚爲多」矣。蓋爲大石雄壯，形如飛虎，勢似墜峰。使觀者莫不駭然。此乃神仙隱迹，異景流傳，号曰“仙石”」。其地雖有異事之迹，全無脩刊之誠。唯乃一丘蕪，大石磊落，野草芬芳，豈有斯哉。始於統年間」，得遇居士梁文僊，童年慕道，丱歲尋真，置草庵，乃卜居此焉。扃户絶食，鑱洞不出六年，苦行脩煉」。以民重之，衆爲糾工鑿石洞，塑聖像，建殿宇，翕然而成。其洞内塑儒釋道三教聖像矣。故一生二，二生三」，三生萬物，歸乎根也。所以三教通流爲一，号曰“三教仙石洞”之名耳。次後於迎祥觀礼師，披戴授業，獲奉」尚書礼部度牒。時大定十年四月内，延安府兵馬都總管任國公朱甲撒合蘇夫人張氏，緣女小娘子身化，夫人親身追魂」，赴體行法。赴倒良久，重甦，大哭不止。夫人言我親到冥司見女，忽勝奇同話，言我先世累有道果，人世已滿，生死各別。緣此」，總管與夫人發心重修仙洞北極紫微殿及以雲堂。又於當年四月内，少尹總管納合卧魯保，緣母患嗽，累年不愈，亦詣本」洞求治，得差同辯修建。次至今大定十八年六月内，府界人民時行疫疾，不能禁止，忽患大頭咽塞吃嗒遍身，種種時疾，以詣」此洞求治之者，無不應驗。以此，在府人民敬信之者，同發信心施工助力，築隄修造，芭瓦椽木，施送之家，人如」水索，以不勞而成其功也。豈非成而有數，發而有時哉。今此勝地，非苟一時之善以留千古之風致，得遇」後學道之士，就獲庥庇。雖不及洞天之景，亦爲福地也。使未嘗登臨者，不往而觀之矣。則予之文雖」今古不類，可以托此名迹後傳久遠，奉道善行也。因首而爲之記哉。時皇統九年十月内建，定十年四月内」金紫光禄大夫都總管與少尹重修，至定十八年戊戌歲七月十五日重修，記耳」。

太上正一盟威法師三教洞主梁文僊」

施石人謀克羅仕忠

製文人史剛毅

書銘人沙仙

刊石人劉信」

按

此碑史無記載，對于研究宋金時期儒釋道三教合一之情況，及道教正一派在延安地區的活動情況，都有一定的史料價值。

耀州呂公
先生之記

説明

金大定二十三年（1183）刻。碑圓首方座。通高190厘米，寬80厘米。額文2行，滿行4字，楷書“耀州吕公｣先生之記｣”。正文楷書31行，滿行57字。楊杲撰文，馬昌國跋並書丹。額文兩側綫刻飛鶴二，下方綫刻吕公應詔圖。碑四周飾纏枝花紋。碑右下角磨泐嚴重。現存銅川藥王山博物館。《陝西金石志補遺》《藥王山碑刻》等著録。

釋文

耀州吕公先生記｣

先生姓吕，諱中道，不知何許人也。或云汴京人。亦不知其壽數之多少，人有曾於終南山見先生化埋於石窟中，復見與人執爨，或與人□□□□醴｣泉縣界九嵕山下苟村北六七里，峰回路轉，有茂林脩竹，異草奇花。陽崗之下，有一龕洞，先生於此棲息焉。昔有水源出此山下，□□□村民□其利｣。先生常謂村人曰：“此水是西山之水，其源將竭。今即東山有水，爾等肯從吾開東山之泉乎？”衆人莫之信焉。後一年，其水果竭。村人或信先生之言行｣而請焉，先生遂指一構樹下，示其衆曰：“泉在此也。”衆乃掘之。深未及尺，先生以杖導之，有泉隨而涌出。衆人驚訝，咸知先生非常之人也。其水澆灌一｣千餘畝，不減舊泉。又戒人曰：“爾等可月致一齋，則享利久遠。”村老迄今奉其教焉。先生雖不曾飲酒，貌常若醺醺然。後□酷吏所□，遂□□□□□□□｣来遊華原。周迴顧覽，山水清秀，乃曰：“昔孫真人棲隱之地，吾豈可他適。”遂於郡之東山曰五臺，其南曰昇仙臺，即其下鑿崖爲洞而□□，乃負土種□｣，不辭勞苦。厥功告成，洞内遂設三清像，爲棲真之所。先生遇酒則飲，酣歌自若。耀人敬慕雲集，守倅前席。人有自□□□道見之□□□一。或｣問其壽數，則笑而不答。一日，告華原縣，欲雲遊，自稱唐時人。縣令馬儒林疑其不實，詰問有何驗。先生懷出後唐清泰元年□□□□公□□□金□｣河灣住人，故吕太師男。因此知先生汴人也。後密語人曰：“非晚｣，朝廷召我。”聞者以爲誕言。大定五年九月間｣，聖上遣使果召赴｣闕，州縣禮餞，遠迩嘉歎。既至都，館于天長觀。朝見稱｣旨，賜賚優渥。雖王公大人，莫不師問之。將先生於金水河西，別營道院以居之，号曰延壽真人。一日，遽欲雲遊，遂出都，至昌平縣□□□□□□｣喜先生之来，留于道院。暨十餘日，先生曰：“劫火炎炎，幻化形骸，豈勝薰炙。吾久居塵世，今我去矣。”言訖，奄然而坐亡。不久，復開眼謂純機曰：“有所｣賜道袍在都，令人取之。”既至，先生服畢，曰：“張監使、李率府及夫人，臨行不欵一辭。”先生遂索紙筆，辭張監使頌云：此箇古形骸，休燒勿去埋。且存｣塵世内，任恁智人猜。辭李率府及夫人頌曰：這箇皮袋，到了不礙。那箇元来，超出三界。辭長春子頌曰：金壺盛玉漿，其味少人嘗。與公同□飲，生死得｣清涼。辭天長觀主閻大師頌云：稽首閻老，周公已下。今日當别，相逢月下。辭上元大師頌云：稽首大師，老叟當歸。他日再會，蓬島相隨。付李法師頌曰｣：爾道可堅，蓬島須仙。今日相別，再會瑶天。付昌平縣令頌云：寓居西秦，超於｣上國。因訪名山，患居實某。感荷國恩，應無再睹。午時吾歸，須煩土主。異境相逢，同遊紫府。辭世頌云：身患非吾患，名仙體不仙。寄世四百載，□□｣五帝宣。富貴何足盡，當時合自然。欲知吾所止，明月白雲間。遂擲筆於地，復端坐而長逝矣。異香馥郁，終日不散。實大定癸巳七月十六日午時。縣□｣遂備禮焚葬。次日，官吏道友收燼骨，中有骨結成山子，上有真人形像，傍有二鶴狀。縣令遂送至都下。都人將先生燼骨，塑像于所居道院，□□｣敬仰。是歲冬，耀州使効牛安，因貢瓷器至滹沱河南路，逢先生與一僧，牛生拜問曰：“先生何往？”曰：“吾久厭塵世，拉竹林寺長老南遊天壇，汝至｣都下，傳語張監使。”既至都，方知先生已羽化，遂見張監使，具言所以。聞者莫不驚異，乃知先生果得道之人矣。世説得彭祖之道，未知其然。僕恐｣先生靈迹久而湮滅，遂摭其行事，人所共見聞者而集之。

大定十五年三月十五日

弘農楊杲記｣

巖山下苟村北六七里峯回路轉有茂林脩竹異草奇花陽崗之下有一龍洞先生於此棲息烏前有水源

村人曰此水景西出於山之水其西乃平地今即東山有水雨等肯從吾開泉山之泉平泉人莫之信烏後一年其

生遂指一構樹下示其泉曰泉在此也衆乃掘之深未及尺先生以杖導之而涌出泉人驚歎詞出感知

生戒人曰爾等何足致一齋則享利久遠未及今奉且教馬先生雖不甞飲酒頗嗜茗然而坐此以詩感後

周迴顧覽山水清秀乃曰苦孫真人棲隱之地吾豈可他道遂於郡之東山曰五蓋其山南曰丹仙遂即其

滅功告成城洞內遂誤三清像為棲真之所先生逼酒酣歌自若雖人歇慕集雲守伴前席人令

欲呂太師男因此知先生於人也後從語人曰非晚則笑而不咎一日告莘原縣登烏儒林疑其不解誅間有何臨先生驚

果者以為誕言大定五年九月間

饒遠迩嘉歡既至
都舘于天長觀
雖王公大人莫不師問之將先生於金水河世別營道院以居之号曰延壽道人一日邊欲雲遊遠此
遠迩頃仙今日相別再會瑤首闢老周公巳下今日當別相逢月下即上元大師頃云備首大師老史當歸郡曰
長觀主闢大師頃云檜首闢老周公巳
猜辭李率府及夫人頃曰這简皮袋到了不碌那筒筒元來超出三界辭長壽子頃以仝
名山悉屬賣某感荷國恩應無再觀荷都令止明月白雲閑遠擲筆於地役端坐而長逝矣具異香頻那於日不嚴實夫
逢府瑤仙今日相逢再會國恩應無再觀荷成山子上有真人形像有二個狀縣令遂逕至常
何足盡賣常時合自然欲知吾所止明月白雲閑遠擲筆於地役端坐而長近矣異香頻那於日不嚴實夫
安曰回頭方知先生巳羽化送死張顥至達池阿南路逢先生興一僧千生拜間曰吾久厭塵世拉竹
十安曰回都方知先生巳羽化送死張顥送其言所以開者真不驚異乃知先生平得道之人兵世
效州使既至所方則化送死張顥見顯之大定十五年三月十五日孫景楊景記
先生隱於華原之東山其人馬也烏道心而又親泰先生提耳之游與失
人之西酒滅遂撫其行事其風度
先生而始來此也蘭者莫不
士隱者唯吾鄉李公烏開典頗網楊景所
高師苦相之使大烏開典頗網楊景所
吾鄉讀文起敬慕之美叔而級其亦有俾公不忘其本朔心故書之華原馬昌圖題并書
士敬慕之美叔而紀其亦有俾余且喜李公不忘其本朔心以

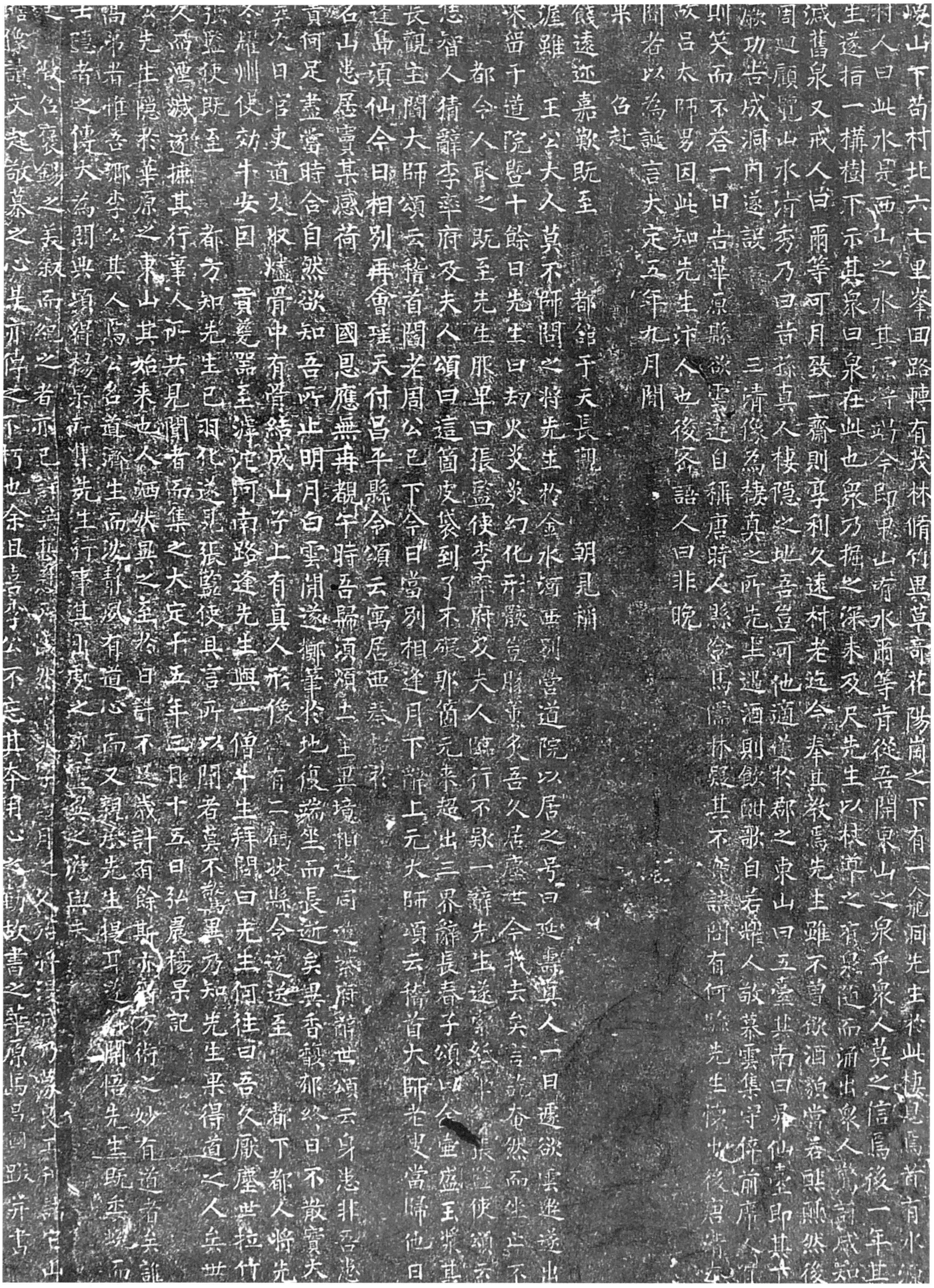

吕公先生隱於華原之東山。其始来也，人洒然異之。至於日計不足，歲計有餘，斯亦得方術之妙，有道者矣。誰能傳修鍊之訣，得養生之道，□」爲高弟者，惟吾鄉李公其人焉。公名道濟，生而沉静，夙有道心。而又親承先生提耳，遂得開悟。先生既委蜕而去，公惜其靈迹美譽，未能續于」高士隱者之傳，大爲闕典。頃得楊杲所集先生行事，其出處之迹，靈異之應，與夫」朝廷徵召褒錫之美，叙而紀之者，亦已詳矣，甚慰所懷。然慮文字歲月之久，殆將漫滅，乃募良工，刊諸它山之石，并刻先生之像於碑首，使」人瞻像讀文，起敬慕之心，是亦傳之不朽也。余且喜李公不忘其本，用心之勤，故書之。

華原馬昌國跋并書」

大定二十三年六月十一日

李道濟立石

張道全、洞主董道新」

按

吕公先生，即吕中道，金代著名全真教道士。此碑所記吕中道之生平事迹及其所涉宫觀等，爲研究金代道教史的珍貴資料。

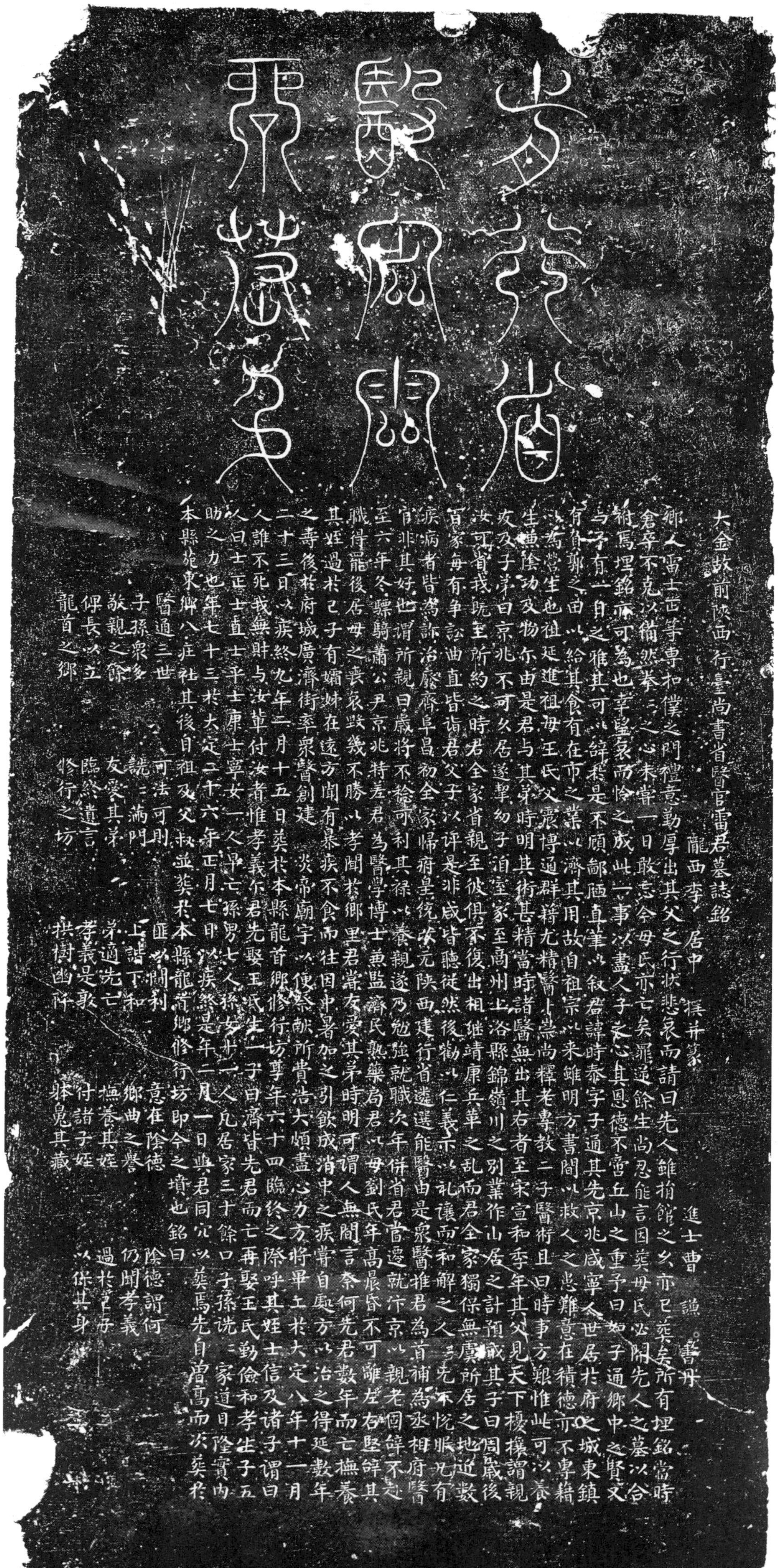

説 明

金大定二十六年（1186）二月刻。誌、蓋一體，長方形。高111厘米，寬52厘米。蓋文3行，滿行3字，篆書“前行省」醫官雷」君墓誌」”。誌文楷書28行，滿行43字。楊居中撰文並篆蓋，曹謙書丹。出土具體時、地不詳。現存西安博物院。

釋 文

大金故前陝西行臺尚書省醫官雷君墓誌銘」

隴西李居中撰并篆

進士曹謙書丹」

鄉人雷士正等，專扣僕之門，禮意勤厚，出其父之行狀，悲哀而請曰：“先人雖捐館之久，亦已葬矣。所有埋銘，當時」倉卒，不克以備。然拳拳之心，未嘗一日敢忘。今母氏亦亡矣，罪逆餘生，尚忍能言。因葬母氏，必開先人之墓以合」祔焉，埋銘亦可爲也。幸望哀而怜之，成此一事，以盡人子之心，其恩德不啻丘山之重！”予曰：“如子通，鄉中之賢，又」与予有一日之雅，其可以辭？”於是不顧鄙陋，直筆以叙。君諱時泰，字子通，其先京兆咸寧人，世居於府之城東鎮」。有負郭之田，以給其食；有在市之業，以濟其用。故自祖宗以来，雖明方書，間以救人之患難，意在積德，亦不專藉」以爲營生也。祖延進，祖母王氏。父震，博通群籍，尤精醫卜，崇尚釋老，專教二子醫術，且曰：“時事方艱，惟此可以養」生，兼陰功及物尔。”由是君与其弟時明其術甚精，當時諸醫無出其右者。至宋宣和季年，其父見天下擾攘，謂親」友及子弟曰：“京兆不可久居。”遂挈幼子洎室家至商州上洛縣錦嶺川之别業，作山居之計，預戒其子曰：“周歲後」汝可省我。”既至所約之時，君全家省親至彼，俱不復出。相繼靖康兵革之乱，而君全家獨保無虞。所居之地，近數」百家，每有争訟曲直，皆詣君父子以評是非，咸皆聽從。然後勸以仁義，示以礼讓，而和解之，人人無不悦服。凡有」疾病者，皆爲診治。廢齊阜昌初，全家歸府。皇統改元，陝西建行省，遴選能醫，由是衆醫推君爲首，補爲丞相府醫」官。非其好也，謂所親曰：“歲將不稔，可利其禄以養親。”遂乃勉强就職。次年併省，君當遷就汴京，以親老固辭不赴」。至六年冬，驃騎蕭公尹京兆，特差君爲醫學博士，兼監濟民熟藥局。君以母劉氏年高，晨昏不可離左右，堅辭其」職，得罷。後居母之喪，哀毁幾不勝。以孝聞於鄉里。君嘗友愛其弟時明，可謂人無間言，奈何先君數年而亡。撫養」其侄，過於己子。有孀姊在遠方，聞有暴疾，不食而往。因中暑，加之引飲，成消中之疾。嘗自處方以治之，得延數年」之壽。後於府城廣濟街率衆醫創建炎帝廟宇，以便祭献。所費浩大，頗盡心力。方將畢工，於大定八年十一月」二十三日以疾終。九年二月十五日，葬於本縣龍首鄉修行坊，享年六十四。臨終之際，呼其侄士信及諸子，謂曰」：“人誰不死，我無財与汝輩。付汝者，惟孝義尔。”君先娶王氏，生一子曰濟，皆先君而亡。再娶王氏，勤儉和孝，生子五」人，曰士正、士直、士平、士康、士寧。女一人，早亡。孫男七人，孫女十一人。凡居家三十餘口，子孫詵詵，家道日隆，實内」助之力也。年七十三，於大定二十六年正月七日以疾終。是年二月一日，與君同穴以葬焉。先自曾、高而次葬於」本縣苑東鄉八莊社，其後自祖及父、叔並葬於本縣龍首鄉修行坊，即今之墳也。銘曰」：

醫通三世，可法可則。匪以窺利，意在陰德。陰德謂何」，子孫衆多。詵詵滿門，上諧下和。鄉曲之譽，仍聞孝義」。敬親之餘，友愛其弟。弟適先亡，撫養其侄。過於己子」，俾長以立。臨終遺言，孝義是敦。付諸子侄，以保其身」。龍首之鄉，修行之坊。拱樹幽阡，體魄其藏」。

按

誌主雷時泰，史載不詳。此誌所載其世系、生平事迹及卒葬之地等，均可補史載之闕。此誌出土地不詳，據墓誌所載“葬於本縣龍首鄉修行坊”，當爲今西安市未央區龍首原。

撰、書者李居中、曹謙均史載不詳。

480.1195　沖和大德雷致虛壽堂記

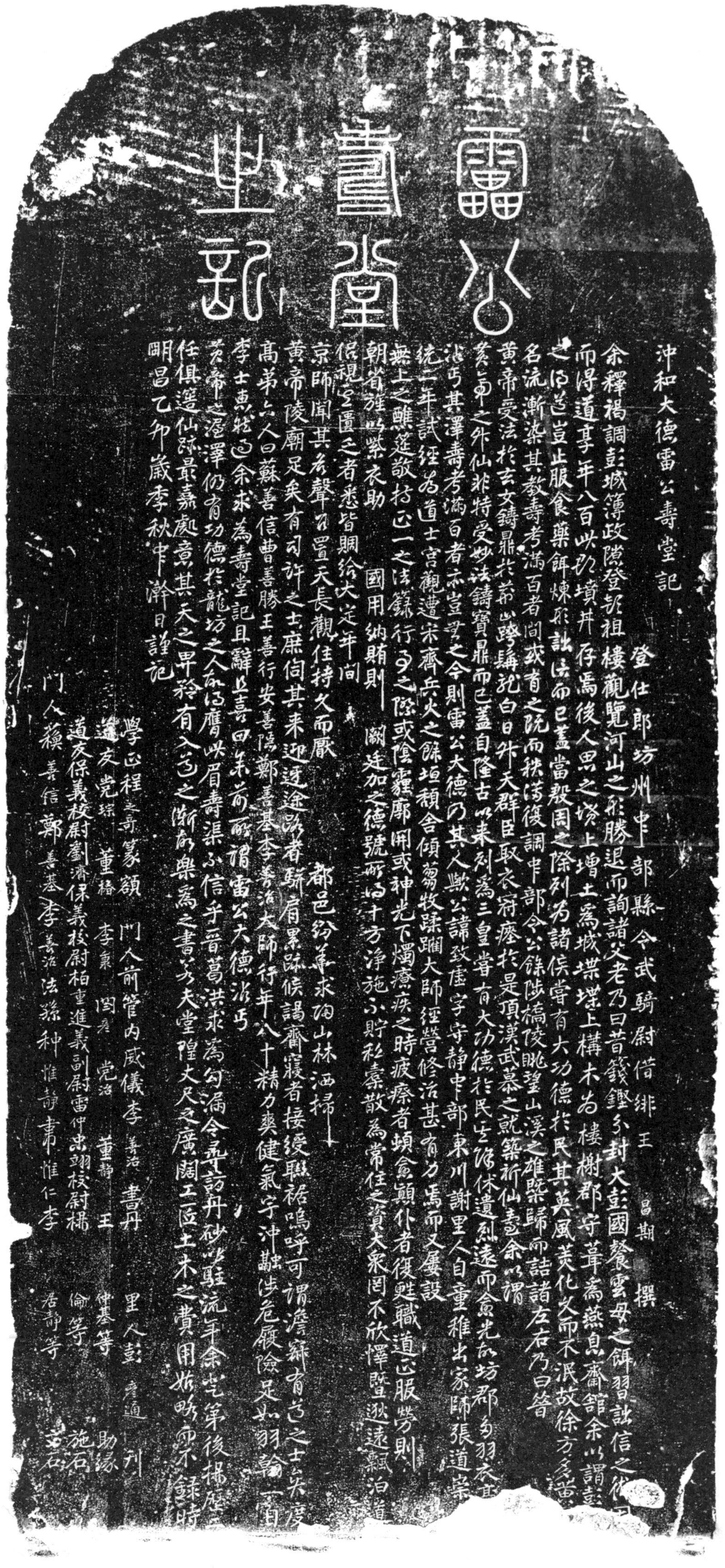

説 明

金明昌六年(1195)九月刻。碑砂石質。高187厘米，寬81厘米。額文3行，滿行2字，篆書“雷公」壽堂」之記」”。正文行楷24行，行字不等。王昌期撰文，李善治書丹，程之奇篆額。現存黄帝陵軒轅廟碑廊。《黄帝陵碑刻》著録。

釋 文

沖和大德雷公壽堂記」

登仕郎坊州中部縣令武騎尉借緋王昌期撰」

余釋褐調彭城簿，政隙登彭祖樓，觀覽河山之形勝，退而詢諸父老，乃曰：昔籛鏗分封大彭國，餐雲母之餌，習詘信之術，因」而得道，享年八百。此即墳井存焉。後人思之，墳上增土爲城堞，堞上構木爲樓榭，郡守葺爲燕息齋館。余以謂彭□」之得道，豈止服食藥餌、煉形詘信而已。蓋當殷周之際，列爲諸侯，嘗有大功德於民，其英風美化，久而不泯，故徐方多黄□」，名流漸染其教，壽考滿百者，間或有之。既而秩滿，復調中部令。公餘陟橋陵，眺望山溪之雄概，歸而詰諸左右，乃曰：昔」黄帝受法於玄女，鑄鼎於荆山，跨髯龍白日升天，群臣取衣冠瘞於是頂。漢武慕之，就築祈仙臺。余以謂」黄帝之升仙，非特受妙法、鑄寶鼎而已。蓋自隆古以来，列爲三皇，嘗有大功德於民，其餘休遺烈，遠而愈光，故坊郡多羽衣□」沾丐其澤，壽考滿百者，亦豈無之。今則雷公大德，乃其人歟！公諱致虚，字守静，中部東川謝里人。自童稚出家，師張道崇，□」統二年試經爲道士。宫觀遭宋齊兵火之餘，垣頽舍傾，蒭牧蹂躪，大師經營修治，甚有力焉。而又屢設」無上之醮筵，敬持正一之法籙。行事之際，或陰霾廓開，或神光下燭。療疾之時，疲瘵者頓愈，顛仆者復甦。職道正服勞，則」朝省旌以紫衣；助國用納賄，則闕廷加之德號。所得十方凈施，不貯私橐，散爲常住之資，大衆罔不欣懌。暨逖遠飄泊，道」侶視其匱乏者，悉皆賙給。大定年間」，京師聞其名聲，召置天長觀住持。久而厭都邑紛華，求歸山林，洒掃」黄帝陵廟足矣。有司許之。士庶伺其来，迎迓途路者駢肩累迹，候謁齋寢者接絰聯裾。嗚呼！可謂澹寂有道之士矣。度」高弟六人，曰蘇善信、曹善勝、王善行、安善隱、鄭善基、李善治。大師行年八十，精力爽健，氣宇沖融，涉危履險，足如羽翰。一日」，李士惠然過余，求爲壽堂記。且辭且喜曰：余前所謂雷公大德，沾丐」黄帝之渥澤，仍有功德於龍坊之人，故得膺此眉壽，渠不信乎！晉葛洪求爲勾漏令，尋訪丹砂以駐流年。余登第後，揚歷二」任，俱簉仙迹最嘉處，意其天之畀矜，有入道之漸，故樂爲之書。若夫堂隍丈尺之廣闊，工匠土木之費用，姑略而不録。

時」明昌乙卯歲季秋中澣日謹記」

學正程之奇篆額

門人前管内威儀李善治書丹

里人彭彦通刊」

道友党琮、董椿、李秉、閆彦、党治、董静、王仲基等助緣」

道友保義校尉劉濟、保義校尉栢重、進義副尉雷仲、忠翊校尉楊倫等施石」

門人蘇善信、鄭善基、李善治，法孫种惟静、韋惟仁、李居静等立石」

按

雷致虚，中部縣人。此碑所述其“自童稚出家，師張道崇”、“試經爲道士”、“敬持正一之法籙”、爲“天長觀住持”、“高弟六人，曰蘇善信、曹善勝、王善行、安善隱、鄭善基、李善治”等，對于研究黄帝陵廟保護、金代道教發展情況，都有一定的史料價值。

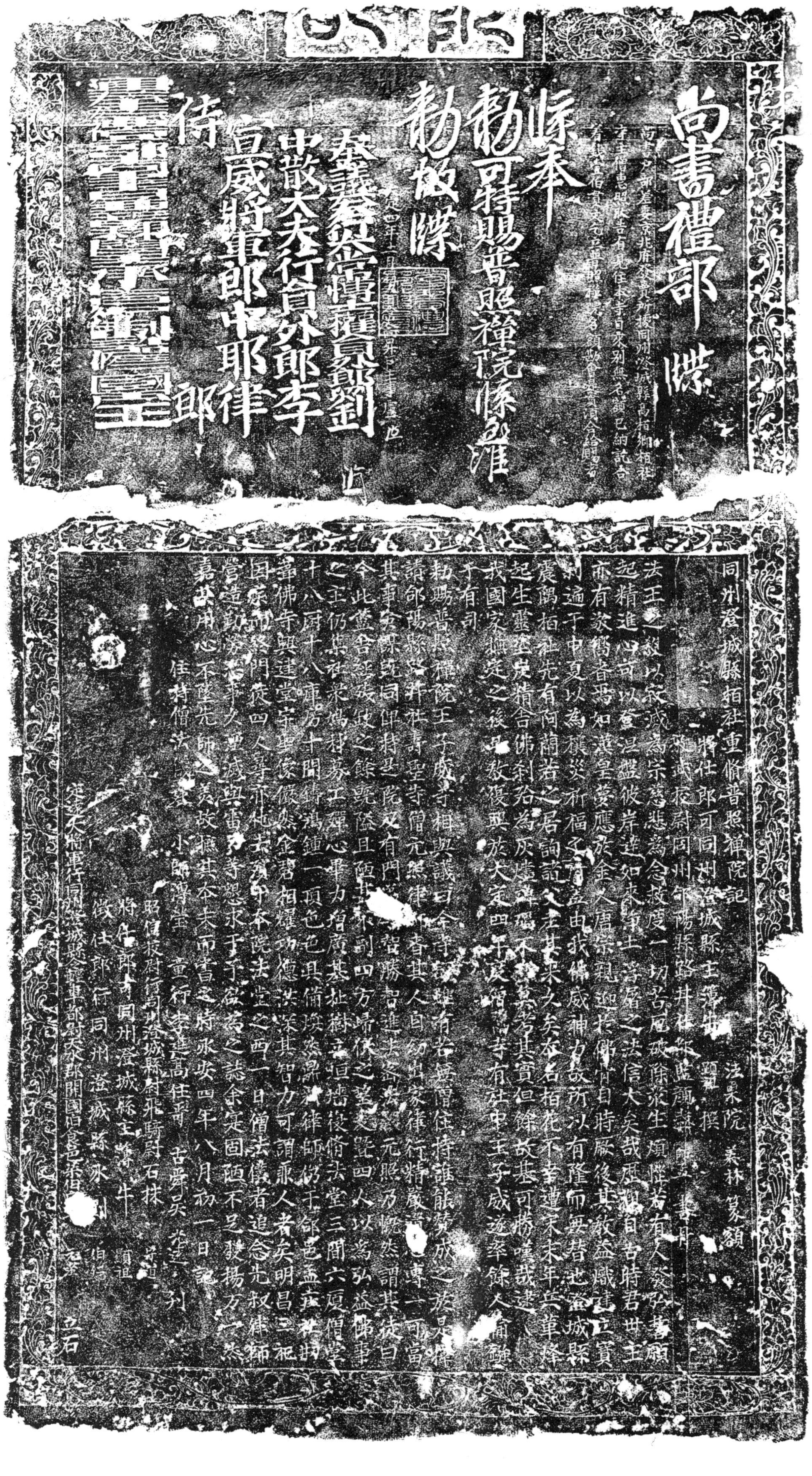
尚書禮部 牒
勑故牒
侍郎

説 明

金承安四年（1199）八月刻。碑高137厘米，寬73厘米。碑文分上下兩部分，上部刻金大定四年（1164）尚書禮部牒一道；下部爲記文，楷書26行，滿行32字。牛顯祖撰文，顔師孟書丹，釋義林篆額。碑四周及上下兩部分之間皆刻有纏枝花紋。现存澄城縣莊頭鎮柏東村戲樓。《澄城碑石》著録。

釋 文

尚書禮部牒」

尚書户部差委京兆府發賣所據同州澄城縣高栢鄉栢社」寺主僧惠照狀，告有見住本寺自來別無名額，已納訖，合」着錢壹伯貫文，乞立普照禪院名額。勘會是實，須合給賜者」。牒，奉」敕，可特賜普照禪院。牒至，准」敕，故牒」。

大定四年十一月二十九日令史向昇、主事盧」

奉議大夫行太常博士權員外郎劉」

中散大夫行員外郎李」

宣威將軍郎中耶律」

侍郎」

正奉大夫禮部尚書兼翰林學士承旨知制誥修國史王」（以上上部）

同州澄城縣栢社重脩普照禪院記」

將仕郎可同州澄城縣主簿牛顯祖撰」

法果院義林篆額」

敦武校尉同州郃陽縣路井社都監顔盞師孟書丹」

法王之教，以寂滅爲宗，慈悲爲念，救度一切苦厄，破除衆生煩惱。若有人發弘誓願」，起精進心，可以登涅盤彼岸，達如來浄土。浮屠之法，信大矣哉！歷觀自古時君世主」，亦有敬嚮者焉。如漢皇夢應於金人，唐宗親迎於佛骨。自時厥後，其教益熾，建立寶」刹，遍于中夏，以爲禳災祈福之門。蓋由我佛威神力故，所以有隆而無替也。澄城縣」震隅栢社先有阿蘭若之居，詢諸父老，其来久矣。本名栢花，不幸遭宋末年兵革烽」起，生靈塗炭，精舍佛刹殆爲灰燼。碑碣不□，莫考其實，但餘故基，可勝嘆哉！逮」我國家撫定之後，此教復興，於大定四年度僧鬻寺。有社中王子威遂率餘人輸鏹」于有司」，敕賜普照禪院。王子威等相與議曰："今寺額雖有，若無僧住持，誰能贊成之。"於是擇」請郃陽縣路井社壽聖寺僧元照律師者。其人自幼出家，律行精嚴，道心專一，可當」其事。僉謀既同，俾持是院，及有門弟子智勝、智進、法密、法□，元照乃慨然謂其徒曰」："今此藍舍經殘缺之餘，既隘且陋，甚不副四方歸依之望。"爰暨四人以爲弘益佛事」之主，仍集社衆，鳩材募工，殫心畢力，增廣基址，樹立垣墻，復脩法堂三間六厦，僧堂」十八，厨十八，庫房十間，鑄鴻鍾一頂。色色具備，焕然鼎新。律師仍于郃邑孟莊社創」葺佛寺，興建堂宇，聖像儼然，金碧相耀，功德洪深。其智力可謂兼人者矣。明昌三祀」，因疾而終。門徒四人尋亦化去，殯于本院法堂之西。一日，僧法儀者追念先叔律師」營造勤勞，恐事久湮滅，與雷□等懇求于予，欲爲之誌。余寔固陋，不足發揚万一。然」嘉其用心，不墜先師之美。故摭其本末而書之。

時承安四年八月初一日記」

住持僧法儀建，小師溥瑩、童行李進、高住哥、古舜吴光遠刊」

昭信校尉行同州澄城縣尉飛騎尉石抹守道」

將仕郎可同州澄城縣主簿牛顯祖」

徵仕郎行同州澄城縣丞劉伯仁」

定遠大將軍行同州澄城縣令輕車都尉天水郡開國伯食邑柒佰户□元老立石」（以上下部）

482.1218　吴忠嗣墓誌

説明

南宋嘉定十一年（1218）四月刻。誌高93厘米，寬46厘米。額文5行，滿行2字，篆書“皇宋」洋州」察推」吴君」誌銘」”。誌文楷書28行，滿行53字。文祁撰文並書丹，蘇樵篆蓋。誌石間有漫漶不清之處。1973年南鄭縣金華崗馬鞍山水庫出土。現存南鄭縣聖水寺文物保管所。《漢中碑石》著録。

釋文

鄉貢進士文祁撰書」

前鄉貢進士蘇樵題蓋」

藝祖皇帝，垂統立極，懲五閏士氣衰萸，以正誼爲第一事。陶穀袖禪藁，薄之，終身弗大用。衛融爲其主，盛怒以霽，目爲忠臣。人知趨嚮」，國脉以壽。慶曆時，任福、桑懌、耿傅；皇祐時，曹覲、孫節；靖康時，李若水，死於戰敵，死於罵賊，忠赤相望，未易枚舉」。高宗皇帝，中興繩武，益重服節死義者。爲郎官出使，誼不辱命，如濟源傅察；處民伍抗虜，視死如歸，如下邽蘇謂。事徹聽聞」，列聖嘉嘆，或超加恤典，或宣付史館。諸公身元雖喪，生氣凛凛，國家疇其事而崇報。奮乎百世，聞者興起。開禧丙寅，權臣用事，謀」動干戈。西門貳宣詔者，妄自尊大，用兵非所長，怵於敵誘，明年正月，敢竊位號，延置親黨。吴君忠嗣，時宰武連。大變起，族屬侍母淑人」，太宗皇帝七世諸孫，僞命狎至，以夔漕處之。君怒罵曰：“祖先勳業，著在盟府，忍一旦墜地耶？我寧一死，終不爲尔屈！”徑郤其檄。兇徒忿甚，下」令後軍屯將，遣甲士十數，露刃庭中，迫之使行，有“如其不從，函首前來”語。君屹立不動。僞都運徐景望聲勢澒洞，家奴氐縣亡狀，君曰：“此」趙官家世界，汝何敢尔！”杖之，仍械諸獄。逆黨爲之沮。朝廷憲章，遵奉一如常日，今公牘存縣可考。邑當孔道，弓劍旁午，父老恃以無恐。凡」四十有五日，乾清坤夷，天日復見。茶馬使者范仲壬行部，百里士民其君守正實事，遮馬首驩言之。又群走府，太守知其詳，亟爲上利路運」判趙綱、制帥楊輔、宣威今使相安公丙，連核顛末聞」上。安公又以親戚畔之爲奏牘語以證。得旨：“免連坐，免移徙，官使仍舊。”君耻累同姓，乞更之，特許易今名。元字明叔，贈太中大夫、集英」殿修撰、夔州路提點刑獄抑中子，繇祖而上，見太中墓誌。以集英遇郊恩任通仕郎，初主鳳州梁泉簿耳，轉丞文州曲水、武連，秩滿，令」普安。丁淑人憂，外除調劍門。先是武連政善，下至卒吏、郵傳，得其歡心。總計陳曄嘗報書謂：“自有此邑無此令，既去它邑，幸其肯来。”君知戒」令已乎，三爲令，俱隆慶。嘉定十年十一月二十三日，之洋州觀察推官任，客興元府城固姨魏氏，早起無疾而逝，年四十有七，官止儒」林郎。逾月，得僉書合州判官廳公事。明年清明日，葬太中淑人墓次。君莊重温粹，不事華好，眉宇清潤，趨進中禮，雅向學好士。當未仕時，左」右經史，喜學爲詩，榜書室以“吟窟”。歷五任，所談者幾不容口。寬厚愛人，樂施予，遇親舊貧死無歸則葬之，其幼孤則字之。昆季間奴隸，平時」靡人不稱，聞其亡云，悲咽有如喪所親者。明習世務，音吐開爽，白事臺府，纚纚可聽。類首肯之，薦改秩者四人。安公丞郡普安日，喜其試邑」能事。及轉運軍前，君嘗爲言：“必斬副宣變人趙富已，可議進取。”公悚異其語，旋以忠節逾重愛。轅門尊崇，君得見不以時，見或留弥日，公事」公言，亟從無疑，許爲成就通朝籍。始以内艱去官，後以大制閫趣召差跌，今書幣歲猶往來。初，集英五爲郡持節典藩，所至稱廉，物産」不夥，以君故免歸。有司宣威量

局部

捐金分酬之，乃買田廬大安軍，食其租入，因家焉。初娶王氏，承直郎班女；再娶，實淑人妹。三子：東之、震之、損」之，從進士舉。嘉定九年，詔下取士，利漕使者曹彦，約酌法意，許貫三泉，并聞制閫，以杜訟云。一女未行。孫男二人。予嘗究觀《班史》」，新莽盜神器，愚無知者附麗有之。乃若讀書，名爲儒，作國師，作美新，傳笑亡窮。方逆焰燎原，士自科第中出者，猶不自引去，甘心跖徒。君胄」貴室，爲小官，明於避就，弗墜黨與，不貽父母羞。雖教忠有自，亦性忠君父使然。皇明旌異，用勸方来忠孝者，於銘何辭。銘曰」：

大浸稽天，砥柱弗徙。風雨如晦，雞鳴不已。性孝與忠，維古烈士。君崇高節，無生有死」。全璧而歸，持見先子。彼波蕩者，顔之厚矣。金華松崗，實墓其址。清風百世，聞者興起。」

姜敏刊」

按

誌主吴忠嗣，《宋史》無傳。則誌所載其生平事迹等，可補史載之闕。

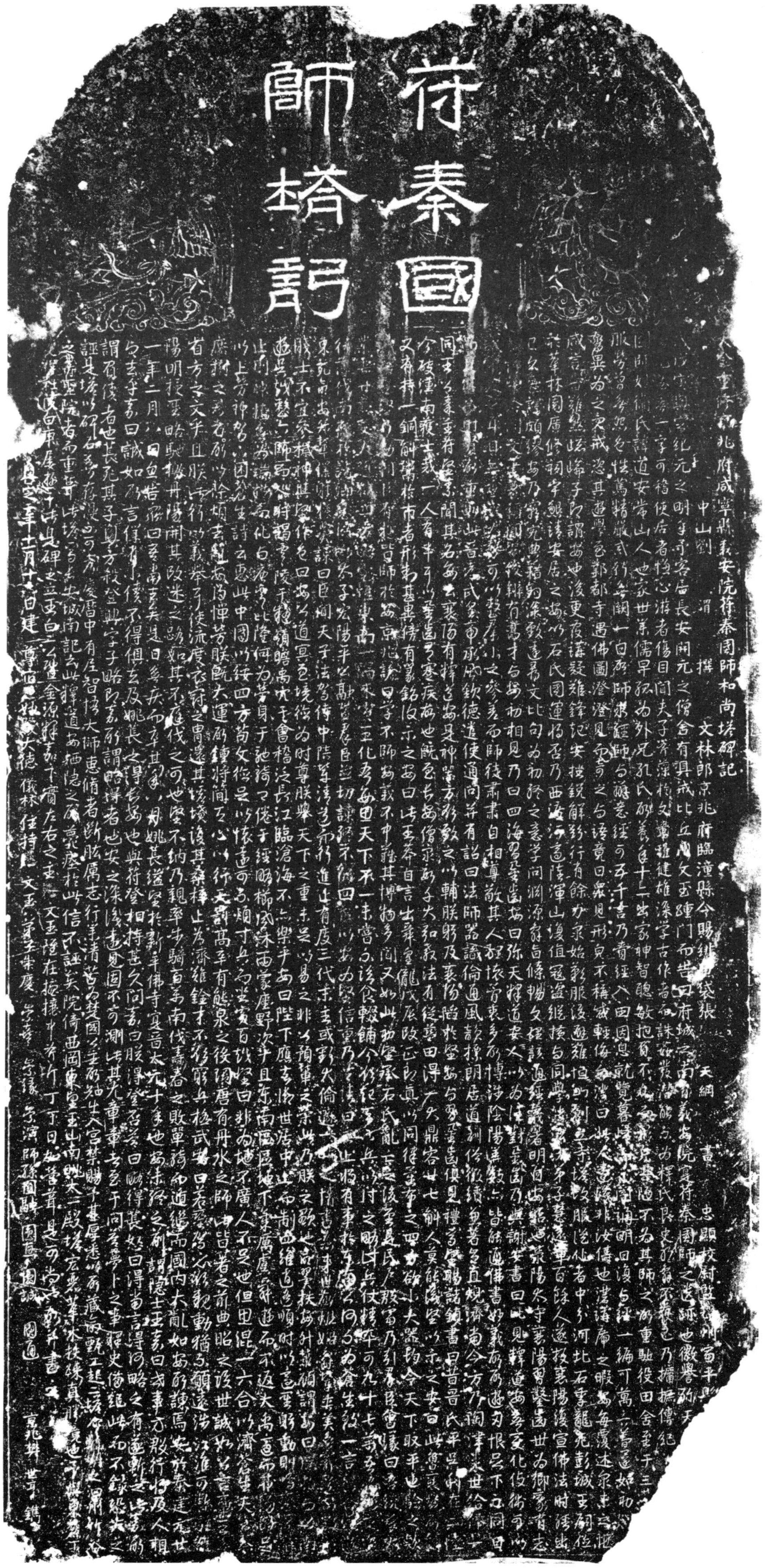
苻秦國師塔記

説 明

金興定二年（1218）十一月刻。碑圓首。通高150厘米，寬70厘米。額文2行，滿行3字，隸書“苻秦國」師塔記」”。正文行書34行，滿行60字。劉渭撰文，張天綱書丹。碑右下角殘。1966年前鑲嵌于長安縣太乙鎮原義安院址磚塔之上，後移至長安縣文化館，1993年返移回太乙鎮。現存西安市長安區樊村鄉彰儀村護國道安寺。《長安碑刻》著録。

釋 文

大金重修京兆府咸寧縣義安院苻秦國師和尚塔碑記」

中山劉渭撰

文林郎京兆府臨潼縣令賜緋魚袋張天綱書

忠顯校尉監耀州富平縣（下闕）」

歲戊寅興定紀元之明年，予客居長安開元之僧舍，有具戒比丘□文玉踵門而告曰：“府城之南有義安院，寔苻秦國師之遺迹也。徽譽彌天，□□□□□□」塔兀然，無一字可稽。使居者慊心，游者傷目。聞夫子斧藻於文章，雅健雄深，學古作者，而誅奸發潛，能不爲釋氏良史耶？”辭不獲已，乃攟摭傳紀，□□□□□」。

國師姓衛氏，諱道安，常山人也。家世業儒。早孤，爲外兄孔氏所養。年十二出家，神智聰敏，抱負不凡，而形皃甚陋，不爲其師之所重，驅役田舍，至于三年，□□」服勞，曾無怨色。性篤精嚴，戒行無闕。一日，啟師求經，師與《辨意經》，可五千言。乃賫經入田，因息就覽，暮歸即已闇誦。明日，復與經一編，可萬言。暮還如初。□□」驚異，爲之受戒，恣其遊學。至鄴都寺，遇佛圖澄。澄見而奇之，與語竟日。衆見形皃不稱，咸輕侮之。澄曰：“此人遠識，非汝儔也。”澄講席之暇，安每覆述。衆未之愜」，咸言當難煞崐崘子，即謂安也。後更覆講，疑難鋒起。安挫鋭解紛，行有餘力，衆始歎服。後避難恒山，創立寺塔，改服從化者中分河北。石季龍死，彭城王嗣位」，於華林園廣修祠宇，懇請安居之。安以石氏國運將否，乃西渡河適陸渾山。復值寇盜縱横，與同學竺法汰、弟子慧遠輩百餘人，遂投襄陽，復宣佛法。時經出」已久，座譯頗繆。安乃窮究典籍，鈎深致遠，尋文比句，爲初終之意。學問淵源，辭旨條暢，文理該通，經義著明，自安始也。滎陽太守襄陽習鑿齒，世爲鄉豪，有志」氣，博學洽聞，文筆著稱。聞安俊辨有高才，與安初相見，乃曰：“四海習鑿齒。”安曰：“彌天釋道安。”人以爲佳對。鑿齒乃與謝安書，曰：“比見釋道安，無變化伎術，可以」感常人之耳目；無重威大勢，可以整群小之參差。而師徒肅肅，自相尊敬。其人理懷簡衷，多所博涉。陰陽算數，亦皆能通。佛書妙義，故所遊刃。恨足下不同日」而見。”其爲時賢所重如此。晉孝武皇帝承風欽德，遣使通問，并有詔曰：法師器識倫通，風韻標朗，居道訓俗，徽績兼著。豈直規濟當今，方乃陶津來世。給俸一」同王公。秦王苻堅素聞其名，每云：“襄陽有釋道安，是神器。方欲致之，以輔朕躬。”及襄陽陷於堅，安與習鑿齒俱見禮焉。堅賜諸鎮書，曰：“昔晉氏平吴，利在二陸」。今破漢南，獲士裁一人有半耳。”以鑿齒有蹇疾故也。既至長安，僧衆數千，大弘教法。有從藍田得一大鼎，容卄七斛，人莫能識。堅以示之，安曰：“此魯襄公所鑄」。”又有持一銅斛鬻於市者，形制甚異，傍有篆銘。復示之，安曰：“此王莽自言出舜皇龍戊辰，改正即真，以同律量，布之四方，欲小大器均，令天下取平也。”驗之款」識□□，堅乃敕朝臣有疑皆師於安。京兆諺曰：“學不師安，義不中難。”其博物多聞又如此。初，堅承石氏亂亡之後，至是民户殷富。乃引群臣會議，曰：“吾統掌大」業垂卄載，芟夷逋穢，四方略定。惟東南一隅，未賓王化。吾每思天下不一，未嘗不臨食輟餔。今欲起天下兵以討之，略計兵仗精卒可九十七萬。吾□□□□」行，薄伐南裔，於諸卿慮何如？”太子宏、陽平公融暨群臣並切諫，終不能回。衆以安爲堅信重，乃共請曰：“主上將有事於東南，公何不爲蒼生致一言。”□會堅游」東苑，命安升輦。僕射權翼諫曰：“臣聞天子法駕，侍中陪輦，清道而行，進止有度。三代末主，或虧大倫，適一時之情，書惡來世。故班姬辭輦，垂美無窮。道安毁形」賤士，不宜參穢神輿。”堅作色曰：“安公道冥至境，德爲時尊。朕舉天下之重，未足以易之。非公預輦之榮，此乃朕之顯也。”命翼扶安升輦，顧謂安曰：“朕將與公南」遊吴越，整六師而巡狩，謁虞陵于疑嶺，瞻禹穴于會稽，泛長江，臨滄海，不亦樂乎！”安曰：“陛下應天御世，居中土而制四維，逍遥順時，以適聖躬。動則鳴鑾清道」，止則神棲無爲。端拱而化，與唐虞比隆，何爲勞身于馳騎，問倦于經略，櫛風沐雨，蒙塵野次乎？且東南區區，地下氣厲，虞舜遊而不返，大禹適而弗歸，何足」以上勞神駕，下困蒼生？《詩》云：‘惠此中國，以綏四方。’苟文德足以懷遠，可不煩寸兵而坐賓百越。”堅曰：“非爲地不廣、人不足也，但思混一六合，以濟蒼生。天生蒸」庶，樹之君者，所以除煩去亂，安得憚勞。朕

局部

既大運所鍾，將簡天心，以行天罰。高辛有熊泉之役，陶唐有丹水之師，此皆著之前典，昭之後世。誠如公言，帝王無」省方之文乎？且朕此行，以義舉耳。使流度衣冠之胄，還其墟墳，復其桑梓。止爲濟難銓才，不欲窮兵極武。”安曰：“若鑾駕必欲親動，猶不願遠涉江淮，可暫駐維」陽，明授聖略，馳檄丹陽，開其改迷之路。如其不庭，伐之可也。”堅不納，乃親率步騎百萬南伐。壽春之敗，單騎而遁。繼而國内大亂，如安所諫焉。安於秦建元廿」一年二月八日，忽告衆曰：“吾當去矣。”是日，無疾而卒。其年八月，姚萇縊堅於新平佛寺，寔晉太元十年也。安未終之前，謂隱士王嘉曰：“世事方殷，行將及人，相」與去乎？”嘉曰：“誠如所言，僕有小債，不得俱去。”及姚萇之得長安也，與苻登相持甚久，問嘉曰：“朕得登否？”答曰：“略得。”萇怒曰：“得當言得，何略之有？”遂斬之。此嘉所」謂負債者也。萇死，其子興方殺登。興字子略，即嘉所謂略得者也。安之深識遠見，固不可測，此其尤章章者。至于問答夢卜之事，釋史備紀，此而不録，恐失之」誣。是塔以碑石無存，漫不可考。慶曆中，有尼智悟大師惠脩者，斷肱厲志，行業清苦。爲楚國公主所知，出入宫禁，賜予甚厚。悉以所藏，命甄工起二塔，□□□之泗州竹谷」之壽聖院者，而重葺此塔焉。《長安城南記》云：此釋道安栖隱之所，瘞於此，信不誣矣。院倚西岡，東望玉山，南眺太一。殿塔宏麗，華木扶踈，真勝境也。予與東麓王」□□、杜陵白庚屢遊于此。是碑之立，王、白二公暨金源釋嘉卞實左右之主□。文玉雖在極攘中，斧斤丁丁，日加營葺，是可尚也，故并書之」。

興定二年十一月十六日建

尊宿□妙嚴大德儀林，住持□文玉，弟子崇慶、崇喜、崇緣、崇演，師孫圓融、圓直、圓誠、圓通

京兆樊世亨鐫」

按

苻秦國師釋道安，東晉僧人，般若學派“本無宗”的主要代表。以其博學多聞、識見深遠，且以辯才著稱，爲當世文人所重，並爲前秦王苻堅迎居長安，常以政事諮詢。又以其深厚的佛學造詣，譯經傳教，爲弘揚佛法作出了巨大貢獻。本文所記道安遺聞事迹，爲研究南北朝佛教歷史及佛教與政治的關係，提供了非常珍貴的資料。

484.1223　印公開堂疏碑

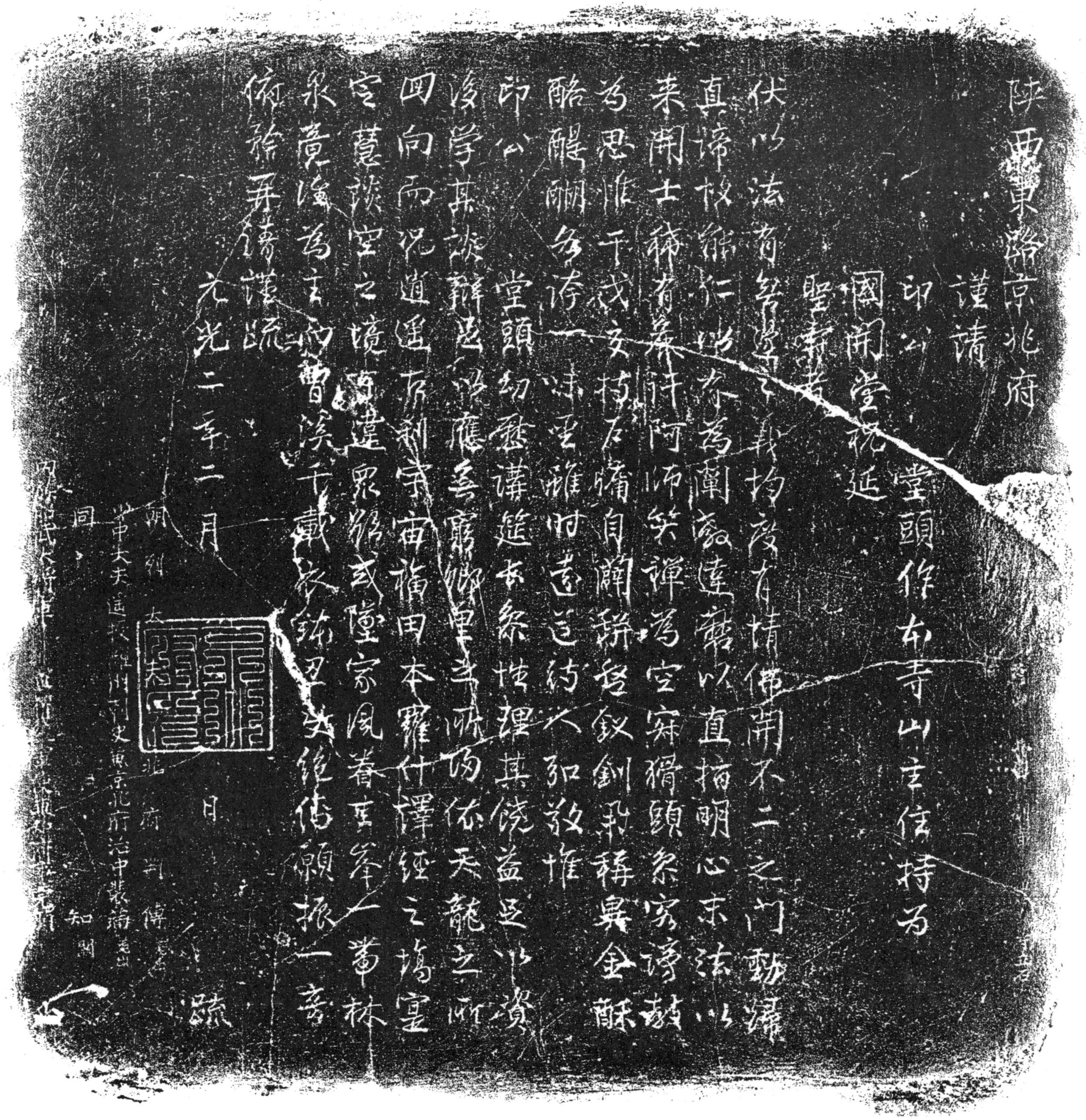

説 明

金元光二年（1223）二月刻。碑高54厘米，寬52厘米。正文行書21行，滿行20字。現存西安市鄠邑區草堂寺碑廊。《關中金石記》《户縣碑刻》著録。

釋 文

陝西東路京兆府」謹請」印公堂頭作本寺山主住持爲」國開堂祝延」聖壽者」：

伏以法有無邊之義，均度有情；佛開不二之門，動歸」真諦。故能仁以有爲闡教，達磨以直指明心。末法以」来，開士稀有。粗行阿師，笑禪爲空寂；猾頭參客，謗教」爲思惟。干戈交持，户牖自鬭。瓶盤釵釧，舉稱異金。酥」酪醍醐，各誇一味。聖雖時遠，道待人弘。敬惟」印公堂頭，幼歷講筵，長參性理。其饒益足以資」後學，其談辯足以應無窮。鄉里之所歸依，天龍之所」回向。而況逍遥古刹，宇宙福田，本羅什譯經之場，寔」定慧談空之境，□違衆欲，或墜家風！眷圭峰一帶林」泉，竟誰爲主；而曹溪千載衣鉢，忍使絶傳。願振一音」，俯矜再請，謹疏」。

元光二年二月日疏」

朝列大夫京兆府判傅差出」

少中大夫遥授耀州刺史兼京兆府治中裴滿差出」

同知闕」

内族昭武大將軍官擢統軍使兼知府事完顔」

按

開堂是宋代以後禪宗新任命寺院住持入院時的儀式。開堂疏亦稱開堂祝聖、開堂祝壽等。此開堂疏是陝西目前發現唯一一種碑刻，對于研究宋金時期陝西佛教發展及草堂寺歷史等，均有一定的價值。

竹堂辯正大師奧公僧録塔銘

説明

金元光二年（1223）十二月刻。碑高98厘米，寬49厘米。額文横題1行，篆書“草堂辨正大師奥公僧録塔銘”。正文楷書20行，滿行40字。釋方亨撰文，徐乂書丹，沙門義金篆額。現存西安市鄠邑區草堂寺。《户縣碑刻》著録。

釋文

草堂辨正大師奥公僧録塔銘并引」

鑑山釋方亨撰

法孫沙門義金篆額

九嵕徐乂書」

師諱道奥，字子深，俗姓王氏，乾州醴泉人也。髫稚時，天粹慧明，風標卓犖。弱冠刻意出家，六親勿能奪其」志。禮草堂僧永屺爲師。阜昌癸丑受具，憤志内學，服膺鋭戒。師聽習輪金大論，展卷得入。奈見遠疑深，徑」往五臺，次詣燕京。遍歷講肆，冰釋狐疑。學富而復草堂，醴泉成戒師一睹芝眉，喟然嘆曰：“任大法之牛車」欤，佛宇之隆棟欤，苦海中舟楫欤！”於是付衣傳戒。大定戊申，衆推臨壇第二座，次補座元，又遷僧判，四賜」德號。蒞下事多身率，拯聖教於湮微，振僧綱於頽弊，緇素莫不仰其德。大定庚戌，舉擢僧録，改授紫衣，号」賜辨正大師。明昌癸丑，退居草堂，增修講所。梁棟宏麗，檐楹高敞，出乎師之胸量，蓋豁如也。擬欲内外一」新，奈緣謝時睽。明昌甲寅暮春晦日示疾，孟夏上休，入般涅槃，準教荼毗。送葬者萬計，服孝者千人，載悼」載傷，如失恃怙。火融舍利，燦燦若珠，光現白虹，七夜而熄。葬於寺之南，依圭峰而起浮圖。俗壽七十二，僧」臘六十一。剃度弟子二名：淳涓，淳泧。傳戒弟子四名：淳顯、永超、淳凉、惠升。元光癸未，法孫了印蒙府官請」宰本寺，不獲已而曲從。荷祖師之正法，提禪苑之清規，四望改觀，一新宗訓。每悼師之德業崇高，久必寖」滅，遂摭事實，請余作銘，鏤諸翠琰，扇芳風而無替意，兼激勵子孫不修學行者而起愧。爲銘曰」：

逍遥秦觀，敕賜道場。千載而下，奥公德芳。内修學行，外提紀綱。蜕身圓寂，緇素咸傷」。千珠舍利，七夜白光。昭示翠琰，印公多方。激勵後裔，愧心胡忘。竊擬髣髴，重榮草堂」。

助緣法孫僧祖資、祖鎮、法才、定操、法容、定玲、定瑥」、祖曜、祖時、祖瞻、祖杲、祖慶、祖鑒、祖晧、祖性」

上庫定恩、下庫法海、殿主祖昀、知客祖瞶、莊主法演、磨主定珪」

助緣知事僧直歲祖仁、典座定璨、維那祖曦、副寺祖斌、監寺義金」

元光二年十二月望日法孫住持嗣祖沙門了印立石

法孫前山主沙門了顏同立石」

按

此碑對于研究草堂寺的歷史以及草堂寺在金代天會至元光年間的發展情況，具有一定的價值。

486.1225　大金重修府學教養之碑

説明

金正大二年（1225）十二月刻。碑螭首方座。高235厘米，寬36厘米。額文2行，滿行3字，篆書“修學教」養之碑」”。正文楷書26行，滿行48字。劉渭撰文，楊焕書丹，張邦彦篆額。現存西安碑林博物館。《金石萃編》《陝西金石志》《西安碑林全集》等著録。

釋文

大金重修府學教養之碑」

蓋聞擾攘之後，必有惟新之圖；憂患之餘，必有增益之智。不然，安得勳高前古，措世隆平者哉」。我國家應天順民，雖馬上得天下，然列聖繼承，一道相授，以開設學校爲急務，以愛養人材爲家法，以策論詞賦經義爲」擢賢之首。天涵地育，磨礪而成就之。是以將相全材，磊落間出。其大者，俊偉雄傑，光華汗簡；其次者，猶能以謹朴廉潔自重。從」源徂流，號稱多士。郁郁彬彬，追蹤三代。及乎妖孛纏次，氛翳玄都，素教皇風，開闡未暇。仰惟」行省參政金源完顔郡公卓然忠節，深結」主知。名高建武之功臣，親沐貞觀之政化。英風義概，北伐南征，沙漠江淮，威名大震。輕裘緩帶，歌雅投壺。碩德元勳，超今邁古」。軍國議餘，乃會參議知府石盞公、尚書張公暨潭府英髦，而謂曰：“自兵凶以来，貴胄氏族子弟流離關中」者爲多，伍庸隸，儕浮民，恣意於蒲博彈弋之間，相與扇慝爲惡，未見能善其後也。事有似緩而急者，其此之謂乎。聞之府庠贍」士田舍，皆前賢清俸所營，吝而弗與，何以副」明天子崇儒設學之意。”乃發廩粟，出帑資，以爲虀鹽之費。而教育之慮，規矩之不肅，以行省郎中弘文裴滿蒲先、外郎」集賢上黨張士貴、都事裴滿世論、龍山高誼，柱石廟堂，蓍龜帷幄，胸中萬卷書，筆下數千言，道學淵源，爲世摹範，俾提舉」焉。奉政兀顔德正、承直邳邦用，皆當世聞人，老於學問，俾教授焉。於是檄有司，督工役，支傾補缺，聯斷洗昏。植踣碑於茂草」，基廢址於鞠蔬。殿宇翬飛，石經堵立。齋厨廊廡，焕然一新。濟濟乎，洋洋乎，聚秀異而誨焉。《易》以經之，《禮》以緯之，《詩》《書》以成之，《春」秋》以斷之，標準《語》《孟》，鼓吹韓柳，博采於歷代史氏，日漸月滋，作爲文章。華國藩身，厥績茂矣。可謂過鼂董、麗卿雲，誠貫道之器」，異夫雕花草而狀風雲也。每月旦，二公洎學官鎖院私試，擇掾屬馳聲場屋者同考之。選猶禮貢，嚴類棘圍。明鏡前，平衡下」，蚩妍即辨，銖兩不差。士子得占榜者，同華衮之賜，其勉勵又可知已。屢以省醞百壺見貺，助醉經之餘日，講鄉射之遺風」。酌唐舜薰釀，味周孔醇厚。斥諸子之澆漓，黜老莊之淡泊。吸幽挹玄，發爲英華。陶然於洪鈞之中，豈設醴之比哉。將見直玉堂」，待金馬，謀王體，断國論，詔感卒泣，檄愈頭風，一書下燕國，三箭定天山，孰謂秦無人也。諸生其勉旃，勿負我」良相賢大夫教養作成之意。

正大二年十二月中澣日

蒙泉劉渭謹記

奉天楊焕書

徵事郎張邦彦篆額」

直學元善長、張師德，學録吴聽，學正安濟」

直學蒲察貞固、顔盞公直，學録蒲鮮元慶，學正蒲察成」

朝列大夫長安縣令賜紫金魚袋范昂霄、少中大夫咸寧縣令賜紫金魚袋紇石烈阿鄰督役」

宣武將軍録判張和、奉國上將軍録判完顔得哥、宣武將軍京兆府録事孫立立石」

承直郎省差教授賜緋魚袋邳邦用、奉政大夫京兆府教授賜緋魚袋兀顔德正立石」

長安樊世亨刊」

按

碑記行省金源郡公完顔公教養京兆府諸生之德政。《金史·哀宗上》正大元年三月載：“以延安帥臣完顔合達戰禦有功，授金虎符，權參知政事，行尚書省事於京兆。”卷一一二《完顔合達傳》亦載：“元光元年正月……權參知政事，行省事於京兆。”雖所任行省事于京兆年月不同，而可知此完顔公者，即完顔合達。史不載碑所言之設學校、教養諸生事及完顔合達封金源公事，則碑記可補史載之闕。

487.1233　李顯忠重建州治記

説明

南宋紹定六年（1233）刻。碑長方形。高62厘米，寬74厘米。正文楷書31行，滿行32字。原嵌于漢中洋縣衙署二堂壁間。現存洋縣博物館。《漢中碑石》著録。

釋文

忠訓郎沔州駐劄御前選鋒軍統制權知洋州彈壓屯戍軍馬沙溝李侯重建州治記」

洋在唐隸山南西道，爲節度軍州。自」國朝丹淵文與可擁麾此邦，莅政之暇，賦三十韻詩以狀園池之勝，鮮于子駿、蘇東」坡兄弟皆屬和，郡望由是益高。公宇雄壯，市井駢闐，甲于一路，領郡者必名輩。嘉定」己卯，邊備不戒，金虜遂犯梁、洋，郡治悉遭焚燬。及虜兵敗于三泉，不閱月遁去」。宣司委東平李信甫來領州事，規畫修葺。未周年，州治比舊加勝。蓋是時四郊尚多」木植，民間物斛未甚耗蕩，故爲力差易。歲辛卯，韃靼以攻破關表諸郡，重兵凡兩次」自武休、石頂原侵寇洋州。郡之廨宇又爲灰燼，椽瓦不存。迨三數月，然後引而東。方」事之殷，攝郡者縱其所部四出採薪打粮，弗能禁戢，郡治以此日壞。壬辰首夏，今」制相侍郎李公、副使兵部趙公，以沙溝李侯守米倉無虞，及出奇於河池、兩當，鏖」戰於金堆，卻□有勞，自選鋒軍統制，保申」朝廷，委以郡寄。侯當州府殘破後，專意撫摩，招集流移，收捕盜竊，長城可恃，民業復」歸。自夏徂冬，井邑如舊。先是郡宇皆瓦礫，寄治倅廳。侯不遑寧居，因委州縣吏勸諭」居民，和買材木，先創立鼓樓。樵門甫立，即經營公宇，以規模稍大，棟梁不易辦，且謂」非得民居之宏麗者不可建立。適郡東有屋甚巨，其家弗能守，欲易之於官。侯以三」千餘緡得之，因義士分番在城者，俾之拆卸，搬舁赴州。自季冬涓日命工營葺，至癸」巳春，不逾月，常衙廳已落成。繼立宅堂，高下相稱，檐瓦鱗次，甍棟翬飛，氣象鼎新，頓」還舊觀。方欲建簽舍，修吏房，三門四隅，以次而舉。《詩》所謂"經之營之，不日成之"、《禮》所」謂"輪焉奂焉，歌於斯，聚於斯"者，於此可以概見。但郡經兵火，租入已免，省計又空，材」植無可取。侯不辭孔艱，撙節用度，竭力措置，使洋人再見太平官府，可謂不負」兩大司委任之意矣。侯性資忠厚，才識明敏，不事華飾，忘私奉公。決断之外，自以己」俸修治軍器。嘗獻之制垣，有書褒美。當□兵猖獗時，盡力守禦，鏖戰獲捷。御軍有」法，麾下無一敢逾紀律者。蓋其曾祖師顔，起自小使臣，知耀州日，關陝紛擾，號令不」通，遂率衆弃家屬，越北境，復來」本朝。敵人遣其弟招之，不顧。宣司保奏」朝廷，録其忠孝，差知興成、西和等州。武藝絶倫，逮北軍侵疆，屢摧大敵，佐」光堯壽聖皇帝中興天下，積官至少師、保寧軍節度使、隴西郡開國侯，歷四大監司」。至侯方四世，其規爲謀畫，有乃祖之遺風焉。侯領郡幾周年，洋人甚安之。曾申借寇」之請于副使，準保申正司，真命旦夕將下。□□□蒙知遇，懼其營建之功湮没」而不見知於人也，故記其歲月于廳壁。侯名顯忠」。

承直郎宜差洋州州學教授權興道縣事兼任簽判通判九峯陳□記」

按

碑所記重建洋州州治之過程、金兵及蒙元兵之攻陷洋州，以及知洋州李顯忠之家族情況等，均可補史之闕載。

488.1246 皇太子闊端令旨致祭妙應真人祝文

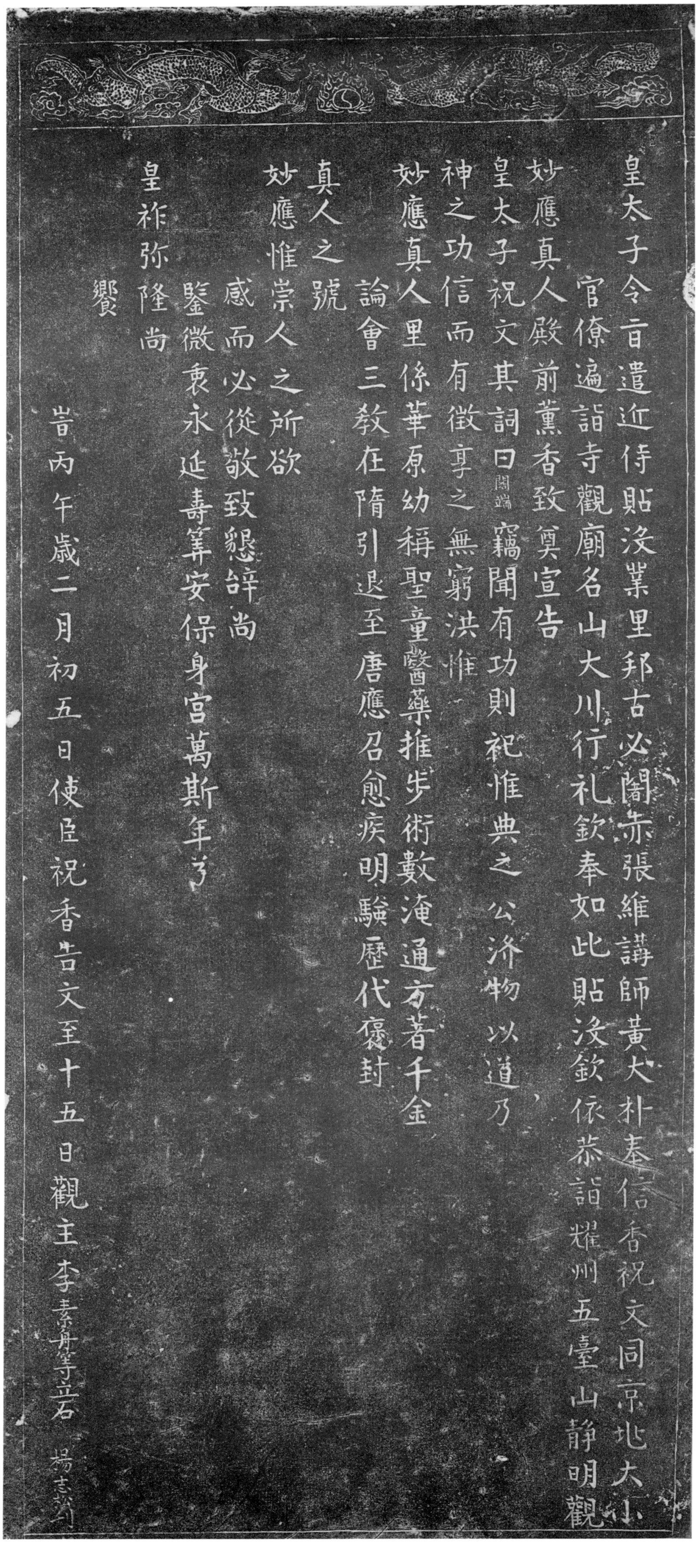
皇太子令旨遣近侍貼沒業里邦古必闍赤張維講師黃大朴奉信香祝文同京兆太小
官僚遍詣寺觀廟名山大川行礼欽奉如此貼沒欽依恭詣耀州五臺山靜明觀
妙應真人殿前薰香致奠宣告
皇太子祝文其詞曰闊端竊聞有功則祀惟典之公濟物以道乃
神之功信而有徵享之無窮洪惟
妙應真人里係華原幼稱聖童醫藥推步術數淹通旁著千金
論會三教在隋引退至唐應召愈疾明驗歷代褒封
真人之號
妙應惟崇人之所欲
感而必從敬致懇辞尚
鑒微衷永延壽筭安保身宮萬斯年矣
皇祚弥隆尚
饗
旹丙午歲二月初五日使臣祝香告文至十五日觀主李素舟等立石
楊志刊

説明

蒙古定宗元年（1246）二月刻。碑方首方座。高109厘米，寬46厘米。正文楷書14行，滿行31字。上方飾雙龍戲珠圖案。原存銅川藥王山南庵。現存藥王山博物館。《陝西金石志》《藥王山碑刻》著録。

釋文

皇太子令旨，遣近侍貼没、業里邦古、必闍赤張維、講師黄大朴，奉信香祝文，同京兆大小」官僚，遍詣寺觀廟名山大川行礼，欽奉如此。貼没欽依恭詣耀州五臺山静明觀」妙應真人殿前，薰香致奠，宣告」皇太子祝文。其詞曰：

闊端竊聞有功則祀，惟典之公；濟物以道，乃」神之功。信而有徵，享之無窮。洪惟」妙應真人，里係華原，幼稱聖童。醫藥推步，術數淹通。方著千金」，論會三教。在隋引退，至唐應召。愈疾明驗，歷代褒封」。真人之號」，妙應惟崇。人之所欲」，感而必從。敬致懇辭，尚」鑒微衷。永延壽算，安保身宫。萬斯年兮」，皇祚弥隆。尚」饗」。

時丙午歲二月初五日，使臣祝香告文。至十五日，觀主李素舟等立石，楊志松刊」。

按

闊端，爲蒙古太宗第二子。時立爲太子，但未稱汗，故無年號，只稱“丙午歲”。

489.1247　皇太子令旨重修草堂寺碑

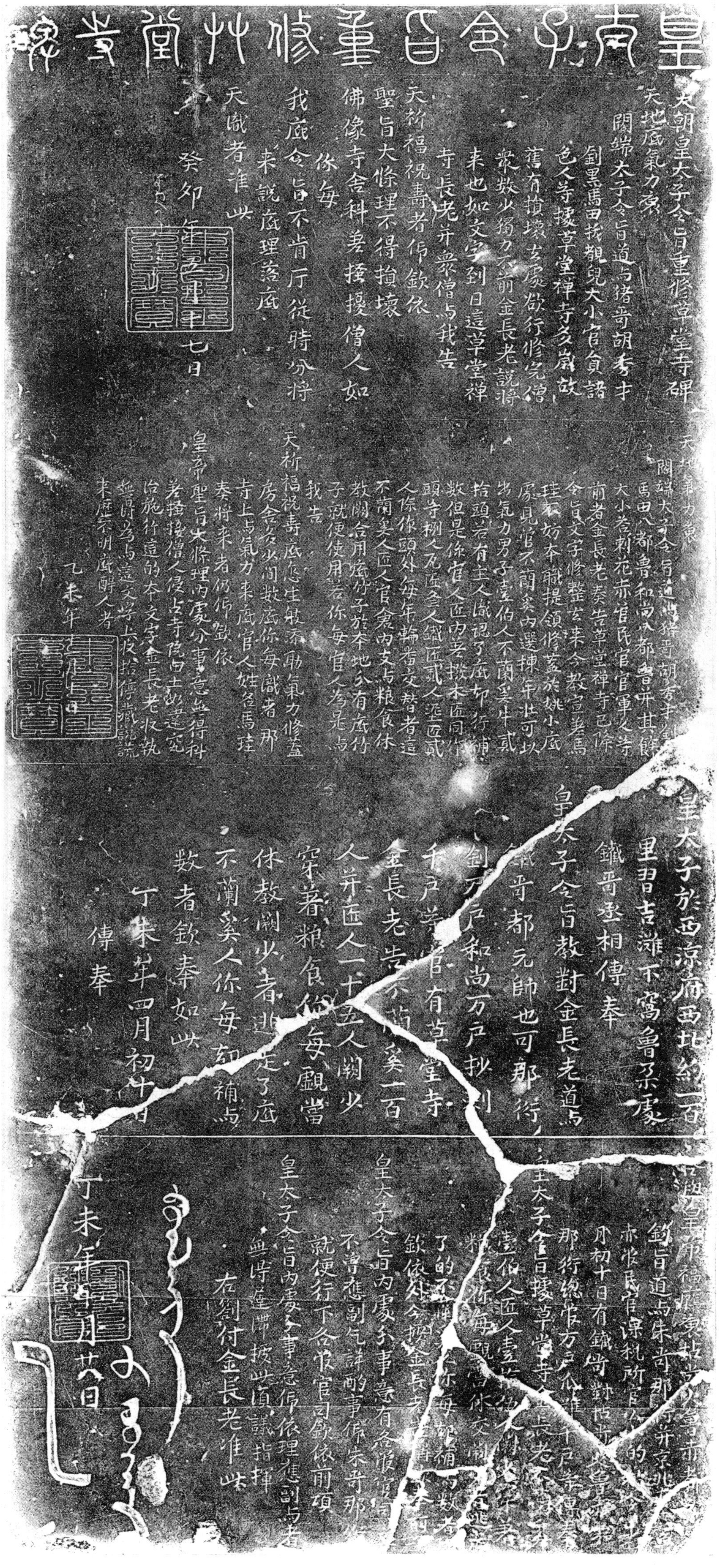

説　明

蒙古定宗二年（1247）十月刻。碑高150厘米，寬66厘米。額文横題1行，篆書“皇太子令旨重修草堂寺碑”。正文由上至下分作四欄，各欄之間以陰刻横綫紋分隔，每欄刻令旨一道。第一欄漢文楷書17行，行字不等，末刻回鶻式蒙古文1行；第二欄漢文楷書27行，滿行13字；第三欄漢文楷書15行，行字不等；第四欄漢文楷書17行，滿行14字，末刻回鶻式蒙古文2行。碑石下半部分斷裂爲數塊，現已黏合修復。現存西安市鄠邑區草堂寺碑廊。《户縣碑刻》著録。

釋　文

大朝皇太子令旨重修草堂寺碑」

天地底氣力裏」，闊端太子令旨，道與猪哥、胡秀才」、劉黑馬、田拔覩兒大小官員，諸」色人等：據草堂禅寺多歲故」舊，有損壞去處，欲行修完，僧」衆數少，獨力不前，金長老説將」来也。如文字到日，這草堂禅」寺長老并衆僧與我告」天祈福祝壽者，仰欽依」聖旨大條理，不得損壞」佛像寺舍，科差搔擾僧人。如」你每」我底令旨不肯厅從時分，將」来説底理落底」，天識者。准此」。

癸卯年五月十七日（以上第一欄）

天地氣力裏」，闊端太子令旨，道與猪哥、胡秀才、劉黑」馬、田八都魯、和尚八都魯，并其餘」大小答剌花赤、管民官、官軍人等」：前者金長老奏告，草堂禅寺已降」令旨文字，修整去来。今教宣差馬」珪不妨本職，提領修蓋。於姚小底」處見管不蘭奚内，選揀年壯可以」出氣力男子壹伯人，不蘭奚牛貳」拾頭。若有主人識認了底，却行補」數。但是係官人匠内差撥木匠同作」頭等捌人、瓦匠叁人、鐵匠貳人、塈匠貳」人，除作頭外，每年輪番交替者。這」不蘭奚人、匠人，官倉内支與粮食，休」教闕。合用底竹子，於本地分有底竹」子就便使用。若你每官人爲是與」我告」天祈福祝壽底，怎生般添助氣力。修蓋」房舍多少間數底，你每識者那」寺上與氣力来底官人姓名，馬珪」奏將来者，仍仰欽依」皇帝聖旨大條理内處分事意，無得科」差搔擾僧人，侵占寺院田土。如違，究」治施行。這的本文字金長老收執」，無得爲與這文字上，收拾停藏説謊」来歷不明底歹人者」。

乙未年十一月十日（以上第二欄）

皇太子於西涼府西北約一百」里習吉灘下窩魯朵處」，鐵哥丞相傳奉」皇太子令旨，教對金長老，道與」鐵哥都元帥、也可那衍」、釗万户、和尚万户、抄剌」千户等官：有草堂寺」金長老告，不蘭奚一百」人并匠人一十五人，闕少」穿著、粮食，你每覰當」，休教闕少者。逃走了底」不蘭奚人，你每却補與」數者。欽奉如此」。

丁未年四月初十日」傳奉（以上第三欄）

谷與皇帝福蔭裏，怗哥火魯赤都元帥」鈞旨，道與朱哥那衍并京兆府達魯花」赤、管民官、課税所官：幺小的□：今年四」月初十日有鐵哥對怗哥火魯赤、朱哥」那衍、總管万户、爪難千户等傳奉」皇太子令旨，據草堂寺金長老，不蘭奚」壹伯人、匠人壹拾伍人，闕少穿著」、粮食，你每覰當，休交闕少者。逃走」了的不蘭奚，你每却補與數者。□」欽依外，今據金長老告稱，欽奉前項」皇太子令旨内處分事意，有各管官司並」不曾應副，乞詳酌事。仰朱哥那衍」就便行下，各管官司欽依前項」皇太子令旨内處分事意，仰依理應副與者」，無得遲滯。據此，須議指揮」。右劄付金長老，准此」。

丁未年十月廿八日（以上第四欄）

按

碑文所載皇太子闊端下令修葺草堂寺及對僧侶生活的優待，反映了其在所轄地區寬松的宗教政策，對于研究蒙古時期的宗教政策有一定的價值。特别是第一欄末和第四欄末所刻今已廢絶的回鶻式蒙古文，對于研究回鶻式蒙古文有一定的幫助。

490.1249　十方重陽萬壽宮記

説明

蒙古海迷失后元年（1249）十一月刻。碑螭首龜趺。通高516厘米，寬156厘米。額文2行，滿行4字，篆書“十方重陽」萬壽宮記」”。正文楷書35行，滿行80字。孟攀鱗撰文，張志敬書丹，孔元措篆額。原散置于重陽宮靈官殿東南田野，1962年移豎于重陽宮後院。現存西安市鄠邑區祖庵重陽宮碑廊。《重陽宮道教碑石》著録。

釋文

十方重陽萬壽宮記」

宣聖五十一代孫襲封衍聖公孔元措篆額

中書省經籍所長官兼陝西都元帥府詳議官孟攀鱗撰

體真玄靖大師長春方丈文侍賜紫張志敬書丹」

太極未眹，元氣未萌，窈窈冥冥，玄玄默默。至精不可以意索，至神不可以言詰。廣大無名，字之曰“道”。天地得之，以清以寧，覆載不窮；日月得之，爲光爲明，照臨不衰；陰陽得之，有升有降，變化不測；五行得之，迭王」迭更，推移不息；四時得之，相始相終，運行不忒；萬物得之，自本自根，生成不既。是道也，賦之於人，靈明虚静，剛健純粹。存于内爲理性，見于外爲德行。其體無所不備，其用無所不通。故牢籠天地而順其經，把握」日月而循其軌，提挈陰陽而合其度，斡旋五行而適其正，驅馭四時而叶其序，宰制萬物而遂其品，兹有爲之極矣。屏世智，遺形累，休乎天均，和乎天倪。以沖漠棲神，以澹泊毓氣。視之以心非以目，而見無色之」色出於衆色。聽之以心非以耳，而聞無聲之聲出於衆聲。不將不迎，如鏡之浄。不澄不撓，如水之止。利害無以汩其貞，榮悴無以回其素。雷行於淵□之中，龍見於尸居之際，混物我而俱忘，齊夢覺而皆幻，以大」地爲游塵，以萬古爲倏忽，兹無爲之極矣。非至精至神，全道之真者，孰能超有爲之相而入無爲之妙乎。天開玄門，傳道脉于重陽子。公諱喆，字知明，王其姓也。世居秦，家鉅豪，資禀異，操行固。體」貌魁偉，襟懷灑落。廓達有遠略，倜儻有大志。當其治平，就科舉，工文學。及其紛亂，喜弓劍，力武事。憫歲之艱食，出粟以貸；哀人之陷死，捐金以活。此以知其氣義也。游戲於酒，惟意所適；放曠於俗，以狂自名。割親」愛之情有勇斷，棄貲産之厚絶物累。此以知其高明也。飲甘河，游醴泉，遇僊而受秘訣。豁爾開明，洞然了徹。深契至真之理，徑造太沖之機。此以知其能復混成而臻其極也。隱南時，立別墅，鍊形而爲窶室。精究」性情之本，盡袪氣血之惑。退妄作而進真積，遺幻泡而存妙體。此以知其能全神形而合其道之奥也。是以動静一源，顯微無間，死生一致，徼妙兩仝，心符諸聖，理貫群經。發而爲辭章，傳而爲軌則。故其玄教之」所及，高風之所扇，從而師之者奚翅流水之走下。此以知其德充而莫能形者也。志者曰：祝井以變其鹵，叱石以止其墮。隨行而長有光，溺波而復自出。衆人昭昭，莫不以神異爲服。此亦一時之所偶，公豈從事」於斯歟。噫！取小舍大，視近遺遠，果何足與議公之神化之所以然哉！此又知其至人之行不易涯涘也。西别終南，焚弊廬以知後事；東歸海上，度羽衆以闡正派。於是丹陽、長真、長生、長春嗣續法胤，至」大梁憣然僊去，四子奉柩權厝於劉蔣之故居。信合秘語“得知友，赴蓬瀛”之句。玉陽、太古，順德時棲隱於山東。承安己未，即其地爲靈虚觀。干戈以來，荒蕪歲久，求其復修而崇起者，實難其人。癸未」，國師長春公始被」朝命，自西域還燕。乙酉春，領天下教事」。聖恩優遇道門，皆蠲賦役。丁亥夏」，敕賜金符，尊以大宗師號，繼其後者因得而稱之。國師急於立教，特令門人儒志久持法旨授隰帥田公名以德燦，諭之密言。繼有胡雲峯、孫皓陽至，仝勸以德。公悟，發心爲善，出己財，創道院，疏瀹以佩」嚴戒，澡雪以新舊行。縱僕隸幾千餘人，釋俘虜十萬餘户，以答」主上見知之德、國師啟迪之恩。常有願，爲衆而言曰：“如後得任於雍，親辦祖師之事，吾願畢矣」。”朝廷用人，多取勳舊。公之威望」，累朝素知，錫以虎符，尹兹西土。是天從人欲，與之爲地，將以大振玄風也。公下車之始，立綱紀，設官府，寬恩以撫摩瘡痍，峻法以誅鋤彊梗。期年之間，方内稱理。獨以祖師未葬」，祖庭未完，日夜孜孜而爲念。迺慨然發憤，罄家貲以備奉葬之禮，以給營建之用。夫人楊氏妙真，以」朝旨充監修之任。專令知觀張志正、高志空剋期以督工。甲午，無欲李公承清和尹宗師之委，以主觀事。乙未，清和自燕來秦，躬行祀禮。由是道衆日集于斯。丁酉，披雲宋公起局修經，收遺補逸，經藏甫成」。戊戌春，清和嗣教於真常李尊師，尊師以道爲己任，克自負荷，其於祖庭用力非一朝夕。是歲夏五月，詣」闕，以本宮事條奏，得」旨，俾于洞真、綦白雲洎李無欲同爲住持，仍改靈虚爲重陽宮。庚子，清和宗師復至自燕，十方師德道侶畢會，百倍其常。總管田公禀于太傅移剌公，共請葬之良日於宗師以成葬事，及興造之功。乙巳」，朝命增封爲重陽萬壽宮，兼賜于、宋、綦、李四公以真人號。己酉秋，掌教尊師

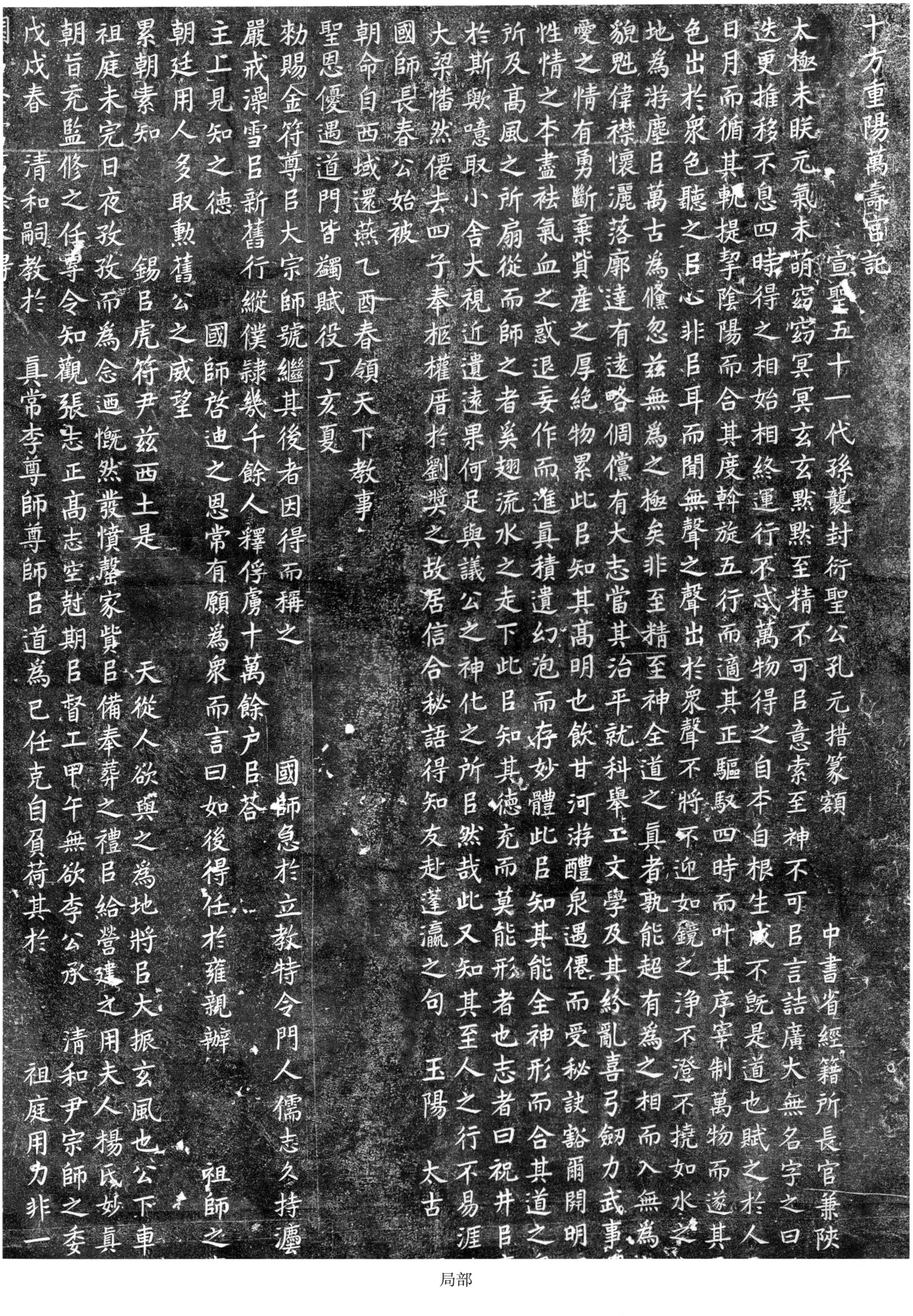

十方重陽萬壽宮記

宣聖五十一代孫襲封衍聖公孔元措篆額　中書省經籍所長官兼陝

太極未眹元氣未萌窈窈冥冥玄玄默默至精不可以意索至神不可以言詰廣大無名字之曰

迭更推移不息四時得之相始相終運行不忒萬物得之自本自根生成不既是道也賦之於人

日月而循其軌提挈陰陽而合其度斡旋五行而適其正驅馭四時而叶其序宰制萬物而遂其

色出於衆色聽之以心非以耳而聞無聲之聲出於衆聲不將不迎如鏡之淨不澄不撓如水之

地為游塵以萬古為儵忽茲無為之極矣非至精至神全道之真者孰能超有為之相而入無為

貌魁偉襟懷灑落廓達有遠略倜儻有大志當其治平就科舉工文學及其終亂喜弓劍力武事

愛之情有勇斷棄貲產之厚絶物累此以知其高明也飲甘河游醴泉遇僊而受秘訣豁爾開明

性情之本盡祛氣血之惑退妄作而進真積遺幻泡而存妙體此以知其能全神形而合其道之

所及高風之所扇從而師之者奚翅流水之走下此以知其德充而莫能形者也志者曰祝井以

於斯歟噫取小舍大視近遺遠果何足與議公之神化之所以然哉此又知其至人之行不易涯

大梁惱然僊去四子奉柩權厝於劉蔣之故居信合秘語得知友赴蓬瀛之句　玉陽　太古

國師長春公始被

朝命自西域還燕乙酉春領天下教事

聖恩優遇道門皆蠲賦役丁亥夏

敕賜金符尊以大宗師號繼其後者因得而稱之　國師急於立教特令門人儒志久持灋

嚴戒濼雪以新舊行縱僕隷幾千餘人釋俘虜十萬餘户以荅

主上見知之德　國師啓迪之恩常有願為衆而言曰如後得任於蘿親辦　祖師之

朝廷用人多取勳舊公之威望

累朝素知　錫以虎符尹茲西土是　天從人欲與之為地將以大振玄風也公下車

祖庭未完日夜孜孜而為念迺慨然發憤罄家貲以備奉葬之禮以給營建之用夫人楊氏妙真

朝旨充監修之任尊令知觀張志正高志空尅期以督工甲午無欲李公承　清和尹宗師之委

戊戌春　清和嗣教於　真常李尊師尊師以道為己任克自負荷其於　祖庭用力非一

局部

以提點曹沖和同領宫事，應太傅移剌公之請。於戲！歷觀前代列辟，重道尊教，未有如今日之極。道徒蕃衍，教門增廣，未」有如斯時之盛。興作之日，四方奔走而願赴役者從之如雲，子成父事亦未有若此之速也。是孰使之然哉？皆重陽大宗師感格之效也。故辟荆榛爲垣墉，夷原隰爲樓閣。殿於正位，以列」三清；堂於後隅，以置五祖。閟七真之寶宇，儼白雲之靈祠。茂林脩竹，陰翳于其上；清泉白石，秀萃于其中。誠神明誕瑞之奥區」，國家祈福之勝地，可以爲天下冠。今功既成，欲以文而聲其美。陝右提點三真皆以殷重爲言，請記於予，再四固辭不獲已。予以謂：人無有不善，顧其所以導之者何如爾。古之有道之士之於人也，不惟化其迹」，抑能化其心。夫以田公之性，天賦剛毅，一得長春之誨言，反身於道，卒爲善人，以是慶流後裔。長子大明，嗣用于兵政。次子大器，委質于」闕下。三子大成，襲任于總管。餘子繼起，皆自樹立。寔陰德之所積。繇是觀之，啟田公之信心，能結大緣，淬礪己行，垂名有永者，長春之力也。成長春之盛德，能弘妙道，範儀時俗，演教無息者」，重陽之功也。人到于今，景仰僊躅，何其遐哉。凡居門下者，當慎其修，以重陽大宗師之心爲心，斯可矣。故書之，以示來者。

己酉冬十有一月初吉

前進士雲中孟攀鱗記」

大朝歲次己酉十一月初九日

本宫道士全真子朱志完、楊□松同鎸」

宣差京兆等路軍馬都總管田大明、宣差秃魯花田大器、宣差陝西京兆路都總管田大成等建」

按

碑所載記文，對于研究重陽宫修建歷史、全真教發展史、元初寬鬆的宗教政策等有着重要的參考價值。

撰者孟攀鱗，雲内（今内蒙古呼和浩特西南）人。金正大中進士，官至朝散大夫招討使。入元授翰林待制，同修國史。《元史》卷一六四有傳。撰此碑時署"中書省經籍所長官兼陝西都元帥府詳議官"。

書者張志敬，燕京安次（今河北廊坊）人。王重陽教孫。全真教掌教大宗師之一。書此碑時署"體真玄靖大師長春方丈文侍賜紫"。

篆者孔元措，孔子五十代孫，金昌宗時襲封衍聖公。蒙古滅金，仍襲封衍聖公，奉召進京，整理禮樂。篆此碑時署"宣聖五十一代孫襲封衍聖公"。

491.1251　大蒙古國累朝崇道恩命之碑

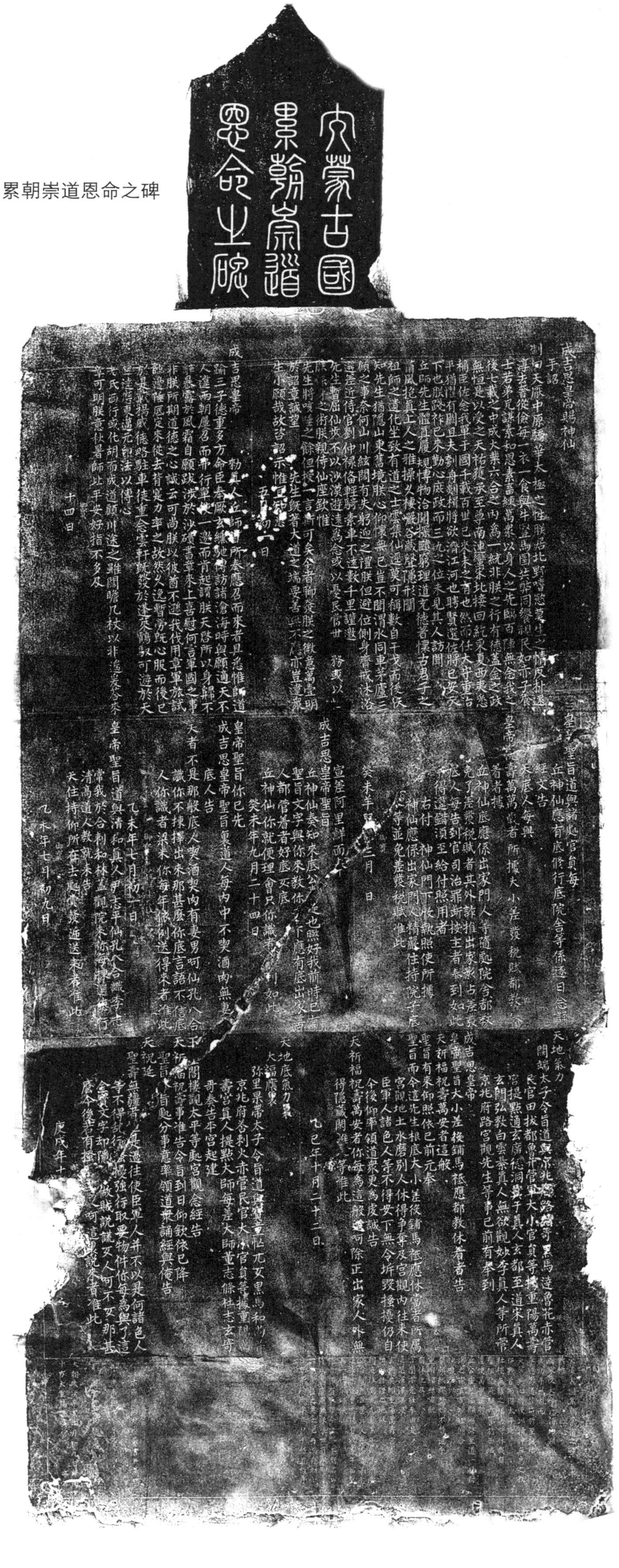

説 明

蒙古憲宗元年（1251）七月刻。碑螭首龍座。通高396厘米，寬113厘米。額文3行，滿行4字，篆書“大蒙古國」累朝崇道」恩命之碑」”。正文由上至下分作四欄：第一欄詔書兩道，楷書33行，滿行25字；第二欄聖旨四道，楷書33行，滿行17字；第三欄令旨兩道，楷書32行，滿行19字；第四欄序文一篇，楷書33行，滿行13字。石志堅書丹並篆額，李庭撰序。碑身中部有裂縫一道。原立于重陽宫祖師殿前，1962年移豎于重陽宫後院。現存西安市鄠邑區祖庵重陽宫碑廊。《道家金石略》《重陽宫道教碑石》著録。

釋 文

成吉思皇帝賜神仙」手詔」：制曰：天厭中原，驕華太極之性；朕居北野，嗜欲莫生之情。反朴還」淳，去奢從儉，每一衣一食，與牛豎馬圉，共弊同饗。視民如赤子，養」士若弟兄。謀素和，恩素畜，練萬衆以身人之先，臨百陣無念我之」後。七載之中成大業，六合之内爲一統。非朕之行有德，蓋金之政」無恒。是以受之天祐，獲承至尊，南連鑾宋，北接回紇，東夏西夷，悉」稱臣佐。念我單于國千載百世已來，未之有也。然而任大守重，治」平猶懼有闕。且夫刳舟剡楫，將欲濟江河也；聘賢選佐，將已安天」下也。朕踐祚已來，勤心庶政，而三九之位未見其人。訪聞」丘師先生，體真履規，博物洽聞，探賾窮理，道充德著。懷古君子之」肅風，抱真上人之雅操。久棲巖谷，藏聲隱形。闡」祖師之遺化，坐致有道之士，雲集仙逕，莫可稱數。自干戈而後，伏」知先生猶隱山東舊境，朕心仰懷無已。豈不聞渭水同車、茅廬三」顧之事，奈何山川絃闊，有失躬迎之禮。朕但避位側身，齋戒沐浴」，選差近侍官劉仲禄備輕騎素車，不遠數千里，謹邀」先生暫屈仙步，不以沙漠遊遠爲念。或以憂民當世之務，或以恤」朕保身之術，朕親侍仙座，欽惟」先生將咳唾之餘，但授一言，斯可矣。今者聊發朕之微意萬壹，明」於詔章，誠望先生既著大道之端要，善無不應，亦豈違衆」生小願哉。故咨詔示，惟宜知悉」。

五月初一日」

成吉思皇帝敕真人丘師：省所奏應召而來者具悉。惟師道」逾三子，德重多方。命臣奉厥玄纁，馳傳訪諸滄海，時與願適，天不」人違。兩朝屢召而弗行，單使一邀而肯起。謂朕天啟，所以身歸，不」辭暴露於風霜，自願跋涉於沙磧。書章來上，喜慰何言。軍國之事」，非朕所期；道德之心，誠云可尚。朕以彼酋不遜，我伐用章，軍旅試」臨，邊陲底定。來從去背，寔力率之故然；久逸暫勞，既心服而後已」。於是載揚威德，略駐車徒。重念雲軒既發於蓬萊，鶴馭可遊於天」竺。達磨東邁，元印法以傳心」；老氏西行，或化胡而成道。顧川途之雖闊，瞻几杖以非遥。爰答來」章，可明朕意。秋暑，師比平安好，指不多及」。

御寶

十四日」（以上第一欄）

皇帝聖旨，道與諸處官員每」：丘神仙應有底修行底院舍等，係逐日念誦」經文，告」天底人每，與」皇帝祝壽萬萬歲者。所據大小差發税賦，都教休」着者。據」丘神仙底應係出家門人等隨處院舍，都教」免了差發税賦者。其外詐推出家影占差發」底人每，告到官司治罪断按。主者奉到如此」，不得違錯，須至給付照用者」。

右付神仙門下收執照使。所據」神仙應係出家門人、精嚴住持院子底」人等，並免差發税賦。准此」。

御寶

癸未羊兒年三月日」

宣差阿里鮮面奉」成吉思皇帝聖旨」：丘神仙奏知來底公事，是也𠰋好。我前時已有」聖旨文字與你來，教你天下應有底出家善」人都管着者。好底歹底」，丘神仙你就便理會，只你識者。□到如此」。

癸未年九月二十四日」

皇帝聖旨：你已先」成吉思皇帝聖旨裏，道人每内中不喫酒肉無妻男」底人告」天者。不是那般底人喫酒喫肉有妻男呵。仙孔八合」識你不揀擇出來那甚麼，你底言語不信底」人你識者。梁米你每年依例送得來者。准此」。

御寶

乙未年七月初一日」

皇帝聖旨，道與清和真人尹志平、仙孔八合識李志」常：我於合剌和林蓋觀院来，你每揀選德行」清高道人，教就来告」天住

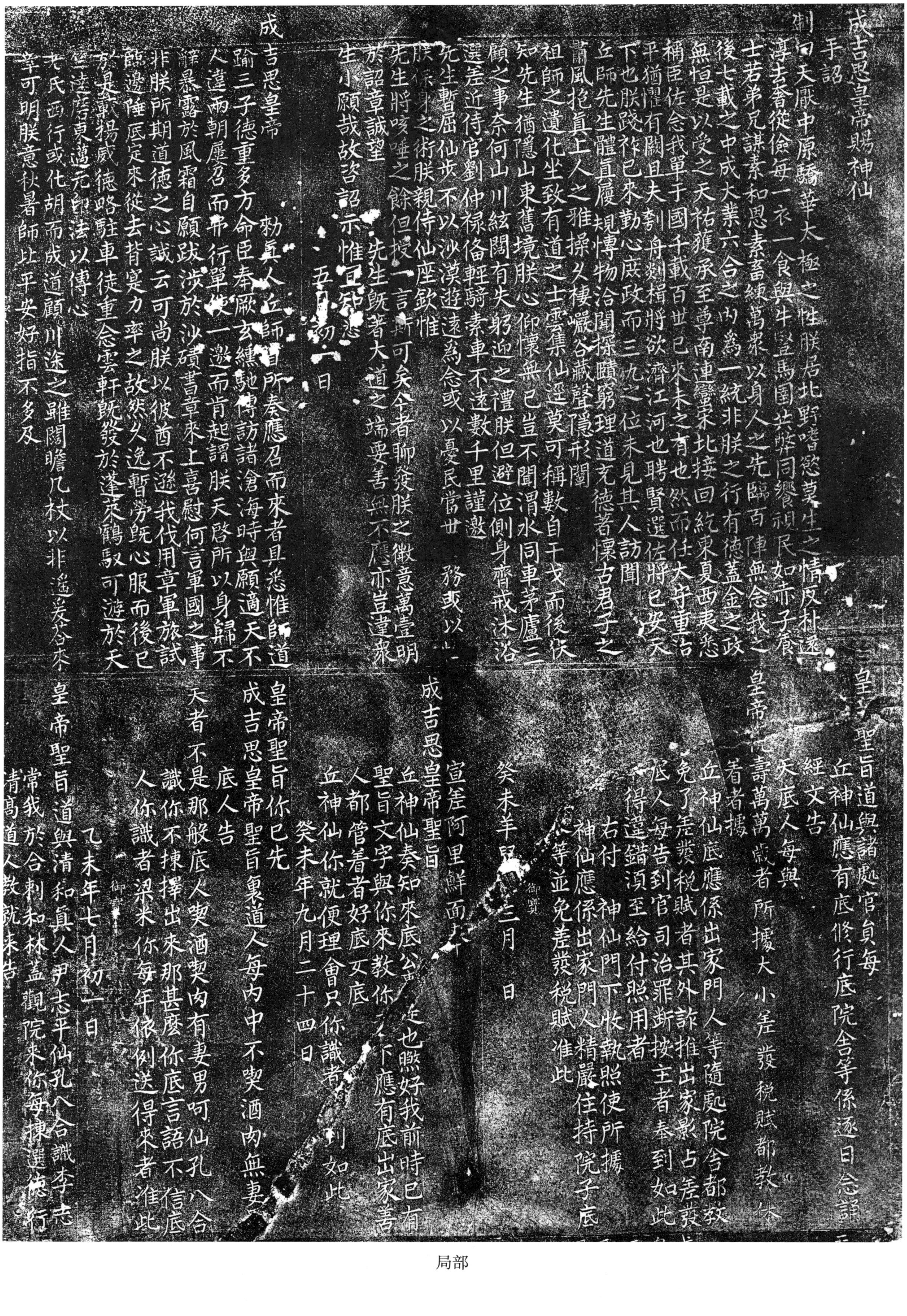

成吉思皇帝賜神仙
手詔
制曰天厭中原驕華太極之性朕居北野嗜慾莫生之情反朴還
淳去奢從儉每一衣一食與牛豎馬圉共弊同饗視民如赤子養
士若弟兄謀素和恩素畜練萬衆以身人之先臨百陣無念我之
後七載之中成大業六合之內爲一統非朕之行有德蓋金之政
無恒是以受之天祐獲承至尊南連蠻宋北接回紇東夏西夷悉
稱臣佐念我單于國千載百世已來未之有也然而任大守重治
平猶懼有闕且夫刳舟剡楫將欲濟江河也聘賢選佐將以安天
下也朕踐祚已來勤心庶政而三九之位未見其人訪聞
丘師先生體眞履規博物洽聞探賾窮理道充德著懷古君子之
肅風抱眞上人之雅操久棲巖谷藏聲隱形闡
祖師之遺化坐致有道之士雲集仙逕莫可稱數自干戈而後伏
知先生猶隱山東舊境朕心仰懷無已豈不聞渭水同車茅廬三
顧之事奈何山川絃闊有失躬迎之禮朕但避位側身齋戒沐浴
選差近侍官劉仲祿備輕騎素車不遠數千里謹邀
先生暫屈仙步不以沙漠遊遠爲念或以憂民當世務或以恤
朕保身之術朕親侍仙座欽惟
先生將咳唾之餘但授一言斯可矣今者聊發朕之微意萬一明
於詔章誠望
先生旣著大道之端要善無不應亦豈違衆
生小願哉故咨詔示惟宜知悉
五月初一日

成
吉思皇帝 勑眞人丘師省所奏應召而來者具悉惟師道
踰三子德重多方命臣奉厥玄纁馳傳訪諸滄海時與願適天不
人違兩朝屢召而弗行單使一邀而肯起謂朕天啓所以身歸不
辭暴露於風霜自願跋涉於沙磧書章來上喜慰何言軍國之事
非朕所期道德之心誠云可尚朕以彼酋不遜我伐用章軍旅試
臨邊陲底定來從去背寔力率之故然久逸暫勞旣心服而後已
於是載揚威德略駐車徒重念雲軒旣發於蓬萊鶴馭可遊於天
竺達磨東邁元印法以傳心
老氏西行或化胡而成道顧川塗之雖闊瞻几杖以非遙爰答來
章可明朕意秋暑師比平安好指不多及

皇帝聖旨道與諸處官員每
丘神仙應有底修行底院舍等係逐日念誦
經文告
天底人每與
皇帝祝壽萬萬歲者所據大小差發稅賦都教休
着者據
丘神仙底應係出家門人等隨處院舍都教
免了差發稅賦者其外詐推出家影占差發
底人每告到官司治罪斷按主者奏到如此
右付
神仙門下收執照使所據
神仙應係出家門人精嚴住持院子底
人等並免差發稅賦准此
癸未羊兒年三月 御寶 日

成吉思皇帝聖旨 宣差阿里鮮面奉
丘神仙奏知來底公事是也煞好我前時已有
聖旨文字與你來教你天下應有底出家善
人都管着者好底歹底
丘神仙你就便理會只你識者奉到如此
癸未年九月二十四日

皇帝聖旨你已先
成吉思皇帝聖旨裏道人每內中不喫酒肉無妻
底人告
天者 不是那般底人喫酒喫肉有妻男呵仙孔八合
識你不揀擇出來那甚麼你底言語不信底
人你識者梁米你每年依例送得來者准此
乙未年七月 御寶 初一日

皇帝聖旨道與清和眞人尹志平仙孔八合識李志
常我於合剌和林蓋觀院來你每揀選德行
清高道人數就來告

局部

持。仰所在去處賫發，遞送来者。准此」。

御寶

乙未年七月初九日」（以上第二欄）

天地氣力」，闊端太子令旨，道與京兆府路□哥、黑馬、達魯花赤、管」民官、田拔都魯并管軍大小官員等：據重陽萬壽」宫提點通玄廣德洞真于真人、玄都至道宋真人」、玄門弘教白雲綦真人、無欲觀妙李真人等所管」京兆府路宫觀先生等事。已前有奉到」成吉思皇帝」、皇帝聖旨：大小差役、鋪馬祗應都教休着者，告」天祈福祝壽萬安者，這般」聖旨有来。仰照依已前元奉」聖旨，而今這先生根底大小差役、鋪馬祗應休當者，所属」宫觀地土、水磨，别人休得争奪。及宫觀内往来使」臣、軍人、諸色人等不得安下，無令拆毁搔擾。仍自」今後仰率領道衆，更爲虔誠告」天祈福祝壽萬安者。你每爲這般道呵，除正出家人外，無」得隱藏閑雜人等。准此」。

乙巳年十月二十二日」

天地底氣力裏」，大福蔭裏」，弥里杲帶太子令旨，道與寶童、忙兀歹、黑馬、和尚并」京兆府答剌火赤、管民官、大小官員等：據重陽萬」壽宫真人提點大師每差大師董志條、杜志玄、寄」哥奏告：本宫起建」玉皇閣、樓觀、太平等處宫觀，念經告」天祈福祝壽事。准告，令旨到日，仰欽依已降」聖旨、令旨處分事意，率領道衆誦經，與俺告」天祝延」聖壽無疆者。但是過往使臣、軍人，并不以是何諸色人」等，不得乱行搔擾、强行取要物件。你每爲與了這」金寶文字，却隱□做賊説謊歹人呵，不歹那甚」麽。今後若有搔□□人呵，這裏説來者。准此」。

寶

庚戌年十（下阙）（以上第三欄）

大蒙古國累朝崇道之碑并序」

恭惟」國家受大命，一海内，雖以」武功平暴乱，而」尊德嚮道皆出於至誠。殆」天啟其心，將使以清净無爲之教」，仁黔首而階太平，延」社稷無疆之福。嗚呼休哉！自」聖祖龍飛，駐六軍於西域」。遣使萬里，遠聘」丘公，虚己温顔，以訪至道。一時對」揚之際，玄言妙理，仰合」神機。所以」眷顧綢繆，終始不替。逮乎」重明繼照，追配」前休，化及」宫闈，亦克敬奉。由是」湛恩渥澤，涵浸」玄門矣。維重陽萬壽宫，實」祖師修證之地，故」朝庭注意爲尤重。累年以來，所受」詔旨，爛然盈篋。真人于志道、綦志」遠、李志遠、曹志陽，皆以耆年宿望」，爲一代宗師。佩服」德音，懼有失墜，今廼□工刻石，以」傳永久，亦庶幾使後世有以知」大朝崇道之意云。

己酉三月初七」日草茅賤臣李庭拜手稽首謹序」

古燕道士臣石志堅書并篆額」

本宫道士臣朱志完」、本宫道士臣張志運同刊」

大朝歲次辛亥七月初九日終南」十方大重陽萬壽宫立石」（以上第四欄）

按

此碑所記蒙元初期崇道禮士、優待道觀道士之詔書令旨多道，對于研究蒙元時期宗教政策有重要的文獻價值。

492.1254　重陽成道宮記

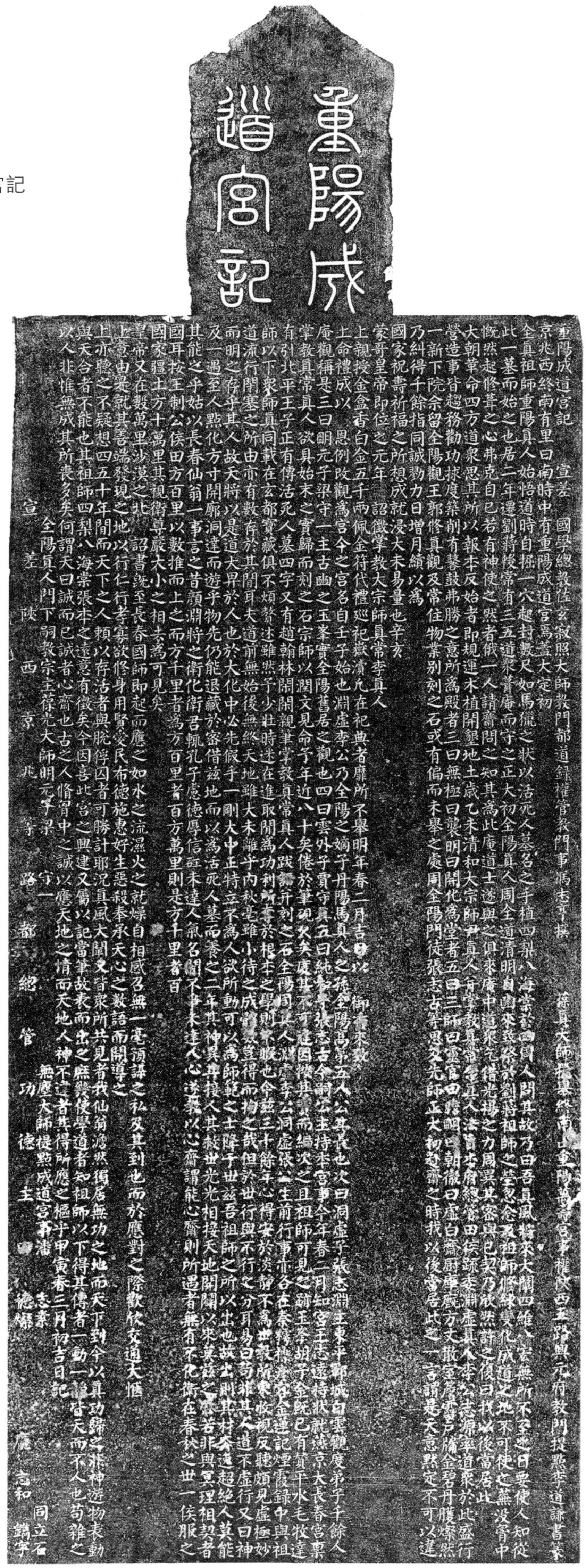

説 明

蒙古憲宗四年（1254）三月刻。碑螭首龜座。通高396厘米，寬107厘米。額文2行，滿行3字，篆書“重陽成」道宫記」”。正文楷書30行，滿行70字。馮志亨撰文，李道謙書丹並篆額。原立于成道宫村西田野，1962年移豎于重陽宫後院。現存西安市鄠邑區祖庵重陽宫碑廊。《道家金石略》《重陽宫道教碑石》《陝西碑石精華》等著録。

釋 文

重陽成道宫記

宣差國學總教佐玄寂照大師教門都道録權管教門事馮志亨撰

葆真大師提舉終南山重陽萬壽宫事權陝西五路興元府教門提點李道謙書篆」

京兆西終南有里曰南時，中有重陽成道宫焉。蓋大定初」，全真祖師重陽真人始悟道時，自掘一穴，起封數尺，如馬獵之狀，以“活死人墓”名之，手植四梨八海棠於四周，人問其故，乃曰：“吾真風將來大闡四維八宏無所不至之日，要使人知從」此一墓而始之也。”居二年，遷劉蔣，後常有三五道衆葺庵而守之。正大初，全陽真人周全道，清明自豳來致祭於劉蔣祖師之塋。忽念及祖師修練變化成道之地，不可使之蕪没，胸中」慨然起修葺之心，弗克自已，若有神使之然者。俄一人請齋，問之，知其爲此庵道士，遂與之俱來庵中，道衆乞借光揚之力。周異其密與己契，乃欣然許之，復曰：“我以後當居此」。”大朝革命，四方道衆思其所以報本反始者，即規運木植，開墾地土。歲乙未，清和大宗師尹真人并掌教真常李真人法旨、本府總管田侯疏，委淵虚真人李公志源，率道衆於此盛行」營造事。皆趨務勸功，捄度築削，有鼛鼓弗勝之意。所爲殿者三，曰無極，曰襲明，曰開化。爲堂者五，曰三師，曰靈官，曰瞻明，曰朝徹，曰虚白。齋、厨、庫、厩，方丈散室，檐霤户牖，金碧丹雘，燦然」一新。下院余留全陽觀、王郭修真觀及常住物業別刻之石。或有偏而未舉之處，周全陽門徒張志古等，思及先師正大初赴齋之時“我以後當居此”之一言，謂是天意默定，不可以違」。乃糾得千餘指，同誠勠力，日增月續，以爲」國家祝壽祈福之所，想成就浸大未易量也。辛亥」，蒙哥皇帝即位之元年，詔徵掌教大宗師真常李真人」，上親授金盒香、白金五千兩，佩金符，代禮巡祀嶽瀆。凡在祀典者，靡所不舉。明年春二月吉日，以御香來致」上命。禮成，以恩例改觀爲宫，今之宫名自壬子始也。淵虚李公乃全陽之嫡子，丹陽馬真人之孫。全陽高弟五人，公其長也。次曰洞虚子張志淵，主東平鄆城白雲觀，度弟子千餘人」，庵觀稱是。三曰明元子梁守一，主古豳之玉峯，實全陽舊居之觀也。四曰雲外子賈守真。五曰純和子張志古，今嗣公主持本宫事。今年春二月，知宫王志遠持狀就燕京大長春宫，禀」掌教真常真人，欲具始末之實，歸而刻之石。宗師以潤文見命，予年近八十矣，倦於筆硯久矣。度其不可違，因按其實而編次之。且祖師可見之迹，玉峯胡子金既已有贊，平水毛牧達」有引，北平王子正有傳，“活死人墓”四字又有趙翰林閑閑親筆，掌教真常真人跋語并刻之石。全陽周真人、淵虚李公、洞虚張公生前行事，亦各在秦楊櫟彦容《金蓮記》《烟霞録》中，與祖」師以下衆師真同載在《玄都寶藏》，俱不煩贅述。雖然，予少壯時迷在進取，間爲功利所奪，於根本之學則不暇也。今兹三十餘年，心得安於淡静，不爲世教所束，收視反聽，頗見虚極。妙」道流行閉塞之所由，亦有數存於其間耳。夫道前無始後無終，天地雖大未離乎内，秋毫雖小待之成體，數豈得而拘之哉？但於世行與不行之分耳。《易》曰：“苟非其人，道不虚行。”又曰：“神」而明之，存乎其人。”故天將以是道大畀於人也，於大化中必先假手一剛大中正特立、不爲人欲所動，可以爲師範之士降于世，兹吾祖師之所以出也。故出則其材奔逸超絶，人莫能」及，一遇至人點化，方寸開廓洞達，而遊乎物先，仍能退藏於密，借兹地而以爲活死人墓，而養之二年，其神異、其接人、其救世，光光相接。天地開闢以來，莫兹之盛。若非與冥理相契者」，其能之乎。姑以長春仙翁一事言之。昔顔淵將之衛化衛君輒，孔子慮德厚信矼未達人氣，名聞不争未達人心，遂教以心齋。謂能心齋，則所遇者無有不化。衛在春秋之世，一侯服之」國耳。按王制，公侯田方百里，以數推而上之，而方千里者爲方百里者百，方萬里則是方千里者百」。國家疆土方十萬里，其視衛尊嚴大小之相去爲可見矣」。皇帝又在數萬里沙漠之北，詔書既至，長春國師即起而應之，如水之流濕，火之就燥，自相感召，無一毫預謀之私。及其到也，而於應對之際，歡欣交通，大愜」上意。由是就其善端發現之地，以行仁行孝，寡欲修身，用賢愛民，布德施惠，好生惡殺，奉承天心之數，語而開導之」，上亦聽之不疑。想四五十年間，而天下之人賴以存活者與脱俘囚者，可勝計耶。況真風大闡，又皆衆所共見者。我仙翁澹然獨居無功之地，而天下到今以真功歸之，非神遊物表動」與天合者不能也。其祖師四梨八海棠，張本之遠意有徵矣。今因喜此宫之興建，又屬以記當筆，故表而出之，庶幾使學道者知祖師以

重陽成道宫記　宣差　國學總教佐玄寂照大師教門都道録權管教門事馮志亨撰
京兆西終南有里曰南時中有重陽成道宫焉蓋大定初
全真祖師重陽真人始悟道時自掘一穴起封數尺如馬鬣之狀以活死人墓名之手植四梨
此一墓而始之也居二年遷劉蔣後常有三五道衆葺庵而守之正大初全陽真人周全道清
慨然起修葺之心弗克自已若有神使之然者俄一人請齋問之知其爲此庵道士遂與之俱
大朝革命四方道衆思其所以報本反始者即規運木植開墾地土歲乙未清和大宗師尹真
營造事皆趨務勸功捄度築削有鼛鼓弗勝之意所爲殿者三曰無極曰襲明曰開化爲堂者
一新下院余留全陽觀王郭修真觀及常住物業别刻之石或有偏而未舉之處周全陽門徒
乃糾得千餘指同誠勠力日增月續以爲
國家祝壽祈福之所想成就浸大未易量也辛亥
蒙哥皇帝即位之元年詔徵掌教大宗師真常李真人
上親授金盒香白金五千兩佩金符代禮巡祀嶽瀆凡在祀典者靡所不舉明年春二月吉[illegible]
上命禮成以恩例改觀爲宫今之宫名自壬子始也淵虚李公乃全陽之嫡子丹陽馬真人
庵觀稱是三曰翾元子梁守一主古幽之玉峯實全陽舊居之觀也四曰雲外子賈守真五曰
掌教真常真人欲具始末之實歸而刻之石宗師以潤文見命予年近八十矣倦於筆硯久矣
有引北平王子正有傳活死人墓四字又有趙翰林閑閑親筆掌教真常真人跋語并刻之石
師以下衆師真同載在玄都寶藏俱不煩贅述雖然予少壯時迷在進取閒爲功利所牽於根
道流行閑塞之所由亦有數存於其間耳夫道前無始後無終天地雖大未離乎内秋毫雖小
而明之存乎其人故天將以是道大畀於人也於大化中必先假手一剛大中正特立不爲人
及一遇至人點化方寸開廓洞達而遊乎物先仍能退藏於密借茲地而以爲活死人墓而養
其能之乎姑以長春仙翁一事言之昔顔淵將之衛化衛君輒孔子慮德厚信矼未達人氣名
國耳按王制公侯田方百里以數推而上之而方千里者爲方百里者百方萬里則是方十里
國家疆土方十萬里其視衛尊嚴大小之相去爲可見矣
皇帝又在數萬里沙漠之北　詔書既至長春國師即起而應之如水之流濕火之就燥自相
上意由是就其善端發現之地以行仁行孝寡欲修身用賢愛民布德施惠好生惡殺奉承天

局部

下得其傳者，一動一静，皆天而不人也。苟雜之」以人，非惟無成，其所喪多矣。何謂天，曰誠而已。誠者，心齋也。古之人脩胸中之誠以應天地之情，而天、地、人、神不違者，其得所應之樞乎。

甲寅春三月初吉日記」

全陽真人門下嗣教宗主葆光大師明元子梁守一、無塵大師提點成道宫事潘志素」、宣差陝西京兆等路都總管功德主田德燦同立石」

龐志和鎸字」

按

碑所記全真教發展始末及蒙古蒙哥皇帝下詔改觀爲宫等史實，對于研究全真教發展及重陽宫歷史有一定的價值。

撰者馮志亨，蒙元初道士，丘處機弟子。撰此碑時署“宣差國學總教佐玄寂照大師教門都道録權管教門事”。

書者李道謙，字和甫，開封人。金末元初道士。书此碑時署“葆真大師提舉終南山重陽萬壽宫事權陝西五路興元府教門提點”，書《無欲真人李仲美碑》時署“葆真大師提舉重陽萬壽宫事權陝西五路興元路教門提點”，書《碧虚真人楊明真碑》時署“葆真大師京兆府路道録提舉重陽萬壽宫事賜紫”，書《同塵真人李志柔碑》時署“夷山天樂道人”，書《全真教祖碑》時署“葆真玄靖大師前諸路道教提舉”，撰《全陽真人周全道碑》時署“前諸路道教都提舉葆真玄靖大師�溪天樂先生”。

493.1256　孫真人福壽論

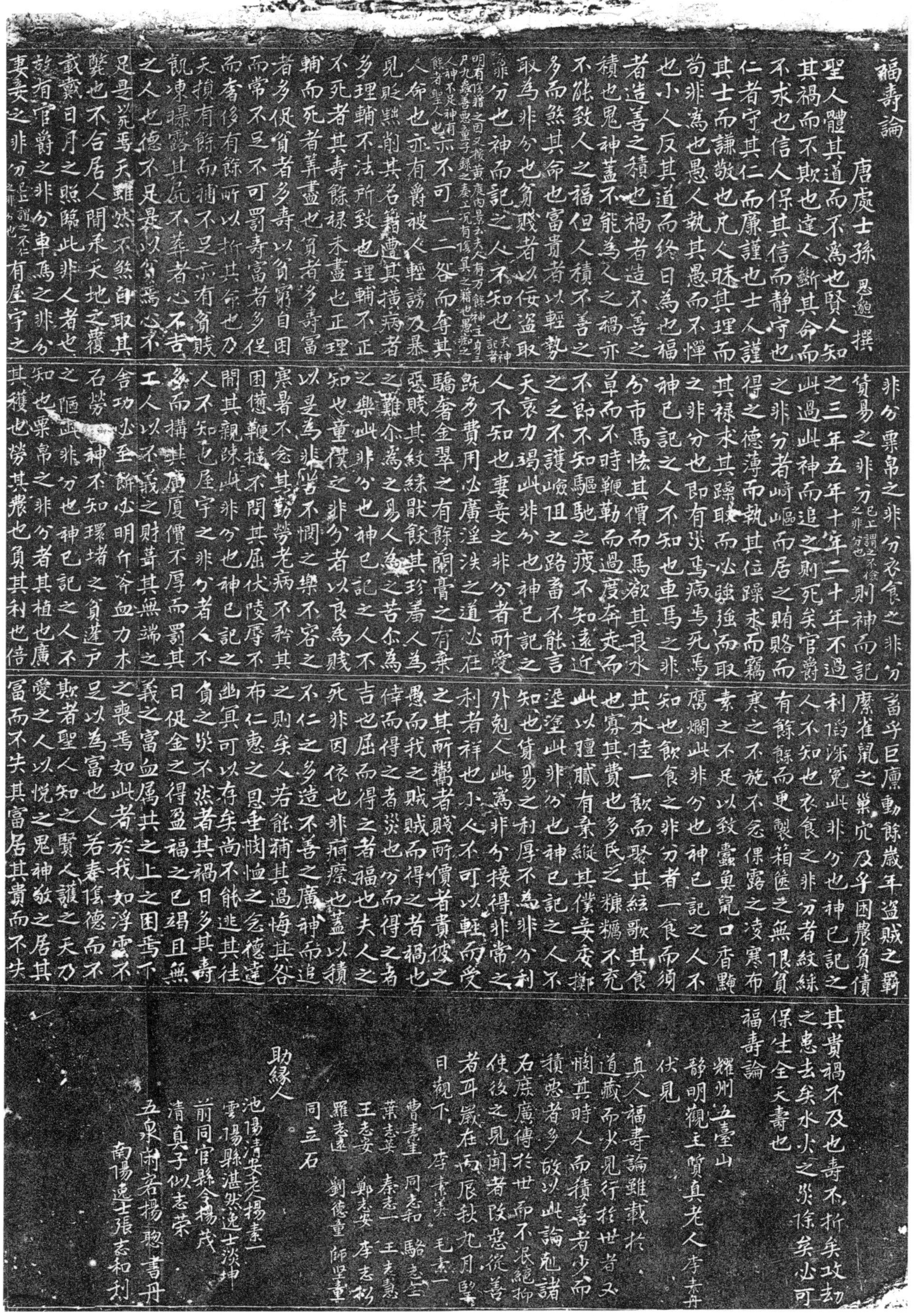

説明

蒙古憲宗六年（1256）九月刻。碑圓首方座。通高170厘米，寬83厘米。額文2行，滿行3字，篆書“孫真人」福壽論」”。正文分上下四欄，每欄楷書33行，滿行12字。孫思邈撰文，楊聰書丹，李素舟跋。原立于藥王山南庵。現存銅川藥王山博物館。《全唐文》《金石萃編》《陝西金石志》《藥王山碑刻》等著録。

釋文

福壽論」

唐處士孫思邈撰」

聖人體其道而不爲也，賢人知」其禍而不欺也，達人斷其命而」不求也，信人保其信而静守也」，仁者守其仁而廉謹也，士人謹」其士而謙敬也。凡人昧其理而」苟非爲也，愚人執其愚而不憚」也，小人反其道而終日爲也。福」者，造善之積也。禍者，造不善之」積也。鬼神，蓋不能爲人之禍，亦」不能致人之福，但人積不善之」多而煞其命也。富貴者，以輕勢」取，爲非分也。貧賤者，以佞盜取」，爲非分也。神而記之，人不知也。夫神記者」，明有陰籍之因。又按《黄庭内景》云：夫人有万餘神，主身三」尸九蟲。善惡童子録之奏上，况有陰冥之籍也。愚痴之」人，神不足。神有餘者，聖人也。亦不可一二咎而奪其」人命也。亦有爵被人輕謗，及暴」見貶黜，削其名籍，遭其横病者」，多理輔不法所致也。理輔不正」不死者，其壽餘禄未盡也。正理」輔而死者，算盡也。貧者多壽，富」者多促。貧者多壽，以貧窮自困」，而常不足，不可罰壽。富者多促」，而奢侈有餘，所以折其命也。乃」天損有餘而補不足。亦有貧賤」、飢凍、曝露其屍不葬者，心不吉」之人也。德不足，是以貧焉。心不」足，是以死焉。天雖然不煞，自取其」斃也。不合居人間，承天地之覆」載，戴日月之照臨，此非人者也」。故有官爵之非分，車馬之非分」，妻妾之非分，已上謂之不仁之非分也。有屋宇之」非分，粟帛之非分，衣食之非分」，貨易之非分，已上謂之不儉之非分也。則神而記」之，三年、五年、十年、二十年不過」此，過此，神而追之，則死矣。官爵」之非分者，崎嶇而居之，賄賂而」得之，德薄而執其位，躁求而竊」其禄，求其躁取而必强，强而取」之，非分也，即有災焉、病焉、死焉」，神已記之，人不知也。車馬之非」分，市馬悋其價而馬欲其良，水」草而不時，鞭勒而過度，奔走而」不節，不知驅馳之疲，不知遠近」之乏，不護嶮阻之路，畜不能言」，天哀力竭，此非分也，神已記之」，人不知也。妻妾之非分者，所愛」既多，費用必廣，淫泆之道，必在」驕奢，金翠之有餘，蘭膏之有棄」，惡賤其紋綵，厭飫其珍羞，人爲」之難，爾爲之易，人爲之苦，爾爲」之樂，此非分也，神已記之，人不」知也。童僕之非分者，以良爲賤」，以是爲非，苦不憫之，樂不容之」，寒暑不念其勤勞，老病不矜其」困憊，鞭撻不問其屈伏，陵辱不」問其親疏，此非分也，神已記之」，人不知也。屋宇之非分者，人不」多而構其廣厦，價不厚而罰其」工人，以不義之財葺其無端之」舍，功必至，飾必明，斤斧血力，木」石勞神，不知環堵之貧、蓬户」之陋，此非分也，神已記之，人不」知也。粟帛之非分者，其植也廣」，其穫也勞，其農也負，其利也倍」，蓄乎巨廪，動餘歲年，盜賊之羈」縻，雀鼠之巢穴，及乎困農負債」，利陷深冤，此非分也，神已記之」，人不知也。衣食之非分者，紋綵」有餘，餘而更製，箱篋之無限，貧」寒之不施，不念倮露之凌寒、布」素之不足，以致蠹魚鼠口，香麄」腐爛，此非分也，神已記之，人不」知也。飲食之非分者，一食而須」其水陸，一飲而聚其絃歌，其食」也寡，其費也多，民之糠糲不充」，此以膻膩有棄，縱其僕妾，委擲」涅塗，此非分也，神已記之，人不」知也。貨易之利厚，不爲非分，利」外剋人，此爲非分。接得非常之利者，祥也，小人不可以輕而受」之。其所鬻者賤，所價者貴，彼之」愚而我之賊。賊而得之者，禍也」；倖而得之者，災也；分而得之者」，吉也；屈而得之者，福也。夫人之」死，非因依也，非痾瘵也，蓋以積」不仁之多，造不善之廣，神而追」之則矣。人若能補其過，悔其咎」，布仁惠之恩，垂憫恤之念，德達」幽冥，可以存矣。尚不能逃其往」負之災。不然者，其禍日多，其壽」日促。金之得盈，福之已竭。且無」義之富，血属共之，上之困焉，下」之喪焉。如此者，於我如浮雲，不」足以爲富也。人若奉陰德而不」欺者，聖人知之，賢人護之，天乃」愛之，人以悦之，鬼神敬之。居其」富而不失其富，居其貴而不失」其貴。禍不及也，壽不折矣。攻劫」之患去矣，水火之災除矣，必可」保生全天壽也」。

福壽論」

耀州五臺山」静明觀主質真老人李素舟」伏見」真人《福壽論》雖載於」道藏，而少見行於世者，又」憫其時人而積善者少，而」積惡者多，故以此論剋諸」石，庶廣傳於世而不泯絶。抑」使後之見聞者，改惡從善」者耳。

歲在丙辰秋九月望」日

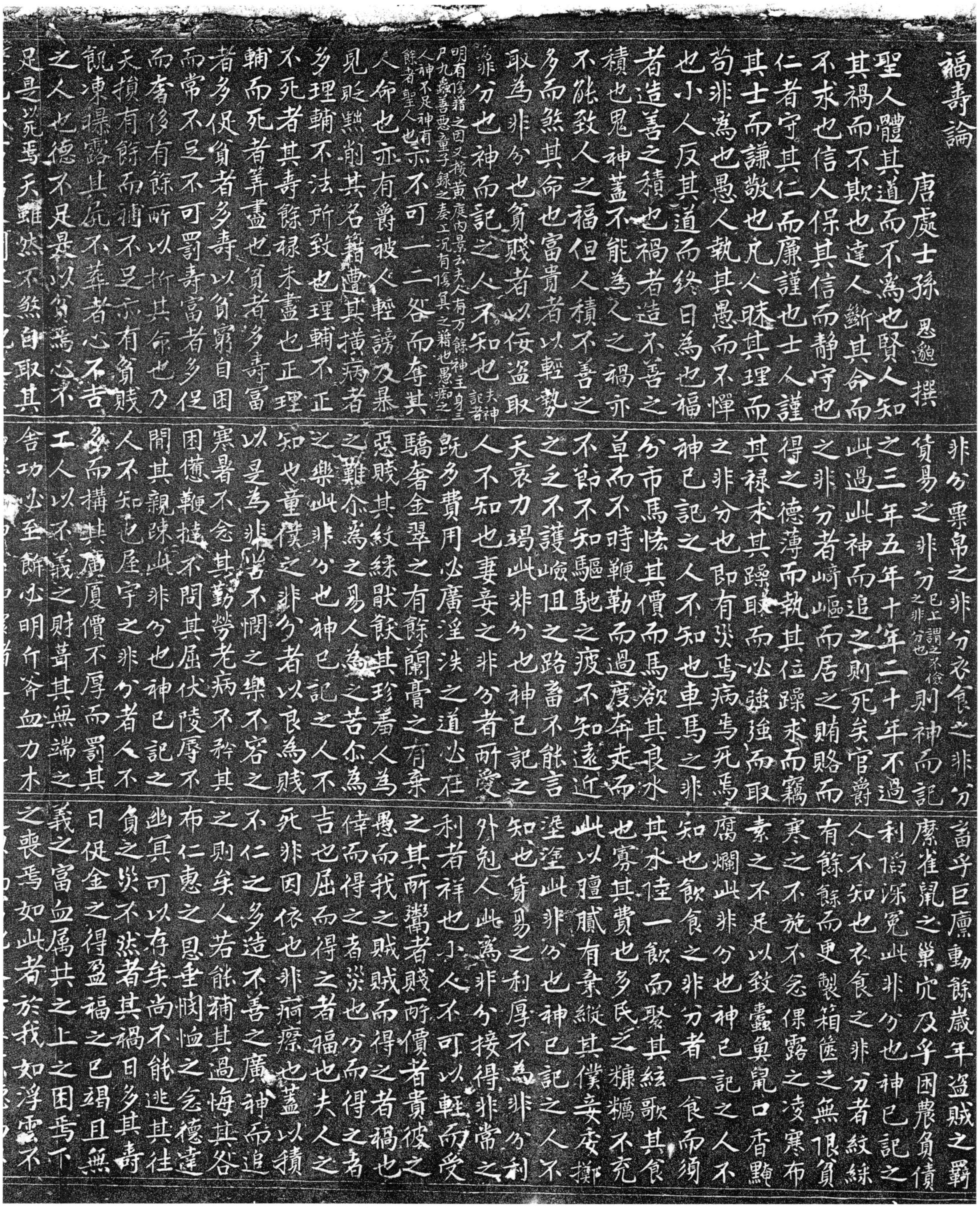

福壽論

唐處士孫思邈撰

聖人體其道而不為也賢人知其禍而不欺也達人斷其命而不求也信人保其信而靜守也仁者守其仁而廉謹也士人謹其士而謙敬也凡人昧其理而茍非為也愚人執其愚而不憚也小人反其道而終日為也福者造善之積也禍者造不善之積也鬼神蓋不能為人之禍亦不能致人之福但人積不善之多而煞其命也富貴者以輕勢取為非分也貧賤者以佞盜取為非分也神而記之人不知也夫神記者明有信籍之因又按黄庭内景云夫人有万餘神主身三尸九蟲善惡童子録之奏上況有信其之籍也愚痴之人神不足神有餘者聖人也示不可一二咎而奪其人命也亦有爵被人輕謗及暴見貶黜削其名籍遭其橫病者多理輔不法所致也理輔不正不死者其壽餘禄未盡也正理輔而死者筭盡也貧者多壽富者多促貧者多壽以貧窮自困而常不足不可罰壽富者多促而奢侈有餘所以折其命也乃天損有餘而補不足亦有貧賤飢凍暴露其屍不葬者心不吉之人也德不足是以貧焉心不足是以死焉夭雖然不煞自取其

非分粟帛之非分衣食之非分貨易之非分已上謂之求貪之非分也則神而記之三年五年十年二十年不過此過此神而追之則死矣官爵之非分者崎嶇而居之賄賂而得之德薄而執其位躁求而竊其禄求其躁取而必強強而取之非分也即有災焉病焉死焉神已記之人不知也車馬之非分市馬恡其價而馬瘠其良水草而不時鞭勒而過度奔走而不節不知驅馳之疲不知遠近之乏不護嶮阻之路畜不能言天哀力竭此非分也神已記之人不知也妻妾之非分者所受既多費用必廣淫泆之道必在驕奢金翠之有餘蘭膏之有棄惡賤其紋綵猒飫其珍羞人為之難尒為之易人為之苦尒為之樂此非分也神已記之人不知也童僕之非分者以良為賤以是為非管不憫之樂不容之寒暑不念其勤勞老病不矜其困憊鞭撻不問其屈伏陵辱不問其親疎此非分也神已記之人不知也屋宇之非分者人不多而構其廣厦價不厚而罰其工人以不義之財葺其無端之舍功必至餘必明斤斧血力木

畜乎巨廩動餘歲年盜賊之羇縻雀鼠之巢穴及乎困農負債利倘深冤此非分也神已記之人不知也衣食之非分者紋綵有餘而更製箱篋之無限貧寒之不施不念倮露之凌寒布素之不足以致蠧魚鼠口香黷腐爛此非分也神已記之人不知也飲食之非分者一食而須其水陸一飲而聚其絃歌其食也寡其費也多民之糠糲不充此以膻膩有棄縱其僕妾恣擲塗塗此非分也神已記之人不知也貨易之利厚不為非分利外剋人此為非分接得非常之利者祥也小人不可以輕而受之其所鬻者賤所價者貴彼愚而我之賊而得之者禍也偉而得之者災也分而得之者吉也屈而得之者福也夫人之死非因依也非病瘵也蓋以積不仁之多造不善之廣神而追之則矣人若能補其過悔其咎布仁惠之恩垂憫恤之念德達幽冥可以存矣尚不能逃其往負之災不然者其禍日多其壽日促金之得盈福之已竭且無義之富血屬共之上之困焉不之喪焉如此者於我如浮雲不

局部

觀下李素美、毛素一」、曹素圭、同志和、駱志全」、葉志英、秦志一、王志慧」、王志安、鄭志安、李志松」、羅志遠、劉德童、師堅童」同立石」

助緣人」

池陽清安老人楊素一」、雲陽縣湛然逸士淡坤」、前同官縣令楊茂」、清真子似志荣」

五泉閑客楊聰書丹」

南陽逸士張志和刊」

按

撰者孫思邈，兩《唐書》有傳，唐代醫藥學家。其所著《福壽論》，旨在教導人們向善向上，無有非分之想，不做非分之事，必將得到福報壽報。蒙古蒙哥時，耀州五臺山静明觀將其上石刊刻，以"使後之見者改惡從善"，亦使《福壽論》得以在廣大群衆中流傳，在教化社會、保存經典方面作出了貢獻。該碑書體疏朗清麗，自然流暢，兼有隸書之韻味，賞之悦目。

494.1256　無欲真人李仲美碑

説 明

蒙古憲宗六年（1256）十二月刻。碑螭首龜座。通高228厘米，寬105厘米。額文4行，滿行4字，篆書“終南山重｣陽宮無欲｣觀妙真人｣李君之碑｣”。正文楷書31行，滿行72字。何道寧撰文，李道謙書丹，駱天驤篆額。原立于户縣祖庵鎮北郊田野，1962年移竪于重陽宮後院中。現存西安市鄠邑區祖庵重陽宮碑廊。《道家金石略》《重陽宮道教碑石》等著録。

釋 文

終南山重陽萬壽宮無欲觀妙真人李先生碑并序｣

宣差宗玄大師提點陝西五路興元路教門兼領重陽萬壽宮事何道寧撰

司天臺算曆官駱天驤篆額｣

葆真大師提舉重陽萬壽宮事權陝西五路興元路教門提點李道謙書

釣六鰲於東海者，不爲鯢鰌而垂鈎；採合抱於鄧林者，不爲拱把而加斧。苟志於大，區區細務不較也。今觀無欲行實，其超出物表之志，蓋類是歟。公族姓李，諱仲美，原月山人。父珍，職官醖｣。有子四人，公其次，生於大定己丑。五歲始能步，及長，聰慧邁倫，慷慨特達，毅然以正直自負。里閈有狡獪者，每正辭折之，人望而畏服。嘗肆意酒間，視舉世爲不足玩。年三十七，乃幡然曰：“與｣其汩没塵坌中，孰若擺脱方外邪。”時全真教方行，意欲從師而未知所向。適碧虚楊先生主重陽祖庭事，乃往見之。碧虚素得人於眉睫間，知其爲玄門重器。然天屬所繫，度其有難解於心｣者，且令還歸，但勉以積善而已。公抵家，與諸親友决，謝妻子而去。其妻詘之，笑而不顧。其父見而呵責，公婉其辭，曉之以理性之事，父徐省悟，亦欲向道，乃同詣碧虚門下。碧虚以公識量不｣凡，命名“守寧”及“無欲子”号。公蓬頭弊衣，行丐於市，時人謂之酒李先生。日用間，惟以濟人利物爲己任。至於幽微之理，允造其極。大安庚午，秦境大旱，居民阻飢，公謂其属曰：“餓莩如此，安忍｣坐視。”同邑趙三郎富甲關中，公詣其門，備訴田里艱棘之狀，三郎悟，乃發廩粟付公賙賑。公與齊志道等晝夜舂爨，以給貧病，日不減百人。井水適涸，衆憂之，公密禱于神，鑿泉得水，設濟至｣秋斂而罷。公素不欲彰名，懼人知己，即日西行。已而有司奏聞，特賜三郎爲潤國長者。未幾，入興平環居，以千日爲約，其静中妙用，見《長安集》。至期，渠河使夾谷公及耆老數輩，就環懇請，以｣縣南龍祥觀委公爲主，公諾之。居五年，至興定庚辰，住終南樓觀。五年，又遷京兆之丹霞。尋蒙師旨主營建三原碧虚觀事。所寓之地，皆有成規。正大戊子春，碧虚於祖庭丈室謂公可以倚｣重，舉以自代。關中搔動，公及軍民避亂于南山。粮盡，人相魚肉，幾及我公。或曰：此酒李先生，素有道者也。因携持出山，遂得免焉。庚寅春，如南陽，依附者衆。會沖虚李公、洞真于公在汴，沖虚｣奏請住持丹陽觀。癸巳，汴京款附于｣我朝，俄而忽起異議，無辜者皆坐誅。公與一長老止水泊中，迫於兇焰，長老悚慄不能自持，公止之曰：“我輩平日所行，正爲此耳。死生常事，夫何畏焉。”有頃，以故而免。城中絶糧，人争北渡，津｣人固拒，飢溺者以萬計。公請洞真先登，因以陰騭開諭津人，餘皆獲濟。公繼達新衛，門徒望風輻湊，今之靈虚、天慶創成榮觀，自此始也。明年，領衆適燕，時清和尹公掌教，每會道衆議祖庭｣緣事，皆推公爲能，公謝不逮。復奏請住持重陽宮兼任提點陝西教門事，更名志遠，祖以厚贐。公東行而歸，過齊過魯過魏，自侯伯以下皆夾道祇迎，有以庵觀奉之者，有願爲弟子者，有以｣財施者，公得之不以一毫私己，悉歸之祖庭。京兆田侯德燦聞公西歸，督佐官就河中相迓，以府城佑德觀歸之，今玉清宫是也。時關中甫定，暴很相煽，公以仁言誘掖，稍稍格心。比年南征｣，俘縶來者不絶，公詢其主，有好善者，多端勸諭，引而歸道；有不可必致者，乃議貨取，隨授以明文，許其自便。其感之深者，終不忍去。公嘗往來於祖庭、玉清之間，然規畫調度，未嘗不拳拳於｣祖庭。丙申秋，受清和師書督祖師葬事，掌教真常宗師又任以祖庭之職。冬十月，詔提點重陽宮。再年，秦士議修文廟，闕瓦，郎中邳邦用輩請於公，公盡給之，士皆稱嘆。庚子春三月，被｣旨特賜無欲觀妙真人号。秋七月，河北郝公總管家隸百餘，陰謀南遁，得其顯狀，盡欲刑之。公聞之，連夜馳至其門，以善言誨導，亡者皆免。明年，城中群小數百，結連私逸，權府韓淵密知其｣情，議尸諸市以令衆，感公一言，但殲其魁渠。太傅移剌寶儉，其母死，欲以二婢爲殉，公以古葬禮正之，始罷議。凡契丹人以人殉死者，弊因以革。丙午春｣，詔燕京作普天醮，公預焉。夏四月，歸自衛，汴京長官復請住丹陽，棲雲王公具禮郊迎，坐間公若有急色，介諸徒速出，人莫知其然。甫登舟，南軍已擁京門，其先見類如此。明年還宫，秋八月｣朝旨加玄微真人号，尋又被冠服之寵。甲寅春，宗師以國家醮事具書招致，年已八十六矣，不敢以老耄辭。比至堂下，疾篤，以後事付于法弟衍真大師張志悦，以其徒拜宗師爲大度師｣，於長春方壺留頌而蜕，時夏六月二十六日也。諸徒奉柩西歸，附葬于

其次生於大定己丑五歲始能步及長恥足遺倫慷慨持遜毅然以正直自負里閈有役傜者
中孰若擺脱方外邪時全真教方行竟從師而未知所向遇碧虛楊先生主重陽祖庭事乃
但勉以積善而已公抵家與諸親友決謝妻子而去其妻詬之□而不顧其父見而呵責公婉
及無欲子号公遂頭弊衣行丐於市時人謂之酒李先生日用間惟以濟人利物為己任至於
三郎富甲關中公詣其門倫訴田里艱棘之狀三郎悟乃發屢罩付公賙賑公與齊志道等晝
素不欲彰名懼人知己即日西行已而有司奏聞特賜三郎為閤國長者未幾入興平環居以
歿委公為主公諾之居五年至興定庚辰住終南樓觀五年又遷京兆之丹霞尋蒙師旨主□建
關中搔動公及軍民避亂于南山粮盡人相魚肉幾及我公或曰此酒李先生素有道者也因
陽觀癸巳汴京款附于
起異議無辜者皆坐誅公與一長老止水白中迫於兇焰長老悚慄不能自持公止之曰我輩
者以萬計公請洞真先登因以陰騭開諭津人餘皆獲濟公繼達新衛門徒望風輻湊今之靈
為能公謝不逮復奏請住持重陽宮兼任提點陝西教門事更名志遠祖以厚贐公東行而歸
之不以一毫私己悉歸之祖庭京兆田侯德燦聞公西歸督佐官乾河中相迓以府城佑德觀
絶公詢其主有好善者多端勸諭引而歸道有不可必致者乃以議貨取隨授以明文許其自便
受清和師書督祖師葬事掌教真常宗師又任以祖庭之職冬十月詔提點重陽宮再年奏
觀妙真人号秋七月河北郝公總管家隸百餘陰詳南道得其顛狀盡欲刑之公聞之連夜馳
以令衆感公一言但殲其魁渠太傅移剌寶儉其母死欲以二婢為殉公以古葬禮正之始罷
天醮公預焉夏四月歸自衛汴京長官復請住丹陽棲雲王公具禮郊迎坐間公若有急色令
真人号尋又被冠服之寵甲寅春宗師以國家醮事具書招致年已八十六矣不敢以老耄
留頌而蛻時夏六月二十六日也諸徒奉柩西歸附葬于終南祖塋禮也葬之明年志悅命李
祖庭蓋有年矣今子代之始終行實子必熟知其文之也固宜道寧不復牢讓謹按無欲子
師正容悟物天下羽士皆觀而化無欲公輔弼其教以仁存心俾祖師根本之地有隆無替
故施於事也無不濟之以仁遇患難則身先之見人急難必盡力救援而後已有叩其
名士大夫尤樂與交游而相忘形骸與人接談又能度其高下而切中其機然且待人以約持
動靜語默之常亦可謂間世異人者矣故碑之而無慊乃贊之曰

局部

終南祖塋，禮也。葬之明年，志悦命李志安、陳志元具行狀請于宗師，欲刻諸石。道寧適有事于堂下，宗師就命當筆，且」曰："無欲領袖祖庭，蓋有年矣，今子代之，始終行實，子必熟知，其文之也固宜。"道寧不復牢讓，謹按無欲可見之行，爲之説曰：有主持玄教之大人，不可無輔翼玄教之仁人。大人者正己而物」正者也，我宗師正容悟物，天下羽士皆觀而化。無欲公輔弼其教，以仁存心，俾祖師根本之地有隆無替，可謂無負宗師眷倚之意。蓋公之爲人，稟剛大正直之氣，持特立獨行之操。傳授有」源，充養有地。故施於事也，無不濟之以仁，遇患難則身先之，見人急難，必盡力救援而後已。有叩其修真之訣者，則以積累勉勵之。其可與談性命事者，每至夜分不寐。雖與童子言，亦諄諄」未嘗倦。至於名士大夫，尤樂與交游而相忘形骸。與人接談，又能度其高下而切中其機。然且待人以約，持己以謙，其處衆也，威而不猛，和而不流。在環堵四五年間，神變之妙，欲直書之，恐」人以爲誕。原其動静語默之常，亦可謂間世異人者矣，故碑之而無慊。乃贊之曰」：

偉歟李公，專氣致柔。其守也堅，其行也周。解紛庶務，而善計不籌。一志不撓，而仙爲之儔。若人者，將厭世擾攘，而追帝鄉之游邪！吾知其了了諸緣，而嗒然乎歸休也」。

丙辰歲十二月初十日

同州定國□節度使（下闕）立石

門人王志正鐫字」

按

碑文主要叙述了李無欲的生平事迹、重陽祖庭發展歷史、全真教發展壯大歷史，對于瞭解重陽祖庭和全真教的發展歷史有一定的價值。同時，文所記宋金元時期戰亂情況、宗教政策、風俗習慣等，對于瞭解宋金元之關係、民俗及此時老百姓的生活狀況等，都有一定的參考價值。

撰者何道寧，史載不詳。撰此碑時署"宣差宗玄大師提點陝西五路興元路教門兼領重陽萬壽宫事"。

篆者駱天驤，字飛卿，長安人。曾任京兆路儒學教授。著有《類編長安志》。篆此碑時署"司天臺算曆官"，篆《特賜耀州五臺山静明宫并加真人號記》時署"司天臺算歷官管勾"，篆《曹世昌墓誌》時署"京兆路府學正"，篆《陝西學校儒生頌德之碑》時署"前司天臺判府學學正"。

495.1262　碧虛真人楊明真碑

説 明

蒙古中統三年（1262）十一月刻。碑螭首方座。通高386厘米，寬119厘米。額文3行，滿行4字，篆書“終南山重」陽宫碧虚」楊真人碑」”。正文楷書28行，滿行68字。禹謙撰文，李道謙書丹並篆額。原立于户縣祖庵鎮北郊田野，1962年移豎于重陽宫後院中。現存西安市鄠邑區祖庵重陽宫碑廊。《道家金石略》《陝西碑石精華》《重陽宫道教碑石》等著録。

釋 文

終南山重陽萬壽宫碧虚楊真人碑」

河東禹謙撰」

葆真大師京兆府路道録提舉重陽萬壽宫事賜紫李道謙書篆」

全真之教尚矣，肇自」重陽，逮夫丹陽、長真、長生、長春，而後支分派列，各有所宗。出丹陽之門而能大其傳者，碧虚師其人也。師諱明真，字謙之，族楊氏，世居滎陽。顯祖順，以戎事署修武」校尉。父蕃，潛德不耀，徙居三原之趙曲。故人孫從之善占候，私謂蕃曰：“浮山之南，瑞氣時見。君家累世修積，必生異人，應此嘉兆。”至天德庚午十一月十八日，師乃生，母劉氏懷胎」十八月。師少失所怙。及長，勇健絶衆，習父業養母，因賈於平陽。皤然自悟，謂其侶曰：“人情大不遠，彼此惟利是視，不過競蝸角之資耳，吾終不以所養害其所養。”遂捐己資，抵家與」諸親決，往從丹陽于祖庭。謹事既久，賜今之法名道号，并秘語五篇。已而所習冰釋，衲毳不襟，頭蓬不櫛，面垢不滌，行歌道舞，似痴似狂，人以楊害風名之。嘗携馬杓丐食取給」，人又以楊馬杓呼之。師俱受之不辱。坐府署頒春亭下，持不語者十二年。人問則對之以手，腹餒則行乞于市。至承安改元，陝西路統軍使完顔輔國公慕其高潔，築室師事。歲庚」申，漕使高嘉議爲疾所中，更醫莫療，夢紙襖先生嘿之立愈。既覺，詢之左右，即於頒春亭下，强請入見。嘉議視之，其形克肖。明年，完顔驃騎公疾垂膏肓，或告以嘉議夢中之證，因」再三寵召。師詣寢榻，布真氣，畫手字，焚而飲之，疾乃瘳。二公備禮爲謝，皆揮手固却。既而求法水者如林，人有捋其紙襖而療疾者，疾亦遄愈。嘉議感其靈驗，盡禮而師事之，擇地」而庵居之，今府城丹霞觀是也。自是詩章酬和不輟。嘉議又爲碑記，以光其德，至有“獨能繼祖師遺風”之句。志者曰：撮土爲香而翠煙靄出，咒水注井而震雷迅發。變化駭異，類此」者多。兹蓋一時之偶耳，故不悉録。至於龍虎大丹之訣，則見於《長安集》；語默動静之常，則見於《語録》，俱傳於世。師經營祖庭餘二十年。承安中，與吕凝虚輸貨于有司，買額曰“靈虚」觀”，今名“重陽萬壽宫”。有高嘉議所撰碑記具在。出師之門者凡千百其衆，有如楊四先生、無欲李公、高陵王公、新豐李公、下邽李公、曹李先生及邢、鄭、焦、董之儔，皆自堂入奧，可爲」後進釋疑辨惑，師待之如伯仲，爾時已有十師叔之稱。就如無欲公志遠，尤其翹楚者，故師琢磨譴訶之訓，益致其嚴。有願受度爲弟子者，必厲色疾視，而以所執拐杖毆之數下」，能忍則受之，察其頗有難色則麾之，其不輕於予進如此。正大戊子夏，師自京兆抵鳳翔，辭諸故舊，嘗言永訣之意，衆皆疑之。還宫，又訣於諸老。六月十一日，萃其徒衆，丁寧撫諭」，付後事於無欲。是夕，留頌而蜕，春秋七十有九。初，富山宋先生素與師不平，其比化也，師往言别，宋見之恍然如夢寐間，及往視之，則師已遊矣。聞者驚駭。次年，葬于宫之乾地，從」師命也。壬子春三月，掌教真常宗師追贈碧虚毅烈真人号。先是承安中，無欲及劉守中、守謹、李志静、王志覺輩，即師之故居創爲道院，榜以碧虚觀。喪亂以來，百廢具舉，又謀」銘功紀德，以期不腐。時無欲領陝西五路教門及重陽宫事，以甲寅夏五月，往謁堂下，訪禹謙于燕之客舍，具道真常宗師之意，懇徵文石。未幾，無欲歸化。明年夏六月，嗣教衍真」大師張志悦，再以禮禱僕。迫於真常宗師、無欲李公之命，義不克辭，謹按無欲來狀，摭其行事之著見者編次之，試爲之説曰：天地間有至大至剛之氣，流動充滿於六虚八極之」表，而鐘萃於生人方寸之微，特顧其充養者何如耳。大其心，故能體天下之物；剛其心，故能歷天下之變。今觀碧虚師日用之常，似狂似□，不羈世教，而其中固有包括乾坤之量」。至於惡聲惡色，人所易動，師則視之不見，聽之不聞，非胸中至大至剛浩然獨存者乎。以陽鍊陰，乃凝於神，則有純乾之道。抱樸見素，不雕不飭，則有白賁之道。棒喝並行，寔繁有」徒，則有顯比之道。首創祖庭，不居其功，則有勞謙之道。以是而屈公卿，以是而格彊暴，其爲教也至矣。無欲又從而光大之，可謂郢匠工於運斤，郢人善於受斤者歟。吁！使」重陽丹陽全真之教，流傳於數千百載之下，碧虚師師資維持之功居多，碑而銘之固宜」。

曰浮山之南端氣時見君家累世修積必生異人厥此嘉兆至天德庚午十一月十八
自悟謂其侶曰人情大不遠彼此惟利是視不過競蝸角之資耳吾終不以所養害其
篇已而所習水釋衲衣不襟頭蓬不櫛面垢不潔行歌道舞似痴似狂人以楊害風名
二年人問則對之以手腹餒則行乞于市至承安改元陝西路統軍使完顏輔國公慕
之左右即於須春亭下強請入見嘉議視之其形克肖明年完顏驃騎公疾□膏肓或
謝昝揮手固却既而求法水者如林人有持其紙襖而療疾者疾亦遄愈嘉議感其靈
以光其德至有獨能繼祖師遺風之句志者曰撮土爲香而翠煙靄出呪水注井而震
集語默動靜之常則見於語録俱傳於世師經營祖庭餘二十年承安中與呂□虛翰
其衆有如楊四先生無欲李公高陵王公新豐李公下邽李公曹李先生及邢鄭焦董
志遠尤其翹楚者故師琢磨譴訶之訓益致其嚴有願受度爲弟子者必厲色疾視而
夏師自京兆抵鳳翔辭諸故舊嘗言永訣之意衆皆疑之還宮又訣於諸老六月十一
師不平其化也師往言別宋見之恍然如夢寐閒及往視之則師已逝矣聞者驚駭
承安中無欲及劉守中守謹李志靜王志覺輩即師之故居搆爲道院榜以碧虛觀袁
夏五月往謁堂下訪爲謙于嶽之客舍具道真常宗師之意懇徵文石未幾無欲歸化
謹按無欲來狀摭其行事之著見者編次之試爲之説曰天地間有至大至剛之氣流
天下之物剛其心故能歷天下之變今觀碧虛師日用之常似狂似□不羈世教而其
閒浩然獨存者乎以陽鍊陰乃凝於神則有純乾之道抱樸見素不□不飾則有白賁
卿以是而格璗基其爲教也至矣無欲又從而光大之可謂郢匠工於運斤郢人善於
功居多碑而銘之固宜
川於詩囊謔浪笑傲縱肆誕荒其古之所謂楚狂者耶地可動志不可動孰爲乎剛石
石百世玄綱書不盡言言不盡意維以志疇昔之行藏

局部

浮山老仙，骨相堂堂。道中標製，物外簪裳。納乾坤於馬杓，攬風月於詩囊。謔浪笑傲，縱肆誕荒。其古之所謂楚狂者邪？地可動，志不可動，孰爲乎剛？石可轉，心不可轉，孰爲乎」方？祝螟蛉於速化，企鸞鶴之高翔。乘彼白雲，倏歸故鄉。他山片石，百世玄綱。書不盡言，言不盡意，維以志疇昔之行藏」。

中統三年十一月癸未朔十八日庚子

衍真大師提點終南山重陽萬壽宮事賜紫門人張志悦立石

三原縣令李伯禄、縣丞辛恩施石，郝德安、唐古歹、白達達同施石」

門人陳志元鎸字」

按

此碑所記碧虚楊真人之生平事迹及對全真教之發揚廣大，對于研究全真教及全真教歷史人物，具有極大的資料價值。此碑書法遒勁有力，剛直不虚，實得柳體之韻，確標唐楷之的，爲元碑楷體之佳品。

496.1263　大元重修樓觀臺宗聖宮記

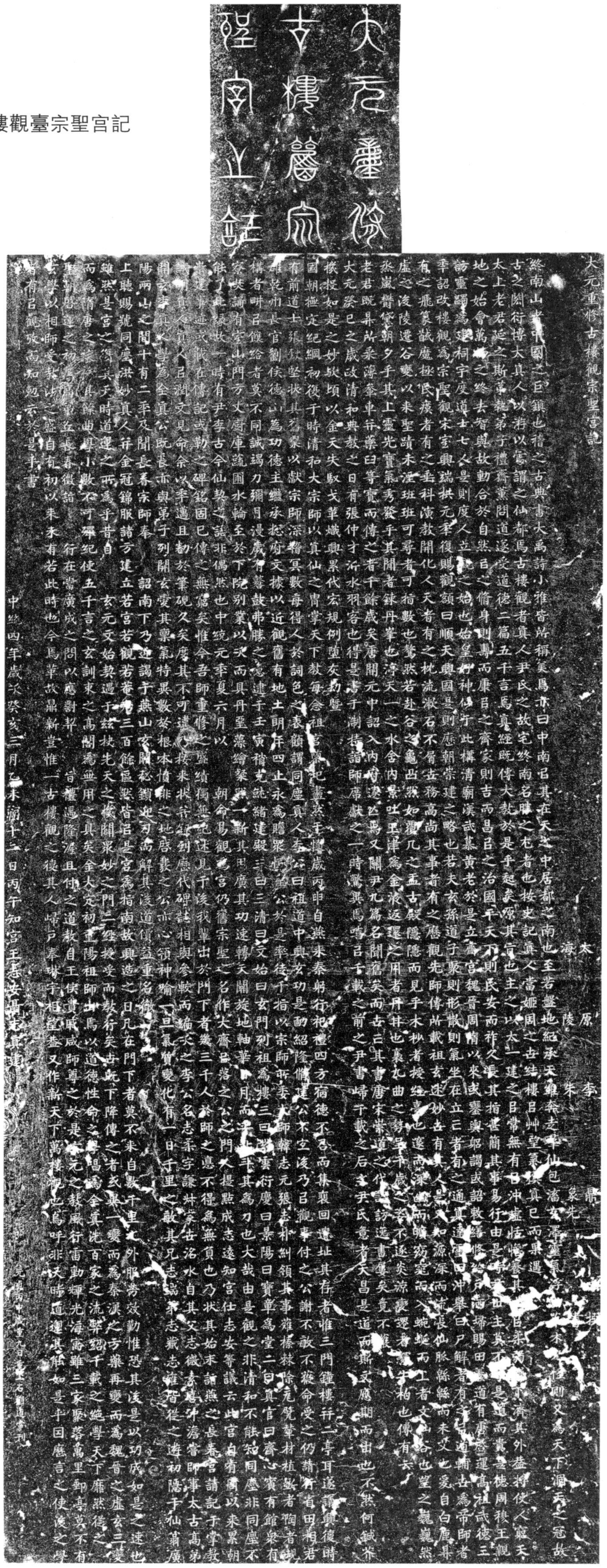

説 明

蒙古中統四年（1263）三月刻立，元元貞二年（1296）九月重刻。碑螭首方座，通高450厘米，寬145厘米。額文3行，滿行4字，篆書"大元重修」古樓觀宗」聖宫之記」"。正文楷書32行，滿行74字。李鼎撰文，朱象先書丹。碑陰刻宗聖宫宗主同塵真人門下各府、州、縣宫觀綱首名氏。現存周至樓觀臺宗聖宫遺址三清殿前東側。《陝西碑石精華》《樓觀臺道教碑石》著録。

釋 文

大元重修古樓觀宗聖宫記」

太原李鼎撰」

海陵朱象先書」

終南山者，中國之巨鎮也。稽之古典，《書·大禹》《詩·小雅》皆所稱美焉。亦曰"中南"，以其在天之中，居都之南也。至若盤地紀，承天維，奔走群仙，包滀玄澤，靈氣浮□，草木光怪，則又爲天下洞天之冠。故」古之閎衍博大真人以游以處，謂之仙都焉。古樓觀者，真人尹氏之故宅，終南名勝之尤者也。按《史記》，真人當姬周之世，結樓以草，望氣徯真，已而果遇」太上老君，延之斯第，執弟子禮，齋薰問道，遂受《道》《德》二篇五千言焉。真經既傳，大教於是乎起矣。原其旨也，主之以太一，建之以常無，有以沖虚恬憺養其内，以柔弱謙下濟其外。蓋將使人窮天」地之始，會萬物之終，去智與故，動合於自然。以之脩身，則壽而康；以之齊家，則吉而昌；以之治國平天下，則民安而祚久長。其指甚簡，其事易行。由是，時君世主莫不尊是道而貴是德。周穆王親」訪靈躅，爲建祠宇，度道士七人，是則度人立觀之始也。始皇好神仙，于此構清廟；漢武慕黄老，於是立齋宫。魏、晉、周、隋以來，或鑾輿躬謁，或詔敕繕修，給户洒埽，賜田養道。有唐啟運，高祖武德三」年，詔改樓觀爲"宗聖觀"。宋室興，端拱元年，復賜觀額曰"順天興國"。是則歷朝崇建之略也。若夫玄孫道子，聚則形，散則氣。坐在立亡者有之，通真達靈曰沖舉、曰尸解者有之，以道輔世爲帝師者」有之，飛篆馘魔、拯民瘼者有之，垂科演教、開化人天者有之，枕流漱石、不屑世務、高尚其事者有之。歷觀《先師傳》所載，祖玄述妙，世有其人。是又知源深而流長，仙脉綿綿而未艾也。爰自白鹿昇」虚之後，陵遷谷變以来，聖迹未湮、班班可尋者，可指數也。鶩然若赴谷之龜，凸然如覆几之盂。古殿隱隱而見乎木杪者，授經臺也。邃而深，幽而曠，窈窕而入，蜿蜒而上者，文仙谷也。望之巍巍然」，烝嵐鬱黛朝夕乎其上，靈光寶氣秀發乎其間者，鍊丹峰也。渟天一之水，含内景，吐玉津，爲金液返還之用者，丹井也。褭九曲之勢，呈千歲之姿，不逐炎涼變遷者，繫牛柏也。傳有云」：老君既昇，所乘薄犇車并藥臼等，寶而傳之者千餘歲矣。唐開元中，詔入内府，遂亡焉。又《關尹》九篇，名聞舊矣，而世亡其書。唐宋崇道之代，詔訪逸書屢矣，竟不獲」。大元癸巳之歲，政清和典教之日，有張仲才，沂水羽客也，得是書于淛，持詣師席獻之，一時驚異焉。嘻！以千載之前之尹書，歸千載之后之尹氏，意者天昌是道，而斯文應期而出也。不然，何鍼芥」機投如是之妙欤。頃以金天失馭，戈革熾興，累代宏規，例墮灰劫。暨」國朝撫定，紀綱初復，于時清和大宗師以真仙之胄，掌天下教。每念祖宫隳圮，盡然于懷。歲丙申，自燕来秦，躬行祀禮。四方宿德，不召而集。裵回遺址，其存者惟三門、鐘樓并二亭耳，遂議興復。時」有前道士張致堅，狀其舊業以獻。宗師深稽冥數，每得人於詞色之表，顧謂同塵真人李公曰："祖道中興，玄功是勔，紹隆脩建，公不宜後。"乃以觀事付之。公謝不敏，不獲命，受之。仍請行省田相君」雄、乾州長官劉侯德山爲功德主，繼承總府文據，以近觀舊有地土，明斥四止，永爲贍衆恒産。公於是率徒千指，以宗師所委，大師韓志元、張志朴糾領其事，薙榛棘，除瓦甓，鳩材植。斫者、陶者、規」構者、耕以餉給者，莫不同誠竭力，彌月漫歲，有鼛鼓弗勝之意。逮于壬寅，稍克就緒，建殿三：曰三清、曰文始、曰玄門列祖。爲樓三：曰紫雲衍慶、曰景陽、曰寶章。爲堂二：曰真官、曰齋心。賓有館，衆有」寮，焚誦有室，山門、方丈、廚庫、蔬圃、水輪，至於下院別業，以次而具。丹堊藻繪，粲然一新。其用廣，其功速，轉天關，旋地軸，華日月而平北斗，其爲力也大哉。由是觀之，非清和不能知同塵，非同塵不」能了此緣。故一時有尹、李古今仙契之語，非偶然也。中統元年夏六月，以朝命易觀爲宫，仍舊宗聖之名，作大齋以落之。公之門人提點成志遠、知宫仕志安等議云："此宫自有周以来，累朝」崇建，事迹或載在傳記，或勒之碑銘，固已傳之無窮矣。惟今吾師重修之盛績，獨無紀述見于後。我輩出於門下者幾三千人，於師之德不得爲無負也。"乃狀其始末，詣燕之長春宫，請記于掌教」誠明真人。真人以潤文見命，余以年邁且勌於筆硯久矣，度其不可違，乃按来狀并録到歷代碑誌，相與參較而編次之。李公名志柔，字謙叔，家世洺水。自其父志微素喜沖澹，嘗師事太古高弟」開玄李真人，學爲全真。公既長，亦與弟子列。開玄愛其

之巨鎮也稽之古典書大禹詩小雅皆所稱美焉亦曰中南以其在天之中居都之南也至若盤地紀承天維奄[illegible]包[illegible]
真人以游以處謂之仙都焉古樓觀者真人尹氏之故宅終南名勝之冠者也按史記真人當姬周之季結樓以艸望氣候真
斯第執弟子禮齋薰問道遂受道德二篇五千言焉真經既傳大教於是乎起矣原其旨也主之以太一建之以常無有曰沖
之終去智與故動合於自然以之脩身則壽而康以之齊家則吉而昌以之治國平天下則民安而祚久長其指甚簡其事易
宇度道士七人是則度人立觀之始也始皇好神仙于此構清廟漢武慕黃老於是立齋宮魏晉周隋以來或鑾輿紹謁或詔
宗聖觀宋室興端拱元年復賜觀額曰順天興國是則歷朝崇建之略也若夫玄孫道子聚則形散則氣坐在立亡者有之通
拯民瘼者有之垂科演教開化人天者有之枕流漱石不屑世務高尚其事者有之歷觀先師傳所載祖玄述妙世有其人是
變以來聖蹟未湮班班可尋者可指數也驚然若赴谷之龜凸然如覆几之孟古殿隱隱而見乎木杪者授經臺也邃而深幽
乎其上靈光寶氣秀發乎其間者錬丹峯也渟天一之水含內景吐玉津爲金液返還之用者丹井也裊九曲之勢呈千歲之
薄峯車并藥臼等寶而傳之者千餘歲矣唐開元中詔入內府遂亾焉又闗尹九篇名聞舊矣而亡已其書唐宋崇道之代嘗
政清和典教之日有張仲才沂水羽客也得是書于制持詣師席獻之一時驚異焉嘗以千載之前之尹書歸于千載之后之尹
欸頃以金天失馭戈革熾興累代宏規例墮灰劫暨
初復于時清和大宗師以真仙之胄掌天下教每念祖宮䆳圯盡然于懷歲丙申自燕來秦躬行祀禮四方宿德不召而集褒
堅壯其舊業以獻宗師深稽冥數每得人於詞色之表顧謂同塵真人李公曰祖道中興玄功是勔紹隆脩建公不空汝乃以
侯德山爲功德主繼承總府文據以近觀舊有地土明年四止永爲瞻衆[illegible]公於是率徒千指以宗師所委大師韓志元張
者莫不同誠竭力彌月漫歲有鼛鼓弗勝之意逮于壬寅稍克就緒建殿三曰三清曰文始曰玄門列祖爲樓三曰[illegible]雲衍慶
門方丈廚庫蔬圃水輪至於下院別業以次而具丹堊藻繪粲然一新其用廣其功速轉天關旋地軸華月而[illegible]斗其爲
時有尹李古今仙勢之誌非偶然也中統元年夏六月以 朝命易觀爲宮仍舊宗聖之名作大齋以落之公之門人提點
在傳記或勒之碑銘固已傳之無窮矣惟今吾師重修之盛績獨無紀述見于後我輩出於門下者幾三千人於師之恩不得
以潤文見命余以年邁且勸於筆硯久矣度其不可違以按來狀并録到歷代碑誌相與參較而編次之李公名志柔字謙[illegible]
爲全真公既長亦與弟子列開玄㝎其稟氣特異數於根本憤悱之地啓裁之公亦心領神喻一旦氣質變化有一日千里之
有二年及聞長春宗師奉 詔南下乃迎謁于燕山玄關秘鎖迎刃而解其後道價益重名徹
洪妙真人并金冠錦服諸方建立若宮若觀若菴三百餘區然皆以是宮爲指南故興造之日凡在門下者莫不來自數千
其于時道運之所爲乎昔自 玄元文始契遇于茲抉先天之機闢衆妙之門二經授受而教行矣世既下降傳之者或異
[illegible]具餘曲學小數不可殫紀使五千言之玄訓束之高閣爲無用之具矣金大定初重陽祖師出焉以道德性命之學唱爲全
[illegible]高弟丘長春徵詣 行在當廣成之問以應對契 旨禮遇隆渥且付之道教自王侯貴戚師尊之於是玄元之教
教法之盛自有初以來未有若此時也今焉革故鼎新豈惟一古樓觀之復其人歸戶奉琳宇相望蓋又作新天下萬樓觀也
知勉忘於是乎書
中統四年歲次癸亥三月乙未朔十二日丙午知宮王志安𠕇志真建
局部

禀氣特異，數於根本憤悱之地啟發之，公亦心領神喻。一旦氣質變化，有一日千里之敏。其兄志端，弟志藏、志雍皆從之遊。初隱于仙翁、廣」陽兩山之間十有二年。及聞長春宗師奉詔南下，乃迎謁于燕山，玄關秘鎖迎刃而解。其後道價益重，名徹」上聽，賜號"同塵洪妙真人"，并金冠錦服。諸方建立若宮、若觀、若庵，殆三百餘區，然皆以是宮爲指南。故興造之日，凡在門下者，莫不来自數千里之外，服勞效勤，惟恐其後。是以功成如是之速也」。雖然，是宮之復，其天時道運之所爲乎。昔自玄元、文始契遇于兹，抉先天之機，闢衆妙之門，二經授受而教行矣。世既下降，傳之者或異，一變而爲秦漢之方藥，再變而爲魏晉之虚玄，三變」而爲隋唐之禳禬，其餘曲學小數，不可殫紀。使五千言之玄訓，束之高閣，爲無用之具矣。金大定初，重陽祖師出焉，以道德性命之學，唱爲全真。洗百家之流弊，紹千載之絶學，天下靡然從之」。聖朝啟運之初，其高弟丘長春徵詣行在，當廣成之問，以應對契旨，禮遇隆渥，且付之道教。自王侯貴戚，咸師尊之。於是玄元之教風行雷動，輝光海寓。雖三家聚落，萬里郵亭，莫不有」玄學以相師受。教法之盛，自有初以来，未有若此時也。今焉革故鼎新，豈惟一古樓觀之復。其人歸户奉，琳宇相望，蓋又作新天下萬樓觀也。烏呼，非天時道運，其能如是乎！因歷言之，使後之學」者有以觀考而知勉云，於是乎書」。

中統四年歲次癸亥三月乙未朔十二日丙午

知宮王志安、聶志真建

元貞丙申歲重九日重上石，劉道常刊」

按

該碑所載古樓觀名稱之變化由來、重修之原由、全真教之組織及活動區域等，對于研究全真教派及古樓觀臺之歷史具有一定的價值。

書者朱象先，自命道號一虚子，又號海陵仙人。海陵（今江蘇泰州）人。曾撰有《終南山説經臺歷代真仙碑記》《古樓觀繫牛柏記》《終南山重建會靈觀記》《玉華觀碑》《終南山樓觀宗聖宮提點成公先生墓誌》等。

497.1264　特賜耀州五臺山静明宮并加真人號記

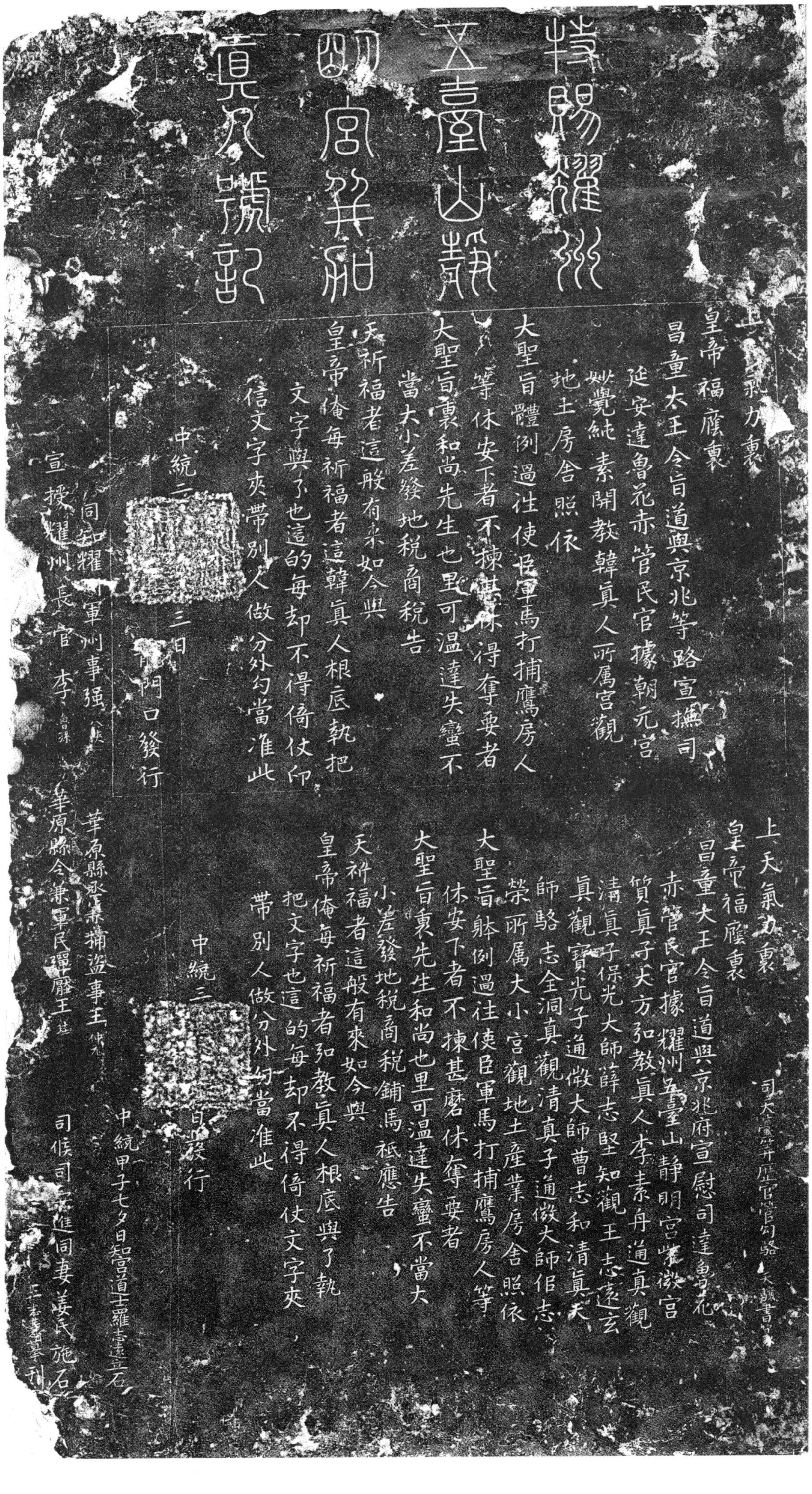

特賜耀州五臺山静明宮并加真人號記

上天氣力裏
皇帝福廕裏
昌童太王令旨道與京兆等路宣撫司
延安達魯花赤管民官據朝元宮
妙覺純素開教韓真人所屬宮觀
地土房舍照依
大聖旨體例過往使臣軍馬打捕鷹房人
等休安下者不揀甚休得奪要者
大聖旨裏和尚先生也里可温達失蠻不
當大小差發地税商税告
天祈福者這般有來如今與
皇帝俺每祈福者這韓真人根底執把
文字與了也這的每却不得倚仗俺
信文字夾帶別人做分外勾當准此
中統二[illegible]三日
[illegible]門口發行
同知耀[illegible]軍州事强[illegible]
宣授耀州長官李[illegible]
華原縣丞兼捕盗事王[illegible]
華原縣令兼軍民彈壓王[illegible]

上天氣力裏
皇帝福廕裏
昌童大王令旨道與京兆府宣慰司達魯花
赤管民官據耀州五臺山静明宮掌微宮
賀真守大方弘教真人李素舟道真觀
清真子保光大師薛志堅知觀王志遠玄
真觀寶光子通微大師曹志和清真天
師駱志全洞真觀清真子通微大師侶志
榮所屬大小宮觀地土産業房舍照依
大聖旨躰例過往使臣軍馬打捕鷹房人等
休安下者不揀甚麽休奪要者
大聖旨裏先生和尚也里可温達失蠻不當大
小差發地税商税鋪馬祗應告
天祈福者這般有來如今與
皇帝俺每祈福者弘教真人根底與了執
把文字也這的每却不得倚仗文字夾
帶別人做分外勾當准此
中統三[illegible]日[illegible]發行
中統甲子七夕日知宫道士羅志遠立石
司候司[illegible]進同妻姜氏施石
[illegible]刊

説 明

蒙古中統五年（1264）七月刻。碑方首龜座。通高159厘米，寬84厘米。額文4行，滿行4字，篆書“特賜耀州」五臺山静」明宫并加」真人號記」”。正文分上下兩欄，上欄刻諭旨一道，楷書16行，行字不等；下欄亦刻諭旨一道，楷書18行，行字不等。駱天驤書丹並篆額。原立于藥王山南庵。現存銅川藥王山博物館。《陝西金石志》《陝西碑石精華》《藥王山碑刻》著録。

釋 文

上天氣力裹」，皇帝福蔭裹」，昌童大王令旨：道與京兆等路宣撫司」，延安達魯花赤、管民官，據朝元宫」妙覺純素開教韓真人所属宫觀」、地土、房舍，照依」大聖旨體例，過往使臣、軍馬、打捕鷹房人」等，休安下者。不揀甚，休得奪要者」。大聖旨裹和尚、先生、也里可温、達失蠻，不」當大小差發、地税、商税，告」天祈福者，這般有来，如今與」皇帝俺每祈福者，這韓真人根底執把」文字與了也。這的每却不得倚仗印」信文字，夾帶别人做分外勾當。准此」。

中統二□□□三日」

龍門口發行（以上上欄）

上天氣力裹」，皇帝福蔭裹」，昌童大王令旨：道與京兆府宣慰司達魯花」赤、管民官，據耀州五臺山静明宫紫微宫」質真子大方弘教真人李素舟、通真觀」清真子保光大師薛志堅、知觀王志遠、玄」真觀賓光子通微大師曹志和、清真天」師駱志全、洞真觀清真子通微大師似志」榮，所属大小宫觀、地土、産業、房舍，照依」大聖旨體例，過往使臣、軍馬、打捕鷹房人等」，休安下者。不揀甚磨，休奪要者」。大聖旨裹先生、和尚、也里可温、達失蠻，不當大」小差發、地税、商税、鋪馬、祇應，告」天祈福者，這般有來，如今與」皇帝俺每祈福者，弘教真人根底與了執」把文字也。這的每却不得倚仗文字，夾」帶别人做分外勾當。准此」。

中統三□□□□日發行」（以上下欄）

司天臺算歷官管勾駱天驤書篆」

同知耀州軍州事强公□

宣授耀州長官李魯孫

華原縣丞兼捕盜事王仲元

華原縣令兼軍民彈壓王珪」

中統甲子七夕日知宫道士羅志遠立石」

司候司安進同妻姜氏施石」

王志慧摹刊」

498.1264　清和妙道廣化真人尹志平碑

説 明

元世祖至元元年（1264）十月刻。碑首佚，龜座。通高355厘米，寬140厘米。正文楷書41行，滿行91字。弋彀撰文，員擇書丹，李秫篆額。門人楊志松刊。上部13字左右風化較重。原立于户縣祖庵鎮北郊田野，1962年移豎于重陽宫後院中。現存西安市鄠邑區祖庵重陽宫碑廊。《道家金石略》《陝西碑石精華》《重陽宫道教碑石》等著録。

釋 文

玄門掌教清和妙道廣化真人尹宗師碑銘并序

汝陽弋彀撰

平陸員擇書丹

襄山李秫篆額」

宗師，全真嗣教六世祖也。自守真緒，風化鼎盛，什百於疇昔。形器之域，古今同盡。春秋八十有三，遽有拂衣啟手之歎，以辛亥二月六日昇于大房山清和宫之正寢。寧神五華山者，幾十稔矣。嗣教誠明張公一日語衆曰：“清和師思報」祖師之恩，遂大葬之禮。仍即其福地，並建宫宇，勝概甲天下，弘闡祖道，功越古今。吾儕享其成業，今無一報，顔實腆矣。將刻碑紀實，以詔無窮，若何？”僉曰：“唯。”遂以中統三年冬十月吉日，徵文於汝陽弋彀。僕以師真道德高厚，奥妙無方，詎以」荒疏淺淺者所能窺測形容哉？固讓，不可。謹按門人馬志通所紀行狀，仍摭其功德之著見於耳目者，序述之。

夫道之在天下，一而已。惟天之所以畀付於聖賢者，無不備其所以濟斯世而見於功用者，或久近廣狹之不齊，何哉？曰，時也。時」非聖賢所能必，能不滯其時而已。或拱揖廊廟，或私淑側陋，或清净而化、揖讓而治，或平水土、降播種，或放伐以救焚溺，或寬默以革苛僞。文勝質喪，則示還淳反朴之訓；禮壞樂崩，則正三綱五常之教。大則天下後世，小則一郡一邑，隨機」應變，與物推移，要不過乎徇道以濟斯世耳。由迹以觀之，功用之不齊者，所遇之時異也。則天之以是道而畀付於聖賢者，曷嘗有二哉？道猶水也，渴則爲酌飲，旱則爲灌溉；道猶火也，飢則爲烹飪，寒則爲煦嫗。用雖不同，而水火曷嘗有二」哉？頃以金鎵訖運，喪亂並興。黔黎殄於葅醢，玉石爐於烈火。天意開顧，挺生至人，全畀斯道，以假援之之手。於是重陽而後，丹陽、長真、長生、長春繼出，而全真之教興。及清和接長春之統，授受之際，累聖之妙無餘藴。父作子述，闡化數十年」，徒侣遍天下，聞望重朝野。風之所靡，很戾易心，强梗順命，革頑苛爲清净，化湯火爲衽席，挈一世鄙夭之民，躋之仁壽之域。自古教法之盛，功德之隆，惟清和師爲最。蓋天之畀付之道一，而所遇之時異也。

土降播種或放伐以救焚溺或寬默以華苛僞文勝質喪則示還淳反朴之訓禮壞樂崩則正三綱五常之教大則
天之以是道而畀付於聖賢者曷嘗有一哉道猶水也渴則為酌飲旱則為灌溉道猶火也飢則為烹飪寒則為煦
以假援之之手於是重陽而後丹陽長眞長生長春繼出而全眞之教興及清和接長春之統授受之際累聖之妙
一世鄙夭之民躋之仁壽之域自古教法之盛功德之隆惟清和師為最蓋天之畀付之道一而所遇之時異也師
父公直顯考弘誼皆隱德不耀師於大定九年正月二十日生是夕其母方寐見儀衛異常皆盛服而入神思愕然
書郎玄解嘗因祀事究生死理杳然遐想自忘七歲過陝西王大師有從游意十四歲過丹陽眞人遽欲棄家入道
飄然而來斷其首剖其心復置之覺而大有所悟後住庵福山縣養疾惠困勤瘁者累年衆德之游濰州時龍虎完
子禮眞人特器異之付授無所隱又受易於太古郝眞人受口訣於玉陽王眞人自是道業日隆聲價大振四方學
公必不能成此盛事及濰陽謁師於玉清之丈室見其神采嚴重不覺畏敬自失從容語及
聘命交至皆不應至是師勸行使計北上時從者十八人皆德望素重者師為之冠辛巳及癸未備嘗艱阻既見
莫能救遂遣往招慰聞者樂附所全活甚多乙酉歲 敎令長春眞人住太極宮即今長春宮也師在席下四
煙霞觀又欲絕迹遠遁為衆以主教事敦請勉從之還長春宮以嗣事自任自是徒衆輻湊輦轂樂育者日充塞庭
游毋閭山太玄觀之李虛玄語人曰去年院中青氣氤氳者累日占者以為當有異人至今師來既驗矣踰春南歸
追至大合甸不及而返從者相賀曰非師奈我輩何時 皇后遣使勞問賜道經一藏乙未春詣沁州王黃籙
風沁師杜德康平遙師梁瑜各施宮觀一方傾心焉九月達平陽分命披雲宋公率衆鏤道藏經版不數載而完所
師意合丙申春始達於榛莽中規度兆域及宮觀基址終南太華等處諸觀宇毀不能復咸請主於師時陝右甫定
國祈福化人作善時平遙之興國觀崞之神清前高之玉虛白雲洞定襄之重陽沁之神霄平陽之玄都皆主於師
者皆謝遣原野道路設香花望塵迎拜者日千萬計貢物山積略不顧戊戌春忽曰吾老矣久厭勞事以正月上日
其成欣然而往雖冒寒跋險不憚也常曰吾以報師恩耳時季冬京兆一境旱衆禱曰師來和氣必應下車而雪大
師道德素重鎮伏邪氣故得完其功初重陽眞人修道於此既成火其庵而東貽詩有後以復修意至是師賡之亦
意若華山之雲臺驪山之華清太平宗聖等宮悉擇名重耆宿以主之興完皆踰舊是年還燕夏五月過太原時自
今為我洒掃方丈從之翼日長往及宮兆瀕禮聖畢訣衆曰吾將逝矣衆驚愕師曰吾意已決夫復何言有進帋筆
氣滿室遠近聞者奔走賻賵哀慼若喪考妣初師遺言葬大房至是僚士固請遂葬五華徇與意也中統改元二年
經藝洞晃道體所謂博學而約說者當時 朝百褒崇及宏儒名卿詩文讚美裒為一集目曰應緣錄其覺後
性以至命者也得其門者由堂及奧其次不失為誠謹之士其成就於人者如此初居濰陽龍虎家餘二十年姬侍
至剛之氣充諸內形諸外望之如神即之如春不怒而威匪爵而尊雖萬乘不□加其重雖窮處不足為之輕其平
道神明則又時出入意表以天挺之姿承積累之基譬猶日中之陽月盈之光不期盛而自盛尚且謙抑自居淡泊
又大不然自四海橫潰華禮蕩滅污俗所染又豈特於借鋤德色取帚誶語八佾舞庭召主出狩者乎及風化所過

局部

師諱志平，字大和，姓尹氏。遠祖居」滄州，前宋時有官萊州者，因家焉。顯高祖妣有子九人，俱登進士第，仕至郡守者七人。顯大父公直，顯考弘誼，皆隱德不耀。師於大定九年正月二十日生。是夕，其母方寐，見儀衛異常，皆盛服而入，神思愕然，驚寤，師已誕矣。時里人相驚曰」："尹氏宅火。"奔救之，至則無火。稍長，舉止異凡兒。三歲穎悟，善記事。五歲入學，日誦千餘言，讀書即玄解。嘗因祀事究生死理，杳然遐想自忘。七歲，遇陝西王大師，有從游意。十四歲，遇丹陽真人，遽欲棄家入道，其父難之，潛往。十九歲，復迫令」還家，錮之，竟逃出再三，始從之。住昌邑縣之西庵，常獨坐樹下達旦。或一夕，見長生劉真人飄然而来，斷其首，剖其心，復置之，覺而大有所悟。後住庵福山縣，養疾惠困，勤瘁者累年，衆德之。游濰州，時龍虎完顏氏素豪倨，慕師道德，施圃地」創觀曰玉清，率家人尊事之。今觀廢於兵，而松檜鬱爲茂林。後覲長春真人於棲霞觀，執弟子禮，真人特器異之，付授無所隱。又受《易》於太古郝真人，受口訣於玉陽王真人。自是道業日隆，聲價大振，四方學者翕然宗之。己卯歲」，太祖皇帝遣便官劉仲禄徵長春真人。仲禄及益都，真常李公曰："長春今在海上，非先見尹公，必不能成此盛事。"及濰陽，謁師於玉清之丈室，見其神采嚴重，不覺畏敬，自失從容。語及」詔旨，師大喜曰："將以斯道覺斯民，今其時矣。"遂偕往覲長春真人於萊州昊天觀。先是，金、宋聘命交至，皆不應。至是師勸行，决計北上。時從者十八人，皆德望素重者，師爲之冠。辛巳及癸未，備嘗艱阻。既見」帝於西印度，奏對稱旨。還及雲中，真人聞山東亂，國兵又南下，曰："彼方生靈命懸砧鼎，非汝莫能救。"遂遣往招慰。聞者樂附，所全活甚多。乙酉歲，敕令長春真人住太極宫，即今長春宫也。師在席下，四方尊禮者雲合。師曰："我無功德」，敢與享此供奉乎。"遂辭退，住德興之龍陽觀。屢承真人手札，示以托重意。及真人昇，師方隱煙霞觀，又欲絶迹遠遁，爲衆以主教事敦請，勉從之。還長春宫，以嗣事自任。自是，徒衆輻湊，輦贐樂貢者日充塞庭宇。忽謂衆曰："吾素厭冗劇，喜山」林。"遂因平樂請主醮事，而出遁景州之東山。未幾，燕之僚士固請還宫。壬辰」，帝南征還，師迎見於順天，慰問甚厚，仍令皇后代賜香於長春宫，貺賚優渥。甲午春，游母閆山，太玄觀之李虛玄語人曰："去年院中青氣氤氲者累日，占者以爲當有異人至。今師来，既驗矣。"逾春南歸。及玉田，衆喜，爲數日留。日已晡」，遽促駕兼夜行五十餘里，舍豐草中，衆莫知所以。後還宫，始知在玉田時，有寇數百欲劫掠，追至大合甸，不及而返。從者相賀曰："非師奈我輩何。"時皇后遣使勞問，賜《道經》一藏。乙未春，詣沁州，主黄籙醮事。入交城境，居人或夢縣之」地祇曰："真人来，當警衛無虞。"及平遥理醮事，時旱久且風，醮之三晝夜，燈燭恬然，在他境猶風。沁帥杜德康、平遥帥梁瑜各施宫觀，一方傾心焉。九月達平陽，分命披雲宋公率衆鏤《道藏》經版，不數載而完，所費不貲，而人樂成之，亦師爲之」張本。師以此道化大行，歸功祖師重陽真人，遂留意祖庭。時京兆行省田公馳疏来請，適與師意合。丙申春，始達，於榛莽中規度兆域及宫觀基址。終南、太華等處諸觀宇，廢不能復，咸請主於師。時陝右甫定，遺民猶有保栅未下者，聞師至」，相先歸附。師爲撫慰，皆按堵如故。繼而被命於雲中，令師選天下戒行精嚴之士，爲國祈福，化人作善。時平遥之興國觀、崞之神清、前高之玉虚白雲洞、定襄之重陽、沁之神霄、平陽之玄都，皆主於師。秋」，帝命中書楊公召還燕，道經太行山間，群盗羅拜受教，悉爲良民。出井陘，歷趙、魏、齊、魯，請命者皆謝遣，原野道路設香花，望塵迎拜者日千萬計，貢物山積，略不顧。戊戌春，忽曰："吾老矣，久厭勞事。"以正月上日，傳衣鉢於真常李公，俾主教事」。乃卜築五華山，并增葺大房山之真陽觀，更曰清和宫，以爲菟裘焉。祖庭葬具已備，請師董其成，欣然而往，雖冒寒跋險不憚也。常曰："吾以報師恩耳。"時季冬，京兆一境旱，衆禱曰："師来，和氣必應。"下車而雪，大蒇葬禮，以正月二十五日既事」。時陝右雖甫定，猶爲邊鄙重地，經理及會葬者，四方道俗雲集，常數萬人，物議恟恟不安，賴師道德素重，鎮伏邪氣，故得完其功。初，重陽真人修道於此，既成，火其庵而東，貽詩有後人復修意。至是師賡之，亦有"繼祖来修"之語。噫，百年事終」始吻合，豈偶然哉！於是剪蕪平丘，土木並作，堂廡殿閣，燦然一新。既成，額以重陽，以示報本意。若華山之雲臺、驪山之華清、太平宗聖等宫，悉擇名重耆宿以主之，興完皆逾舊。是年還燕，夏五月過太原，時自春不雨，禾種不入。師憐之，出己」帑物爲香火費，爲民祈禱，雨大沛。及還燕，無幾何，謂侍者曰："我常便清和宫之西堂，故居之。今爲我洒掃方丈。"從之。翼日長往，及宫洮頮禮聖畢，訣衆曰："吾將逝矣。"衆驚愕，師曰："吾意已決，夫復何言。"有進紙筆者，嘿不應，惟戒葬事勿豐。遂不」食，但飲水啜茶，危坐談道，語音雄暢異常。是夜久，正衣冠，曲肱而逝。衆毁哭過哀，時馨芳之氣滿室，遠近聞者，奔走賻賵，哀感若喪考妣。初，師遺言葬大房。至是僚士固請，遂葬五華，徇輿意也。中統改元二年」，詔贈清和妙道廣化真人。師平日著述甚多，門人版之，目曰《葆光集》，并語録行于世。皆通貫經藝，洞見道體，所謂博學而約説者。當時朝旨褒崇，及宏儒名卿詩文讚美，裒爲一集，目曰《應緣録》。其覺後進則高下不遺，蹊徑坦明。以謙」遜勤約爲治心之要，以踐履功行爲入道之基。及其縱説，則時亦露機緘之妙，所謂窮理盡性以至命者也。得其門者由堂及奥，其次不失爲誠謹之士，其成就於人者如此。初居濰陽龍虎家餘二十年，姬侍日滿前，終莫一識其面。常失善」馬，獲其盜，物色既驗，盜畏罪不承曰："此我馬也。"師即還馬縱去，其高潔不累於物如此。至大至剛之氣充諸内，形諸外，望之如神，即之如春，不怒而威，匪爵而尊，雖萬乘不足加其重，雖窮處不足爲之輕，其平日之所養者如此。及遭時得君」，權道濟物，祥風時雨，覆及遠方，跂行喙息，罔不得其所，其見於功用者如此。其至誠前知，感通神明，則又時出人意表。以天挺之姿，承積累之基，譬猶日中之陽，月盈之光，不期盛而自盛。尚且謙抑自居，淡泊自樂，化應乎無窮之緣，神寂乎」寥廓之鄉，體用兼備，無過不及之弊，其諸異乎同源而異流者與。抑世有以綱常爲言者，是又大不然。自四海横潰，華禮蕩滅，污俗所染，又豈特於借鋤德色，取帚誶語，八佾舞庭，召王出狩者乎？及風化所過，暴者仁，奪者讓，泰者抑，上下帖」然，此於綱常之助，其功豈易量哉！僕悼夫昧大體而妄自分裂者，故併及之。銘曰」：

叔世運厄坤軸旋，皇綱解紐兵方連。鼎中生靈若小鮮，磨牙萬喙垂飢涎。天生至人蓋汝憐，神道設教畀已專。重陽發源亦有傳，得自無始先天先。世間果有甘河泉，萬劫老派常涓涓。流入濰陽玉清前」，灌溉六葉開金蓮。混沌雖鑿大道全，積靄掃盡孤月圓。至理混融無正偏，漆園鄭圃非獨賢。遭時得君明機權，鑑光亦豈從媸妍。冥鴻高舉蓬海邊，閶闔萬里来翩翩。鰲頭可釣虎可編，萬虬誰信容箬鞭」。頽波力障迴九川，塗炭氣化成几筵。惠雨一灑劫火燃，大地墾作種玉田。精衛投石海空填，螟蛉遇祝速變遷。風雲千載非偶然，轉禍爲福皆夤緣。歸来演教談妙玄，英華咀嚼九九篇。琅函萬軸成蹄筌」，始信天上無痴仙。洙泗豈特徒三千，燈分大小俱燀燀。有心不敢自聖癲，有口難説無礙禪。人云功行遍八埏，波浪幻迹從汩汩。草樓菟裘茅一椽，茹芝大房腹便便。直鈎坐釣三峰巔，寶地花木肥芊芊」。青山不礙行雲煙，死而不亡壽更延。它山有琰實可鎸，光騰億劫無歲年。千谿萬壑分嬋娟，明月依舊懸青天」。

至元元年十月二十三日」

玄門正派嗣法演教宗師特授光先體道誠明真人張志敬建」

按

尹志平，《元史·丘處機傳》附載，僅簡略記"其徒尹志平等世奉璽書襲掌其教"。此碑所載尹志平之生平、家世、出道經過及對道教事業的貢獻等，均可補正史之闕。

同塵洪妙
真人李尊
師道行碑

説 明

元世祖至元七年（1270）七月刻。碑圓首方趺。高250厘米，寬95厘米。額文3行，滿行4字，篆書“同塵洪妙亅真人李尊亅師道行碑亅”。正文楷書28行，滿行60字。李道謙撰文，龐志和書丹並篆額。碑身大體完好，上半部有漫漶不清之處。現存周至樓觀臺宗聖宫遺址。《道家金石略》《樓觀臺道教碑石》著録。

釋 文

終南山樓觀宗聖宫同塵真人李尊師道行碑

夷山天樂道人李道謙撰

金泉龐志和書丹并篆額

師姓李氏，諱志柔，字謙叔，其先洺水人。世業農桑，以門地清白見稱於鄉里。昆季凡四人，師其次也。生有宿慧，及長，雅好林泉，蕭然有出塵之韻。父志微，素嗜亅玄學，先從趙州臨城縣太古高弟開玄真人李君，參受全真教法。及學成行尊，所作歌詩，深契玄理。泰和辛酉歲，師亦事開玄，執弟子礼。服勤日久，開玄識爲亅受道器，真詮秘訣付授無所隱。師既蒙印可，自是鍊心養性，丐食邢、洺間，雖絶粒數日，立志不少衰。尋隱居仙翁、廣陽兩山，謝絶人事者十有二年，潛究道德亅性命之學，大有所得。是時，開玄及志微俱上仙，其兄志端，弟志藏、志雍，皆從師遊，蓋相尚以道也。已而西山盜起，遷邢臺，築通真觀居之。道價日隆，遠近亅嚮慕，願爲門弟子者，户外之屨常滿。庚辰春，聞亅長春國師拔起海隅，道經燕、趙，師具禮以餞行。迨癸未八月，長春奉亅詔南下，師復迓於宣德之朝元觀，長春以碩德宿望，賜號“同塵子”，教以立觀度人，將迎往来道衆爲務。師恪遵玄訓，於是始建長春於漳川，奉天、棲真於大名亅。丙戌，復詣燕覲寶玄堂，參證心印。明年秋，長春返真，師杖屨南歸，嚮化者益衆，如磁州之神霄，相之清虚，林慮之天平，廣宗之大同，燕之洞真，皆以次而舉亅。其門弟諸方起建大小庵觀二百餘區，化度道流，稱是。丙申，清和大宗師自燕入秦，興復終南劉蔣祖庭，時師亦侍行。適樓觀宗聖宫道士張致堅以廢址係亅玄元道祖演《道》《德》二篇聖迹，天興兵亂，焚毁殆盡，具狀懇宗師乞爲重建計。宗師以爲無丹山豈能棲彩鳳，有任公乃得厭大魚，即以狀付師，俾任其責。師奉亅命率徒剗荆蕪，陶瓦甓，經之營之，日漸成序。丁酉冬，真常宗師署師大名、邢洺兩路教門提點暨清真大師號，俾往来秦、魏、趙間，以辦其事。不十載，雄亅樓杰觀，燦然一新。庚戌，洺州牧石德玉慕師名節，詣亅闕保奏，賜黄金冠服，加號“同塵洪妙真人”。甲寅春，詔燕京大長春宫修普天大醮，師預高道之選。事竟，盤桓邢、洺，諸觀院有未完者，例爲補葺。中統癸亥亅，誠明宗師命督還樓觀，凡有闕略，悉加修飾。方之前代，增益數倍矣。至元改元，奉德音禁民侵擾及使臣、軍旅無聽留宿，以便焚誦。三年丙寅夏六月二亅日，沐浴正襟，儼若平日，集衆於前，戒以修身利物爲念，以後事嗣弟子石志堅主領。翌日，翛然順化，享年七十有八。方其斂息之際，宫北焦家巷居民見空界亅五雲浮動，仙音朗徹，奔往視之，師乃昇矣。畏暑流金，顔色如生，醮祭者三日，權瘞於所居之丈室。既事，遣介赴喪於東門人。忽一日，大名奉天宫群鶴飛鳴，下亅直壇殿，衆目仰瞻，須臾訃音至，識者以爲師之神遊也。後四年庚午，門下諸耆宿卜以清明日，葬於宫東南成道觀之仙遊堂。師純素誠敬，終日危坐，望之毅亅然，若不可犯。迨其即之，教人不倦，皆啚養精氣神之秘，其次則必以退己進人罪福之方，隨高下接引之，誕惑幻怪之語不道也。雖應緣世務中，其頤真毓浩亅之業，未始少間。輕財重義、慈儉謙裕，殆若夙成。四方學徒不可勝計，歲時供奉，金帛充溢，悉歸常住爲興建費，衣冠之外，囊無私積，故能享耆壽、致高名。所亅至之地，權豪士庶莫不再拜礼敬，北面師事之。自非胸中誠實所格，疇克爾邪。以余嘗辱知於師，比其葬也，石君志堅狀師平昔所行大概，懇来乞文，將刻亅之石。余亦重師之有道，不敢以固陋辭，乃因其實而紀之。銘曰亅：

希夷道妙言難窮，誠之所感斯能通。粤有人兮宿慧充，開玄嫡嗣同塵公。早年穎悟超樊籠，仁慈清儉居謙沖亅。虎龍交媾全真功，鍊就骨肉俱相融。令名籍籍壓岱嵩，所在請益来參同。西翱東翔闡宗風，隨機接物開盲聾亅。草樓灰燼施神工，瑶壇玉宇增興隆。功成道備師知雄，退身閑居德愈崇。百年厭世遊太空，昭昭不亡存其中亅。我作銘詩樹琳宫，高天厚地齊始終亅。

大朝至元七年上章敦牂歲夷則中元日

知宫成志通、王志安、聶志真、提點成志遠立石亅

楊志震刊亅

按

李志柔，《元史》無載。此碑所載其生平事迹、家世及與全真教發展相關的資料等，均可補正史之闕。

500.1272　誠明真人張志敬道行碑

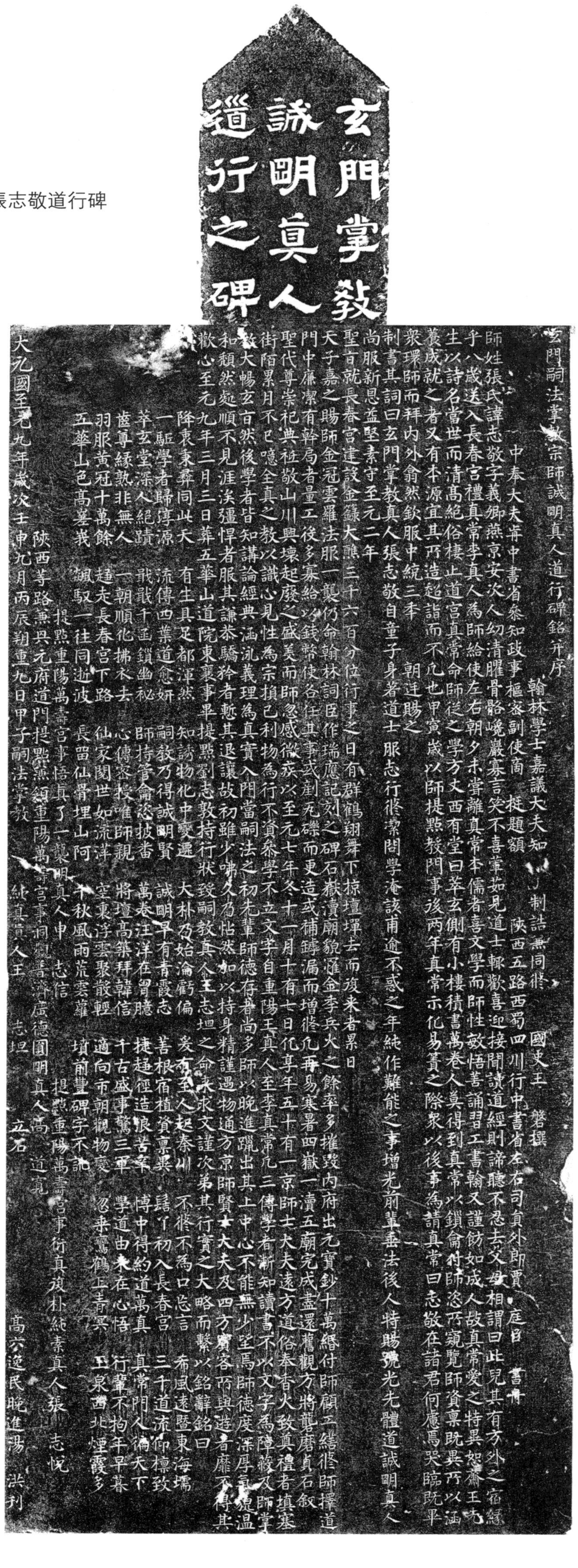

説明

元世祖至元九年（1272）九月刻。碑螭首方趺。通高384厘米，寬119厘米。額文3行，滿行4字，隸書“玄門掌教」誠明真人」道行之碑」”。正文楷書27行，滿行61字。王磐撰文，賈庭臣書丹，商挺題額。原立于户縣祖庵鎮北郊田野，1962年移豎于重陽宫後院中。現存西安市鄠邑區祖庵重陽宫碑廊。《道家金石略》《陝西碑石精華》《重陽宫道教碑石》等著録。

釋文

玄門嗣法掌教宗師誠明真人道行碑銘并序」

翰林學士嘉議大夫知制誥兼同修國史王磐撰」

中奉大夫前中書省參知政事樞密副使商挺題額

陝西五路西蜀四川行中書省左右司員外郎賈庭臣書丹」

師姓張氏，諱志敬，字義卿，燕京安次人。幼清臞，骨骼巉巖，寡言笑，不喜葷茹，見道士輒歡喜迎接，聞讀《道經》則諦聽不忍去。父母相謂曰：此兒其有方外之宿緣」乎？八歲送入長春宫，禮真常李真人爲師，給使左右，朝夕未嘗離。真常本儒者，喜文學，而師性敏悟，善誦習，工書翰，又謹飭如成人，故真常愛之特異。恕齋王先」生以詩名當世，而清高絶俗，棲止道宫，真常命師從之學。方丈西有堂曰萃玄，側有小樓，積書萬卷，人莫得到，真常以鎖鑰付師，恣所窺覽。師資禀既異，所以涵」養成就之者又有本源，宜其所造超詣而不凡也。甲寅歲，以師提點教門事。後兩年，真常示化，易簀之際，衆以後事爲請，真常曰：“志敬在，諸君何慮焉。”哭臨既畢」，衆環師而拜，内外翕然欽服。中統三年，朝廷賜之」制書，其詞曰：玄門掌教真人張志敬，自童子身著道士服，志行修潔，問學淹該。甫逾不惑之年，純作難能之事，增光前輩，垂法後人。特賜號“光先體道誠明真人」”。尚服新恩，益堅素守。至元二年」，聖旨就長春宫建設金籙大醮三千六百分位。行事之日，有群鶴翔舞，下掠壇墠，去而復来者累日」。天子嘉之，賜師金冠雲羅法服一襲，仍命翰林詞臣作《瑞應記》，刻之碑石。嶽瀆廟貌，罹金季兵火之餘，率多摧毁，内府出元寶鈔十萬緡付師，顧工繕修。師擇道」門中廉潔有幹局者，量工役多寡，給以錢幣，使各任其事。或剷瓦礫而更造，或補罅漏而增修。凡再易寒暑，四嶽一瀆，五廟完成，盡還舊觀。方將礱磨貞石，叙」聖代尊崇祀典，祇敬山川，興壞起廢之盛美，而師忽感微疾，以至元七年冬十一月十有七日化，享年五十有一。京師士大夫、遠方道俗奉香火致奠禮者，填塞」街陌，累月不已。噫，全真之教，以識心見性爲宗，損己利物爲行，不資參學，不立文字，自重陽王真人至李真常，凡三傳，學者漸知讀書不以文字爲障蔽。及師掌」教，大暢玄旨，然後學者皆知講論經典、涵泳義理爲真實入門。當嗣法之初，先輩師德存者尚多，師以晚進躐出其上，中心不能無少望焉。師德度深厚，氣貌温」和，頽然處順，不見涯涘。彊悍者服其謙恭，驕矜者慚其退讓。故初雖少咈，久乃帖然。加以持身精謹，遇物通方，京師賢士大夫及四方賓客，所與遊者，靡不得其」歡心。至元九年三月三日，葬五華山道院東。襄事畢，提點劉志敦持行狀，致嗣教真人王志坦之命来求文。謹次弟其行實之大略，而繫以銘辭。銘曰」：

降衷秉彝同此天，有生具足都渾然。知誘物化中變遷，大朴乃始淪虧偏。爰有至人起秦川，不修不爲口忘言。希風遠暨東海壖」，一驅學者歸淳源。流傳四葉道愈妍，嗣教乃得誠明賢。誠明早有青霞志，善根宿植資禀異。髫丫初入長春宫，三千道流仰欔致」。萃玄堂深人絶迹，戢戢千函鎖幽秘。師持管鑰恣披番，萬巻汪洋在胸臆。捷趨徑造浪苦辛，博中得約道萬真。真常門人遍天下」，齒尊緣熟非無人。一朝順化拂衣去，心傳密授唯師親。將壇高築拜韓信，千古盛事驚三軍。學道由来在心悟，行輩不拘年早暮」。羽服黄冠十萬餘，趨走長春宫下路。仙家閲世如流萍，空裹浮雲聚散輕。適向市朝觀物變，忽乘鸞鶴上青冥。玉泉西北煙霞多」，五華山色高嵯峨。飈馭一往同逝波，長留仙骨埋山阿。千秋風雨荒雲蘿，墳前豐碑字不訛」。

提點重陽萬壽宫事悟真了一襲明真人申志信

提點重陽萬壽宫事衍真復朴純素真人張志悦」

事樞密副使閻　挺題額　陝西五路西蜀四川行中書省
膗骨骼巉巖寡言笑不喜葷茹見道士輒歡喜迎接聞讀道經則諦聽不忍去父母
使左右朝夕未嘗離真常本儒者喜文學而師性敏悟善誦習工書翰又謹飭如成
命師從之學方丈西有堂曰萃玄側有小樓積書萬卷人莫得到真常以鎖鑰付師
凡也甲寅歲以師提點教門事後兩年真常示化易簀之際衆以後事爲請真常曰
朝廷賜之
身著道士服志行脩潔聞學淹該甫逾不惑之年純作難能之事增光前輩垂法後
位行事之日有群鶴翔舞下掠壇墠去而復来者累日
林詞臣作瑞應記刻之碑石嶽瀆廟貌罹金季兵火之餘率多摧毀内府出元寶鈔
使各任其事或剗无礫而更造或補鑄漏而增脩凡再易寒暑四嶽一瀆五廟完成
而師忽感微疾以至元七年冬十一月十有七日化享年五十有一京師士大夫遠
宗損己利物爲行不資參學不立文字自重陽王真人至李真常凡三傳學者漸知
義理爲真實入門當嗣法之初先輩師德存者尚多師以晚進蹤出其上中心不能
矜者慙其退讓故初雖少咈久乃怗然加以持身精謹遇物通方京師賢士大夫及
襄事畢提點劉志敦持行狀踵嗣教真人王志坦之命來求文謹次第其行實之大
渾然　知誘物化中變遷　大朴乃始淪虧偏　爰有至人起秦川　不脩不爲口
愈妍　嗣教乃得誠明賢　誠明早有青霞志　善根宿植資稟異　髫丫初入長
幽祕　師持管鑰恣披畨　萬卷汪洋在胷臆　捷趨徑造狼苦辛　博中得約道
衣去　心傳密授唯師親　將壇高築拜韓信　千古盛事驚三軍　學道由來在
下路　仙家閱世如流洋　空裏浮雲聚散輕　適向市朝觀物變　忽乘鸞鶴上
逝波　長留仙骨埋山阿　千秋風雨荒雲蘿　墳前豐碑字不訛

局部

陝西等路兼興元府道門提點兼領重陽萬壽宮事洞觀普濟廣德圓明真人高道寬」

大元國至元九年歲次壬申九月丙辰朔重九日甲子

嗣法掌教純真真人王志坦立石

高六逸民晚進湯洪刊」

按

張志敬，《元史》無載。此碑所載其生平事迹、家世及與全真教發展相關的資料等，均可補正史之闕。特别是碑文所敘全真教"以識心見性爲宗，損己利物爲行，不資參學，不立文字"的教旨，爲研究道教暨全真教提供了非常重要的資料。

撰者王磐，廣平永年人。《元史》卷一六〇有傳。撰此碑时署"翰林學士嘉議大夫知制誥兼同修國史"。

書者賈庭臣，《元史》無載。書此碑時署"陝西五路西蜀四川行中書省左右司員外郎"。

題額者商挺，曹州濟陰人。《元史》卷一五九有傳。題此碑時署"中奉大夫前中書省參知政事樞密副使"。

501.1275　曹世昌墓誌

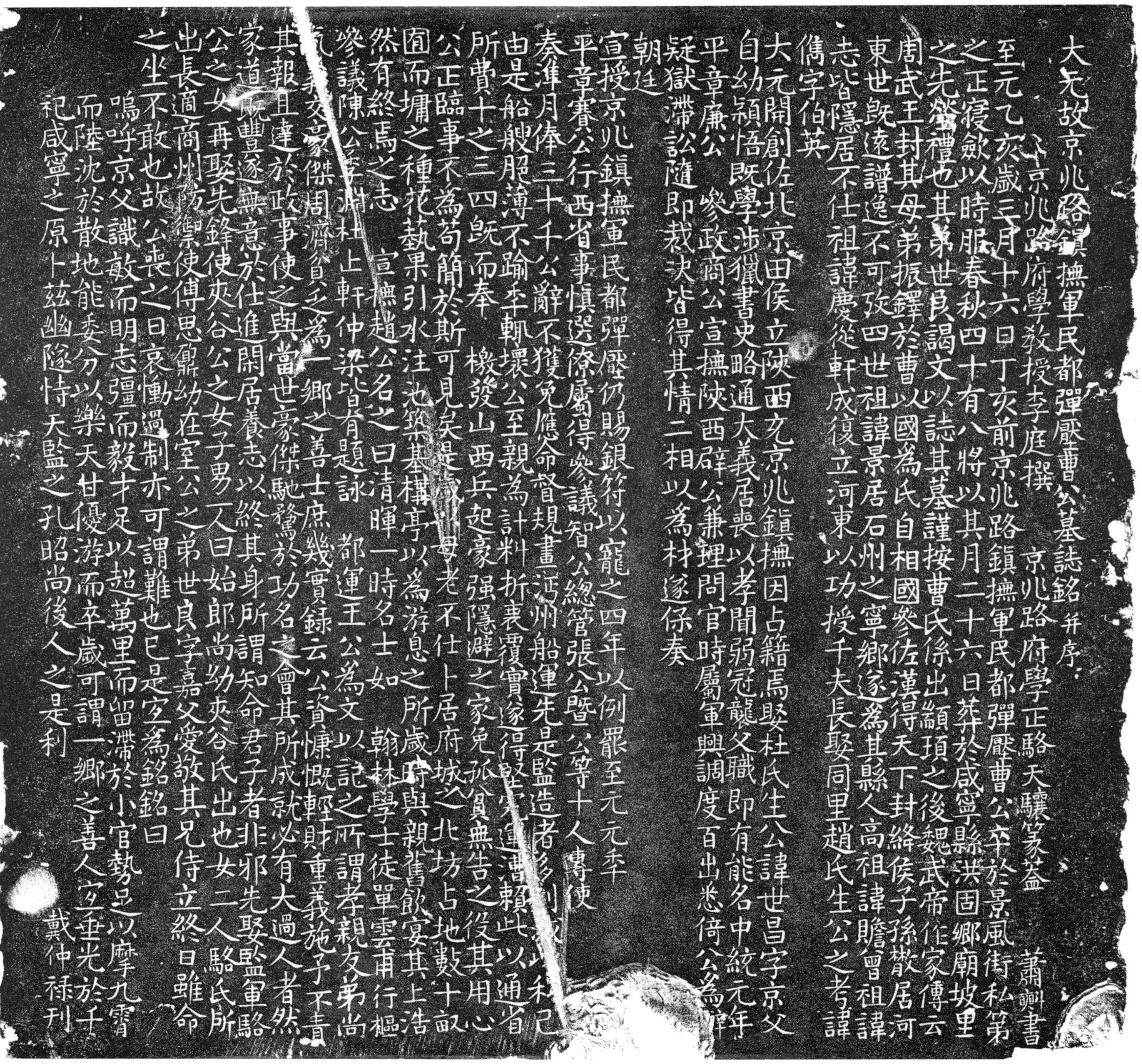

大元故京兆路鎮撫軍民都彈壓曹公墓誌銘并序
京兆路府學教授李庭撰　京兆路府學正駱天驤篆蓋　蕭𣂏書
至元乙亥歲三月十六日丁亥前京兆路鎮撫軍民都彈壓曹公卒於景風街私第
之正寢斂以時服春秋四十有八將以其月二十六日葬於咸寧縣洪固鄉廟坡里
之先塋禮也其弟世良謁文以誌其墓謹按曹氏係出顓頊之後魏武帝作家傳云
周武王封其母弟振鐸於曹以國為氏自相國參佐漢得天下封絳侯子孫散居河
東世既遠譜逸不可攷四世祖諱景居石州之寧鄉遂為其縣人高祖諱贍曾祖諱
志皆隱居不仕祖諱慶從軒成復立河東以功授千夫長娶同里趙氏生公之考諱
儁字伯英
大元開創佐北京田侯立陝西充京兆鎮撫因占籍焉娶杜氏生公公諱世昌字京父
自幼穎悟既學涉獵書史略通大義居喪以孝聞弱冠襲父職即有能名中統元年
平章廉公　參政商公宣撫陝西辟公兼理問官時屬軍興調度百出悉倚公為辦
疑獄滯訟隨即裁決皆得其情二相以為材遂保奏
朝廷
宣授京兆鎮撫軍民都彈壓仍賜銀符以寵之四年以例罷至元元年
平章賽公行西省事慎選僚屬得參議智公總管張公暨公等十人專使
奏準月俸三十千公辭不獲免膺命督規畫沔州船運先是監造者多刻剝以
由是船艘脆薄不踰年輒壞公至親為計料折衷覈實遂得堅完運漕賴此以通省
所費十之三四既而奉　檄發山西兵起豪强隱避之家免孤貧無告之役其用心
公正臨事不為苟簡於斯可見矣是以母老不仕卜居府城之北坊占地數十畝
園而墉之種花蓺果引水注池築基構亭以為游息之所歲時與親舊飲宴其上浩
然有終焉之志　宣撫趙公名之曰清暉一時名士如　翰林學士徒單雲甫行樞
密參議陳公季淵杜上軒仲梁皆有題詠　都運王公為文以記之所謂孝親友弟尚
氣義交豪傑周濟貧乏為一鄉之善士庶幾實錄云公資慷慨輕財重義施予不責
其報且達於政事使之與當世豪傑馳騖於功名之會其所成就必有大過人者然
家道既豐遂無意於仕進閑居養志以終其身所謂知命君子者非邪先娶監軍駱
公之女再娶先鋒使夾谷公之女子男一人曰始郎尚幼夾谷氏出也女二人駱氏所
出長適商州防禦使傅思顧幼在室公之弟世良字嘉父愛敬其兄侍立終日雖命
之坐不敢也故公喪之日哀慟過制亦可謂難也已是宜為銘銘曰
嗚呼京父識敏而明志彊而毅才足以超萬里而留滯於小官勢足以摩九霄
而陸沈於散地能委分以樂天甘優游而卒歲可謂一鄉之善人宜垂光於千
祀咸寧之原卜茲幽隧侍天監之孔昭尚後人之是利　戴仲祿刊

説明

元世祖至元十二年（1275）三月刻。誌、蓋均正方形。蓋邊長37厘米，誌邊長64厘米。蓋文5行，滿行4字，篆書“大元國故」京兆路鎮」撫軍民都」彈壓曹府」君墓誌銘」”。誌文楷書32行，滿行32字。李庭撰文，蕭𣂏書丹，駱天驤篆蓋。蓋四殺飾雲紋。出土具體時、地不詳。現存西安博物院。《陝西碑石精華》著録。

釋文

大元故京兆路鎮撫軍民都彈壓曹公墓誌銘并序」

京兆路府學教授李庭撰

京兆路府學正駱天驤篆蓋

蕭𣂏書」

至元乙亥歲三月十六日丁亥，前京兆路鎮撫軍民都彈壓曹公卒於景風街私第」之正寢。斂以時服，春秋四十有八。將以其月二十六日葬於咸寧縣洪固鄉廟坡里」之先塋，禮也。其弟世良謁文，以誌其墓。謹按：曹氏係出顓頊之後，魏武帝作《家傳》云」：“周武王封其母弟振鐸於曹，以國爲氏。自相國參佐漢得天下，封絳侯，子孫散居河」東。”世既遠，譜逸不可考。四世祖諱景，居石州之寧鄉，遂爲其縣人。高祖諱贍，曾祖諱」志，皆隱居不仕。祖諱慶，從軒成復立河東，以功授千夫長。娶同里趙氏，生公之考諱」儁，字伯英」。大元開創，佐北京田侯立陝西，充京兆鎮撫，因占籍焉。娶杜氏，生公諱世昌，字京父」。自幼穎悟，既學，涉獵書史，略通大義。居喪以孝聞。弱冠襲父職，即有能名。中統元年」，平章廉公、參政商公宣撫陝西，辟公兼理問官。時屬軍興，調度百出，悉倚公爲辦」。疑獄滯訟，隨即裁决，皆得其情。二相以爲材，遂保奏」朝廷」，宣授京兆鎮撫軍民都彈壓，仍賜銀符以寵之。四年，以例罷。至元元年」，平章賽公行西省事，慎選僚屬。得參議智公、總管張公暨公等十人，專使」奏準月俸三十千。公辭不獲免，應命督規畫沔州船運。先是，監造者多□減以私己」，由是船艘脆薄，不逾年輒壞。公至，親爲計料，折衷覈實，遂得堅完，運漕賴此以通，省」所費十之三四。既而奉檄發山西兵，起豪强隱避之家，免孤貧無告之役。其用心」公正，臨事不爲苟簡，於斯可見矣。是歲，以母老不仕，卜居府城之北坊，占地數十畝」，囿而墉之。種花蓺果，引水注池，築基構亭，以爲游息之所。歲時與親舊飲宴其上，浩」然有終焉之志，宣撫趙公名之曰“清暉”。一時名士如翰林學士徒單雲甫、行樞」參議陳公季淵、杜止軒仲梁皆有題詠。都運王公爲文以記之。所謂孝親友弟，尚」氣義，交豪杰，周濟貧乏，爲一鄉之善士，庶幾實録云。公資慷慨，輕財重義，施予不責」其報。且達於政事，使之與當世豪杰馳鶩於功名之會，其所成就，必有大過人者。然」家道既豐，遂無意於仕進，閑居養志，以終其身。所謂知命君子者，非邪！先娶監軍駱」公之女，再娶先鋒使夾谷公之女。子男一人，曰始郎，尚幼，夾谷氏出也。女二人，駱氏所」出，長適商州防禦使傅思甭，幼在室。公之弟世良，字嘉父，愛敬其兄，侍立終日，雖命」之坐，不敢也。故公喪之日，哀慟過制，亦可謂難也已。是宜爲銘，銘曰」：

嗚呼京父，識敏而明，志彊而毅。才足以超萬里而留滯於小官，勢足以摩九霄」而陸沈於散地。能委分以樂天，甘優游而卒歲。可謂一鄉之善人，宜垂光於千」祀。咸寧之原，卜兹幽隧。恃天監之孔昭，尚後人之是利。

戴仲禄刊」

按

誌主曹世昌，史載不詳。誌所載其世系家譜、爲官任職及生平事迹，均可補史載之闕。

撰者李庭，史載不詳。撰此誌時署“京兆路府學教授”，撰《白雲真人綦志遠本行碑》時署“京兆府學教授前進士”。

書者蕭𣂏，奉元（今陝西西安）人。《元史》卷一八九有傳。書《賀仁傑墓誌》時署“集賢侍讀學士少中大夫”。

502.1275　全真教祖碑

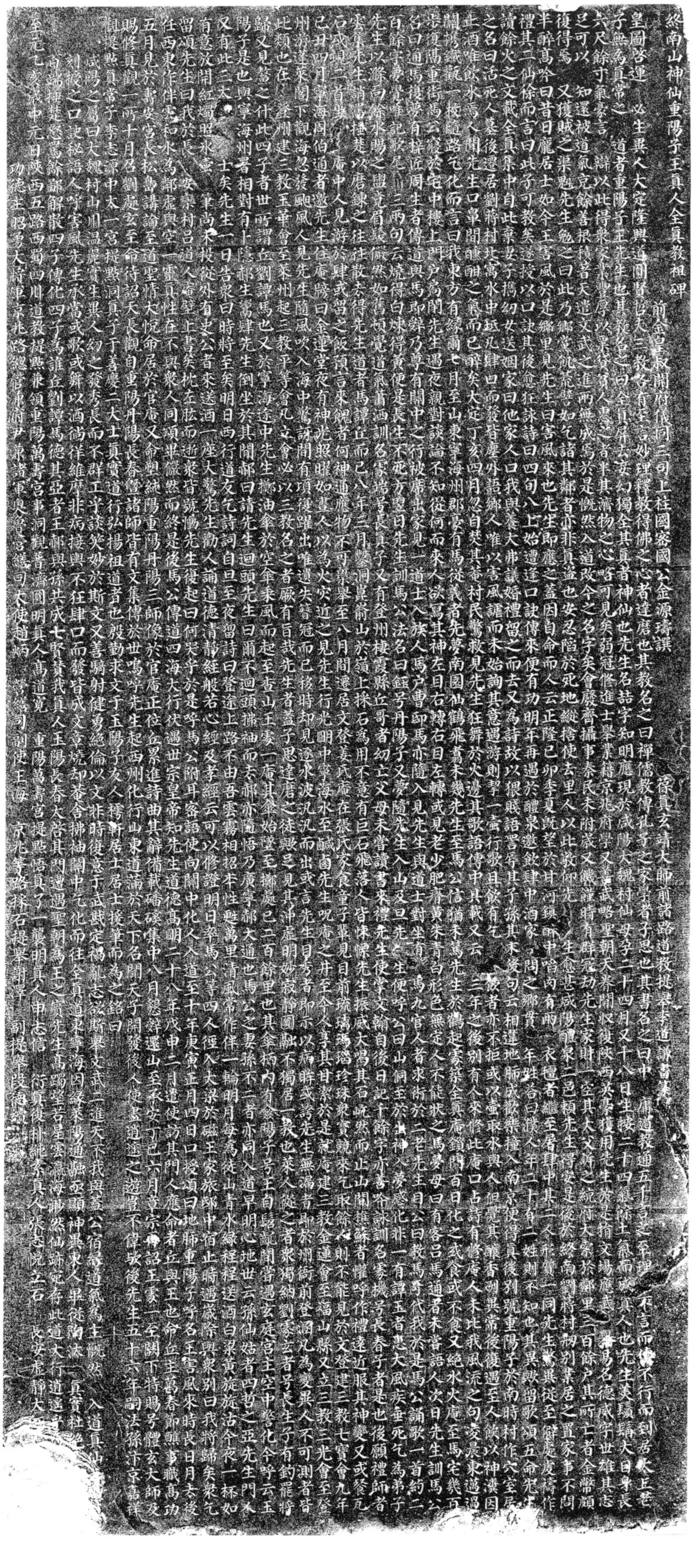

説明

元世祖至元十二年（1275）七月刻。碑螭首方趺。通高512厘米，寬148厘米。額文3行，滿行5字，篆書“終南山神仙」重陽王真人」全真教祖碑」”。正文楷書36行，滿行84字。金源璹撰文，李道謙書丹並篆額。保存完好，唯左下角殘缺數字。原立于户縣祖庵鎮北郊田野，1962年移豎于重陽宮後院中。現存西安市鄠邑區祖庵重陽宮碑廊。《道家金石略》《陝西碑石精華》《重陽宮道教碑石》等著録。

釋文

終南山神仙重陽子王真人全真教祖碑」

前金皇叔開府儀同三司上柱國密國公金源璹撰

葆真玄靖大師前諸路道教提舉李道謙書篆」

皇圖啟運，必生異人。大定隆興，道圓賢哲。夫三教各有至言妙理：釋教得佛之心者，達磨也，其教名之曰禪；儒教傳孔子之家學者，子思也，其書名之曰《中庸》；道教通五千言之至理，不言而傳，不行而到，居太上老」子無爲真常之道者，重陽子王先生也，其教名之曰全真。屏去妄幻，獨全其真者，神仙也。先生名喆，字知明，應現於咸陽大魏村。仙母孕二十四月又十八日生，按二十四氣餘土氣而成真人也。先生美鬚髯，大目，身長」六尺餘寸。氣豪言辯，以此得衆。家業豐厚，以粟貸貧人，惠之者半，其濟物之心略可見矣。弱冠，修進士舉業，籍京兆府學。又善武略。聖朝天眷間，收復陝西，英豪獲用。先生於是捐文場，應武舉，易名德威，字世雄，其志」足可以知。還被道氣充餘，善根積著，天遣文武之進，兩無成焉。於是慨然入道，改今之名字矣。會廢齊攝事，秦民未附，歲又饑饉，時有群寇劫先生家財一空，其大父訴之統府，大索於鄰里三百餘户，其所亡者金幣頗」復得焉。又獲賊之渠魁，先生勉之曰：“此乃鄉黨飢荒，譬如乞諸其鄰者，亦非真盗也。安忍陷於死地。”縱捨使去，里人以此敬仰先生愈甚。咸陽、醴泉二邑，賴先生得安。是後，於終南劉蔣村創别業居之，置家事不問」，半醉高吟曰：“昔日龐居士，如今王害風。”於是鄉里見先生曰：“害風來也。”先生即應之。蓋因自命而人云。正隆己卯季夏既望，於甘河鎮醉中啗肉，有兩衣氈者繼至屠肆中。其二人形質一同，先生驚異，從至僻處，虔禱作」禮。其二仙徐而言曰：“此子可教矣。”遂授以口訣。其後愈狂，咏詩曰：“四旬八上始遭逢，口訣傳來便有功。”明年，再遇於醴泉，邀飲肆中酒家，問之鄉貫年姓，答曰：濮人，年二十有二，姓則不知也。其異歟！留歌頌五，命先生」讀餘火之，文載《全真集》中。自此棄妻子，携幼女送姻家曰：“他家人口，我與養大，弗議婚禮。”留之而去。又爲詩，故以猥賤語詈辱其子孫，其末後句云：“相違地肺成歡樂，撞入南京便得真。”後别號重陽子，於南時村作穴室居」之，名曰“活死人墓”。後遷居劉蔣村北，寓水中坻。凡肆口而發，皆塵外語，鄉人唯以害風謔，而未始詢其意。遇游則挈一壺，行歌且飲，有乞飲者亦不拒。或以壺取水與人，但覺其釀香冽異常。後復遇至人，飲以神瀵，因」止酒，唯飲水焉。人聞先生口鼻間醺酣之氣，而已醉矣。大定丁亥四月，忽自焚其庵，村民驚救，見先生狂舞於火邊，其歌語傳中具載。又云：“三年之後，别有人來修此庵。”口占詩有“修庵人未比我風流”之句。凌晨東邁過」關，携鐵罐一枚，隨路乞化而言曰：“我東方有緣爾。”七月至山東寧海州。郡豪有馬從義者，先夢南園仙鶴飛翥，未幾先生至。馬公信猶未篤，先生於鶴起處築全真庵，鎖門百日，化之，或食或不食，又絶水火。庵至馬宅幾百」步，復隔重街，馬公寢於宅中樓上。門户扃閉，先生遇夜親對談論，不知從何而來。人欲寫其神，左目右轉，右目左轉，或見老少肥瘠黄朱青白，形色無定，人不能狀之。馬夢母曰：“有客吕馬通者。”未嘗語人。次日，先生訓馬公」名曰通。馬復夢有梓匠周生者傳道與馬，即辭乃尊，有關中之行。被席出家，見一道士入族人馬户曹邸，馬亦隨入，見先生與道士對坐，有馬九官人者，求術於二老，先生目公曰：“教馬哥代我。”於是馬公誦歌一首，約二」百餘字。夢覺，唯記歌尾三兩句，云：“燒得白，煉得黄，便是長生不死方。”翌日，先生訓馬公法名曰鈺，号丹陽子。又夢隨先生入山，及旦，先生便呼公曰山侗。至於出神入夢，感化非一。有譚玉者，患大風疾，垂死，乞爲弟子」，先生以滌面餘水賜之，盥竟，眉髮儼然如舊，頓覺道氣瀟洒，訓名處端，号長真子。又有登州棲霞縣丘哥者，幼亡父母，未嘗讀書，來禮先生，使掌文翰，自後日記千餘字，亦善吟咏，訓名處機，号長春子者是也。後願禮師者」雲集，先生詬駡捶楚以磨鍊之，往往散去，得先生道者馬、譚、丘而已。八年三月，鑿洞崑嵛山，於嶺上採石爲用，不意有巨石飛落，人皆悚慄，先生振威大喝，其石屹然而止，山間樵蘇者歡呼作禮，遠近服其神變。又或餐瓦」石，或現二首坐庵中。人見游於肆，或留之飯，預言來饋者何。神通應物，不可概舉。至八月間，遷居文登姜氏庵。在張氏家食，童子輩

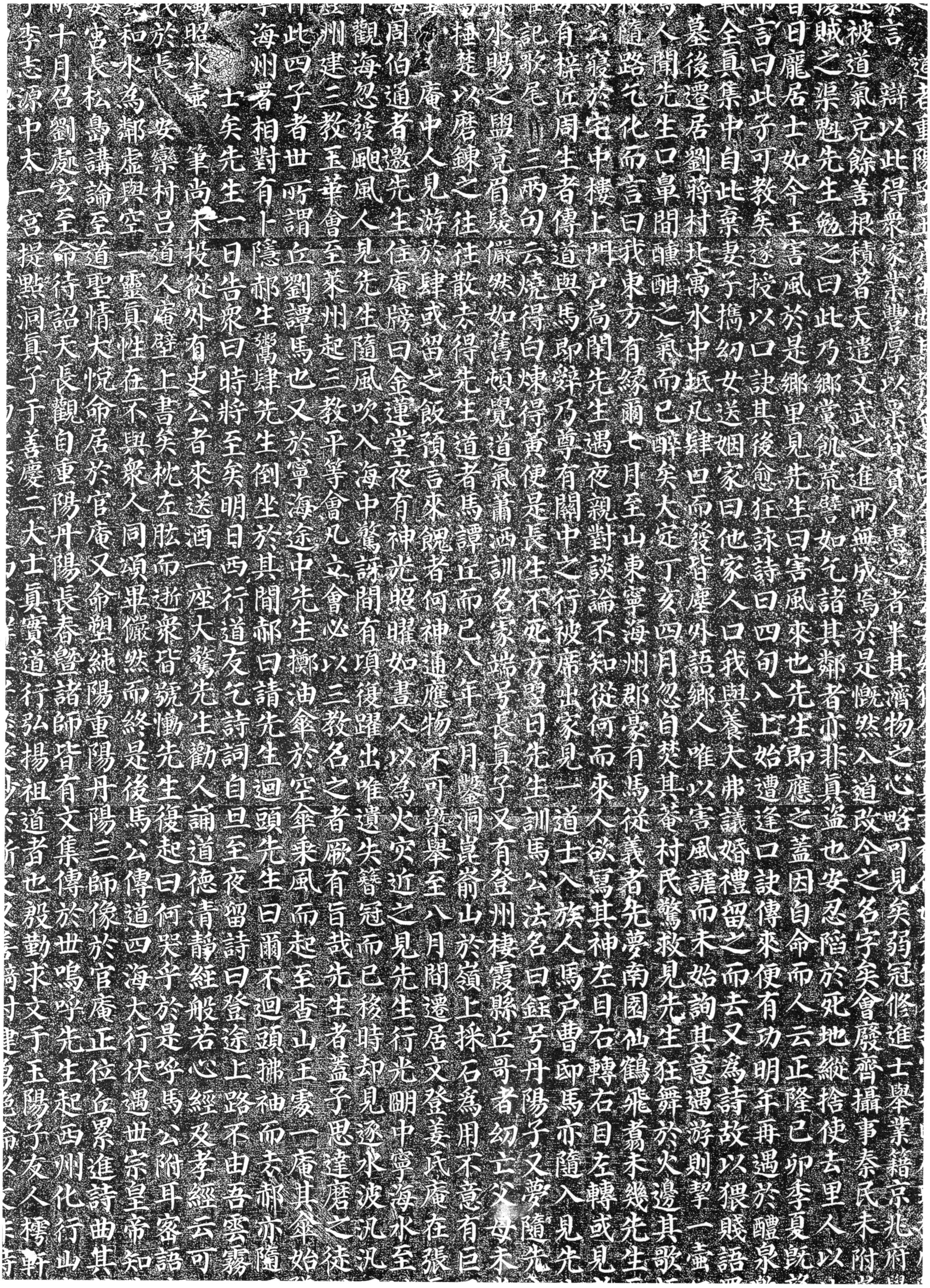

道者重陽

辯以此得衆家業豐厚以衆貸貧人患之者半其濟物之心略可見矣弱冠修進士舉業籍京兆府

被道氣克餘善根積著天遣文武之進兩無成焉於是慨然入道改今之名字矣會廢齊攝事秦民未附

賊之渠魁先生勉之曰此乃鄉黨飢荒譬如乞諸其鄰者亦非眞盜也安忍陷於死地縱捨使去里人以

日龐居士如今王害風於是鄉里見先生曰害風來也先生即應之蓋因自命而人云正隆己卯季夏既

言曰此子可教矣遂授以口訣其後愈狂詠詩曰四旬八上始遭逢口訣傳來便有功明年再遇於醴泉

全眞集中自此棄妻子攜幼女送姻家曰他家人口我與養大弗議婚禮留之而去又爲詩故以猥賤語

墓後遷居劉蔣村北寓水中紙凡肆四而發皆塵外語鄉人唯以害風譏而未始詢其意遇游則挈一壺

人聞先生口臯間醺酣之氣而已醉矣大定丁亥四月忽自焚其菴村民驚救見先生狂舞於火邊其歌

隨路乞化而言曰我東方有緣爾七月至山東寧海州郡豪有馬從義者先夢南園仙鶴飛翥未幾先生

公寢於宅中樓上門戶扃閉先生遇夜親對談論不知從何而來人欲寫其神左目右轉右目左轉或見

有梓匠周生者傳道與馬郎辭乃尊有關中之行被席出家見一道士入族人馬戶曹郎馬亦隨入見先

記歌尾三兩句云燒得白煉得黃便是長生不死方翌日先生訓馬公法名曰鈺号丹陽子又夢隨先

水賜之盟竟眉鬚儼然如舊頓覺道氣蕭洒訓名家端号長眞子又有登州棲霞縣丘哥者幼亡父母未

極楚以磨鍊之往往散去得先生道者馬譚丘而已八年三月鑿洞崑嵛山於嶺上採石爲用不意有巨

菴中人見游於肆或留之飯預言來媿者何神通應物不可槩舉至八月間遷居文登姜氏庵在張

海周伯通者邀先生住庵牓曰金蓮堂夜有神光照曜如晝人以爲火灾近之見先生行光明中寧海水至

觀海忽發颶風人見先生隨風吹入海中驚訝間有頃復躍出唯遺失簪冠而已移時却見逐水波汎汎

州建三教玉華會至萊州起三教平等會凡文會必以三教名之者厥有旨哉先生者蓋子思達磨之徒

此四子者世所謂丘劉譚馬也又於寧海途中先生擲油傘於空傘乘風而起至查山王處一庵其傘始

海州署相對有卜隱郝生鬻肆先生倒坐於其間郝曰請先生迴頭先生曰爾不迴頭拂袖而去郝亦隨

士矣先生一日告衆曰時將至矣明日西行道友乞詩詞自旦至夜留詩曰登途上路不由吾雲霧

照氷壺筆尚未投從外有史公者來送酒一座大驚先生勸人誦道德清靜經般若心經及孝經云可

於長安樂村呂道人庵壁上書矣枕左肱而逝衆皆號慟先生復起曰何哭乎於是呼馬公附耳密語

和水爲鄰虛與空一靈眞性在不與衆人同頌畢儼然而終是後馬公傳道四海大行伏遇世宗皇帝知

宮長松島講論至道聖情大悅命居於官庵又命塑純陽重陽丹陽三師像於官庵正位丘累進詩曲其

十月召劉處玄至命待詔天長觀自重陽丹陽長春暨諸師皆有文集傳於世嗚呼先生起西州化行山

李志源中太一宮提點洞眞子于善慶二大士眞實道行弘揚祖道者也殷勤求文于玉陽子友人樗軒

局部

見目前琉璃瑪瑙珍珠衆寶，競來乞取，餘人則不能見。於文登建三教七寶會。九年」己丑四月，寧海周伯通者，邀先生住庵，榜曰“金蓮堂”，夜有神光，照曜如晝，人以爲火灾，近之，見先生行光明中。寧海水至鹹鹵，先生咒庵之井，至今人享其甘潔。於是，就庵建三教金蓮會。至福山縣，又立三教三光會。至登」州游蓬萊閣下，觀海，忽發颶風，人見先生隨風吹入海中，驚訝間，有頃，復躍出，唯遺失簪冠而已，移時，却見逐水波泛泛而出。或言先生目秀者，即示以病眸；或誇先生無漏者，即於州衙前登溷。凡爲變異，人不可測者，皆」此類也。在登州建三教玉華會，至萊州起三教平等會。凡立會必以三教名之者，厥有旨哉。先生者，蓋子思、達磨之徒歟，足見其沖虛明妙，寂静圓融，不獨居一教也。萊人從之者衆，獨納劉處玄者，号長生子，有“釣罷將」歸又見鰲”之什。此四子者，世所謂丘、劉、譚、馬也。又於寧海途中，先生擲油傘於空，傘乘風而起，至查山王處一庵，其傘始墜，至擲處已二百餘里也。其傘柄内有傘陽子号。王自髫齔間，嘗遇玄庭宫主空中警化，今呼云玉」陽子是也。與寧海州署相對，有卜隱郝生鬻肆，先生倒坐於其間，郝曰：“請先生迴頭。”先生曰：“爾不迴頭！”拂袖而去，郝亦隨悟，乃廣寧郝大通也。馬公之妻孫不二者，亦同入道，早明心地，世云孫仙姑者。四哲之亞，先生門人」又有此三大士矣。先生一日告衆曰：“時將至矣，明日西行。”道友乞詩詞，自旦至夜，留詩曰：“登途上路不由吾，雲霧相招本性甦。萬里清風常作伴，一輪明月每爲徒。山青水緑程程送，酒白粱黄旋旋沽。今夜一杯如」有意，放開紅燭照冰壺。”筆尚未投，從外有史公者來送酒，一座大驚。先生勸人誦《道德》《清静經》《般若心經》及《孝經》，云“可以修證”。明日，率馬公等四人徑入大梁，於磁王家旅邸中宿止。時遇歲除，與衆别曰：“我將歸矣。”衆乞」留頌，先生曰：“我於長安欒村吕道人庵壁上書矣。”枕左肱而逝，衆皆號慟，先生復起曰：“何哭乎。”於是呼馬公附耳密語，使向關中化人入道。至十年庚寅正月四日，口授頌曰：“地肺重陽子，呼名王害風。來時長日月，去後」任西東。作伴雲和水，爲鄰虚與空。一靈真性在，不與衆人同。”頌畢，儼然而終。是後，馬公傳道，四海大行。伏遇世宗皇帝知先生道德高明，二十八年戊申二月，遣使訪其門人，應命者丘與王也。命丘主萬春節醮事，職高功」。五月見於壽安宫長松島，講論至道，聖情大悦，命居於官庵。又命塑純陽、重陽、丹陽三師像於官庵正位。丘累進詩曲，其辭備載《磻磎集》中。八月，懇辭還山。至承安丁巳六月，章宗再詔王處一至闕下，特賜号體玄大師，及」賜修真觀一所。十月，召劉處玄至，命待詔天長觀。自重陽、丹陽、長春暨諸師皆有文集傳於世。嗚呼！先生起西州，化行山東，道滿於天下，名聞天子，開發後人，使盡逍遥之遊，豈不偉歟！後先生五十六年，嗣法孫汴京嘉祥」觀提點真常子李志源、中太一宫提點洞真子于善慶二大士，真實道行，弘揚祖道者也。殷勤求文于玉陽子友人樗軒居士，居士援筆而爲之銘曰」：

咸陽之屬，曰大魏村。山川温麗，實生異人。幼之發秀，長而不群。工乎談笑，妙於斯文。又善騎射，健勇絶倫。以文非時，復意于武。戡定禍亂，志欲斯舉。文武二進，天不我與。蓋公宿緣，道氣爲主。慨然入道，真仙□□□」刻授之，口訣秘語。人呼害風，先生承當。或歌或舞，以酒徜徉。維摩非病，接輿不狂。肆口而發，皆成文章。燒却庵舍，拂袖關中。乞化而往，全真道東。寧海因緣，萊陽通融。亟顯神異，東人畢從。陶汰真實，杜絶□□□□」百端，捶楚怒罵。餘鄙解散，四子傳化。四子爲誰，丘劉譚馬。德其亞者，王郝與孫。共成七賢，贊我真人。玉陽長春，大啟其門。遭遇聖朝，爲王之賓。先生高躅，望若星雲。瀛海渺然，仙迹宛存。此道大行，逍遥乎（下闕）」。

至元乙亥歲中元日

陝西五路西蜀四川道教提點兼領重陽萬壽宫事洞觀普濟圓明真人高道寬、重陽萬壽宫提點悟真了一襲明真人申志信、衍真復朴純素真人張志悦立石

長安虚静大師（下闕）」

功德主：昭勇大將軍京兆路總管兼府尹兼諸軍奥魯營繕司大使趙炳、營繕司副使王海、京兆等路採石提舉謝澤、副提舉段德續」

按

重陽王真人，《元史》無傳，僅于丘處機傳下載丘處機“與馬鈺、譚處端、劉處玄、王處一、郝大通、孫不二同師重陽王真人”。則此碑所載王重陽之生平事迹、道行封賜、全真教之承續及發揚廣大等，均可補正史之闕載。碑似以前代碑琢磨而成，未磨平處則空字繞過，故所刻有未接續者多處。

撰者金源璹，《金史·世宗諸子》永功傳附。本名壽孫，金世宗賜名璹。撰此碑時署“前金皇叔開府儀同三司上柱國密國公”。

503.1275　全陽真人周全道道行碑

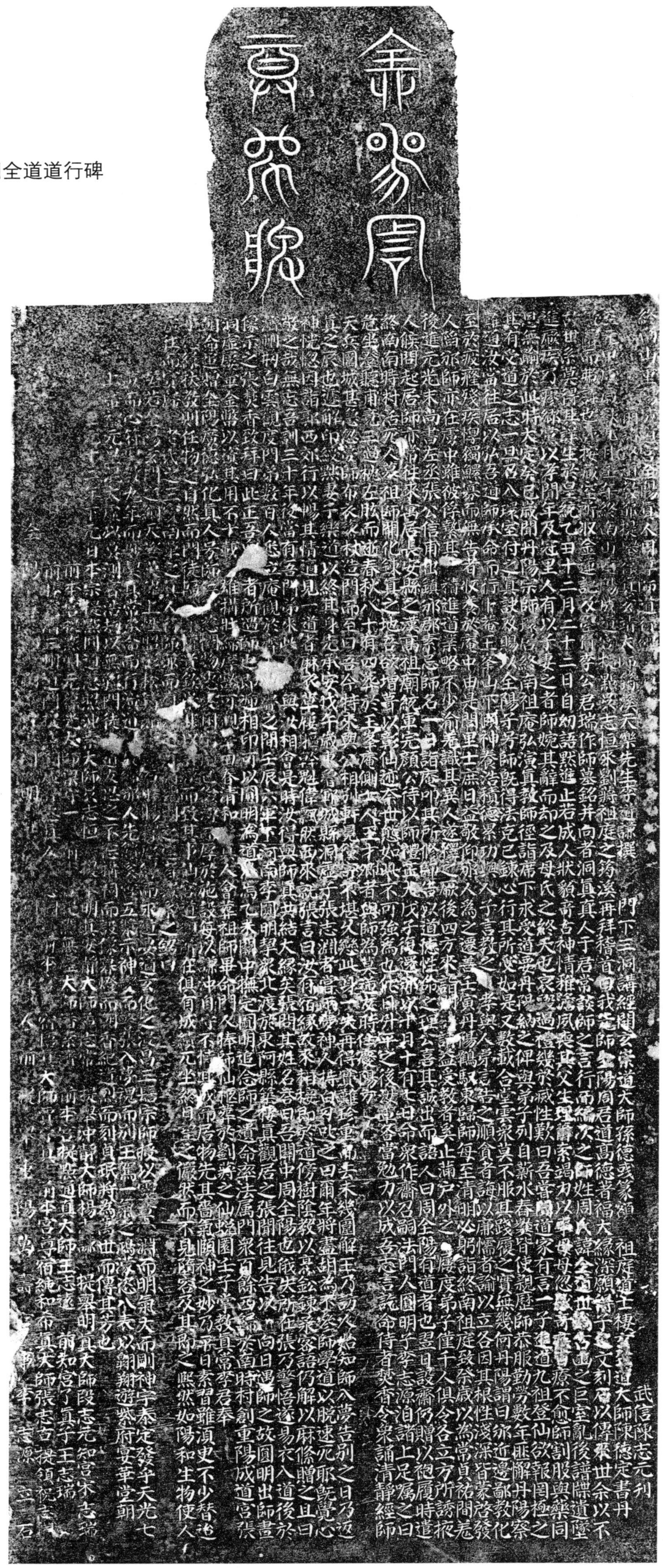

説明

元世祖至元十二年（1275）十月刻。碑螭首龜座。通高326厘米，寬100厘米。額文2行，滿行3字，篆書“全陽周」尊師碑」”。正文楷書32行，滿行65字。李道謙撰文，陳德定書丹，孫德彧篆額。左上角略有漫漶不清之處。原立于户縣祖庵鎮北郊田野，1962年移豎于重陽宫後院中。現存西安市鄠邑區祖庵重陽宫碑廊。《道家金石略》《重陽宫道教碑石》著録。

釋文

終南山重陽成道宫全陽真人周尊師道行碑并序

武信陳志元刊」

前諸路道教都提舉葆真玄靖大師筠溪天樂先生李道謙撰

門下三洞講經開玄崇道大師孫德彧篆額

祖庭道士棲玄致道大師陳德定書丹」

至元甲戌歲秋九月壬午，終南山重陽成道宫提點吴志恒來劉蔣祖庭之筠溪，再拜稽首曰：“我先師全陽周君，道高德著，福大緣深。願得子之文刻石，以傳來世。”余以不」敏辭，而弗許也。謹按藏室所收《金蓮記》，及崆峒李公君瑞作師墓銘，并向者洞真真人于君常談師之言行，而編次之。師姓周氏，諱全道，世爲古豳之巨室。亂後譜牒遺墜」，故世系莫得其詳。生於皇統乙丑十二月二十二日。自幼語默，進止若成人。狀貌奇古，神情雅澹。夙喪其父，生理蕭索，竭力以事母。母忽感奇疾，百療不愈，師割股與藥同」進，厥疾乃瘳，鄉黨以孝聞。年及冠，里人有以子妻之者，師婉其辭而却之。及母氏之終天也，哀毁過禮，幾於滅性。歎曰：“吾嘗聞道家有言，一子進道，九祖登仙。欲報罔極之」恩，無逾於此。”時大定癸巳歲，聞丹陽宗師環居終南祖庵，弘演真教，師徑詣席下，求受道要。丹陽納之，俾與弟子列。自薪水春爨，皆使親歷。師恭服勤勞，數年匪懈。丹陽察」其有受道之志，一旦召入環室，付之真訣，及賜以全陽子号。師既得法，克己鍊心，行其所受。如是又數載，合堂雲衆莫不服其踐履之實。無幾何，丹陽謂曰：“邠近邊鄙，教化」難通。汝當往居，以弘吾道。”師承命而行，卜庵玉峰山下，頤神養浩，積德累功，與人子言教之孝，與人弟言告之順，貪者誨以廉，懦者諭以立，各因其根性淺深，皆蒙啟發」。至於疲癃殘疾、惸獨鰥寡而無告者，收養於庵中。由是閭里士庶日益敬仰，邠人爲之遷善。壬寅，丹陽鶴馭東歸。師每至清明，必躬詣終南祖庭致祭，歲以爲常。貞祐間，羌」人陷邠，師亦在虜中。雖被俘縶，其精進道業略不少渝。羌識其異人，遂釋之。厥後四方來詣門請益受教者，奚止滿户外之屨，度弟子僅千人，俱令各立方所，誘掖」後進。元光末，尚書左丞張公信甫出鎮邠郡，素忌師名。一日，詣庵叩其所修，師告以道德性命之理，公喜其誠，出而語人曰：“周全陽有道者也。”翌日設齋，仍贈以袍履，時遣」人候問起居。師亦常往來寓居長安縣之漢高祖廟，統軍完顔公待以師禮。正大戊子復還邠，以十月十有七日命衆作齋，召嗣法門人圓明子李志源洎諸上足，囑之曰」：“終南南時村活死人墓，祖師開化鍊真之地，吾欲增葺以彰仙迹。奈世態如此，不可强爲也。他日升平之後，汝輩各當勉力，以成吾志。”言訖，命侍者焚香，令衆誦清静經，師」危坐澄聽，甫竟三過，枕左肱而逝，春秋八十有四。葬於玉峰庵側。士人王才卿者，與師爲莫逆友，時仕慶陽，方」天兵圍城甚急，忽夢師布衣藜杖造門而至曰：“吾今特來與公相别。軒冕儻寄，不堪久戀，此身一失，再得實難。珍重！”而去未幾，圍解。王乃訪人，始知師入夢告别之日，乃返」真之辰也。遽解印綬，黜妻子，樂道以終其身。先承安戊午歲，東魯鄆城縣洞虚子張志淵者，嘗兩夢神人持白刃叱之曰：“爾年將盡，胡爲不參師學道以脱速死耶？”既覺，心」神恍惚，因詣郭西郊行以暢其情。適見一道者麻衣草屨，軀幹魁偉，飄然西來，就張言曰：“汝有宿緣，故來相接。”即於道傍樹陰教以烹鉛煉汞密語，仍解以麻絛贈之，且曰」：“敬之哉，無忘吾訓。三十年後，當有吾門弟來此，與汝相會。是時汝得與師真共結大緣矣。”張問其姓名，答曰：“吾關中周全陽也。”俄失所在。張乃警悟，遂易衣入道，後於」濟州創白雲觀，度門弟数百人，悉立庵觀於齊魯之間。壬辰，六軍下河南，李圓明挈衆北渡，於東阿縣築棲真觀居之。張聞往見，告以向日遇師之故，圓明出師畫」像示之，張焚香致拜曰：“此正吾向者所遇師也。”即遞相印可，以圓明爲道兄焉。乙未，關中撫定，圓明追念師之遺命，率法属門衆百餘西歸於南時村，創重陽成道宫，張」洞虚屢輦金幣以資其用。不十載，雄構壯締，厙豁可觀。辛丑春，清和真人會葬祖師畢，命門人捧師仙柩葬於劉蔣之仙蜕園。壬子，掌教真常李君奉」朝命追贈全陽廣德弘化真人号。師仁慈憫物，惠愛困窮，處己儉薄而厚於施設。每以謙沖自守，不恃其成而居物先。其嗇氣頤神之妙，乃平日素習，雖須臾不少替。迨」乎應緣扶教，則任物之自然，而門徒輻集，權貴欽

[ ]溪天樂先生李道謙撰　門下三洞講經闡玄崇道大師孫德彧篆額　祖庭道士樓[ ]道大師陳德定書丹　武信陳志元刊
[ ]點[ ]志恒乘劉將祖庭之筠溪再拜稽首曰我先師全陽周君道高德著福大緣深願符子[ ]文刻石以傳來世余以不
于公君瑞作師墓銘并向者洞真真人于君常談師之言行而繼次之師姓周氏諱全道世[ ][ ]之巨室亂後譜牒遺墜
一日自幼語默進止若成人狀貌奇古神情雅澹夙喪其父生理蕭索竭力以奉母母忽[ ]奇[ ]療不愈師割股與藥同
妄之者師婉其辭而却之及母氏之終天也哀毀過禮幾於滅性歎曰吾嘗聞道家有言一子[ ]道九祖登仙欲報罔極之
南祖庵弘演真教師徑詣席下求受道要丹陽納之俾與弟子列自薪水舂爨皆使親歷師恭服勤勞數年匪懈丹陽察
全陽子號師既得法克己鍊心行其所受如是又數載合堂雲衆莫不服其踐履之實無幾何丹陽謂曰爾近邊鄙教化
[ ]山下闕神養浩積德累功與人子言教之孝與人弟言告之順貪者誨以廉懦者諭以立各因其根性淺深皆蒙啓發
[ ]由是閭里士庶日益敬仰鄉人為之遷善壬寅丹陽鶴馭東歸師每至清明必躬詣終南祖庭致祭歲以為常貞祐間羌
[ ]不少俞眷識其異人遂釋之厥後四方來[ ][ ]益受教者奚止藺戶外之屨度弟子僅千人俱令各立方所誘掖
[ ]師名一日詣庵叩其所修師告以道德性命之理公喜其誠出而語人曰周全陽有道者也翌日設齋仍贈以袍履時遣
祖廟統軍完顏公侍以師禮正大戊子復還祖庭以[ ]年十月十有七日命衆作齋召嗣法門人圓明子李志源洎諸上足囑之曰
[ ]增嘗以彰仙迹奈世態如此不可強為也他日升平之後汝輩各當勉力以成吾志言訖命侍者焚香令衆誦清靜經師
[ ]葬於王峯庵側[ ]人王子卿者與師為莫逆友時值擾陽方
[ ]合特來與公相弘軒冕[ ]家不堪久戀此身一失再得實難珍重而去未幾圍解王乃訪人始知師入夢告別之日乃返
[ ]安戊午歲東[ ]鄠城縣洞虛子張志淵者嘗夢神人持白刃叱之曰爾年將盡胡為不參師學道以脫速死耶既覺心
[ ]衣[ ]笠履[ ][ ]魁偉飄然西來就張言曰汝有宿緣故來相接即於道傍樹陰教以烹鉛鍊汞密語仍解以麻絛贈之且曰
[ ]與汝相會是時汝得與師真共結大緣矣張問其姓名答曰吾關中周全陽也俄失所在張乃警悟遂易衣入道後於
[ ]之間壬辰六軍下河南李圓明挈衆北渡於東阿縣築樓真觀居之張聞往見告以向日遇師之故圓明出師畫
[ ]迎相印可以圓明為道[ ]焉乙未關中撫定圓明追念師之遺命率法屬門衆百餘西歸於南時村創重陽成道宮張
[ ]可觀[ ]甲申春清和[ ]人會葬祖師畢命門人奉師仙柩葬於劉蔣之仙蛻園壬子掌教真常李君奉
[ ]厚於施設每以謙沖自守不恃其[ ]以帝居物先其嚚氣頤神之妙乃平日素習雖須臾不少替迨
[ ]欽[ ][ ]而致其下山[ ]道[ ]所在但有成績元坐終日望之儼然而不見隨容及其即之煦然如陽和生物使人
[ ]命[ ][ ]之[ ]之銘曰
[ ]而求[ ]道玄化之[ ]昌三[ ]宗師授以[ ]淵而明氣大而剛神宇泰定發乎天光七
[ ]行[ ]道[ ][ ]人先[ ]五[ ]宗神[ ]而[ ]入夢現而別王焉一氣之鴻[ ]遂八表以翱翔遊紫府宴華堂朝
[ ]門徒[ ]之不[ ]碑[ ]而[ ]而[ ]紀[ ]而刻貞珉將為[ ]世而傳其芳也
[ ]大師[ ]志恒[ ]明[ ]大師[ ]提舉沖靜大師楊[ ]　提舉明真大師段志先　知宮宋志瑞
元[ ]太[ ]師[ ]一[ ]大師[ ][ ]前本宮提點通真大師王志遠　前知宮了真子王志瑞
[ ]人[ ][ ]大師[ ]前本宮尊宿純和希真大師張志古　提領祝志[ ]
[ ]明[ ]而[ ]陽[ ]壽[ ]事李志源　立石

局部

崇，非以計謀而致其事。仙宫道觀所在，俱有成績。兀坐終日，望之儼然而不見墮容。及其即之，熙然如陽和生物，使人」虚往而實歸。老氏之三寶，南華之真人行，師兼而有之，可謂聖門之達者歟。系之銘曰」：

嗟若全陽，玄門之綱。天姿英偉，上性昭彰。松筠節操，鐵石肝腸。釋塵緣而求道要，適玄化之浸昌。三髻宗師，授以靈章。心淵而明，氣大而剛。神宇泰定，發乎天光。七」載而心符聖教，九年而妙契真常。承命而行，演道故鄉。邠人先饋，奚啻五漿。示神變而警張，入夢魂而別王。駕一氣之鴻濛，恣八表以翱翔。遊紫府，宴華堂，朝」上帝，禮元皇。混太虚以莫測，齊浩劫以無疆。門徒道友，思之不忘。構祠而設像，暮燈而朝香。紀遺烈而刻貞珉，將爲萬世而傳其芳也」。

至元十二年下元日

本宗提點圓通惠照沖素大師吴志恒、提舉明真安静大師孟志常、提舉沖静大師楊志謙、提舉明真大師段志元、知宫宋志瑞」、前本宫提點明元葆光大師梁守一、前本宫提點無塵大師潘素濟、前本宫提點通真大師王志遠、前知宫了真子王志瑞」、前滕兖濟三州道門提點洞虚普惠真人張志淵」、前本宫尊宿悟真大師賈守真、前本宫尊宿純和希真大師張志古、提領祝志淵」、全陽尊師嗣法圓明洪□淵虚真人前提舉重陽萬壽宫事李志源立石」

按

周全道，《元史》不載。碑所載其生卒年月、師事丹陽馬真人、傳揚全真教及其法嗣等，均可補正史之闕載。

書者陳德定，尹志平法孫。書此碑時署“祖庭道士棲玄致道大師”。

篆者孫德彧，元初道士。四川眉山人。師事李道謙，特授神仙演道大宗師。篆此碑时署“門下三洞講經開玄崇道大師”，書《棲雲開澇水記》時署“開玄崇道大師安西路道門提點重紫”，書《馬真人道行碑》時署“三洞講經開玄崇道法師安西路都道録賜紫”，書《白雲真人綦志遠本行碑》時署“三洞講經開玄崇道大師安西路道門提點重紫眉山書樓”。

504.1276　終南山重陽祖師仙迹記

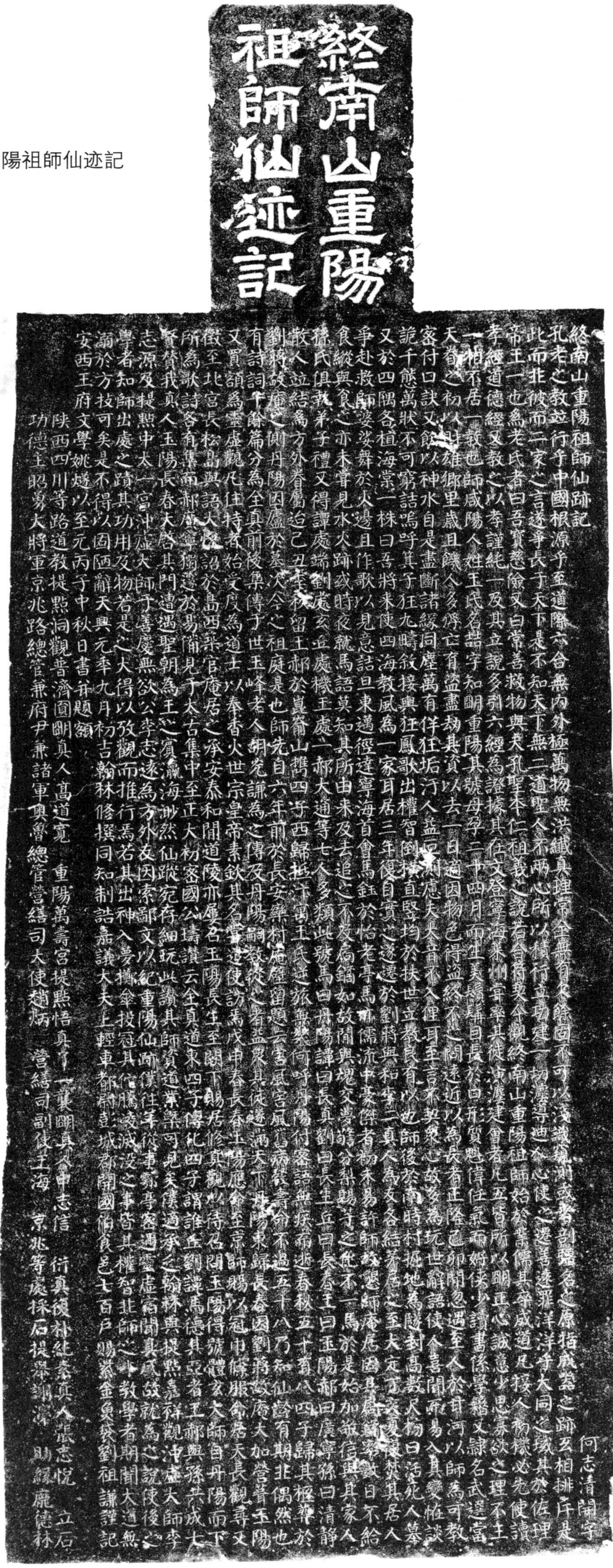

説 明

元世祖至元十三年（1276）八月刻。碑螭首方趺。通高525厘米，寬136厘米。額文2行，滿行5字，隸書“終南山重陽」祖師仙迹記」”。正文楷書26行，滿行59字。劉祖謙撰文，姚燧書丹並題額。原立于户縣祖庵鎮北郊田野，1962年移豎于重陽宮後院中。現存西安市鄠邑區祖庵重陽宮碑廊。《陝西金石志》《道家金石略》《重陽宮道教碑石》《秦嶺碑刻的田野調查與價值研究》等著録。

釋 文

終南山重陽祖師仙迹記

何志清開字」

孔老之教，並行乎中國，根源乎至道。際六合無内外，極萬物無洪纖。真理常全，無有欠餘，固不可以淺識窺測。或者剖彊名之原，指成器之迹，互相排斥，是」此而非彼，而二家之言遂争長于天下。是不知天下無二道，聖人不兩心。所以積行立功，建一切法，導迪人心，使之遷善遠罪，洋洋乎大同之域，其於佐理」帝王一也。爲老氏者曰“吾寶慈儉”，又曰“常善救物”，與夫孔聖“本仁祖義”之説若合符契。今觀終南山重陽祖師，始於業儒，其卒成道，凡接人初機，必先使讀」《孝經》《道德經》，又教之以孝謹純一。及其立説，多引六經爲證據。其在文登、寧海、萊州，嘗率其徒演法建會者凡五，皆所以明正心誠意、少思寡欲之理，不主」一相，不居一教也。師咸陽人，姓王氏，名喆，字知明，重陽其號。母孕二十四月而生，美鬚髯，目長於口，形質魁偉，任氣而好俠。少讀書，係學籍，又隸名武選。當」天眷之初，以財雄鄉里。歲且饑，人多殍亡，有盗盡劫其資以去。一日，適因物色得盗，終不之問，遠近以爲長者。正隆己卯間，忽遇至人於甘河，以師爲可教」，密付口訣，又飲以神水。自是盡斷諸緣，同塵萬有。佯狂垢污，人益叵測。慮夫大音不入俚耳，至言不契衆心，故多爲玩世辭語，使人喜聞而易入。其變怪談」詭，千態萬狀，不可窮詰。嗚呼！箕子狂，九疇敘；接輿狂，鳳歌出。權智倒横直竪，均於扶世立教，良有以也。師後於南時村掘地爲隧，封高數尺，榜曰“活死人墓」”。又於四隅各植海棠一株，曰：“吾將来使四海教風爲一家耳。”居三年，復自實之，遂遷於劉蔣，與和、李二真人爲友，各結茅居之。至大定丁亥夏，復焚其居，人」争赴救，師婆娑舞於火邊，且作歌以見意。詰旦，東邁，徑達寧海，首會馬鈺於怡老亭。馬亦儒流中豪杰者，初未易許師，故瘞師庵居，固其扃鐍，率數日不給」食，縱與食之，亦未嘗見水火迹。或時夜就馬語，莫知其所由来。及去，追之不及，扃鐍如故。間與魂交夢警，分梨、賜芋之化不一。馬於是始加敬信，與其家人」孫氏俱執弟子禮。又得譚處端、劉處玄、丘處機、王處一、郝大通等七人，多類此。號馬曰丹陽，譚曰長真，劉曰長生，丘曰長春，王曰玉陽，郝曰廣寧，孫曰清静」散人，並結爲方外眷屬。迨己丑季秋，留王、郝於崑嵛山，携四子西歸。抵汴，寓王氏逆旅。無幾何，呼丹陽付密語，無疾而逝，春秋五十有八。四子歸其柩，葬於」劉蔣故庵之側。丹陽因廬於墓次，今之祖庭是也。師先自六年前於長安欒村庵壁留題云：“害風害風舊病發，壽命不過五十八。”乃知仙齡有期，非偶然也」。有詩詞千餘篇，分爲全真前後集傳于世。玉峰老人胡光謙爲之傳。及丹陽嗣教，從之者益衆，其徒遂滿天下。丹陽東歸，長春因劉蔣故庵大加營葺。玉陽」又買額爲靈虚觀。凡住持者始受度爲道士，以奉香火。世宗皇帝素欽其名，嘗遣使訪焉。戊申春，長春、玉陽應命至京師，賜以冠巾緇服，命居天長觀。尋又」徵至北宫長松島，與語，大悦，詔於島西築官庵居之。承安、泰和間，道陵亦屢召玉陽、長生至闕下，賜居修真觀，以待召問。玉陽得號體玄大師。自丹陽而下」，所爲歌詩各有集，而郝廣寧獨邃於《易》，備見于《太古集》中。至正大初，密國公璹讚云：全真道東，四子傳化。四子謂誰，丘劉譚馬。德其亞者，王郝與孫。共成七」賢，贊我真人。玉陽長春，大啟其門。遭遇聖朝，爲王之賓。瀛海渺然，仙蹤宛存。細玩此讚，其師資道業概可見矣。僕適承乏翰林，與提點嘉祥觀沖虚大師李」志源及提點中太一宫沖虚大師于善慶、無欲公李志遠爲方外友，因索鄙文以紀重陽仙迹。僕往年從事鄠亭，密邇靈虚，宿聞真風，故就爲之説，使後之」學者知師出處之迹，其功用及物若是之大，得以考觀而推行焉。若其出神入夢，擲傘投冠，其他騰凌滅没之事，皆其權智，非師之本教。學者期聞大道，無」溺於方技可矣。是不得以固陋辭。

天興元年九月初吉

翰林修撰同知制誥嘉議大夫上輕車都尉彭城郡開國伯食邑七百户賜紫金魚袋劉祖謙謹記」

安西王府文學姚燧以至元丙子中秋日書并題額」

終南山重陽祖師仙跡記
孔老之教竝行乎中國根源乎至道際六合無内外極萬物無洪纖真理常全無有欠餘固不可以淺
此而非彼而二家之言遂爭長于天下是不知天下無二道聖人不兩心所以積行立功建一切濟導
帝王一也爲老氏者曰吾寶慈儉又曰常善救物與夫孔聖本仁祖義之説若合符契今觀終南山重
孝經道德經又教之以孝謹純一及其立説多引六經爲證據其在文登寧海萊州嘗率其徒演塵建
一相不居一教也師咸陽人姓王氏名喆字知明重陽其號母孕二十四月而生美鬚髯目長於口形
天眷之初以財雄鄉里歲且饑人多俘亡有盜盡劫其資以去一日適因物色得盜終不之問遠近以
密付口訣又飲以神水自是盡斷諸緣同塵萬有佯狂垢汙人益叵測慮夫大音不入俚耳至言不契
詭千態萬狀不可窮詰嗚呼其子狂九疇敍接輿狂鳳歌出權智倒横直豎均於扶世立教良有以也
又於四隅各植海棠一株曰吾將来使四海教風爲一家耳居三年復自實之遂遷於劉蔣與和李二
爭赴救師婆娑舞於火邊且作歌以見意詰旦東邁徑達寧海首會馬鈺於怡老亭馬亦儒流中豪傑
食縱與食之亦未嘗見水火跡或時夜就馬語莫知其所由来及去追之不及扃鐍如故閒與塊交學
孫氏俱執弟子禮又得譚處端劉處玄丘處機王處一郝大通等七人多類此號馬曰丹陽譚曰長真
散人竝結爲方外眷屬迨己丑季秋留王郝於崑崙山携四子西歸抵汴寓王氏逆旅無幾何呼丹陽
劉蔣故庵之側丹陽因廬於墓次今之祖庭是也師先自六年前於長安鄠村庵壁留題云害風
有詩詞千餘篇分爲全真前後集傳于世玉峰老人胡光謙爲之傳及丹陽嗣教從之者益衆其徒
又買額爲靈虛觀凡住持者始受度爲道士以奉香火世宗皇帝素欽其名嘗遣使訪焉戊申春長春
徵至北宫長松島與語大悦詔於島西築官庵居之承安泰和閒道陵亦屢召玉陽長生至闕下賜居
所爲歌詩各有集而郝廣寧獨遯於易備見于太古集中至正大初密國公璹讚云全真道東四子傳
賢贊我真人玉陽長春大啟其門遭遇聖朝爲王之賓瀛海渺然仙蹤宛存細玩此讚其師資道業堅
志源及提點中太一宫沖虛大師于善慶無欲公李志遠爲方外友因索鄙文以紀重陽仙跡僕往年
學者知師出處之蹟其功用及物若是之大得以致觀而推行焉若其出神入夢擲傘投冠其他騰凌
溺於方技可矣是不得以固陋辭天興元季九月朔吉翰林修撰同知制誥嘉議大夫上輕車都尉
安西王府文學姚燧以至元丙子中秋日書并題額
陝西四川等路道教提點洞觀普濟圓明真人高道寛　重陽萬壽宫提點悟真子一襲明
功德主昭勇大將軍京兆路總管兼府尹兼諸軍奥魯總管營繕司大使趙炳　營繕司副

局部

陝西四川等路道教提點洞觀普濟圓明真人高道寬、重陽萬壽宫提點悟真了一襲明真人申志信、衍真復朴純素真人張志悦立石」

功德主：昭勇大將軍京兆路總管兼府尹兼諸軍奥魯總管營繕司大使趙炳、營繕司副使王海、京兆等處採石提舉謝澤

助緣龐德林」

按

碑文所記全真教祖師王重陽之生平、創教、行道及“全真七子”等事，爲道教之重要資料。此碑書體方正飽滿，氣勢雄勁，爲楷書之佳品。

撰者劉祖謙，金代安邑（今山西夏縣北）人。承安進士，歷任縣、州官。撰此碑時署“翰林修撰同知制誥嘉議大夫上輕車都尉彭城郡開國伯食邑七百户賜紫金魚袋”。

書者姚燧，元初文學家。洛陽人。官翰林學士承旨、集賢大學士。書此碑時署“安西王府文學”，撰《圓明真人高道寬碑》時署“安西王府文學兼提舉陝西四川中興等路學校事”。

陝西學校儒生頌德之碑并序

王府典書京兆路儒學教授孟文昌撰

嘉議大夫前隴右河西道提刑按察使僕散祖英書　前司天臺判府學學正駱天驤篆額

夫武以禁暴文以致治文武相須特為長久斯百王不易之道有國家者詎不可闕而偏廢也

大元應天革命開創基業神兵一舉萬邦景附日月所照咸惟入面無思不服威武之彊提封之廣徵諸往古蔑以加焉

太祖太宗恢廓規模未遑文事然猶設科取士給復其家中優選者竝蒙寵擢澤延于世幾五十年

聖恩可謂博矣

皇上龍飛踐祚作新斯民永思為治之要首崇儒雅網羅耆舊咸登之朝收攬豪儁位以不次興禮樂定制度昭文物紀聲明樞機

邑武爍然具備至元十載

皇子安西王胙土開中秦蜀夏隴悉歸控御

宸眷西顧實為藩輔稽古建官一新庶政發號施令恒以愛養基本為務蠲賦税之常調以恤羣生省徭役之重困以息衆力平獄寬刑去

暇逸蕩弛山澤之禁罷關市之征無非便利之道關者有司以舊制儒其戶者士當復身

賢王處文風不振特頒教令凡士之居境內皆隸儒籍仍全復其家教所在毋擾敦勸學者以風四方士當斯時歡若更生何其幸歟

館之諸生相與言曰竊聞昔漢河間王修學好古招致道術奏獻雅樂東平王樂於為善不惜金帛購求遺書名垂簡冊至今稱之我

賢王敬老尚德本于天性命相舉賢月給廩秩獎拔後進開文學府遣左右旁求經籍增飾泮宮廣設黌宇隆恩以育人材厚禮以

聘儒彥俾士類出䀋編之雜無繭絲之供獲處樂土熙熙于于復聖道於已墜斯文於將墜方之二王

德邁遠矣且儒館獻歌昔人所美敢攄一情用揚

吾王盛德萬一以代輿人之誦遂作頌曰

於昭聖皇　丕宣重光　首出萬方　廓除欃氛　帝勳載恢　經緯以文　道屯而亨

不雷不霆　大振天聲　更造人倫　一陶化鈞　所存者神　百廢具興　久晦乃明　正學復鳴

王邸疏封　啓土關中　巴羌是同　恩波四覃　自西自南　如海斯涵　養老優賢　俾脫戶編

獨戴二天　既呴既濡　其樂于于　風以詩書　有來青衿　學校如林　譪然徽音　汝有猷為

新之楨之　好爵爾縻　文教孔彰　全國歲昌　永樂無疆

至元十一年四月……

説 明

元世祖至元十四年（1277）十月刻。碑螭首龜趺。通高370厘米，寬147厘米。額文3行，滿行3字，篆書"皇子安」西王盛」德之碑」"。正文楷書25行，滿行53字。孟文昌撰文，僕散祖英書丹，駱天驤篆額。現存西安碑林博物館。《陝西金石志》《西安碑林全集》等著録。

釋 文

陝西學校儒生頌德之碑并序」

王府典書京兆路儒學教授孟文昌撰

前司天臺判府學學正駱天驤篆額」

嘉議大夫前隴右河西道提刑按察使僕散祖英書」

夫武以禁暴，文以致治，文武相須，恃爲長久。斯百王不易之道，有國家者蓋不可闕而偏廢也」。大元應天革命，開創基業。神兵一耀，萬邦景附。日月所照，戒惟人面，無思不服。威武之彊，提封之廣，徵諸往古，蔑以加焉」。太祖太宗恢廓規模，未遑文事。然猶設科取士，給復其家。中優選者，並蒙寵擢，澤延于世，幾五十年」，聖恩可謂博矣」！皇上龍飛踐祚，作新斯民。永思爲治之要，首崇儒雅。網羅耆舊，咸登之朝。收攬豪傷，位以不次。興禮樂，定制度，昭文物，紀聲明，樞機」品式，燦然具備。至元十載」，皇子安西王胙土關中，秦、蜀、夏、隴悉歸控御」。宸眷西顧，實爲蕃輔。稽古建官，一新庶政。發號施令，恒以愛養基本爲務。蠲賦税之常調，以恤群生；省徭役之重困，以息衆力。平獄寬刑，去」瑕盪穢。弛山澤之禁，罷關市之征，無非便利之道。間者有司以舊制，儒其户者士當復身」。賢王慮文風不振，特頒教令：凡士之居境内，皆隸儒籍，仍全復其家。敕所在毋擾，敦勸學者，以風四方。士當斯時，歡若更生，何其幸歟」。館之諸生，相與言曰：竊聞昔漢河間王修學好古，招致道術，奏獻雅樂。東平三樂於爲善，不惜金帛購求遺書，名垂簡册，至今稱之。我」賢王敬老尚德，本于天性。命相舉賢，月給廩秩，奬拔後進。開文學府，遣左右旁求經籍，增飾泮宫，廣設黌宇。隆恩以育人材，厚禮以」聘儁彦。俾士類出畎綸之雜，無繭絲之供。獲處樂土，熙熙于于。復聖道於已熄，救斯文於將墜。方之二王」，德邁遠矣。且儒館獻歌，昔人所美，敢攄一情，揄揚」吾王盛德萬一，以代輿人之誦。遂作頌曰」：

於昭」聖皇，丕宣重光。首出萬方，廓除祲氛。載恢帝勳，經緯以文。道屯而亨」，不雷不霆。大振天聲，更造人倫。一陶化鈞，所存者神。百廢具興，久晦乃明。正學復鳴」，王邸疏封。啓土關中，巴羌是同。恩波四覃，自西自南。如海斯涵，養老優賢。俾脱户編」，獨戴二天。既呴既濡，其樂于胥。風以詩書，有來青衿。學校如林，藹然徽音。汝有猷爲」，薪之槱之。好爵爾靡，文教孔彰。仝國熾昌，永燭無疆」。

至元十四年十月望日」

按

安西王是元世祖忽必烈第三子忙哥剌，至元九年（1272）封爲安西王。碑文所記安西王恤群生、蠲賦税、開學校等德政，對于研究元代的教育體制等有一定的價值。

撰者孟文昌，史載不詳。撰此碑時署"王府典書京兆路儒學教授"。

書者僕散祖英，史載不詳。書此碑時署"嘉議大夫前隴右河西道提刑按察使"。

506.1278　圓明真人高道寬道行碑

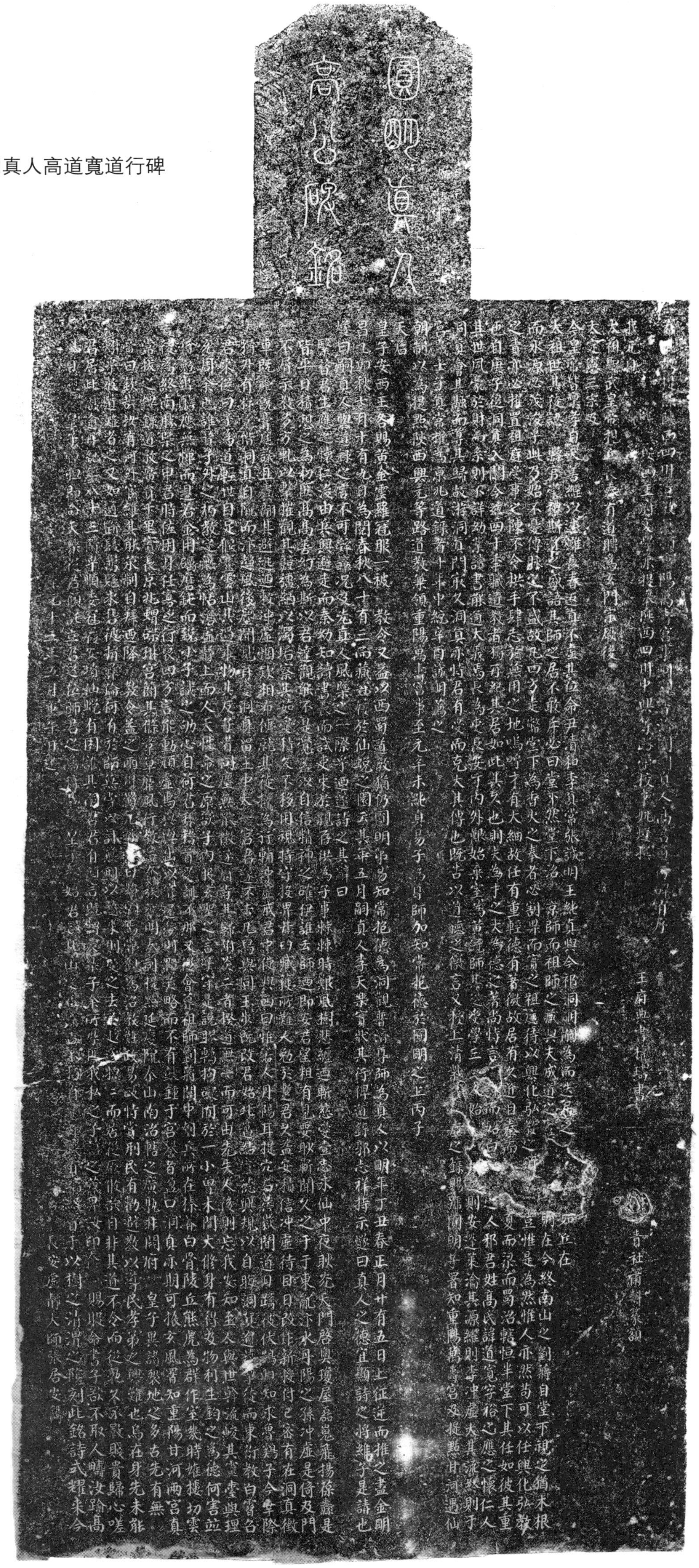

説明

元世祖至元十五年（1278）五月刻。碑螭首方座。通高340厘米，寬113厘米。額文2行，滿行4字，篆書“圓明真人」高公碑銘」”。正文楷書33行，滿行66字。姚燧撰文，權璹書丹，蕭㪺篆額。碑左上角漫漶。原立于户縣祖庵鎮北郊田野，1962年移豎于重陽宫後院中。現存西安市鄠邑區祖庵重陽宫碑廊。《道家金石略》《重陽宫道教碑石》著録。

釋文

有元故提點陝西四川道教兼領重陽萬壽宫事洞觀普濟圓明真人高君道行碑有序」

安西王府文學兼提舉陝西四川中興等路學校事姚燧撰

王府典書權璹書

青社蕭㪺篆額」

我元自」太祖聖武皇帝視丘長春有道，聘爲玄門宗。厥後」太、定、憲三宗及」今皇帝，皆稟孝自天，善繼以述。雖長春返真，不虚其位，命尹清和、李真常、張誠明、王純真與今祁洞明嗣為[1]而迭居之，如丘在」太祖世。其徒認縣官，崇禮斯道之盛，語其師之居不敢斥，必曰堂下。然堂下治京師，而祖師之藏，與夫成道之廬，則在今終南山之劉蔣。自堂下視之，猶木根」而水源，必茂浚乎此，乃始不憂傳脉之不盛。故凡四方走幣堂下爲香火之奉者，必割畀而實之祖庭，待以興化弘教之須。豈惟是爲然，惟人亦然。苟可以任興化弘教」之責，亦必擢置祖庭，受事之陳不令拱手肆志於無用之地。嗚呼！才有大細，故任有重輕；德有著微，故居有久近。自秦而夏而梁而蜀，治轄恒半堂下，其任如彼其重」也。自庚子從洞真入關，今兹四十年，職道教者，獨再紀其居如此其久也。則夫爲才之大，爲德之著，尚恃言而始白之人邪。君姓高氏，諱道寬，字裕之，應之懷仁人」。其世夙豪於財，而系則不詳。幼業讀書，能通大義焉。長爲吏長安，丁内外艱，始棄室爲黄冠師。其從受學三人，始則安蓬萊瀹其源，繼則李冲虚大其流，終則于」洞真會其融而導其歸，故游洞真門最久，洞真亦恃君有受而克大其傳也。既告以道德之微言，又授上清紫虚之籙，賜號“圓明子”，署知重陽萬壽宫及提點甘河遇仙」宫。歲壬子，真常擢爲京兆道録者十年。中統辛酉，誠明薦之」朝，制以爲提點陝西興元等路道教兼領重陽萬壽宫事。至元辛未，純真易“子”爲“尊師”，加“知常抱德”於“圓明”之上。丙子」，天后」、皇子安西王各賜黄金雲羅冠服一被，教令又益以西蜀道教，猶仍“圓明”，第易“知常抱德”爲“洞觀普濟”，“尊師”爲“真人”。以明年丁丑春正月廿有五日上征，逆而推之，盡金明」昌乙卯秋七月十有九日，爲閲春秋八十有三，而藏冠屨於仙蜕之園云。其年五月，嗣真人李天樂實狀其行，俾道録郭志祥持示燧曰：“真人之德，宜顯詩之。將維子是請也」。”燧曰：“嗣真人與道録之言不可辭讓，况及先真人風概之一際乎。”迺遂詩之，其辭曰」：

緊昔君生，應之懷仁。後由兵興，避走而秦。幼知讀書，長而試吏。束於親存，供爲子事。棘棘時艱，風樹悲纏。迺斬慈愛，壹志求仙。中夜耿光，天門啓奥。瓊屋磊嵬，飛揚葆纛。是」皆平日，積想之爲。初匪高高，善幻爲斯。以君達觀，能不是覺。蓋以自信，精神之確。伊誰云師，迺即安君。望粗有見，要眇靳聞。久之于于，東亂汴水。丹陽之孫，冲虚是倚。及門」不屑，示教多方。軋以擊摧，觀以競彊。納以濁垢，察其茹受。積久不移，用視持守。投畀井臼，臧獲所難。人勉於蹔，君久益安。積信冲虚，待目日改。作新授付，已密有在。洞真徵」車，既鞏既膏。庭議且虞，翩其避逃。迺敕冲虚，悃款相布。使就其徒，擇爲行輔。冲虚戒君，中使與西。曰惟若人，丹陽耳提。穴石吴嶽，聞道日躋。彼伏鵠卵，知求魯鷄。子今幸際」，猶升有梯。竟偕洞真，自隴而汴。趨風後塵，聞見再變。洞真留主，中太一宫。君遂不去，几舄與同。玉步既改，君始北邁。結廬德興，規以自晦。洞真逾燕，挈徒而東。衍教白霫，召」君来從。曰子爲道，輕世自足。偃蹇雲山，其過乖物。其反子者，同塵無厭。徵逐府寺，其歸附炎。二者揆道，無一而可。由先失人，後則忘我。安知至人，與世斡流。峻其靈臺，與理」充周。余也誰昔，子外之病。教之無爲，恬澹虚静。上而人天，性命之原。欲子内服，玄聖之言。子守是説，膠轕拘礙。囿於一小，曾未聞大。修身有得，及物利生。鈞之爲德，何害並」行。勉出疇應，無憚而退。若金用礪，磨鈍而鋭。小子識之，劬心自荷。君拜稽首，受訓不那。又從會葬，祖師劉蔣。關中刳兵，所在榛莽。白骨陵丘，熊虎爲群。作室幾時，雄樓切雲」。後爲終南，勝概之甲。君時佐用，身任寡乏。行裒四方，言能動頑。虚馬與輿，出以實還。勞則夥矣，略而不有。鼓鐘于宫，譽者盈口。洞真亦期，可振玄風。署知重陽，甘河兩宫。真」常拔之，俾録道教。廣員千里，實長京兆。蝟礫琳宫，簡其條章。草靡風行，教益奮張。誠明奏制，提點延慶。隴秦山南，治轄之廣。孰非開府，皇子異諸。裂地之多，古先有無」。帝曰欽哉，汝有河外。官維其能，承制自拜。迺

為玄門宗嚴後
長春返真不虛其位命尹清和李真常張誠明王純真與今祁洞明嗣為而迭居之[illegible]知丘在
之盛語其師之居不敢斥必曰堂下然堂下洛京師而祖師之藏與夫成道之宮[illegible]則在今終南山
脉之不盛故凡四方走鄰堂下為香火之奉者必割畀而實之祖庭待以興化弘教之[illegible]豈惟是為然哉
令拱手肆志於無用之地嗚呼才有大細故任有重輕德有著微故居有久近自春而[illegible]夏而梁而蜀
季職道教者獨再紀其居如此其久也則夫為才之大為德之著尚特言[illegible]而始白[illegible]人邪君姓高
讀書能通大義焉長為吏長安丁內外艱始棄室為黃冠師其之受學三[illegible]久始[illegible]則安遂萊濰其
門最久洞真亦恃居有受而克大其傳也既告以道德之微言又授上清紫[illegible]之錄賜號洞明年署知常
十年中統辛酉誠明為之
教兼領重陽萬壽宮事至元辛未純真易子為尊師加知常抱德於洞明之上丙子
一被　教令又益以西蜀道教猶仍洞明號易知常抱德為洞觀普濟尊師為真人以明年丁丑春正月廿
秋八十有三而藏舃於仙蛻之園云其年五月嗣真人李天樂實狀其行俾道錄鄧志祥持示燧曰真人
況及虎真人風槩之一際乎迺述詩之其辭曰
避走而秦幼知讀書長而試吏來親孝供為子事棘棘時艱風樹悲纏迺斬慈愛壹意求仙中夜耿然天
幻為斯以君達觀雖不足覺蓋以自信精神之確伊誰去師迺即安君望粗有見要耿耿聞久之于東亂
纓納以濁垢察其茹受積久不移用視持守授畀井曰藏獲所難大勉於暨君又益安精信沖虛待日日
逃迺致沖虛烟效相布依號其徒推為行輔沖虛成君中從與西曰惟高人丹陽耳提完白吳嶽闇道日躋
遊風後歷聞見丹之洞真留土中太一宮君迭不去凡爲與同玉步既改君始北遊緒言克興規以自晦洞
雲山其遊非物其及子者可歷無能徹迹付寄其歸附於二者撥道無一而可由先失人後則忘我安知
無為恬澹虛靜上而人天性命之原敬子內根玄聖之言乎守是說耳鞠物鹵而於一小曾木閒大修身有
礪磨鈍而銳小子識之動心自荷若稱稽首以訓不那又從會祖師劉蔣閒中劍兵所在榛莽白骨陵丘
身任寡之行倡四方言能動頑虛焉以其出以償還海則罷矣略而不有此鍾于宮巻首盈口洞負亦期可
長京兆蜩螗琳宮闈其條章草靡風行教令不張[illegible]明參制提點延慶隴奔山南洛軺之廣駝駢開府皇
承制自擇迺降發令益之兩川蜀[illegible]日[illegible]為名孜難改易改特賞刑民有勸遊敖以導民
嶲越來售從指於倫何有於師無學以訴其刪以逆來則從之去來返[illegible]二而居從厥攸敍自非其道不
平順委蛇從安蹟仙蛻有園証其同若君自言既歸[illegible]子余所學正我私之子蓋道之獲畢汝即合賜

局部

降教令，益之兩川。蜀凡道□，曰始願焉。嘗觀爲治，教難政易。政恃賞刑，民有勸避。教以導民，孝弟之興。難也烏在，身先未能」。矧乎教道，難者之又。如適斷髮，鬻髢求售。彼捐彝倫，何有於師。無賞以詠，無刑以隨。来則受之，去不越逐。總總而居，從厥攸欲。自非其道，不令而從。孰久不斁，賤貴歸心。嗟」君居此，歷逾再紀。年八十三，隤乎順委。冠履安墳，仙蜕有園。誰其嗣君，君有顧言。既謂天樂，子余所厚。匪我私之，子藴之茂。畀汝印奩，賜服命書。子欲不取，人疇汝逾。高」風日邈，皇子悼怛。即命天樂，從君顧託。立君之位，師君之爲。猗哉皇子，終始君知。北山之石，貫古不朽。有龜作趺，有螭絡首。于以樹之，清渭之陰。刻此銘詩，式耀来今」。

至元十五年五月重午日建

長安虛静大師張居安鎸」

校勘記

①為，據上下文意當爲“焉”。

按

圓明真人高道寬，史載不詳，碑所載其生平事迹及有關全真教的發展情况，均可補史之闕載。

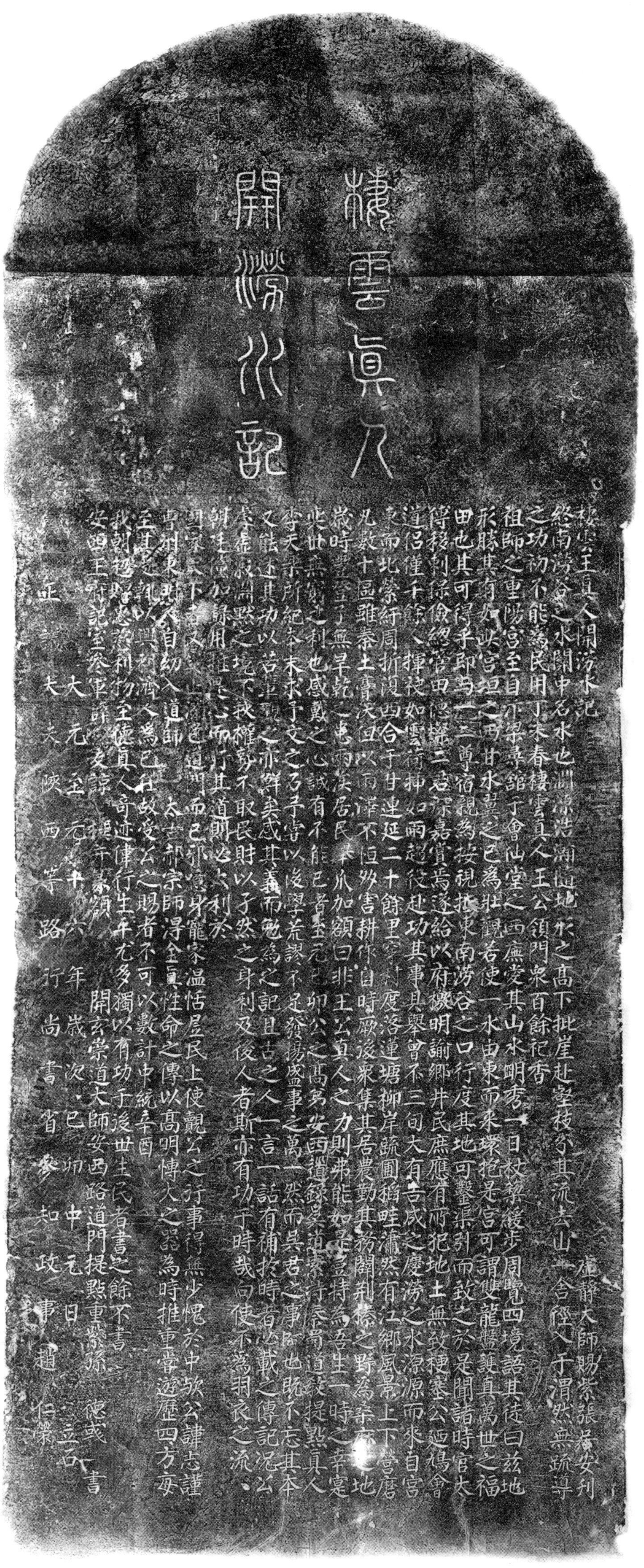
棲雲真人
開澇水記

説 明

元世祖至元十六年（1279）七月刻。碑圓首方趺。通高291厘米，寬97厘米。額文2行，滿行4字，篆書“棲雲真人」開澇水記」”。碑文楷書23行，滿行41字。薛友諒撰文並篆額，孫德彧書丹。原立于户縣祖庵鎮北郊田野，1962年移豎于重陽宫後院中。現存西安市鄠邑區祖庵重陽宫碑廊。《道家金石略》《重陽宫道教碑石》《秦嶺碑刻的田野調查與價值研究》著録。

釋 文

棲雲王真人開澇水記

虚静大師賜紫張居安刊」

終南澇谷之水，關中名水也。淵源浩瀚，隨地形之高下批崖赴壑，枝分其流。去山一舍，徑入于渭。然無疏導」之功，初不能爲民用。丁未春，棲雲真人王公領門衆百餘，祀香」祖師之重陽宫。至自汴梁，尋館于會仙堂之西廡，愛其山水明秀。一日，杖藜緩步，周覽四境，語其徒曰：“兹地」形勝其有如此。宫垣之西，甘水翼之，已爲壯觀；若使一水由東而来，環抱是宫，可謂雙龍盤護，真萬世之福」田也。其可得乎。”即与一二尊宿親爲按視，抵東南澇谷之口，行度其地，可鑿渠引而致之。於是聞諸時官，太」傅移剌保儉、總管田德燦二君深嘉賞焉，遂給以府檄，明諭鄉井民庶，應有所犯地土，無致梗塞。公迺鳩會」道侣僅千餘人，揮袂如雲，荷插如雨，趨役赴功，其事具舉。曾不三旬，大有告成之慶。澇之水源源而來，自宫」東而北，縈紆周折，復西合于甘，連延二十餘里，穿村度落，蓮塘柳岸，蔬圃稻畦，瀟然有江鄉風景。上下營磨」，凡數十區。雖秦土膏沃，但以雨澤不恒，多害耕作。自時厥後，衆集其居，農勤其務。闢荆榛之野，爲桑麻之地」，歲時豐登，了無旱乾之患。兩涘居民舉爪加額曰：“非王公真人之力，則弗能如是。豈特爲吾生一時之幸，寔」奕世無窮之利也。”感戴之心，誠有不能已者。至元己卯，公之高弟安西道録吴道素持秦蜀道教提點真人」李天樂所紀本末，求予文之石。予嘗以後學荒謬，不足發揚盛事之萬一。然而吴君之事師也，既不忘其本」，又能述其功。以若輩觀之，亦鮮矣。感其義而勉爲之記。且古之人一言一話，有補於時者必載之傳記，况公」處虚寂淵默之境，不挾權勢，不取民財，以孑然之身，利及後人者，斯亦有功于時哉。向使不爲羽衣之流」，朝廷儻加録用，推是心而行其道，則必大利於」國家天下者，又奚止潤色道門而已邪。噫，身寵家温，恬居民上，使觀公之行事，得無少愧於中欤？公諱志謹」，曹州東明人。自幼入道，師太古郝宗師，得全真性命之傳，以高明博大之器，爲時推重。嘗遊歷四方，每」至其處，輒以興利濟人爲己任。故受公之賜者，不可以數計。中統辛酉」，我朝超贈惠慈利物至德真人，奇迹偉行，生平尤多，獨以有功于後世生民者書之，餘不書」。

安西王府記室參軍薛友諒撰并篆額

開玄崇道大師安西路道門提點重紫孫德彧書」

大元至元十六年歲次己卯中元日立石」

正議大夫陝西等路行尚書省參知政事趙仁榮」

按

撰者薛友諒，曾官翰林院直學士。撰此碑時署“安西王府記室參軍”。

508.1280　大元崇道聖訓王言碑

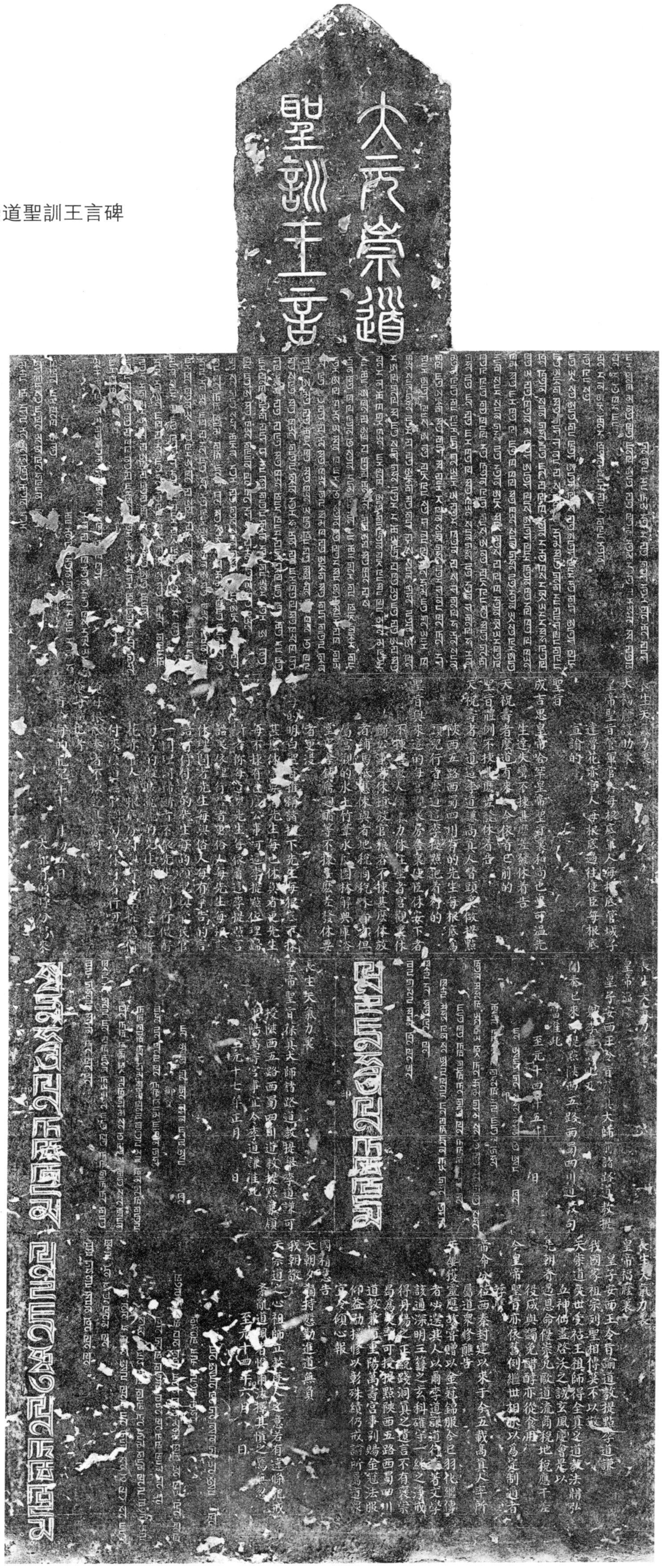

説 明

元世祖至元十七年（1280）十一月刻。碑螭首方座。通高369厘米，寬117厘米。額文2行，滿行4字，篆書“大元崇道」聖訓王言」”。正文分上下四欄。第一欄八思巴文竪書43行。第二欄漢文楷書35行，滿行16字。第三欄八思巴文竪書15行；漢文楷書12行，滿行15字。第四欄八思巴文竪書9行；漢文楷書26行，滿行16字。原立于重陽宫獻殿前，1962年移竪于重陽宫後院中。現存西安市鄠邑區祖庵重陽宫碑廊。《道家金石略》《重陽宫道教碑石》著録。

釋 文

長生天氣力裏」，大福蔭護助裏」，皇帝聖旨：管軍官人每根底、軍人每根底、管城子」達魯花赤、官人每根底、過往使臣每根底」宣諭的」聖旨」：成吉思皇帝、哈罕皇帝聖旨裏：和尚、也里可温、先」生、達失蠻，不揀甚麽差發休着，告」天祝壽者麽道有來。如今依着已前的」聖旨體例，不揀甚麽差發休着，告」天祝壽者麽道。這李道謙、高真人替頭裏做提點」陝西五路西蜀四川有的先生每根底，爲」頭兒行者麽道。這李提點把着行的」聖旨與來。這的每宫觀裏房舍裏，使臣休安下者」，不揀甚麽人倚氣力休住坐者。宫觀裏休」斷公事者，休頓放官粮者，不揀甚麽休放」者。鋪馬、衹應休與者，地税、商税休着者。但」屬宫觀的水土、竹葦、水磨、園林、解典庫、浴」堂、店舍、鋪席、麹醋等，不揀甚麽差發休要」者。更没」俺每的明白聖旨，推稱諸投下，先生每根底不揀」甚麽休索要者，先生每也休與者。更先生」每不揀有甚麽公事呵，這李提點依理歸」斷者。你每這衆先生每，依着這李提點言」語裏依理行踏者。更俗人每、先生每根底」休理問者。先生每與俗人每有争告的言」語呵，倚付了的先生每的頭兒與管民官」一同理問歸斷者。不依先生體例行，做觧」句當的做賊説謊的先生每，管城子達魯」花赤、官人每根底分付與者。這李提點倚」付來麽道，無體例句當休行者，行呵」，俺每根底奏者。不揀説甚麽呵」，俺每識也者」。

聖旨俺每的龍兒年十一月初五日」大都有的時分寫來」（以上第二欄）

長生天氣力裏」，皇帝福蔭裏」，皇子安西王令旨：葆真大師前諸路道教提」舉李道謙，比及」聞奏已來，可提點陝西五路西蜀四川道教句」當。准此」。

至元十四年五月日」

長生天氣力裏」，皇帝聖旨：葆真大師諸路道教提舉李道謙可」授陝西五路西蜀四川道教提點兼領」重陽萬壽宫事。宜令李道謙。准此」。

至元十七年正月日」（以上第三欄）

長生天氣力裏」，皇帝福蔭裏」，皇子安西王令旨：諭道教提點李道謙」，我國家祖宗列聖相傳，莫不以敬」天崇道，奕世受祜。王祖師得全真之道，教法開弘」，丘神仙盡啓沃之，誠玄風慶會。是以」先朝眷遇，恩命優崇，凡厥道流商税、地税、應干差」役咸與蠲免，醋酵亦從食用」。今皇帝聖旨亦依舊例，繼世相承，以爲定制。邇者」荐膺」，帝命分莅西秦，封建以來于今五載。高真人率所」屬道衆修醮告」天，屢獲靈應，故嘗贈以金冠錦服。今已羽化，繼傳」者必選其人，以爾李道謙道行素著，文學」該通，深明三籙之玄科，確守一純之浄戒」，得丹陽之正統，踐洞真之遺言，不有褒崇」，曷爲奬率，可授提點陝西五路西蜀四川」道教兼領重陽萬壽宫事，别賜金冠法服」，仰益勵操修，以彰殊績，仍戒諭所屬道衆」，宜令傾心報」國，精意告」天，朝夕誦持，慇勤進道，無負」我朝敬」天崇道之心，祖師立教度人之意。若有違條犯戒」、紊亂道風者，惟爾汰擇，其慎之焉無忽」。

至元十四年六月日」（以上第四欄）

按

此道聖旨碑對于研究古代八思巴文及其與漢文的對照翻譯、元初的規章制度等，都具非常重要的資料價值。

509.1281　長春真人内傳碑

説 明

元至元十八年（1281）二月刻。碑螭首龜趺。身高240厘米，寬116厘米。額文3行，滿行5字，篆書“全真第五代」宗師長春真」人丘君内傳」”。正文楷書42行，滿行88字。李道謙撰文並題額，袁志安書丹。現存寶雞市陳倉區磻溪宫。《道家金石略》著録。

釋 文

全真第五代宗師長春演道主教真人内傳」

師姓丘氏，諱處機，字通密，道號長春子，登州棲霞縣人。世爲顯族。生於皇統八年戊辰正月十九日。幼而聰敏，識量不群。大定六年丙戌，師甫十九，悟世空華，即棄家學道，潛居崑崳山。七年，聞重陽祖師寓寧海馬氏全真庵，即往師」焉。重陽贈之詩云：“細密金鱗戲碧流，能尋香餌會吞鉤。被予緩緩收綸線，拽入蓬萊永自由。”又賜今之名號，其器重可見。八年春，祖師挈居煙霞洞。九年冬，與丹陽、長真、長生從祖師遊汴梁。祖師日夕訓誨，比之餘人尤加切至。明年」春，祖師羽化，師與長真、長生從丹陽入關。十二年，復詣汴護喪，葬之終南劉蔣村。廬墓三年，各任所適。十四年秋，師居西虢之磻溪，修真鍊行，日丐一飡，晝夜不寐者六載。二十年，還居隴山之龍門，守志如在磻溪日。二十二年，官中」有牒發事，師至祖庭，丹陽付以後事東歸，師即還隴山。二十六年冬，京兆統軍夾谷公禮請居終南祖庭，載揚玄化。過汧陽之石門，覽泉石佳勝，築全真堂，即今玉清宫也。二十八年春二月，興陵召至燕都，請問至道，師以“寡欲修身」之要，保民治國之本”對，上嘉納之，蒙賜以巾冠袍縏，敕館於天長觀。十一日，命主萬春節醮事，奉旨令有司就城北修庵，塑純陽、重陽、丹陽三師像，綵繪供具，靡不精備。夏四月，庵成，命徙居之，以便咨問。五月，召見於長松島。秋七月」，復召見。師剖析天人之理，進瑶臺第一層曲，又應制五篇。明日，賜上林桃。師不食茶果十餘年，至是一啖之，重上賜也。八月，得旨還終南，賜錢十萬，辭不受。冬，盤桓山陽，創蘇門之資福、修武之清真、孟州之嶽雲，又增置洛陽雲溪之」地。二十九年春二月，西還祖庭，大建琳宇。明昌二年，東歸棲霞，即祖宅創太虚觀。二年冬，主醮於芝陽。五年秋，醮於福山，俱有聖降天光之瑞。泰和七年，元妃施《道經》一藏，驛送太虚。貞祐間，師居登州，時宣宗幸汴，强梗蜂聚，互相魚」肉。師爲撫諭，民乃得安。有司以聞，朝廷賜“自然應化弘教大師”號，仍命東平監軍王庭玉護師歸汴京。師曰：“天道運行，無敢違也。”不起。未幾，齊魯陷宋。己卯，師居萊州昊天觀。一日，静中作而言曰：“西北天命所与，他日必當一往，生靈」庶可相援。”秋八月，宋主遣使來召，亦不起。州牧勸行，師曰：“吾之出處，非若輩可知。至時恐不能留爾。”是歲五月」，聖元太祖聖武皇帝自奈蠻國遣近侍劉仲禄賫詔請師。八月，仲禄抵

碑首

燕，聞師在萊州，適益都安撫司遣行人吴燕等計事中山，就爲前導。十二月，達東萊，傳所以宣召之旨。師慨然而起。庚辰正月十八日，選門弟子一十八人」從行。二月入燕，行省石抹公館於玉虚觀。仲禄先遣曷剌馳奏，師亦奉表以聞。四月，作醮於太極宫，登寶玄堂傳戒。有鶴自西北來，焚簡之際，一簡飛空，五鶴翔舞其上。明日北行，道出居庸關，遇群盗，皆羅拜於前曰："無驚父師！"五月」，至德興龍陽觀。中元日醮，午後傳戒。衆露坐，暑甚，須臾雲覆其上，狀若圓蓋，事畢方散。觀中井水僅給百人，是時汲之不竭。八月，太傅移剌公請居宣德之朝元觀。十月，曷剌進表回，有詔促行。又敕仲禄無使真人飢且勞，可扶」持緩来。其禮敬如此。辛巳二月八日，道俗餞於西郊，至有擁馬首而泣者，曰："師云萬里外，何時復獲瞻拜？"師曰："三載歸矣。"五月朔，抵陸局河。七月，至阿不罕山，鎮海来迎，言前有大山廣澤，不可以車。師留弟子宋道安等九人立棲霞」觀，率趙九古輩九人輕騎而往。中秋日，抵金山，至白骨甸。昔云此地天氣陰黯，魑魅爲祟，過者必以血塗馬首厭之。師笑曰："道人何憂此。"過之，卒無所見。抵陰山，王官、士庶、道釋數百来迓。十一月，至邪迷思干大城之北，太師移剌公」及蒙古帥首載酒以迎，冬居筭端氏之新宫。壬午三月上旬，阿里鮮至自行在，傳旨宣諭仲禄、鎮海，仍敕萬户播魯赤以甲士十人，衛師過鐵門。四月五日，達于行宫，舍館定，入見。上賜坐，勞之曰："他國徵聘皆不應，今遠逾萬」里而来，朕甚嘉焉。"對曰"山野詔而起者，天也"略語。上重其誠實，設二帳於御幄之右，以師居之。擇以十四日問道。將及期，有報山賊之叛，上乃親征，不果。改卜十月吉。七月初，師遣阿里鮮奉表諫上止殺、赦叛」，上悦。八月七日，使回，傳旨請師西行。二十二日，見上於太師城南，承旨令師扈帳殿以行。十月望日，上齋莊設庭燎，虚前席，以太師阿海洎阿里鮮譯語，請問長生之道。師曰："夫道生天育地，日月星辰、鬼神人物，皆從道生」。人止知天之大，不知道之大也。山野生平棄親出家，惟學此耳。道生天地，輕清者爲天，天，陽也，属火；重濁者爲地，地，陰也，屬水。天地既闢，人稟元氣而生，負陰而抱陽。陽，男也，屬火；女，陰也，属水。惟陰能消陽，水能剋火，故養生者首戒」乎色。夫經營衣食，則勞乎思慮，雖散乎氣，而散之少；貪婪色欲，則耗乎精神，亦散其氣，而散之多。夫學道之人，澄心遣欲，固精守神，唯鍊乎陽，是致陰消而陽全，則昇乎天而爲仙，如火之炎上也。凡俗之人，以酒爲漿，以妄爲常，恣情」遂欲，損精耗神，是致陽衰而陰盛，則沉於地而爲鬼，如水之流下也。夫神爲氣子，氣爲神母，氣經目爲泪，經鼻爲巙，經舌爲津，經外爲汗，經内爲血，經骨爲髓，經腎爲精。氣全則生，氣散則死。氣盛則壯，氣衰則老。常使氣不散，則如子」之有母，氣散則如子之喪父母，何恃何怙。夫修真者，如轉石上山，愈高而愈難。跬步顛沛，前功俱廢。以其難爲，故舉世莫之爲也。背道逐欲者，如輥石下山，愈卑而愈易。斯須隕墜，一去無回。以其易爲，故舉世從之。山野前所謂修鍊」之道，皆常人之事。若夫天子之説，又異於是。陛下本天人耳，皇天眷命，假手我家，除殘去暴，爲元元父母恭行天伐。如代大匠斲，克艱克難，功成限畢，復昇天位。在世之日，切宜減聲色嗜欲，自然聖體安康，睿筭遐遠耳。夫古」人以繼嗣而娶，先聖孔子、孟子亦各有子。孔子四十而不惑，孟子四十不動心。人生四十已上，氣血漸衰，故戒之在色也。陛下春秋已及上壽，聖子神孫枝蔓多廣，但能節欲保身，則幾於道矣。昔黄帝嘗問道於廣成，廣成告以無」勞汝形，無搖汝精，無使汝思慮營營。此言是也。”上又問：“有進長生藥者，服之何如？”師曰：“藥爲草，精爲髓。去髓添草，譬如囊中貯金，旋去金而添鐵，久之金盡，囊之雖滿，但遺鐵耳。服藥之理，何異乎是？昔金世宗皇帝即位之後，色欲」過節，不勝衰憊。每朝會，令二人掖之而行。亦嘗請余問養生之道，余如前説，自後身體康强。陛下試一月静寢，必覺精神清爽，筋骨强健。天子雖富有四海，飲食起居、珍玩貨財，亦當依分，不宜過差。海外之國不啻億兆，奇珍異寶」比比出之，皆不及中國天垂經教，世出異人，治國治身之道，爲之大備。山東河北，天下美地，多出良禾美蔬，魚鹽絲枲，以給四方之用，自古得之者爲大，所以歷代有國者惟重此地耳。今盡爲陛下所有，奈何兵火相繼，流散未集」。宜選清幹官爲之撫治，量免三年賦役，使軍國足金帛之用，黔黎復蘇息之安，一舉而兩得，斯乃開創之良策也。苟授非其才，不徒無益，反以爲害。其修身養命之道，治國保民之理，山野略陳梗概，用之捨之，在宸衷之断耳」。”上嘉納其言。自是不時召見，與之論話。一日，上問曰：“師每言勸朕止殺，何也？”師曰：“天道好生而惡殺。止殺保民，乃合天心。順天者，天必眷祐，降福我家。况民無常懷，惟德是懷；民無常歸，惟仁是歸。若爲子孫計者，無如布德推恩，依」仁由義，自然六合之大業可成，億兆之洪基可保。”上悦。又問以雷震事，師曰：“山野聞國俗，夏不浴於河，不浣衣，不瞰氈。野有菌，禁其採，畏天威也。然非奉天之至道。嘗聞三千之罪，莫大於不孝。今聞國俗，於父母未知孝道」。上乘威德，可戒其衆。”上悦，曰：“神仙前後之語，悉合朕心。”命左右書之策，曰：“朕將親覽，終當行之。”遂召太子、諸王、大臣，諭以師言，曰：“天俾神仙爲朕説此，汝輩各當銘諸心。”神仙之稱，肇於此矣。癸未二月七日，因入見而辭」。上曰：“少俟數日，從前道話有所未解者，朕悟即行之。”三月七日，又入辭，制可。而所賜金幣、牛馬，備極豐腆，皆辭之。授蠲免道門賦役之旨，以寵其歸。仍命阿里鮮輩護送，别者泣下。至阿不罕山，憩棲霞觀，門人宋道安等与玉華會衆」設齋數日，乃行。五月中，師不食，但飲湯而已。衆問之曰：“師奚疾？”師曰：“予疾非尔輩可知，聖賢琢磨耳。”是夕，清和尹公夢人告曰：“師疾，公輩勿憂，至漢地當自平復。”六月晦，抵豐州，宣差俞公請止其家，奉以湯餅，輒飽食。自是飲食如故」。衆相謂曰：“尹公之夢驗矣。”八月，至宣德，居朝元觀。河朔州府王官將帥，以書來請者若輻湊。師答云：“王室未寧，道門先暢。開度有緣，恢洪無量。群方帥首，志心歸向。恨不化身，分酬衆望。”甲申二月，燕京行省石抹公、便宜劉公，各遣使」懇請住太極宫，師允其請。是月，曷剌至自行在，傳旨云："神仙至漢地，凡朕所有之地，其欲居者居之。"衆官咸曰："師已許太極矣。請無他議。"三月，仙仗入燕。厥後道侣雲集，玄教日興。乃建八會：曰平等，曰長春，曰靈寶，曰長生，曰明真」，曰平安，曰消灾，曰萬蓮。會各有百人，以良日設齋供奉上真。延祥觀枯槐一株，師以杖繞而擊之，云："此槐生矣。"迄今□茂。秋九月，宣撫王檝善于天文，以熒惑犯尾宿，主燕境灾，請師作醮禳之。問其所費，師曰："一物失所，猶懷不忍，况」闔境乎！比年民苦征役，公私交困，我當以常住物備之，令京官齋戒以待，行禮足矣。"醮竟，檝等謝曰："熒惑已退數舍，無復憂矣。師德之感，何其速哉！"師曰："予何德？汝輩誠也。"丙戌夏五月，京師大旱，行省請師作醮，雨乃足，僉曰"神仙雨」也"。名公碩儒，皆以詩賀。丁亥夏，復旱，有司禱，無少應。奉道會衆請師作醮，師曰："我方留意醮事，公等亦有是請，所謂好事不謀而同。"仍云五月一日爲祈雨醮，三日作謝雨醮，約中得者是名瑞應雨，過所約非醮家雨也。或曰："天意匪」易度，萬一失期，能無招衆口之訾邪？"師曰："非尔所知。"後皆如師言。是月，門人王志明至自秦州行宫，奉旨改太極宫爲長春宫，及賜以虎符，凡道家事一聽神仙處置。六月中，雷雨大作，人報云太液池南岸崩裂，水入東湖，聲聞數」十里。黿鼉魚鼈盡去，池遂枯涸，北口山亦摧。師初無言，良久笑曰："山摧池枯，吾將與之俱乎！"七月四日，師謂門人曰："昔丹陽嘗授記於予，吾殁之後，教門大興，四方往往化爲道鄉道院，皆敕賜名額。又當住持大宫觀，仍有使者佩符」乘驛幹教門事，此乃功成名遂歸休之時也。丹陽之言，一一皆驗，吾歸無遺恨矣！"九日，登寶玄堂，留頌而逝，享春秋八十。有《磻溪》《鳴道》二集行於世。清和嗣教，建議於白雲觀構處順堂，會集諸方師德，以戊子七月九日大葬，設像以」奉香火。至元六年正月奉明旨，褒贈長春演道主教真人。

十八年二月既望

門下法孫天樂子李道謙齋沐謹編并題額

鳳翔府管内道録袁志安書

清真崇道大師鳳翔府虢縣磻溪長春成道宫提點方志正等立石」

按

該碑所記述長春真人丘處機之生平事迹，以及元代統治者對全真教的尊崇與信仰，對于研究元代政治、社會及宗教，以及元代全真教三教合一思想，都具有非常重要的資料價值。

撰者李道謙，見本書492.1254條《重陽成道宫記》按語及526.1306條《元天樂真人李道謙道行碑》。

510.1282　成志遠墓誌

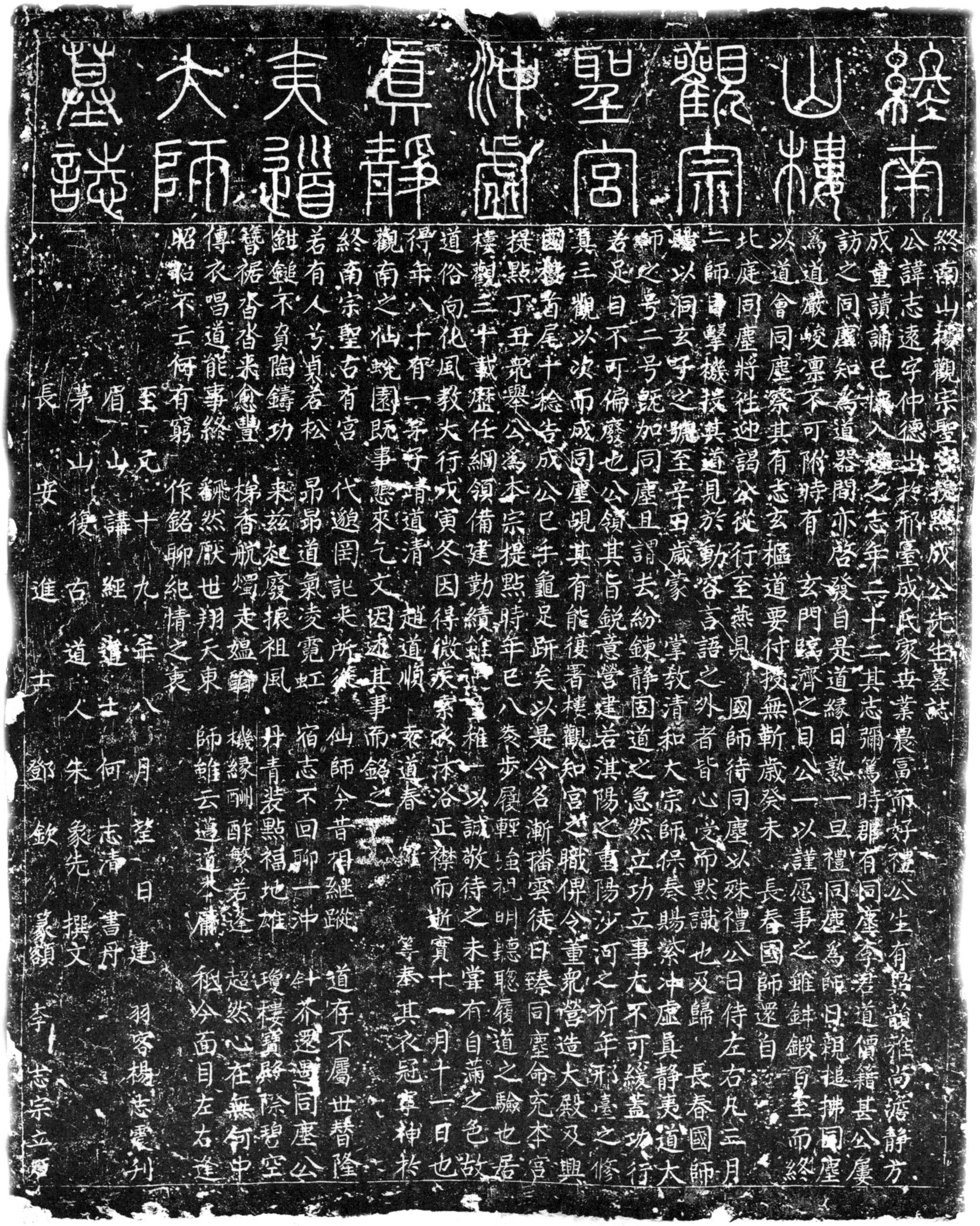

終南山樓觀宗聖宮沖虛真靜夷道大師墓誌

終南山樓觀宗聖宮提點成公先生墓誌
公諱志遠字仲德出於邢臺成氏家世業農富而好禮公生有異韻雅尚澹靜方
成童讀誦已極入道之志年二十二其志彌篤時郡有同塵李君道價籍甚公屢
訪之同塵知為道器闡亦啓發自是道緣日熟一旦禮同塵為師日親提拂同塵
為道嚴峻凜不可附時有玄門濟之目公一以謹愿事之雖鉗鍛百至而終
以道會同塵察其有志玄樞道要付授無斬歲癸未長春國師還自
北庭同塵將往迎謁公從行至燕見國師待同塵以殊禮公日侍左右凡三月
二師目擊機投其道見於動容言語之外者皆心受而默識也及歸長春國師
贈以洞玄子之號至辛丑歲蒙掌教清和大宗師保奏賜紫沖虛真靜夷道大
師之号二号既加同塵且謂去紛鍊静固道之急然立功立事尤不可緩蓋功行
若足自不可偏廢也公領其旨銳意營建若淇陽之重陽沙河之祈年邢臺之修
真三觀以次而成同塵覘其有能復署樓觀知宮之職俾令董衆營造大殿及興
國樓首尾十稔告成公已手龜足跰矣以是令名漸播雲徒日臻同塵命充本宮
提點丁丑衆舉公為本宗提點時年已八秩步履輕捷視明聽聰履道之驗也居
樓觀三十載歷任綱領備建勤績雖一以誠敬待之未嘗有自滿之色故
道俗向化風教大行戊寅冬因得微疾索衣沐浴正襟而逝實十一月十一日也
得年八十有一弟子靖道清趙道順袁道春等奉其衣冠亭神於
觀南之仙蛻園既事懇來乞文因述其事而銘之
終南宗聖古有宮代邈罔記來所從仙師兮昔相繼蹤道存不屬世替隆
若有人兮貞若松昂昂道氣凌霓虹宿志不回聊一沖針芥還遇同塵公
鉗鎚不負陶鑄功來茲起廢振祖風丹青裝點福地雄瓊樓寶殿際碧空
簪裾沓沓來愈豐梯香航燭走嫗翁機緣酬酢繁若蓬超然心在無何中
傳衣唱道能事終飄然厭世翔天東師雖云遁道未庸衹兮面目左右逢
昭昭不亡何有窮作銘聊紀情之衷
至元十九年八月望日建　羽客楊志靈刊
眉山講經道士何志清書丹
茅山後古道人朱象先撰文
長安進士鄧欽篆額　李志宗立石

説 明

元世祖至元十九年（1282）八月刻。誌、蓋一體。通高88厘米，寬66厘米。蓋文9行，滿行2字，篆書“終南」山樓」觀宗」聖宫」沖虚」真静」夷道」大師」墓誌」”。誌文楷書28行，滿行31字。朱象先撰文，何志清書丹，鄧欽篆額。出土具體時、地不詳。現存周至樓觀臺老子殿後。《樓觀臺道教碑石》著録。

釋 文

終南山樓觀宗聖宫提點成公先生墓誌」

公諱志遠，字仲德，出於邢臺成氏。家世業農，富而好禮。公生有異韻，雅尚澹静。方」成童讀誦，已懷入道之志。年二十二，其志彌篤。時郡有同塵李君，道價籍甚，公屢」訪之。同塵知爲道器，間亦啟發，自是道緣日熟。一旦禮同塵爲師，日親摳拂。同塵」爲道嚴峻，凛不可附。時有玄門臨濟之目，公一以謹愿事之，雖鉗鍛百至，而終」以道會。同塵察其有志，玄樞道要付授無靳。歲癸未，長春國師還自」北庭，同塵將往迎謁。公從行至燕，見國師待同塵以殊禮，公日侍左右，凡三月」。二師目擊，機投其道，見於動容言語之外者，皆心受而默識也。及歸，長春國師」賜以洞玄子之號。至辛丑歲，蒙掌教清和大宗師保奏，賜紫冲虚真静夷道大」師之号。二号既加，同塵且謂去紛鍊静，固道之急，然立功立事，尤不可緩。蓋功行」若足，目不可偏廢也。公領其旨，鋭意營建，若淇陽之重陽、沙河之祈年、邢臺之修」真三觀，以次而成。同塵覘其有能，復署樓觀知宫之職，俾令董衆營造大殿及興」國樓。首尾十稔告成，公已手龜足跰矣。以是令名漸播，雲徒日臻，同塵命充本宫」提點。丁丑，衆舉公爲本宗提點。時年已八袠，步履輕强，視明聽聰，履道之驗也。居」樓觀三十載，歷任綱領，備建勤績，雖遇童稚，一以誠敬待之，未嘗有自滿之色。故」道俗向化，風教大行。戊寅冬，因得微疾，索衣沐浴，正襟而逝，實十一月十一日也」，得年八十有一。弟子靖道清、趙道順、袁道春、羅□等，奉其衣冠，寧神於」觀南之仙蜕園。既事，懇來乞文，因述其事而銘之」：

終南宗聖古有宫，代邈罔記来所從。仙師今昔相繼蹤，道存不屬世替隆」。若有人兮貞若松，昂昂道氣凌霓虹。宿志不回聊一沖，針芥還遇同塵公」。鉗鎚不負陶鑄功，来兹起廢振祖風。丹青裝點福地雄，瓊樓寶殿際碧空」。簪裾沓沓来愈豐，梯香航燭走媪翁。機緣酬酢繁若蓬，超然心在無何中」。傳衣唱道能事終，翻然厭世翔天東。師雖云邁道本庸，秖今面目左右逢」。昭昭不亡何有窮，作銘聊紀情之衷」。

至元十九年八月望日建

羽客楊志震刊」

眉山講經道士何志清書丹」

茅山復古道人朱象先撰文」

長安進士鄧欽篆額

李志宗立石」

511.1282　石志堅道行記

説 明

元世祖至元十九年（1282）刻。碑首佚。高100厘米，寬54厘米。正文楷書22行，滿行40字。李道謙撰文。碑斷爲二，左側缺十餘字。現存周至樓觀臺説經臺。《樓觀臺道教碑石》著録。

釋 文

終南山宗聖宫主石公道行記

夷山筠□□人李道謙撰」

公姓石，名志堅，字庭玉，汾州西河人。世習儒業。祖榮，父萬，皆隱德不耀。公以泰和乙丑歲生，生而夙□，□」有道緣。六歲入小學，已能日誦數百言。天姿穎悟，夐出倫輩。稍長，性重静，寡言笑。貞祐丙子，河東兵亂，因」流寓于覃懷。既而去家，詣邢臺通真觀，師同塵真人李君，究全真性命之學，奉侍左右。始自井舂庖厩」之役，皆嘗親歷。勤懇諄複，數年不怠。同塵察其可教，遂授以修身至道。公服膺力踐，非餘子所能及。居無」幾，恒山公叛，西山寇起，居民擾攘。乃曳杖挂瓢，避地東平之上清宫，依玄通真人范君。君委以監齋之」職，日聆謦欬，於道大有所悟。其於《老》《莊》諸經，罔不涉獵，皆能造其極致。一日，玄通進而前曰："向上諸師登」真達道，内公外行，兩者相資，方始成就，譬猶飛鳥之假兩翼，闕一不可。今寧海先天宫者，實」先師廣寧郝君鍊化之地。久經劫火，焚毁殆盡。吾欲興復，以彰仙迹。汝可從提點張公天倪往任其責。"公」拜命而東。適行臺李全作大功德主會多方道門耆宿，遷葬丹陽、長生、玉陽、廣寧四師仙蜕，當時遐迩」景仰，供奉者衆，道俗往來，量其高下，將迎館穀，莫不得其歡心。時常住之帑藏□□，命公掌籥。出納之際」，以心相盟，不置文簿，不事會計，如是數歲。及謝事之日，交付於彼，惟隨身一衲而已，拂袖如泰□之雪溪」，焚香讀經，棲心養浩，若將終身焉。未幾，同塵遣介召至邢臺，提點通真觀。不四三年，功成事□。復命入」關，提點終南宗聖宫。凡云爲動作，則以身先之。逮至元丙寅□同塵將厭代，遺教嗣主本宗法席，公泣涕」跪前，辭不敢當。師命益堅，乃敬領其事。未及十稔，宗聖之因緣增盛，内外無間言。四方法屬，翕然輻湊，咸」服其師付畀得人之明。無何，掌教誠明張君下教，命隨□名山大川諸大宫觀，例起玄庠，教育後進。予」嘗与公同主祖庭講筵，公凝然靖空，密若無言，及其扣□□□四輔之奥，重玄衆妙之微，歷歷洞明其要」，蓋涵養敦厚，所謂良賈深藏若虚者也。辛未，淳和真□□□嗣教，以恩例賜公體真復朴虚□大」師之号，褒其成德。公年逾七袠，所養益厚。一日，偶以節□□□□□微疾，遂奄然而仙，時丁丑二月二十」九日也。春秋七十有四，葬於宫之坤維。既事，執事者懇□□□□□大概，而爲墓誌」。

門人張志進、陳志希、董道弘（下闕）

歲次壬午至元（下闕）日」

512.1283　抱一無爲真人馬從義道行碑

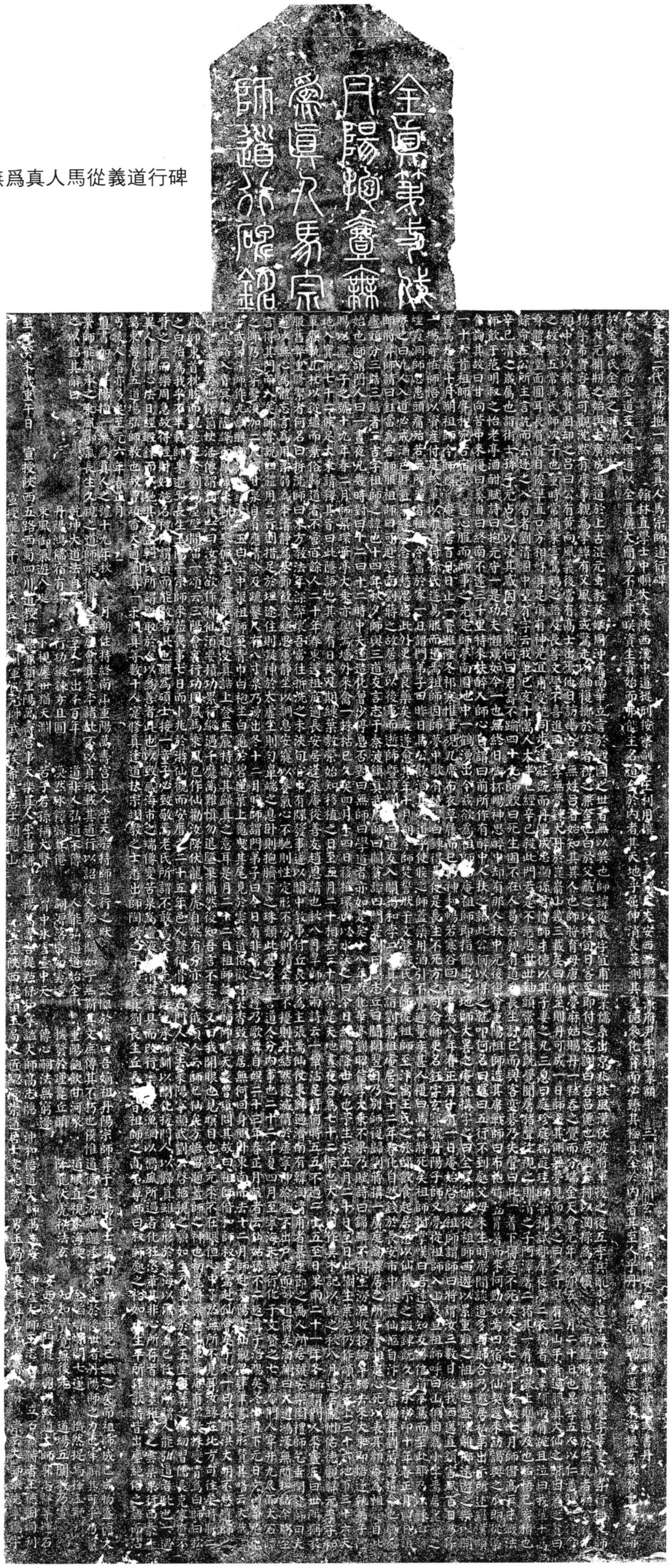

説明

元世祖至元二十年（1283）五月刻。碑螭首龜趺。通高606厘米，寬153厘米。額文4行，滿行5字，篆書“全真第弍代」丹陽抱壹無」爲真人馬宗」師道行碑銘」”。正文楷書44行，滿行85字。王利用撰文，孫德彧書丹，李鎮篆額。原立于户縣祖庵鎮北郊田野，1962年移豎于重陽宫後院中。現存西安市鄠邑區祖庵重陽宫碑廊。《道家金石略》《重陽宫道教碑石》著録。

釋文

全真第二代丹陽抱一無爲真人馬宗師道行碑」

翰林直學士中順大夫陝西漢中道提刑按察副使王利用撰

嘉議大夫安西路總管兼府尹李鎮篆額

三洞講經開玄崇道法師安西路都道録賜紫孫德彧書丹」

天地無爲而全道，至人悟道以全真。廣大簡易，不見其眹，資生資始，而弗能主名。道全於内者，其天地乎。屈伸消長，莫測其變，德参化育，而必臻其極。真全於内者，其至人乎。丹陽馬宗師，瑞金蓮於東海，根玄教於重陽。起迹」於金源氏全盛之時，流派於」我大元開創之始。與夫廣成鳴道於上古，混元垂教於姬周，沖虚、南華立言於戰國之世者，無以異也。師諱從義，字宜甫。世業儒，系出京兆扶風漢伏波將軍援之後。五季兵亂，東遷寧海，因家焉。祖覺，字莘叟，以孝行稱。父師」揚，字希賢。容儀可觀，沉默有度，事親爲學，綽有父風。客或驚走，以紬複擲於家者，視之，兼金也。白於父，藏之以待。旬日客至，即付之。客謝曰：“吾吕僊也。居幽谷村，以淘採爲業。積金兩鎰，將鬻於市，逼於監税者，賴公獲免」，願中分以報。”希賢固却之。吕曰：“公有黄向風義，後當有高士出焉。”他日訪幽谷，人無姓吕者，始知其異人也。師將育，母唐氏夢麻姑賜丹一粒，吞之，覺而分瑞，金天會元年癸卯五月二十日也。昆季五人，以仁、義、禮、智、信命」之，故號“五常馬氏”。師次子也。童時常誦乘雲駕鶴之語。及長，善文學，不喜進取。適李無夢鍊大丹於崑嵛山，幾三載矣，曰仙至則丹可成。一日，師遊其側，無夢見而異之，曰：“是子額有三山，手垂過膝，真大仙之材。”因爲之贊曰」：“身體堂堂，面圓耳長。眉脩目俊，準直口方。相好具足，頂有神光。宜甫受記，同步蓬莊。”既而丹果成。忠顯孫君惜師才德，以其子妻之。凡三息，曰庭珍、庭瑞、庭珪。師嘗補試郡庠，夜夢二衣褐者，一素補兩肩，跪且泣曰：“我輩十萬」餘命，在公所主。”言訖而去。逐之，入屠者劉清圈中，壁有字云：“我輩已亥十萬人，太半已經辛巳殺。此門若是不慈悲，世世軸頭常厮抹。”既覺，聞屠猪聲。往視之，則清之子阿澤屠二猪，其一肩白，欲止，則弗及也。始悟己亥，猪也」；辛巳，清之歲属也。詣術士孫子元占之，以决其惑，因稽壽幾何。曰：“君壽不逾四十九。”師歎曰：“死生固不在人，曷若親有道爲長生計。”已而與客奕棋，乃失聲曰：“此一着下得是，不死矣！”大定七年丁亥秋七月，師偕高巨才戰法」師飲于范明叔之怡老亭，酒酣賦詩，曰：“抱元守一是功夫，懶漢如今一也無。終日啣杯

盛之時流派發
之始與老廣成鳴道於上古混元垂教於姬周沖虛南華立言於戰國之世者無以異也師諱從義
儀可觀洸默有度事親爲學綽有父風客或驚走以細履擲於家者視之兼金也白於父藏之以待
希賢固却之呂曰公有黃向風義後當有高士出焉他日訪幽谷無姓呂者始知其異人也師將有
馬氏師次子也童時常誦乘雲駕鶴之語及長善文學不喜進取適李無夢隸大毋於崑崙山幾三載
圓耳長眉脩目俊準直口方相好具足頂有神光宜甫受記同步蓬莊既而丹果成忠顯孫君惜師
主言訖而去遂之入屠者劉清圈中壁有字云我輩已亥十萬人大半已經辛巳殺此門若是不慈悲
屬也詣術士孫子元占之以決其惑因稽壽幾何曰君壽不踰四十九師歎曰死生固不在人曷若
叔之怡老亭酒酣賦詩曰抱元守一是功夫懶漢如今一也無終日啣杯暢神思醉中却有那人扶
甘向苦中來復曰奚自曰終南不遠三千里特來扶醉人師心自謂曰前所作有醉中人扶之語此
師賡和宛若宿成遂心服而師事之先是師夢南園地中一鶴湧出今茲欲爲祖師庵祖師即指
月朔祖師令師錫庵齋居百日止一餐雖隆冬祁寒惟筆硯几席布衣草屨而已神和暢若
悟以資産付庭珍輩以離書付孫氏遂易服而道焉祖師因師夢中歌有燒得白鍊得黃便是長生
患頭痛殆若無所逍者祖令醫於家一日謂門弟子曰昨日馬公飲酒其破道乎使候之師蓋藥用
入道必戒酒色財氣攀緣愛念憂愁思慮此外更無良藥矣疾遂愈其年十月朔令師焚誓狀于文
曰鈺當爲吾師服祖師曰可赴終南劉蔣之故居囑以後事而逝師暨譚劉丘三道友入關謁和李
三髻者三吉字祖師之諱也十四年秋夕師與三道友言志于秦渡鎮真武廟師曰鬬貧譚曰鬬是劉
人曰一晝夜凡幾時對曰十二曰十二時中天運造化曾少停息否對曰無師曰學道者亦如是矣丘
之號十九年春二月師築環華亭大乘亦與焉墻外來禽一株枯已久矣四月十四日移植環堵以卜
十二候足太乘請釋其旨曰此隱語也其應有日矣及期綠葉數榮始知移植之日至五月二十相去
以從繼而棄俗歸道者不啻百餘人二十年春東還祖庭過長安居蓬萊庵從善友趙恩請也秋八月
潔者何名曰拆洗師曰未方教法等深弊壞吾當往拆洗之未浹旬宫中有牒發事遂以關中教事付
體忘言爲用柔弱爲本清靜爲基節飲食絕思慮靜坐以調息安寢以養氣心不馳則性定形不勞則
入矣師嘗說四體用云行則措足於坦途住則凝神於太虛坐則匀鼻端之息臥則抱臍下之珠類此
鑿須加二人□甘泉自有應清吟及跪鑿丈有八寸泉乃湧出冬十二月晦師謂門弟子曰今日有
作九幽醮□□□金□玉白空中報祖師至青巾白袍坐白龜於碧蓮葉上龜曳其尾見於雲表
冥齡隆絳節鳳擁朱軿鳴鑾佩玉履虛步空超凌真誥上登玉宸特寓其歸真之意耳是月二十二日

局部

暢神思，醉中却有那人扶。”中元後，復會重陽祖師，造其席，戩師曰：“布袍竹笠，冒暑而來，何勤如焉。”曰：“宿緣仙契，逕來訪謁。”與之瓜，即從蒂」食。詢其故，曰：“甘向苦中來。”復曰：“奚自？”曰：“終南不遠三千里，特來扶醉人。”師心自謂曰：前所作有醉中人扶之語，此公何以得之？就叩何名。曰：“道。”曰：“五行不到處，父母未生時。”席間談道，多与師合。乃邀居私第，出示所述《羅漢頌》」一十六首，祖師賡和，宛若宿成，遂心服而師事之。先是，師夢南園地中一鶴湧出，今茲欲爲祖師□庵，祖師即指鶴出之地，師大異之。庵既構，字之曰“全真”。師欲從祖師西遊，以累重難之，祖師迺盛陳離鄉遠遊之樂以開」釋焉。是歲十月朔，祖師令師鎖庵，齋居百日，日止一餐，雖隆冬祁寒，惟筆硯几席、布衣草屨而已，形神和暢，若寒谷回春者焉。八年春正月十有一日，庵始啓鑰，祖師謂師曰：“將謂汝三數日從我西邁，直鎖害風百日，乃作」一場奇怪。”師悟，以資産付庭珍輩，以離書付孫氏，遂易服而道焉。祖師因師《夢中歌》有“燒得白，鍊得黄，便是長生不死方”之句，命師更名鈺，字玄寶，號丹陽子。師又夢從祖師入山，及旦，祖師呼曰山侗，因爲小字焉。居崑嵛之」煙霞洞，師忽患頭痛，殆若無所逋者，祖□令醫於家。一日，謂門弟子曰：“昨日馬公飲酒，其破道乎。”使候之，師蓋藥用酒引，不覺過量，疾甚。人復曰：“馬公將死矣。”祖師拊掌嘆曰：“吾遠尋知友，緣信道不篤，而至此耶！”乃以鍊心語」療之曰：“凡人入道，必戒酒色財氣、攀緣愛念、憂愁思慮，此外更無良藥矣。”疾遂愈。其年十月朔，令師焚誓狀于文登蘇氏庵。師從祖師至汴，寓王氏之旅邸，飲食起居，悉以仙機示之。鍛鍊既久，遂承秘印。十年春正月四日，祖」師將昇，師請曰：“鈺當爲吾師服。”祖師曰：“可赴終南劉蔣之故居。”囑以後事而逝。師暨譚、劉、丘三道友入關謁和、李二真人，詣劉蔣祖庵居之。十二年春，化自然錢於長安市中。復護仙柩自汴之秦，歸葬劉蔣，遵遺命也。師居」廬，頭分三髻。三髻者，三吉字，祖師之諱也。十四年秋夕，師與三道友言志于秦渡鎮真武廟，師曰“鬭貧”，譚曰“鬭是”，劉曰“鬭志”，丘曰“鬭閑”。翌日乃別，師復歸劉蔣，構一廣庭，爲環居之所，手書“祖庭心死”，以表其顔。庵爲祖庭，自此」始也。師謂門人曰：“一晝夜凡幾時？”對曰：“十二。”曰：“十二時中，天運造化，曾少停息否？”對曰：“無。”師曰：“學道者亦如是矣。”十八年，就化華亭劉昭信、李大乘不果，乃賦詩曰：“錦鱗不得空滂漉，收拾綸竿歸去來。”大乘即悟，遂執弟子禮」，賜以靈陽子之號。十九年春二月，師築環華亭，大乘亦與焉。墻外來禽一株，枯已久矣。四月十四日，移植環内，以水沃之，曰：“今日純陽降世辰也。予生於五月二十日，至日此樹生葉矣。”仍作頌云：“天上三十六，地下三十六，天」地入寶瓶，七十二候足。”大乘請釋其旨，曰：“此隱語也，其應有日矣。”及期，緑葉敷榮，始知移植之日至五月二十相去三十有六，是天地晝夜合爲七十二候也。大乘因作《異木記》以誌之。秋八月，還居隴州佑德觀，解元李子和」輩願執几杖以從，繼而棄俗歸道者不啻百餘人。二十年春，東還祖庭，適長安，居蓬萊庵，從善友趙恩請也。秋八月旱，師祈雨，詩云：“一犁沾足待何時，五五不過二十五。”至日果雨。二十一年冬，師謂門人來靈玉曰：“世所稱衣」服舊弊重修潔者何名？”曰：“拆洗。”師曰：“東方教法，年深弊壞，吾當往拆洗之。”未浹旬，官中有牒發事，遂以關中教事付丘長春爲主張焉。仙仗東歸，過濟南，有韓淘清甫者，慕康節之爲人，所居號安樂園，禮師乞垂開發。師曰：“夫」道以無心爲體，忘言爲用，柔弱爲本，清静爲基。節飲食，絶思慮，静坐以調息，安寢以養氣。心不馳則性定，形不勞則精全，神不擾則丹結。然後滅情於虚，寧神於極，不出户庭而妙道得矣。”淘謝曰：“大道鴻濛，無所扣詰。今聞至」言，得其門而入矣。”師嘗説四體用云：“行則措足於坦途，住則凝神於太虚，坐則勻鼻端之息，卧則抱臍下之珠。”類此甚多，蓋言道人分内事也。二十二年夏四月，至寧海，未幾，行化于文登之七寶庵。門人穿井九尺，而大石障」之，師乃云：“穿鑿須加二尺深，甘泉自有應清吟。”及疏鑿尺有八寸，泉乃湧出。冬十二月晦，師謂門弟子曰：“今日有非常之喜。”遂乃歌舞自娱。二十三年春正月，報者云：“仙姑孫不二返真于洛陽矣。”冬十月下元日，文山令尼厖」古武節請師作九幽醮，師謂姚鉉、来靈玉曰：“空中報祖師至。”青巾白袍，坐白龜於碧蓮葉上，龜曳其尾，見於雲表。道俗歡呼，焚香致拜。居無何，回身側卧，東南而去。十二月，師赴萊陽遊仙觀，忽肆筆書委形贊，其略云：“大哉」登真，路入青冥。麟隨絳節，鳳捧朱軿。鳴鑾佩玉，履虚步雲。超受真誥，上登玉宸。”特寓其歸真之意耳。是月二十二日，祖師誕辰，師仰瞻天表，曹瑱問其故，曰：“祖師偕和師叔至，當赴仙會矣。”于知一曰：“教門洪大，胡不愸遺。”師」曰：“堂堂歸去也，作箇快活僊。”謂劉真一曰：“汝等欲作神仙，須要積功累行。縱遇千魔萬難，慎勿退墮。果爾，然後知吾言不妄矣。”又曰：“我開眼也見，瞑目也見，元來不在眼，但心中了然，無所不見耳。汝緣在北方，可往矣。”時將二」鼓，師東首枕肱而蜕。是夜，於劉錫屋壁間留一頌云：“三陽會裹行功圓，風馬乘風已作仙。勸汝降伏龍與虎，自然有分亦登天。”俄頃，人云師已仙矣。方悟留題蓋師之神也。初，崑嵛紫金山東華庵有松數株變青爲白，師曰：“松」之白，殆爲我乎。”不半載，師果逝焉。長生、玉陽二宗師來莅喪事，七日而卜兆於游仙觀而安厝之。二十五年，邑人疑仙骨陜右門人盗去，萊陽宰顯武劉公啓柩視之，貌如生，乃更衣於金玉堂，復葬之。師幼習儒，長克家，有不」貲之産，而樂周急，故得輕財好施名。禮所謂“積而能散”者，此也。雖爲碩士，接一童子，必致敬焉。老氏所謂“不敢爲天下先”者，此也。承師訓以闡化，援門人以歸真，雖寓形於寰海，以濟衆爲己任，語所謂“人能弘道”者，此也。一遇」異人，得傳心法，日經鍛鍊而不弛其志，孟軻氏所謂“樂取於人以爲善”者，此也。以致感海市之瑞像，變苦泉爲靈液，劉清毁屠具而改行，樂周焚漁網以嚮風。所過者化，

説明

元世祖至元二十五年（1288）三月刻。碑圓首方座。通高247厘米，寬80厘米。額文2行，滿行4字，篆書“重修大普」濟禪寺記」”。正文楷書27行，滿行55字。釋善淮撰文，沙門善達書丹並篆額。周飾卷雲紋。現存子長市鍾山石窟。

釋文

重修大普濟禪寺記

蜀東遂府桂林西瑞嚴禪師善淮撰

長安普光後進沙門善達書丹篆額

河東臨邑開陽待詔賀庭玉刊石」

伏聞靈山會上，如來末後拈花；少室巖中，達摩初垂面壁。迦葉忻容的意，遍體朦雲神光。卸臂安心，齊腰立雪。祖祖聯芳，燈燈續焰。入理深談，千」差萬别。或添香擇火，或豎拂横槌，或用棒行拳，或揚眉瞬目，或戴潙山笠子，或着青州布衫，或於市上沽油，或向廬陵糶米。洞山五位功勳，臨際」四重料簡。石鞏張弓，衜吾舞笏；洛浦還鄉，善現宴室。是以丹霞琴劍兮，選官選佛；龐老機關兮，無我無人。曼殊問答兮，漢語胡言；摩詰默然兮，佯」聾詐啞。黄蘗爪牙兮，拿獲龍蛇；稠禪杖錫兮，解鬭虎兕。恢恢然逈出群倫之表也。于是龍泉禪師者，乃黨人也，俗姓李氏，世役邊塞，祖居宦門。初」習儒學，長充武職。自兵革時，親族失散，父别山南，子存海北。肇元統已來，功能雄勇，領卒南征，止宿荒藍，夜色停午，乃因夢感頓悟圓通，覺而詳」之，淚泣如雨。辭衆獨迴，遂禮安塞縣栢家崖韋公山主爲師。師乃河東王山之裔也。年過七旬，皃若童子，動則百煉精金，静則三冬枯木。公乃在」右，巾缾未曾暫止。師一日謂衆曰：“汝等各有所解，可得聞乎？”衆無語，公出班，禮三拜，依位而立。師曰：“善哉善哉！善自護持。”公再作禮而退。自此横」包頂笠，持錫擎盂，經歷諸方，循緣過日。是時，即有安定縣長官劉琢并衆檀那等，致疏禮請，而言曰：“縣側有村，村有精藍，号曰普濟，東觀延水」，北靠葭蘆，南視岐蓮，西臨劍匣，中有萬像。巖巒時有佛光示現，足可以寞居者哉。”公然，止矣。遠望喬林森聳，川隰優游，人庶和平，方鄰摡顥。近睹」殿堂灰燼，基址傾羸，瓦礫堆陵，垣墻腐塌，荆棘茂盛，草芥葳蕤，僧行無蹤，狐狸有迹。脈視晝然，孰敢爲也。公乃身心洶湧，意識清濡，所以糾集會」首，洪惲檀那，晝夜慇懃，興心修葺，鐘樓橋道、殿宇堂廚、藍丈龜頭、粧鑾彩畫，經乎數載，漸以成焉。俾人天之敬仰，咸萬類之欽崇。堪釋子之安禪」，仗苾蒭之栖隱。迺龍泉老人之德也。自後誘化良善，廣度僧尼，俗士儒流，百有餘矣。博學者廣，達理者狐，非可量也。精進者嚴，禪定者閻，智慧者」讚，此三者，乃里人也。幼年出家，梵行精雅。迺自思曰：濫處方袍，未曾礴庇。由是翻修殿宇，再整堂廚橋道三門，復還如故。暨至元年間」，頒降紫衣，同賜大師之号矣。每至旦望之辰，斂鐘列殿，集衆焚香。合掌低頭，宣五部之經文；稽首虔誠，諷諸尊之密呪。端爲祝延」聖壽萬歲，祈禱國泰民安，文武禄位高迁，士庶温良儉讓。令小人之道消，朋友之道義，弟兄之道和，父子之道順，僧俗之道昌，修崇之道廣，風雨之」道調，干戈之道息，况古今之通稱也。蓋以門墉飾麗，院宇鮮妍。烏牛黑水渡三更，石馬沙河歸半夜。神峰數數，林禽吟不二之音；嶽頂層層，柯鵲」噪無生之理。寅鐘暮鼓，夕禮晨參，寔般若之玄門，真菩提之窟宅。衆生解脱道場，檀信歸依福地。主事曰：于寺稍有微功，而無誄敘，使我傷然，願」以爲文，刻成大略哉！辱曰：萬仞嵯峨，千潯浩渺，逢崖問路，遇險推人，深可恧也。今則紊成褒貶，輒緒踈榮，幸望知音觀而哂之爾。銘曰」：

嶺南繼踵，五派分宗。遡流各異，澾别源同。周旋溜合，遍界該通。泉公妙道，不住偏中」。龍吟起霧，虎嘯生風。門墻岸岸，關鎖重重。酒酣卧客，飯飽頽農。勒銘粗記，厥後之功」。

至元二十五年歲次戊子三月姑洗朔乙酉二十四日戊申

大普濟禪寺住持沙門惠讚、院主僧善遠、副院善緣等立石」

局部

都功德主：前安定縣長官劉琢，進義副尉延安路打捕鷹房提領男劉克温，維那張孜、馮玉，本路匠人所大使楊外剌女，本縣兩务提領魏公德」，前安定縣達魯花赤速忽都，次官張初、馬琇，丹頭縣官史瑞，白洛縣官喬彦祐，前保安州太守邊再榮，前本縣捕盜官胡伯春，學録魏守思」，從仕郎安定縣尹兼諸軍奥魯勸農事張邦獻，典史劉□，司吏張安智，井元皇甫謙、魏克明，陝西前管山西失散民户提領史裕，長官男史珪，前打捕提領史良」，敦武校尉安定縣達魯花赤兼諸軍奥魯勸農事塔剌海，鹽司提舉魏公道，綏德州前吏目趙彧，安定务官張□、劉玉，丹頭前务官史琚、李德、武義，延州判官馮伸」，宣授延安路都僧録司弘教大師偉吉祥，安定縣都綱善惠普安大師讚吉祥，中部縣都綱立宗普通大師揀吉祥，鄜州洛交縣令蘇瑞」

按

大普濟禪寺，位于今延安子長市城西三十里鍾山南麓，又名萬佛岩、普濟寺、石宫寺，始建于晉太和年間。碑所載則元至元年間稱爲大普濟禪寺，法承臨濟，是研究元代陝北宗教發展的珍貴資料。

514.1288　白雲真人綦志遠本行碑

説 明

元世祖至元二十五年（1288）八月刻。碑首佚，方座。高270厘米，寬119厘米。正文楷書35行，滿行69字。李庭撰文，孫德彧書丹並題額。原立于户縣祖庵鎮北郊田野，1962年移豎于重陽宫後院中。現存西安市鄠邑區祖庵重陽宫碑廊。《道家金石略》《重陽宫道教碑石》著録。

釋 文

玄門弘教白雲真人綦公本行碑

濡須逸人張德寧刊」

京兆府學教授前進士李庭撰

三洞講經開玄崇道大師安西路道門提點重紫眉山書樓孫德彧書丹并題額」

《書》曰："吉人爲善，惟日不足。"謂心無所爲而爲之也。《易》曰："積善之家，必有餘慶。"謂天無不報也。夫人有奇偉卓絶之行，而不得享樂於其身者，必在其子孫。竊觀白雲真人綦公之父，修」仁行義，孳孳不懈。其於振貧賙急，若飲食然，勤亦至矣。是以上天降監，挺生善人。仍命仙真，周旋誘掖。卒使蟬蜕汙濁之中，坐享清净之福者，垂五十年。所謂有積於冥冥，獲報於昭」昭者，寧不信歟！公諱志遠，字子玄，萊州掖縣人。高祖元亨，嘗歷官至安化軍節度使。曾祖貞，祖得中，皆雅志丘園，潛德不耀。父遵性，明毅慷慨，胸次洞然無畦畛。初，綦氏世爲著姓，宗」族嘗至萬指，中有孤惸其征徭不能力給者，皆身任之。事既濟，未嘗纖毫有德色。里中人有以飛語被繫有司者，義其無辜，即爲代之。在囹圄中，復能以恩信感動獄吏，因縱其出入」。凡獄之冤者，多從容設策理出之。未幾，已亦以恩獲免。大定丁亥，重陽祖師挈諸師真西遊，迺館穀於其家，因語之曰："汝將来必有一子爲羽衣。"遂即其里建龍翔觀，朝夕香火，敬」奉天真。泰和乙丑歲，餘民有菜色，自發私廩爲粥以給之，賴以全活者甚衆。癸酉，兵凶之後，遺骸遍野，親犯寒苦，悉以收瘞。數獲遺物甚腆，必伺其主而歸之，無則皆散之以賙不給」。母張氏，亦有淑德，事舅姑以敬愿稱。既而生公，氣質沉厚，寡言笑，舉止不凡。至十五歲，嘗使之學，辭曰性非所好，乃所願則爲神仙輕舉之事。父母欲力奪之，即屏居一室，自潔其形」。祖師先見之明，於兹驗矣。迺辭家，礼長春大宗師丘公爲師。戊寅，奉宗師教，住持萊州昊天觀」。大元龍興」，太祖聖武皇帝天資仁聖，志慕玄風。己卯冬，遣近臣劉仲禄齎」手詔，駕安車，東抵海濱，就徵宗師。明年啓行，仍率高第弟子一十八人與之偕，公即其一也。當是時，櫛風沐雨，胼手胝足，跋涉數萬里，見」上於西域雪山之陽。宗師承虚己之問，乃答以民爲邦本，本固邦寧。既來之，則安之。此濟世之要術也。是言既奏，深契」上心，玉音奬諭，惟恨相見之晚。因被」旨佩虎符，宗主天下道流。比回，駐車金山之巔，顧謂清和尹公曰："綦公從我以来，山行水宿，日益恭敬，可謂勤矣。觀其氣象，將来弘吾教者，必斯人矣。"尹公曰："然。"至燕，宗師住持太極」宫，尋改大長春宫，委公總知宫門事，授清真大師号。洎以助國救民，經籙付之，度道士吴志決等，以備洒掃。宗師既仙去，遺命清和嗣教門事，公左右維持，終始未嘗怠。甲午春」，清和委以山東諸路。行緣所至，老師宿德皆望風迎迓，葦、粟、帛委堂下者，動以千計。非誠心妙行有以動人悟物，能若是乎。戊戌春」，太宗英文皇帝詔選高道，從掌教真常李公被召赴闕。是歲冬，奉旨輔洞真于公，偕無欲李公復立終南祖庭，提點陜西教事。庚子春，遂入長安，從府僚之請也，建立大玄都」萬壽宫，若驪山之白鹿、終南之太一、樊川之白雲、鳳棲原之長生、藍田之金山，皆斥其舊而新之。其餘宫觀修廢補弊，不可殫紀。秋，太傅移剌公、總管田侯，皆差官從公持疏詣燕，邀」請清和大葬祖師。既畢，甲辰春，先鋒使夾谷公就祖庭設羅天大醮，禮請于洞真、宋披雲、薛太霞洎公与李無欲，共成五位真人，攝行醮事。會」皇子永昌王遣使趙崇簡設金籙大醮，爲國祈祥，遂復同諸公莅事。觀其進奏精嚴，靈異昭著。使回，具啓其事，因引見，待之敬禮甚厚，進與醮五位真人徽号，公例受玄門弘教白」雲真人。丁未冬，太傅移剌公就佑德觀設黄籙大醮，臨壇攝召，仆體者百餘人。戊申春」，皇太后遣使楊仲明賫旨寵錫金符冠服，仍命領職如故。辛亥夏」，憲宗皇帝即位，遣使唐古出持璽書，宣諭倚付掌管關中道教。癸丑」，皇太弟遣使脱歡馳驛喻旨，待以師禮。乙卯六月，無疾，晨興，忽集衆謂門人申志信曰："吾將行矣，汝當嗣吾職，主張後事。"仍命經營喪具。至七月二十四日，順化而終，享年六十有」六。明年，改葬于祖庭西北隅仙塋之次。己未冬，門人將樹碑，志信偕本宫提舉郭德山、提領李志希等，狀其行實，来謁文於庭。辭再三，不獲已，謹次序其事。按公之爲人，恂恂謙退，似」不能言。至論及救時濟物之事，屹然山立，辭色俱厲，言必有據，衆皆心服。以是宗師獨爲倚重。及来關中，道價日益隆，尋常以恬惔自持，未嘗出怪誕之語以誘

不憐其於振貧賙急若飲食然勤亦至矣是以上天降監挺生善人仍命仙眞周旋誘掖卒使蟬蛻汙濁
歟公諱志遠字子玄萊州掖縣人高祖元亨嘗歷官至安化軍節度使曾祖貞祖得中皆雅志丘園潛德
中有孤惸其征徭不能力給者皆身任之事既濟未嘗纖毫有德色里中人有以飛語被繫有司者義其
多從容設策理出之未幾已亦以恩獲免大定丁亥 重陽祖師挈諸師眞西遊迺館穀於其家因語之
乙丑歲餘民有菜色自發私廩為粥以給之賴以全活者甚衆癸酉兵凶之後遺骸徧野親犯寒苦悉以
淑德事舅姑以敬愿備既而生公氣質沈厚寡言笑舉止不凡至十五歲嘗使之學辭曰性非所好乃
明於茲驗矣迺辭家礼 長春大宗師丘公為師戊寅奉宗師教住持萊州昊天觀
帝天資仁聖志慕玄風己卯冬遣近臣劉仲禄齎
東抵海濱就徵宗師明年啓行仍率高第弟子一十八人與之偕公即其一也當是時櫛風沐雨胼手胝
山之陽宗師承虛己之問乃答以民為邦本本固邦寧既來之則安之此濟世之要術也是言既奏深契
諭惟恨相見之晚因被
主天下道流比回駐車金山之嶺顧謂清和尹公曰具志公從我以來西行水宿日益恭敬可謂勤矣觀其
春宮委公總知宮門事授清眞大師號洎以助 國拔民經籙付之度道士吳志使等以備洒掃宗師
東諸路行緣所至老師宿德皆望風迎迓簞霧帛委堂下者動以千計非誠心妙行有以動人悟物能若
帝詔選高道從學教眞常李公被 召赴 闕是歲冬奉 旨輔洞眞于公偕無欲李公復立終南祖庭
山之白鹿終南之太一樊川之白雲鳳棲原之長生藍田之金山皆斥其舊而新之其餘宮觀脩廢補弊
祖師既羊甲辰春先鋒使夾谷公就祖庭設羅天大醮禮請于洞眞宋披雲薛太霞洎公与李無欲共
遣使趙宗簡設金籙大醮為 國祈祥遂復同諸公蒞事觀其進奏精嚴靈異昭著使回具啓其事因引
冬太傅移剌公就佑德觀設黃籙大醮臨壇攝召仆斃者百餘人戊申春
楊仲明賷 旨寵錫金符冠服仍命領職如故辛亥夏
位遣使唐古出持 璽書宣諭倚付掌管關中道教癸丑
脫懽馳驛喻 旨待以師禮乙卯六月無疾晨興忽集衆謂門人申志信曰吾將行矣汝當嗣吾職主張
于祖庭西北隅仙塋之次己未冬門人將樹碑志信偕本宮提舉郭德山提領李志希等狀其行實來謁
及救時濟物之事屹然山立辭色俱厲言必有據衆皆心服以是宗師獨為倚重及來關中道價日益隆
四方學徒不可勝數故能名動
契賓非踐履純實何以及此今夫世之人所以陷溺其心者惟欲与利耳而公能斷然絕之其視財貨不

局部

愚俗。而一時達官聞」人翕然歸仰，四方學徒不可勝數。故能名動」闕庭，疊蒙獎賚。非踐履純實，何以及此。今夫世之人所以陷溺其心者，惟欲与利耳。而公能斷然絶之，其視財貨不啻若唾唾然。蓋其天資過人遠甚，故碑之無疑。仍係之以銘曰」：

綦爲著姓，居海濱兮。世載潛德，生哲人兮。天與之性，含元淳兮。不雕不飾，全其真兮。有来提警，繄長春兮。玄言秘訣，授受親兮。刳心去智，專精神兮。始終一節，無緇磷兮」。聖皇嚮道，起隱淪兮。萬里承師，謁」紫宸兮。一言止殺，如其仁兮。功塞兩儀，孰与倫兮。推其緒餘，淑吾秦兮。食和飲惠，鷙猛馴兮」。列聖相承，教益振兮。金冠鶴氅，寵渥新兮。高堂大廈，奐且輪兮。逍遥宴處，終其身兮。功成厭世，迺上賓兮。往来翛然，肘曲伸兮。有不亡者，壽無垠兮。門人紀德，刊翠珉兮。千秋萬歲」，仰光塵兮。

至元二十五祀著雍困敦中秋日

沖虚安静大師重陽萬壽宫提點兼本宗事賜紫門人蘇志和等立石」

按

綦志遠，《元史》無載。碑所載其家世生平、出家修道經過，及對全真教的弘揚廣大，均可補史載之闕。

515.1290　李忠信墓誌

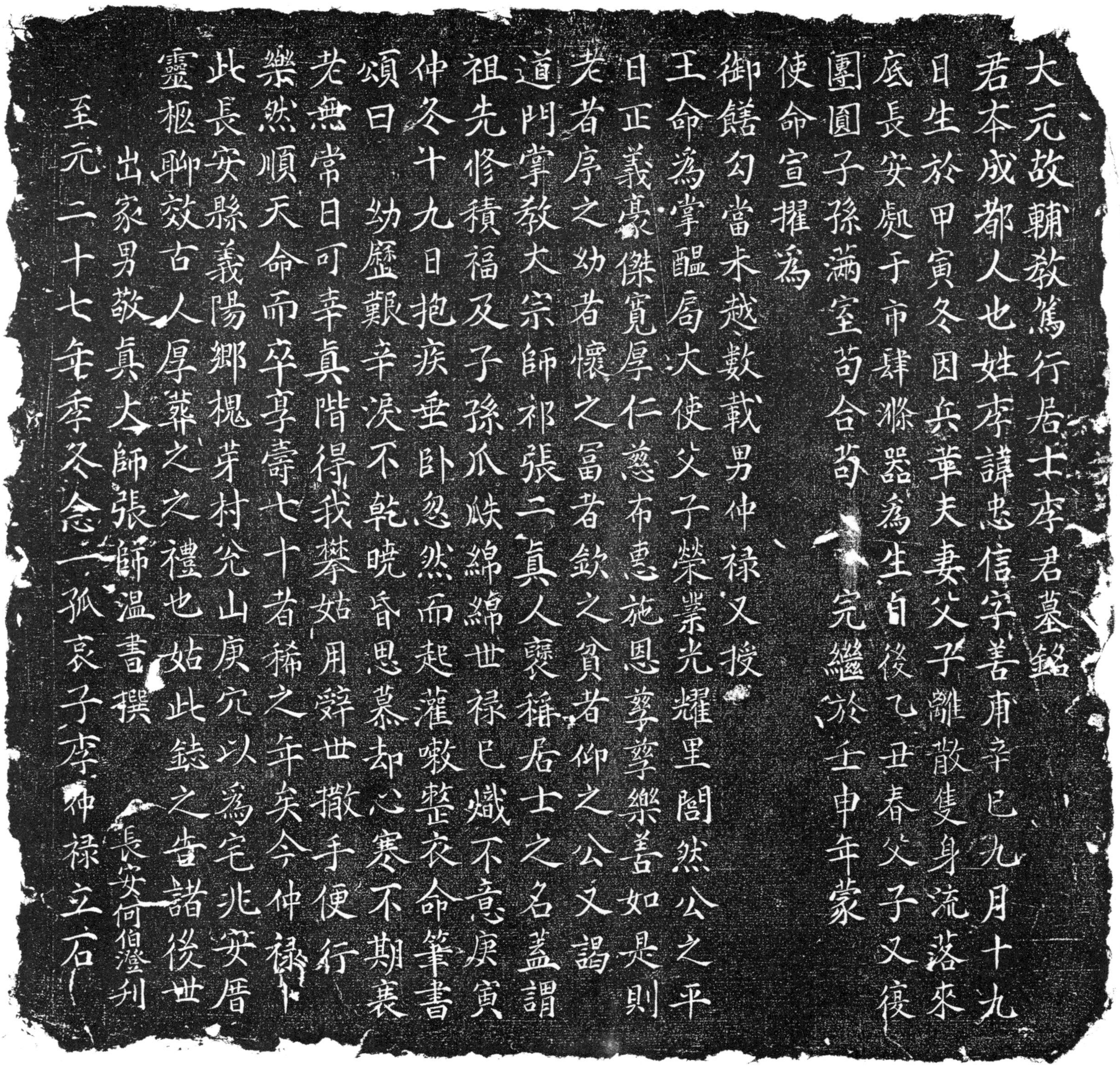
大元故輔教篤行居士李君墓銘
君本成都人也姓李諱忠信字善甫辛巳九月十九
日生於甲寅冬因兵革夫妻父子離散隻身流落來
底長安䖏于市肆滌器為生自後乙丑春父子又復
團圓子孫滿室苟合苟完繼於壬申年蒙
使命宣擢為
御饍勾當未越數載男仲禄又授
王命為掌醖局大使父子榮業光耀里閭然公之平
日正義豪傑寬厚仁慈布恵施恩孳孳樂善如是則
老者序之幼者懷之富者欽之貧者仰之公又謁
道門掌教大宗師祁張二真人爰稱居士之名蓋謂
祖先修積福及子孫瓜瓞綿綿世禄已熾不意庚寅
仲冬十九日抱疾垂卧忽然而起濯嗽整衣命筆書
頌曰　幼歷艱辛淚不乾曉昏思慕劫心寒不期衰
老無常日可幸真階得我攀姑用辭世撒手便行
樂然順天命而卒享壽七十者稀之年矣今仲禄卜
此長安縣義陽鄉槐芽村兊山庚穴以為宅兆安厝
靈柩聊效古人厚葬之之禮也姑此誌之告諸後世
出家男敬真大師張師温書撰　長安何伯澄刊
至元二十七年季冬念二孤哀子李仲禄立石

説 明

元世祖至元二十七年（1290）十二月刻。誌長41厘米，寬40厘米。誌文楷書20行，滿行20字。張師温撰文並書丹。出土具體時、地不詳。現存中國社會科學院考古研究所西安研究室。

釋 文

大元故輔教篤行居士李君墓銘」

君本成都人也，姓李諱忠信，字善甫。辛巳九月十九」日生，於甲寅冬，因兵革，夫妻父子離散，隻身流落，來」底長安，處于市肆，滌器爲生。自後乙丑春，父子又復」團圓，子孫滿室，苟合苟完。繼於壬申年，蒙」使命宣擢爲」御膳勾當。未越數載，男仲禄又授」王命，爲掌醖局大使。父子榮業，光耀里閭。然公之平」日正義豪傑，寬厚仁慈，布惠施恩，孳孳樂善。如是則」老者序之，幼者懷之，富者欽之，貧者仰之。公又謁」道門掌教大宗師祁、張二真人，褒稱居士之名。蓋謂」祖先修積，福及子孫，瓜瓞綿綿，世禄已熾。不意庚寅」仲冬十九日，抱疾垂卧，忽然而起，灌嗽整衣，命筆書」頌曰："幼歷艱辛淚不乾，曉昏思慕却心寒。不期衰」老無常日，可幸真階得我攀。" 姑用辭世，撒手便行」，樂然順天命而卒，享壽七十者稀之年矣。今仲禄卜」此長安縣義陽鄉槐芽村，兑山庚穴，以爲宅兆，安厝」靈柩，聊效古人厚葬之之禮也。姑此誌之，告諸後世」。

出家男敬真大師張師温書撰

長安何伯澄刊」

至元二十七年季冬念一孤哀子李仲禄立石」

按

此誌出土具體地域不詳，據墓誌"卜此長安縣義陽鄉槐芽村"，當出土于今西安市長安區郭杜鎮一帶。

516.1291　耶律秃滿答兒墓誌

至元二十七年歲次庚寅冬十月五日龍虎衛上將軍四川等處行尚書省右丞耶律公薨于位
將以明年正月十日己酉葬安西路長安縣華林鄉少陵原之先塋其孤世昌持處士劉季偉所
撰行實之狀泣請于余曰吾先祖之世族家傳暨先子之官業爵號与其始終之大節君素悉之
矣敢請銘以誌諸墓應曰禮宜銘公諱禿滿答兒左轄許公訓而命之曰守謙遼東丹王之裔也
高曾俱仕於金祖迭里得哥鷹坊使考買住太傅總領也可那延行省兵馬都元帥兼陝西事濮
國公妣夫人石抹氏生三子孟曰明安答兒終保定路總管兼府尹諸軍興魯季曰剛吃答昭武
大將軍刑部尚書仲即公也公夙習其父季方志學有成人資歲己未欽受　宣命金符征
行千戶至元元年徵充禿魯花備宿衛也出入　禁闥幾十餘年凡對揚　丕顯之際
靡不稱　旨由是特降金虎符懷遠大將軍西川管軍萬戶十三年亾宋降將王世昌據瀘
以叛時不花行院于蜀表公帥黑衣軍討之遂乃指麾將士授以方略且告之曰世昌叛賊干憲
逆命固當即誅城中居民復何罪耶城克之日殲厥渠魁脅從罔治上副
聖主弔民伐罪之意下愜黎元徯蘇望治之心顧不偉歟衆曰善遂薄城而諭之賊副將李從感
悟啓東門而降於是執賊魁世昌而數之磔尸於市居民咸賴以安軍威既振順流而下成破竹
之勢焉十四年春抵重慶賊帥張珏等拒戰自辰及申我師三捷俘馘甚衆珏既敗閉守不復出
翌日公單騎傅城而呼曰宋主今已就俘茲以孤軍自守復何為耶儻曠日持久大師振怒雖欲
求降其可得乎若悔悟自新應天順人以求生路亦良圖也彼欲以矢石犯公公神色自若曰汝
等愚迷不悛無損於我秖益禍耳越二日珏副將趙安款附於我珏力窮勢迫遂宵遁士民咸育
以兒妻子離散者公皆聚而安集之人之慕愛猶今未忘也十五年以勳升定遠大將軍夔路招
討使十七年授鎮國上將軍四川東道宣慰使二十二年還同簽四川行樞密院事改授同簽荊
湖行院所而　朝命征緬以都元帥任之公辭曰臣姪蒙古觧已充管軍都元帥之職一門
豈容二帥且臣久違　闕廷今願陪從侍衛以效犬馬之力臣之願也
上韙之未幾升驃騎衛上將軍四川等處行中書省左丞尋改行尚書省左丞以年以来江堰大
決公躬親臨眎順水之性使復故道蜀民之利至今賴之時鹺法厲民連歲為梗公乃遴選官吏
更張前轍不數月國用羨而民用足矣二十五年就還龍虎衛上將軍行尚書省右丞先是
朝廷遷省於重慶江河轉輸人厭其勞公遂力請于
上復徙成都軍民便之既還成都公方銳意於治而遘疾享年四十有四公性倜儻有勇略姿貌
魁傑器識宏深接士以謙待物以恕事上盡忠赤之心居家全孝友之實其備宿衛也小心翼夙
夜匪懈焉其鎮邊陲也號令嚴明士卒樂用焉或雨暘愆期黎庶囏食發廩以賑之或荒服未寧
袁獠弗賓威信以懷之所以出秉將相之權入居勳舊之右紹父祖箕裘之業傳金石不朽之名
亦宜矣夫人千戶王公之女生一子即世昌也女六人長適孟氏次適儀成局提舉王澤餘尚幼
異母兄衆家奴衛輝路總管弟阿察赤管軍萬戶俱以門廕入仕見知於
上矣銘曰
維耶律氏遼室貴胄迨我
聖朝三顯其後毅毅我公克孝克忠寬猛相濟撫民治戎遹追厥祖克肖乃父
天子嘉之鸞行遷羽公位將相邦家之光奄忽不存士夫曷望幽宅在秦遺愛在蜀子孫孝享介
爾百福
前翰林直學士太中大夫西蜀四川道提刑按察使王利用撰

説 明

元世祖至元二十八年（1291）正月刻。蓋盝形，誌長方形。蓋邊長88厘米；誌長99厘米，寬96厘米。蓋文5行，滿行5字，篆書“大元故龍虎」衛上將軍四」川等處行尚」書省右丞耶」律公墓誌銘」”。誌文楷書37行，滿行37字。王利用撰文。1976年西安市南郊長安區上塔坡村北原出土。現存西安博物院。《陝西碑石精華》著録。

釋 文

至元二十七年歲次庚寅冬十月五日，龍虎衛上將軍、四川等處行尚書省右丞耶律公薨于位」，將以明年正月十日己酉，葬安西路長安縣華林鄉少陵原之先塋。其孤世昌持處士劉季偉所」撰行實之狀，泣請于余曰：“吾先祖之世族家傳暨先子之官業爵號与其始終之大節，君素悉之」矣。敢請銘以誌諸墓。”應曰：“禮宜銘。”公諱秃滿答兒，左轄許公訓而命之曰守謙。遼東丹王之裔也」。高、曾俱仕於金。祖迭里得哥，鷹坊使。考買住，太傅、總領也可那延行省兵馬都元帥兼陝西事，濮」國公。妣夫人石抹氏，生三子。孟曰明安答兒，終保定路總管兼府尹諸軍奥魯；季曰剛吃答，昭武」大將軍、刑部尚書；仲即公也。公夙喪其父，年方志學，有成人資。歲己未，欽受宣命金符征」行千户。至元元年，徵充秃魯花，備宿衛也。出入禁闥幾十餘年，凡對揚丕顯之際」，靡不稱旨。由是特降金虎符懷遠大將軍、西川管軍萬户。十三年，亡宋降將王世昌據瀘」以叛，時不花行院于蜀表公帥黑衣軍討之，遂乃指麾將士，授以方略，且告之曰：“世昌叛賊，干憲」逆命，固當即誅。城中居民復何罪邪？城克之日，殲厥渠魁，脇從罔治。上副」聖主弔民伐罪之意，下慊黎元傒蘇望治之心。顧不偉歟！”衆曰：“善。”遂薄城而諭之，賊副將李從感」悟，啓東門而降。於是執賊魁世昌而數之，磔尸於市。居民咸賴以安。軍威既振，順流而下，成破竹」之勢焉。十四年春，抵重慶，賊帥張珏等拒戰。自辰及申，我師三捷，俘馘甚衆。珏既敗，閉守不復出」。翌日，公單騎傅城而呼曰：“宋主今已就俘，玆以孤軍自守，復何爲邪？儻曠日持久，大師振怒，雖欲」求降，其可得乎？若悔悟自新，應天順人，以求生路，亦良圖也。”彼欲以矢石犯公，公神色自若，曰：“汝」等愚迷不悛，無損於我，秪益禍耳。”越二日，珏副將趙安款附於我，珏力窮勢迫，遂宵遁。士民或有」父兄妻子離散者，公皆聚而安集之。人之慕愛，迄今未忘也。十五年，以勳升定遠大將軍、夔路招」討使。十七年，授鎮國上將軍、四川東道宣慰使。二十二年，遷同簽四川行樞密院事，改授同簽荆」湖行院。既而朝命征緬，以都元帥任之。公辭曰：“臣侄蒙古䚟已充管軍都元帥之職，一門」豈容二帥。且臣久違闕廷，今願陪從侍衛，以效犬馬之力，臣之願也」。”上韙之。未幾，升驃騎衛上將軍、四川等處行中書省左丞。尋改行尚書省左丞。比年以来，江堰大」決，公躬親臨視。順水之性，使復故道，蜀民之利，至今賴之。時鹺法厲民，連歲爲梗。公乃遴選官吏」，更張前敝。不數月，國用羡而民用足矣。二十五年，就遷龍虎衛上將軍、行尚書省右丞。先是」，朝廷遷省於重慶，江河轉輸，人厭其勞。公遂力請于」上，復徙成都，軍民便之。既還成都，公方鋭意於治，而遘疾，享年四十有四。公性倜儻，有勇略，姿貌」魁傑，器識宏深。接士以謙，待物以恕。事上盡忠赤之心，居家全孝友之實。其備宿衛也，小心翼翼，夙」夜匪懈焉。其鎮邊陲也，號令嚴明，士卒樂用焉。或雨暘愆期，黎庶豑食，發廩以賑之。或荒服未寧」，夷獠弗賓，威信以懷之。所以出秉將相之權，入居勳舊之右。紹父祖箕裘之業，傳金石不朽之名」，亦宜矣。夫人千户王公之女，生一子，即世昌也。女六人，長適孟氏，次適儀成局提舉王澤，餘尚幼」。異母兄衆家奴，衛輝路總管；弟阿察赤，管軍萬户。俱以門資入仕，見知於」上矣。銘曰」：

維邪律氏，遼室貴胄。迨我」聖朝，三顯其後。毅毅我公，克孝克忠。寬猛相濟，撫民治戎。遹追厥祖，克肖乃父」。天子嘉之，鸞行篷羽。公位將相，邦家之光。奄忽不存，士夫曷望。幽宅在秦，遺愛在蜀。子孫孝享，介」爾百福」。

前翰林直學士太中大夫西蜀四川道提刑按察使王利用撰」

按

誌主耶律秃滿答兒，遼東契丹人。《元史》卷一四九有傳。誌、傳可互證。誌所載秃滿答兒與宋軍作戰多取攻心之策，以免傷及百姓等，以及爲四川行尚書省左右丞時親自指揮治理江堰決口、力請行省由重慶遷回成都以省民勞等，則可補史傳之闕。

書誌者不署名，而楷體書法厚重穩健，筆力强勁，有魏碑風格，是元碑中之佳品。

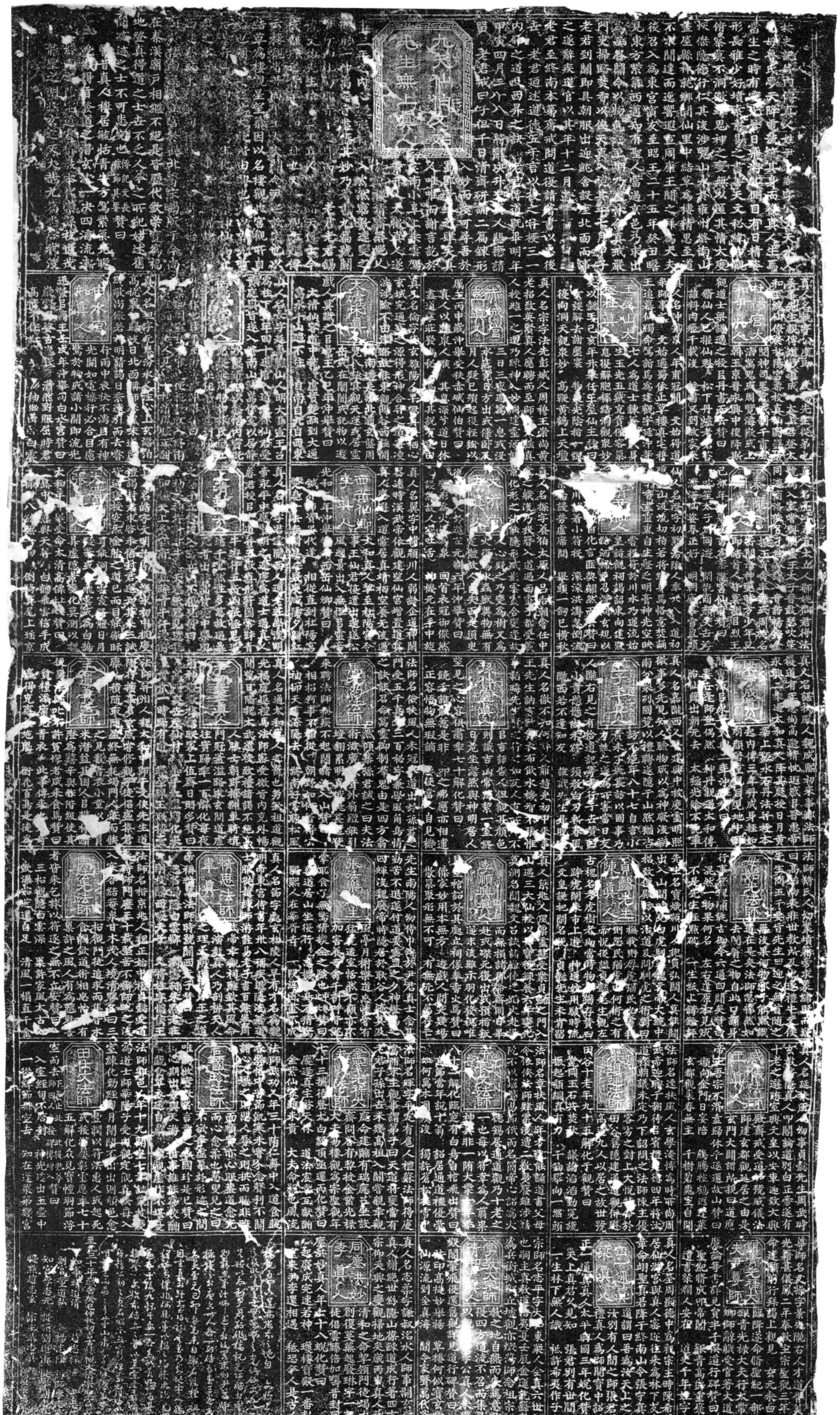

説明

元世祖至元三十年（1293）刻。碑螭首方座。通高330厘米，寬110厘米。額文2行，滿行3字，篆書“樓觀先」師傳碑」”。正文分上下七欄，第一欄楷書44行，滿行18字。第二至六欄均楷書54行，滿行16字。第七欄楷書42行，滿行16字；草書12行，行字不等。朱象先跋並書丹。現存周至樓觀臺。《道家金石略》《樓觀臺道教碑石》等著録。

釋文

九天仙伯文始先生無上真人

按《史記》并《内傳》，真人姓尹名喜，字公文，天水人」也。母魯氏，夢天降電流繞其身，而後真人生焉」。當生之時，有靈光若日飛游其側，目有日精，姿」形長雅。少好墳索素易之書，善天文秘緯。仰觀」俯察，莫不洞徹。雖鬼神之變，無以匿其情。大度」恢傑，隱德行仁。其後涉覽山水，於雍州終南山」盩厔縣神就鄉聞仙里中，結草爲樓，精思至道」。不求聞達，而逸響遐宣。周康王聞之，拜爲大夫」。後召入爲東宫賓友。至昭王二十五年癸丑，瞻」見東方紫氣西邁，知有聖人當過京邑，乃求出」爲函谷關令，以物色之。至期，乃盥沐念真，戒嚴」門吏，掃路焚香，以俟天真入境。其年七月甲子」，老君到關，即具朝服出迎，就舍設座，北面而事」之。遂辭疾退官。以其年十二月，邀迎」老君至終南本第，齋戒問道。復請著書，以惠後」世。老君迺述《道》《德》五千言以授之，并授三一」内修之道及西昇之訣。老君傳道既畢，明年」甲寅四月二十八日，將辭決升天。真人悲戀請」留。老君戒曰：“子但千日清齋，研誦二篇，鍊形」入妙，而後可尋吾於」蜀郡青羊之肆矣。”真」人唯唯而謝。言訖，於」宅南小阜上乘雲駕」景，升入太微。真人遂」於草樓清齋，屏絶人」事。三年之内，心凝形釋，體入怡然。窮數達變之」微，形一神萬之旨，悉臻其妙。乃著書九篇，號《關」尹子》。即往蜀郡青羊之肆而會老君。老君錫」號文始先生，位爲無上真人，統領諸天僊士。今」成都府之青羊宫，即故址也。又按《樓觀本起傳」》云：樓觀者，昔周康王大夫關令尹之故宅也。以」結草爲樓，觀星望氣，因以名樓觀。此宫觀所自」始也。問道授經，此大教所由興也。是以古先哲」后，景行高真，仰道德爲生化之源，宗神仙爲立」教之本。尋衆妙之軌躅，慕重玄之指歸。故周穆」西巡，秦文東獵，並回轅枉道，親禮真宗。始皇建」廟於樓南，漢武立宫於觀北。晉宋謁版，于今尚」在。秦漢廟户，相繼不絶。是皆歷代欽崇，實爲福」地，登真得道之士，世不乏人。今之所紀，姑述舊」聞，滅迹之士，不可悉究也。傳記文長，兹節其要。贊曰」：

緊昔真人，樓居毓恬。青牛方駕，紫氣先瞻」。受經得旨，發道之濳。玄波一決，四海流漸」。終南之陰，宅遺宏構。教本代崇，孫枝世茂」。襲聖之明，極玄之又。大哉九篇，光啓我後」。（以上第一欄）

杜陽宫太和尹真人

真人名軌，字公度，即文始先生從弟也」。蚤事先生，親傳道妙。道成，太上召登太」和，下統仙僚。於杜陽宫參校《真仙圖籙》，檢」閲神司鬼官，威制千靈，風」清萬鬼。或周覽海嶽，或上」朝玉京。晉永興中，復降斯」觀。道士梁諶遇之，授以丹書而去。贊曰」：

脩仙人已擢仙魁，松下丹爐老碧苔」。誰料肉飛千載後，授書又到故家来」。

王屋山太極杜真人

真人名沖，鎬京人。年甫冠，聞文始得道」，来師事之。文始適蜀，依止草樓真宅。穆」王追慕仙躅，命駕詣焉，爲建觀宇，延沖等」七人爲道士。鍊養既成，身」生玉光，五藏充實，僅容氣」息。復解胞釋結，洞觀衆妙」矣。以懿王己亥年升舉，任王屋仙主。贊曰」：

玄弢解去謝塵寰，物裹光陰指一彈」。復向洞天觀衆妙，高鞭黄鶴上天壇」。

赤城宫彭真人

真人名宗，字法先，彭城人。周穆王崇尚黄」老，招致英賢，真人應聘而至。師事太極真」人，授雌一之道。乃練神入妙，洞達靈源，能」三日三夜通爲一息。或没」水底，竟日方出；或僵卧及」月，人疑已殞，起復輕强。以」厲王丙申歲沖舉，受秩赤城仙伯。贊曰」：

真人以踵衆人喉，其息深兮道日休」。盡道蒙莊發幽秘，焉知其説有蹤由」。

太清宋真人

局部

真人名倫，字德玄，雒陽人。早佩真訣，栖心」玄域。究通塞之源，得形神合并之道。每凌」波涉險，不由津路。故能東觀暘谷，西極閶」風，南邁長離，北適玄壟，周」覽八極，冥觀天運。或居靈」岳，或在闤闠，或託物以遊」戲，人莫識之。以景王乙巳年沖舉。贊曰」：

太清仙客道中龍，虚實雙融到大通」。萬水千山遮不住，自南自北自西東」。

西嶽馮真人

真人名長，字延壽，驪山人。明大易，宣王召」爲柱下史。年四十，退官入道。遇鄧仙君受」《黄庭》奥旨，遂入終南山，就巖作室以居。静」以思道，安以養恬。内實既」充，復能周物。如救民瘼，止」兇餤，正狂恙，皆意到便驗」，非有作也。以平王庚寅歲沖舉。贊曰」：

棄却周宣柱下官，便拖華杖入終南」。黄庭誦徹無人見，一枕清風睡正酣」。

白水宫姚真人

真人名坦，字元泰，汾水人。注心上玄，澹泊」高抗。襄公歸岐日，北面稱師。餐風味道，薦」紳敬尚，儼若神明。請謁日紊，遠引而去。嘗」行雨中，衣袂不濡。目有神」光，開如電爍。行必合目，慮」驚於物。或請小開，即流光」迅發。以簡王壬戌年沖舉，司白水宫。贊曰」：

巖壑風姿古逸民，瀟然野服屈時君」。高情不作紅塵夢，拂袖幽巖卧白雲」。（以上第二欄）

秦隴宫周真人

真人名亮，字泰宜，太丘人。師姚仙君得法」，號爲入室。嘗與周靈王太子晉鼓瑟吹笙」，同遊商洛。能以孑絃孤彈，八音諧暢，鏗金」振玉，百禽率舞。或周旋名」岳，間示神變。時方少年，旦」即皓首，人皆莫測。以烈王」己卯年沖舉，受書爲秦隴宫仙官。贊曰」：

吹笙太子約同遊，閑玩商顔笑世浮」。瀟洒仙姿春正好，明朝底事雪盈頭」。

□清尹仙人

仙人名澄，字初默，汾陰人。年廿八入道。初」隱南山，汲流切柏，若將終身焉。恪意焚誦」，匳中香盡，靈熏自生，燈乏明膏，神光空映」。嘗投符於川，水乃逆流。始」皇詣觀祠謁，詔東向建殿」，給洒掃户。召澄問玄，規以」“我無爲而民自化”。言匪契，翩然而去。贊曰」：

逝川試着小符投，滚滚洪濤忽倒流」。秦始謾勞虚席問，舉頭一劍已横秋」。

大有宫王真人

真人名探，字養伯，太原人。吕后朝嘗任中」常之職，後乃投簪入道。遇西靈子都，受藏」景化形之法，能隱形滅影，雲霞合變。逢故」人，心疑之，乃變爲樹，又爲」火，復爲水、蟲、獸、異物，無有」定體，故人自失而走。須臾」，復見真人於道左。元朔六年沖舉。贊曰」：

變形爲火復爲泉，回首衣冠却儼然」。謾煞故人空吐舌，神機元在手中旋」。

西岳仙卿李真人

真人名翼，字中輔，潁川人。弱齡企道，神閑」器遠。時漢武帝依觀建望仙宫，增置道員」，真人應選入道，常居真靖，栖空養元。後遇」太和真人，挈至杜陽宫，令」事王仙君。復遣出還，遂沿」風遡景，出入無恒。以靈帝」光和二年沖舉，領命西岳仙卿。贊曰」：

鍼芥師資異代逢，相從直到杜陽宫」。雙鳬一去無消息，幾度咸陽夕照紅」。

上清封真人

真人名衡，字君達，隴西人。通老莊學。漢明」帝永平中，應賢明之選，度爲道士。遇真人」魯君，授以上道并《五嶽真形符圖》。常跨青」牛遊行五岳，凶祇怪鬼，遁」迹千里。然性多慈救，遇暴」死者，出腰間竹莞中藥與」之，應手立愈。後入玄丘山，不復見。贊曰」：

袖裏神符射斗牛，天魑岳鬼見還愁」。却嫌天上多官府，直跨青牛汗漫遊」。

太清高仙張真人

真人名皓，字文明，汝南人。漢永初中披度」。禮謁封君，求啓未悟。封君逆知其来，三試」皆過，遂授空氣金胎之道。已而目能徹視」，耳能洞聽，雲霞絡體，日月」凝華。或化飛雲，或爲白鵠」，昇虚隱景，變化莫測。以魏」太和年沖舉，受命太清高僊。上卷止此。贊曰」：

鼎中丹熟與天并，白鶴飛雲信手成」。徹視八紘無一物，倒騎箕尾上瑶京」。（以上第三欄）

梁考成真人

真人名諶，扶風人。魏咸熙初来事鄭法師」。履道有年，志尚高邈，精忱遐感。以晉惠帝」永興二年，遇太和真人降其庭，授《日月黄」華上經》、水石丹法，并授《本」起内傳》。三年丹成，身輕如」羽，顔若童兒，目見地中，耳」聞霄漢。以東晉太興二年沖舉。贊曰」：

異世逢師豈偶然，神丹親遇太和傳」。胎仙舞出朝元去，太極光陰不記年」。

王子年真人

真人名嘉，隴西人。晉建興中披度。靈明照」徹，事多先見。知人驗物，咸以爲神。厥後朔」南分裂，列國競以禮聘，遂隱于山，然猶咨」訪不絶。年八十七，自言小」責未了。姚萇訪以國事，乃」力詆之，遂爲所害，當日友」人隴右見之。有《拾遺記》等書行于世。贊曰」：

小責懸懸尚未終，須教白刃斬春風」。隴西若不逢知友，誰識先生是脱空」。

孫仲宣真人

真人名徹，不知何許人。前趙光初中来事」王先生。訥言敏行，衣布飲水，機智不張，惟」事韜晦。先生賢之，待之如友。人有所叩，不」以言語告人，但觀其顔色」，則識吉凶。常獨絜一室，終」日危坐，澹然與神明居。人」望見之，心容俱肅。年七十解化。贊曰」：

饒舌誰能惹是非，叩之弗應亦相違」。正容悟物無瑕謫，要使當人自見機」。

馬元約法師

法師名儉，扶風人。未冠入道，出於孫君之」門，受五千真文，三百秘字，兼學風角鳥情」之訣。能召命萬靈，御制群鬼，由是四方翕」然傾慕。孫君誡之曰：夫法」術滋廣，風聲外扇，擅能引」蝗，翻累明真。俄姚萇遣使」来聘，法師稱疾不起，閟諸法入山。贊曰」：

相招何事不相從，朝野如何着得公」。袖却天書深隱去，終南好處聽松風」。

尹靈鑒真人

真人名通，太和真人之裔也。幼欽祖道，觀」光福庭，遂禮馬法師，密受微旨，内充外暢」，聞望日隆。魏太武遣使致禮，請謁不絶。高」人勝士，朝野搢紳，車騎填」門，冠蓋溢路，求玄問道，虚」往實歸。年一百解化。每夜」有神燈數枝，懸映冢上，值齋日則多。贊曰」：

高門奕世産仙材，垂手紅塵應化来」。黄素一時歸有道，簪星珮玉照樓臺」。

王道義法師

法師并州人。魏太和中師牛文侯先生，道」隆行擴，事多玄感。嘗修觀宇，徒侶盛集，倉」廪所積，隨取隨盈，終無耗竭。門人怪而候」之，見數青衣小童，以□負」米，潛益其困。人以攀梯躡」隥爲艱辛，與作階級，使其」便易，法師叱不許。貧惸者咸来食焉。贊曰」：

負糧添廪見青衣，此事傳来也□奇」。贏得充齋兼施衆，銜花百鳥是徒爲」。（以上第四欄）

母始光法師

法師猗氏人。幼業墳籍，旁求象緯，既而歎」曰：高蹈物表，非世教所及也。遂禮牛文侯」先生，問五千要旨。先生曰：迎之無首，隨之」無後，果何物邪？子能默識」，道在是矣。法師忽釋然如」去閡膺之物，自此口誦身」行，事符理順，執古御今，六通四闢矣。贊曰」：

混然一物果何名，左右逢原本見成」。不是先生輕點破，一生紙上錯銓評」。

貞懿先生陳真人

先生名寶熾，潁川人。抱負弘闊，人莫能窺」。出入山間，時見白虎馴導。魏文帝大統中」，招致便殿，訪以治道。及問馴虎之術，對曰」：撫我則厚，虎猶民也；虐我」則怨，民猶虎也。何術之有」。帝悦。後謚貞懿先生。觀左」古槐名考虎樹者，即當時物，今猶存。贊曰」：

跨虎閑来市上遊，神通妙用駭時流」。文皇謾把閑名挽，貞懿先生未肯留」。

李順興真人

真人京兆人。夙禀靈慧，受業貞懿之門。入」山遇三大仙，授以丹寶。復鍊養六年，變化」莫測。名聞魏文，召試諸難，使之蹈火赴湯」而無損。諸郡命齋，同日畢」赴。或磔死復出，或預指叛」逆。末後雖示羽化，發視唯」見空棺。詔於其處立祠像奉香火焉。贊曰」：

僊家妙用本無方，遊戲人間笑幾場」。散氣聚形無不可，有無元不属存亡」。

張法樂先生

先生南陽人。幼侍巾瓶於尹君，真士念其」勤苦不退，遂付道要。露盟之夕，神燈爲之」四輝。後魏廢帝時，隱居於耿谷，人迹莫及」。風亭月榭，樂道忘懷。嘗有」猛虎造室，恬然不顧，亦不」加害。養奇禽千計，呼皆就」掌取食，了無驚猜，樸全之驗也。中卷止此。贊曰」：

樂道居山坐復行，忘機獸鳥不猜驚」。熙熙人在華胥世，一段淳風畫不成」。

精思法師韋真人

真人名節，字處玄，杜陵人。早有才名，爲魏」明帝東宫侍書，年卅八稱疾退隱。後着道」士服，從趙練師游，註《易》《老子》書百餘卷。周」武帝幸觀祠醮，欽其風，命」座演教。真人乃剖析天人」之理，大明内聖外王之道」，帝稱精思法師，時號關西夫子。贊曰」：

逃名歸隱白雲鄉，滴露研朱點老莊」。剛被關西唤夫子，又將姓字惱侯王」。

侯法先法師

法師名楷，京兆人。魏正始中，禮貞懿受道」，奉侍師門歷三十載，堅苦不懈。師蜕之後」，入寒谷結庵，泉甘木茂，人境清勝，名曰三」松觀。門徒追求而集，皆木」食澗飲，道術相忘，怡然有」巢許之風。人有爲魑魅害」者，皆来乞救，以符逐之，無不立安。贊曰」：

三松觀隱白雲深，巢許家風太古心」。飲瀑茹芝還自足，清風一榻直千金」。（以上第五欄）

威儀法師王真人

真人名延，扶風人。幼事貞懿先生。周武時」，玄教將隱，真人叩閽論道，别白正旁，遂有」十老之選。隋室興，文皇以安車迎致大興」殿，齋戒受道，加號威儀法」師，建玄都觀延居之，由是」玄門大闢。謂所親曰：道應」帝王，吾宗不湑，盍歸休乎！遂還故山。贊曰」：

嬾向金門日宴陪，騰騰控鶴返蓬萊」。玄都觀裹春無主，千樹碧桃空自開」。

嚴道通法師

法師名達，扶風人。玄學淹博，爲時所尚。周」武帝迎聘于朝，待以賓禮。建德四年，將汰」道釋，朝議未定，乃下詔問之。法師陳主優」客劣之對，上大悦，特命於」田谷舊隱建通道觀，併選」高道九人以居之，故世號」田谷十老。年九十五解化于觀。贊曰」：

崑岡玉石共焚秋，議論滔滔動冕旒」。振起頹綱真有力，千鈞舉向一絲頭」。

于長文法師

法師名章，扶風人。年方齔，能誦道書，父母」令依侯法師肄業。後遭二教夷廢，雖涉艱」陀，不以窮蹙易節。俄而名簡帝心，詔爲大」德，錫居通道觀，乃十老之」一也。每以符章爲人蘙祟」，神異非一。隋大業十年，年」八十二解化。臨窆，有白鳥自棺飛出。贊曰」：

高節當年説十翁，詔居通道禮優崇」。如何萬木凋殘後，獨許蒼松挺雪中」。

金紫光禄大夫岐法師

法師名暉，字平定，有扈人。禮蘇法師得度」。當隋末主觀事，謂弟子曰：天道將變，當有」老君子孫出世。未幾，高祖入關，嘗親幸觀」庭，命建醮，有瑞應，召坐設」齋，問答有契，授金紫光禄」大夫，易樓觀爲宗聖觀。年」七十三携徒登太白絶頂，亟還而化。贊曰」：

慶逢真主啓天休，道法宸章互獻酬」。金紫仙家雖未貴，大夫命號也風流」。

巨國珍法師

法師武功人。年三十，隋仁壽中入道，食蔬」衣弊，恪守苦節。飢寒未嘗分念，聲利不關」諸心。人譽之則懼，人辱之則拱而聽。非唯」面順，實亦心服。蓋道愈充」而心愈柔也。蠢叟見之，曰」：不欲争虚氣於形迹之間」，唯務收實效於言意之表，國珍是已。贊曰」：

心期出世與天游，世事誰能爲校酬」。蔬食草衣還自樂，旁觀虚作不堪憂」。

田仕文法師

法師鄠邑人。年十九，開皇七年試業，披度」爲道士，師華陽子，受内觀定觀真訣。每入」室練化，動經旬月，閉關不出，出則顔色愈」豐潤。以符法惠人，或起死」，或援溺，屢彰靈應。年七十」五解化，众見寶幢羽節浮」空而去。下卷止此。此後尹尊師四人□按碑傳增入。贊曰」：

入室經旬不啓封，神光透出玉壺中」。一從絳節排空去，知在蓬萊第幾宫」。（以上第六欄）

銀青光禄大夫尹尊師

尊師名文操，字景先，隴右人。才道胥美，聲」光籍甚。儀鳳二年，奉敕主宗聖觀。三年，上」命建醮，躬行拜謁。上親見玄元乘白馬」臨降，遂命脩《聖紀》一部，授」銀青光禄大夫，行太常少」卿。師辭職受官，著《大道消」魔論》等書，詳見員半千撰道行碑。贊曰」：

聖紀脩成叩帝閽，銀青高爵重褒光」。遺書粲爛人安在，道史千年姓字香」。

正一通真梁真人

真人名筌，周顯德中爲觀宗主。時陳希夷」居仙游宫，與真人密迩往来爲林下友。宋」革命，翊聖真君降于終南山，令張守真人」道。謂曰：吾爲汝天上之師」，汝别有人間之師。張君遂」禮真人爲師。開寶中，詔封」正一通真真人。太平興國三年蜕化。贊曰」：

天上真君久見知，張君别有世間師」。一生林下無人識，衹許希夷作子期」。

掌教大宗師清和尹真人

宗師名志平，字大和，東莱人，全真六世祖」也。嗣主真教，道洽夷夏。壬辰，金運訖籙，秦」爲兵衝，城郭丘墟，觀亦煨蕩。師念祖宗開」教之地，自燕而来，篤意興」復，四方道流不召而集。尋」以觀事授李公真人。未幾」，殿閣翬飛，復還舊觀，詳見道行碑。贊曰」：

法印高提妙舉揚，草樓何似寶玄堂」。仙源流到全真海，闢令家聲萬代芳」。

同塵洪妙李真人

真人名志柔，字謙叔，洺水人。師事開玄李」真人，謝絶世紛，隱山葆鍊。道成行著，四方」宗仰。天興之變，觀掃地矣。歲丙申，真人承」清和之命，挈領門徒，竭力」創復，芟蕪起廢，琳宇一新」，徒侶雲臻，倍加疇昔。封同」塵洪妙真人。年七十八蜕化。贊曰」：

起廢成完速若神，瓊樓寶殿一番新」。重来尹李還相遇，衹恐今人是古人」。

樓觀爲天下道林張本之地，自文始上仙」之後，登真之士，無世無之。閲諸仙史，不一而」足。始以太和尹君别作《樓觀先師傳》於晉，次」則精思韋法師述之於後周，末則尹尊師文」操續之於唐，合卅人，各一别傳，爲書三卷，垂世」久矣。至元己卯，象先來自浙右，炷禮祖庭」，因坐夏於經臺，得熟其書。乃知地靈人勝，源」深流長，誠非偶然。第以韞之編牘，未洽見聞」。遂本其援九，録其要一，各系以贊，編爲是碑」。復纂《文始本傳》弁之首，以呈宗主聶公、提」點趙公，刻之貞石，昭示無窮，俾來裔得以究」明祖道而勗之耳。

茅山朱象先拜識并書」

至元三十年歲舍癸巳仲秋初吉古樓觀太清宗聖宫立石」

知事靖道清、趙志祥、李志信」，副宫董道弘、楊志隆，講師李志宗」，知宫李志元，提領劉道源，提舉劉志真」，提點趙志玄，宗主聶志真，儒□張德□刊」（以上第七欄）

按

碑文爲樓觀歷代著名真人三十五位生平事迹與修道活動，是研究道教歷史的重要實物資料。碑中闕文據《正統道藏》《道家金石略》《樓觀臺道教碑石》等補。

518.1295　清和妙道廣化真人尹志平道行碑

説 明

元元貞元年（1295）八月刻。碑螭首龜趺。高337厘米，寬100厘米。額文2行，滿行3字，隸書“大元尹」宗師碑」”。正文楷書34行，滿行67字。賈緘撰文，馬□書丹。碑身多有泐蝕。現存周至樓觀臺宗聖宫遺址。《道家金石略》《樓觀臺道教碑石》等著録。

釋 文

大元清和妙道廣化真人尹宗師道行之碑」

安西路儒學教授賈緘撰」

承務郎陝西等處屯田副總管馬□書」

至元二十七年，玄門掌教玄逸張君真人被」朝命巡祀嶽瀆，馳驛来秦，炷禮于古樓觀宗聖宫，崇祖道也。既竟，因覽山川景物之靈異，重樓峻殿之偉觀，及思玄元文始自傳經啓教，迨今二千四百載之間，雖興替」不一，然道林長盛，仙胤相承，今又興復於清和、同塵二真師，故世有尹、李古今仙契之語，信盛事也。二師道行孰不知之，然非託金石，無以昭示永久。同塵則有天樂真人之文」，已勒之石。若夫清和之碑，義不可後，今猶闕然，是則嗣教者不敏之過也。乃命提點聶志真、趙志玄纂述師之行狀，及録樓觀古今碑誌，徵文於鹿溪賈緘，固辭弗獲，謹按其事」而次第之。師諱志平，字大和，姓尹氏，全真嗣教之宗師也。世居滄州，前宋有仕萊州者，因家焉。顯高祖有子九人，俱業進士，仕至郡守者七人。大父公直、考弘誼，皆韜光不仕。師」以金大定九年正月二十日生，性有宿慧。甫三歲，善記古事。五歲入學，日誦千言。十四遇丹陽真人，遽欲棄家入道，父母難之，往復三返，始從其志。初住庵昌邑，夢長生劉真人」斷首刳心，使其玄解。後立觀栖霞，侍長春丘真人，提耳面命，付以微言。繼又受大易於太古，得口訣於玉陽，真理融會，心光燁然。由是道望日隆，爲學者師法。歲己卯」，太祖聖武皇帝特頒綸命，起長春真人於海上，選名德以輔行，得十八人，師爲之冠。及見上於西域雪山之陽，虚席以問至道，對以寡欲脩身之要，愛民永」國之方，及上天所以好生惡殺之意，上皆嘉納焉。聖眷優渥，俾掌天下教。於是玄風大扇，海宇宗仰。乙酉還燕，詔令住太極宫，即今長」春宫也。師在席下，四方尊禮者雲合。師曰：“我無功德，敢與享此供奉乎！”乃退隱於德興之龍陽觀。凡二載，長春六付手札，示倚重之意。洎長春上仙，衆以主教事敦請，遂遁迹於」景州之東山。後以僚士固請，不獲已，從之。師之典教也，肅肅雍雍，純焉道化，不令以憲，人自爲勸。其輔翼教席，勝士珠聯，琳館道宫，所在星列。至於山林巖谷，十百爲居，木食澗」飲，怡然有巢許之風。雖丫童之樵汲者，亦皆進德業，談道生，無妄語。教風之盛，自三代而下，未有如此時也。師以道化之行，歸功重陽，繼述先宗，注心樓觀，每於二者惓惓焉。俄」京兆行省田相君馳疏来請，適與師意合。丙申春，自燕至秦，禮謁故宫，而殊庭秘宇，以天興之變，例墮劫灰，四顧蕭條，惟山川之靈氣猶滃然也。諸方道侶，皆裹糧來從。時有前」道士張致堅，狀其舊業，請主於師，且乞興造。師復選於衆彦，乃以同塵李公真人敦敏有志，輿論所歸，遂授以觀事，畀任其責。於是規模籌畫，役作大舉。已而殿閣華焕，廣大高」明，至者聳觀焉。自上命中書楊公召玄駕還燕，至戊戌春，師從容謂衆曰：“吾老矣，宜去勞從佚。”乃會諸耆德，手自爲書，付真常李公，俾嗣教。因築清和宫於大房山」，以爲菟裘焉。庚子，重陽祖庭請督葬事，欣然而往。所過道路，設香花望塵迎拜者，日以千計，貢物山積，略不顧。方歲旱，衆禱未孚，咸曰師来，和氣心應，下車而雨。是時，陝右甫定」，會葬道俗常數萬人，物議詾詾，賴師鎮伏，故得完其功。事竟，復入樓觀，逍遥閒居，澹然爲神明游。登臺懷古，間形歌詠，有曰：“周朝興逸士，唐代顯尊師。宗祖古樓觀，清和得繼之」。”推此詩，亦以見自任之意。明年還燕，無幾何，命侍者汛掃清和之丈室。翌日及宫洮頮，禮聖畢，炷香啜茶，危坐談道，夜參半，正衣冠，曲肱而逝，實辛亥二月初六日也。時異香盈」庭，經久不散。訃聞諸方，近者號慕，遠者駿奔，如考妣焉。初遺言葬大房，至是徇衆請，葬於五華焉。春秋八十有三。所著者有《葆光集》，法語曰《北遊録》。中統辛酉，詔封清和妙」道廣化真人。其生平道行具載《金蓮記》并重陽、五華兩宫所署之碑。兹特紀其作新故宫，光昭祖道，始終之大要者。嗚呼！師之至德，杳乎其難名也。姑以事之顯異者一二言之」。昔玄元之西度也，垂二經以醒萬世，是故傳其道而啓其宗者尹文始也。洎長春之北覲也，進微言以蘇六合，然而紹其德而擴其教者，尹清和也。噫，前聖後真，率」由一族，道同德合，是豈適然相肖也歟！抑聞《關尹》九篇作於文始，世可聞而不可見也。雖碧虚之博，而誤指西昇，政和兩詔，遍訪道書，而不獲也。歲癸巳，客有至自淛，以《關尹子》」書來獻者，言希旨聖，讀之皆驚。詰之，則曰：始進士孫定得之永嘉山中。蓋如李筌得《陰符》於嵩嶽也。噫，以千載之前之尹

局部

書，付千載之後之尹氏，翻然出應，如芥投鍼。由是觀之」，天其與尹氏者，一何著也！矧樓觀自文始後，在族裔而登仙者，代有其人，在周則有軌，在秦則有澄，在魏則靈鑒，在唐則文操，在今則清和。靈源彌遠，仙派彌長。以斯三者而驗」焉，天其祚尹氏者又何厚也。噫，異哉！歲敦牂月大吕望日記。江□先生趙復仁甫嘗曰：宗師自燕来秦，作《關尹篇》以獻，併系如左。其辭曰」：

車聲歷歷青牛喘，已上崤函萬重險。赫曦高出紫翠間，霜合關門曉仍掩。晨門令尹神骨清，絳衣大仙如日星。蓍龜夜半拆奇兆，知有異人從此經。車中老氏老局束，黄髮金聲」色如玉。從衡爲我論天心，棄外形骸一榮辱。眈眈七虎相啖吞，淋漓血肉星日昏。流沙西流弱水弱，漸入葱嶺逾崑崙。枯楂號風暮煙起，身與飛鴻輕萬里。回天九鼎謦欬間，宇」宙清寧功一指。老聃神化其猶龍，斲補大地收元功。青冥一去不復返，令尹亦老終南東。終南高逼河漢志，上去時回一揮手。天虚月白風露清，結草爲樓近牛斗。偉哉耳伯」幾世孫，常恐飛去爲星辰。紫泥敦車駕緑耳，長春宫籞長如春。蜺旌豹飾光紛隕，老稚歌呼喜旋軫。寧知今代清和翁，不是當時關令尹」。

元貞元年中秋日古樓觀福地太清宗聖宫知宫（下闕）趙□玄、宗主聶志真立石」

功德主榮禄大夫陝西（下闕）」

按

可參考本書498.1264條《清和妙道廣化真人尹志平碑》和517.1293條《樓觀先師傳碑》。碑中闕文據《正統道藏》《道家金石略》《樓觀臺道教碑石》等補。

519.1298 重修周公廟記

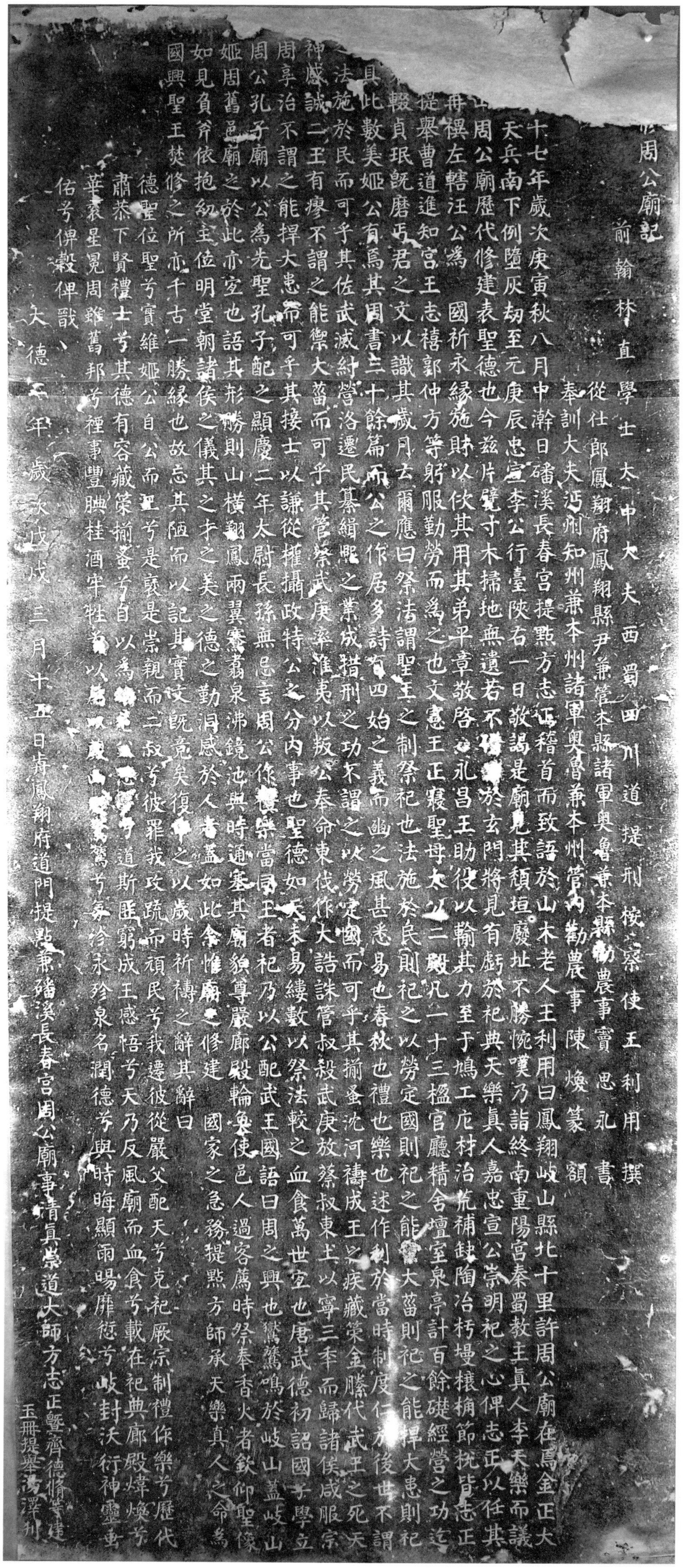

説明

元大德二年（1298）三月刻。碑螭首方座。首佚。高300厘米，寬103厘米。正文楷書24行，滿行57字。王利用撰文，竇思永書丹，陳焕篆額。碑右上角殘，缺十餘字。現存岐山縣周公廟管理處。

釋文

□□□□周公廟記」

前翰林直學士太中大夫西蜀四川道提刑按察使王利用撰」

從仕郎鳳翔府鳳翔縣尹兼管本縣諸軍奥魯兼本縣勸農事竇思永書」

奉訓大夫沔州知州兼本州諸軍奥魯兼本州管内勸農事陳焕篆額」

至元二十七年歲次庚寅秋八月中澣日，磻溪長春宫提點方志正稽首而致語於山木老人王利用曰：鳳翔岐山縣北十里許，周公廟在焉。金正大」□□□天兵南下，例墮灰劫。至元庚辰，忠宣李公行臺陕右，一日敬謁是廟，見其頽垣廢址，不勝惋嘆。乃詣終南重陽宫秦蜀教主真人李天樂而議」曰：岐山周公廟，歷代修建，表聖德也。今兹片甓寸木，掃地無遺。若不□□於玄門，將見有虧於祀典。天樂真人嘉忠宣公崇明祀之心，俾志正以任其」□□再祀。左轄汪公爲國祈永緣，施財以佽其用。其弟平章敬啓永昌王助役，以輸其力。至于鳩工庀材，治荒補缺，陶冶朽墁，榱桷節棁，皆志正」□□。提舉曹道進、知宫王志禧、郭仲方等躬服勤勞而爲之也。文憲王正寢、聖母太公二殿凡一十三楹，官廳、精舍、壇室、泉亭計百餘礎，經營之功，迄」□不輟。貞珉既磨，丏君之文，以識其歲月云爾。應曰：《祭法》謂：聖王之制祭祀也，法施於民則祀之，以勞定國則祀之，能禦大菑則祀之，能捍大患則祀」之。具此數美，姬公有焉。其《周書》三十餘篇，而公之作居多。《詩》有四始之義，而豳之風甚悉。《易》也、《春秋》也、《禮》也、《樂》也，述作利於當時，制度仁於後世，不謂」之法施於民而可乎。其佐武滅紂，營洛遷民，纂緝熙之業，成措刑之功，不謂之以勞定國而可乎。其揃蚤沈河禱成王之疾，藏策金縢代武王之死，天」神感誠，二王有瘳，不謂之能禦大菑而可乎。其管蔡武庚率淮夷以叛，公奉命東伐，作《大誥》誅管叔，殺武庚，放蔡叔，東土以寧，三年而歸，諸侯咸服，宗」周享治，不謂之能捍大患而可乎。其接士以謙，從權攝政，特公之分内事也。聖德如天，未易縷數，以《祭法》較之，血食萬世宜也。唐武德初，詔國子學立」周公孔子廟，以公爲先聖，孔子配之。顯慶二年，太尉長孫無忌言：周公作禮樂，當同王者祀。乃以公配武王。《國語》曰：周之興也，鸑鷟鳴於岐山。蓋岐山」姬周舊邑，廟之於此，亦宜也。語其形勝，則山横翔鳳，兩翼騫翥；泉沸鏡池，與時通塞。其廟貌尊嚴，廊殿輪奂，使邑人過客薦時祭奉香火者，欽仰聖像」，如見負斧依抱幼主位明堂朝諸侯之儀。其之才之美，之德之勤，洞感於人者，蓋如此。余惟廟之修建，國家之急務。提點方師承天樂真人之命，爲」國興聖王焚修之所，亦千古一勝緣也，故忘其陋而以記其實。文既竟矣，復□之以歲時祈禱之辭。其辭曰」：

德聖位聖兮，實維姬公。自公而王兮，是褒是崇。親而二叔兮，彼罪我攻。疏而頑民兮，我遷彼從。嚴父配天兮，克祀厥宗。制禮作樂兮，歷代」肅恭。下賢禮士兮，其德有容。藏策揃蚤兮，自以爲□。□□□□兮，道斯匪窮。成王感悟兮，天乃反風。廟而血食兮，載在祀典。廊殿煒焕兮」，華衮星冕。周雖舊邦兮，禋事豐腆。桂酒牢牲兮，以薦以蒧。山□鸑鷟兮，氛沴永殄。泉名潤德兮，與時晦顯。雨暘靡愆兮，岐封沃衍。神靈垂」佑兮，俾穀俾戩」。

大德二年歲次戊戌三月十五日

前鳳翔府道門提點兼磻溪長春宫周公廟事清真崇道大師方志正暨齊德脩等建」

玉册提舉湯澤刊」

按

周公廟，是紀念西周時期著名的政治家、思想家、軍事家周公姬旦的祠廟，屬全國重點文物保護單位。位于今岐山縣西北鳳凰山南麓。相傳周公逝後即建祠祭祀，後歷代修葺不斷。清人所輯《全唐文》收唐高祖李淵“令國子學立周公孔子廟詔”一文，爲建周公廟之原始資料，而此碑文所記“唐武德初，詔國子學立周公孔子廟，以公爲先聖，孔子配之”，則爲周公廟始建于唐武德初年之實證。

書者竇思永，《元史》無載。書此碑時署“從仕郎鳳翔府鳳翔縣尹兼管本縣諸軍奥魯兼本縣勸農事”。

520.1300　元重建會靈觀記

説 明

元大德四年（1300）閏八月刻。碑螭首方趺。高305厘米，寬110厘米。額文2行，滿行3字，篆書“重建會」靈觀記」”。正文楷書28行，滿行61字。朱象先撰文並書丹。碑左上角泐蝕，數十字模糊不清。現存周至樓觀説經臺東會靈觀遺址。《道家金石略》《樓觀臺道教碑石》等著録。

釋 文

大元重建會靈觀記」

華陽八大洞天一虚道人朱象先撰并書」

造化之於人，無心焉，有心焉，予不得而知也。悠悠萬古，蕩蕩天宇，其何以窮之哉。雖然，剖石者當乘其璺，逐鹿者必躡其蹤。觀神降于莘，則知造化非無爲也；觀」石言于晋，則知造物非無心也。觀開衡山之雲，借海藏之春，則又知人之精誠有通乎神明之理。觀拜井出泉，揮戈駐日，則又知人之誠懇有感通天地之理。觀」冬起雷，夏造冰，則又知人之智力有奪天地造化之理。由是觀之，在彼蒼則雖邈邈而遠，其應感之機，實由此心之誠也。夫心之爲德也，廣大無際，如太虚空廓」焉，湛焉不爲物欲所蔽，貫通昭徹，吻然與天爲一。凡機之動，未有不與造物應者，况乎登九五，位大寶，貴爲萬乘，富有四海，而復心心躭玄，念念注真，其天人感」格，固非輿人所可同日而論也。即此會靈觀者，乃唐開元中，明皇感夢」玄元玉象出現之地，觀以是而立也。按《樓觀靈應碑》其略曰：“皇上受圖享國，蓋三十載，功侔天地，孝誠祖考。嘗端居宣室，緬懷至道，惟德動天，夢啓靈應，實元祖」之明命，示至妙之儀刑。於是潜誌玄象，遵詰旁求，號周史之經臺，枕秦山之幽谷，晬容挺出，赫然有光，洎遘睿覽，宛符夢寐。”又曰：“其功神者其應大，其源靈者其」流長。”依如上説，則玄感之理，一何異哉。或者疑之，予因訂之曰：《中庸》有言曰：“誠則形，形則著。”人之有夢，蓋亦誠之形也。商高宗恭嘿思道，夢帝賚之良弼，果求而」得傅説。明皇每禮謁真容，故感而見夢。此其誠之形而著者也。嘗閲《唐書》，當明皇時，玄元應現事迹殆非一二。或化老父賣卜春明門外，或降丹鳳門」語田同秀取函谷之符，或出現於華清宫之朝元閣。至於太白山之寶仙洞、漢中郡之黑水谿，凡此皆事著信史，言有憑，迹可尋，不可誣也。論者謂明皇開元中」，治幾三代，且多善瑞；天寶後，以逸豫致亂，國步阽危。何先後大戾邪。予固謂應感之機，根諸人心，况人主乎。先賢有言，有其誠則有其神。此政尚清静，親注《老經」》，研精覃思，故有是非常之應。又曰，無其誠則無其神。此誠久或衰，衰則怠生，故菑亂亦以之而作，必然之理也。然觀其在位四十五年，享算七十有八，蚤歲之禎」符□績，中歲之皇皇聖政，以及晚年就閒養高，辟穀不食，其將賓天也，品玉笛而雙鶴下庭，上帝召爲元始孔昇真人。以是言之，誠聖神英明之君也。觀有唐蘇」靈芝所書《老君應見碑》，具述其事。宋趙履信重立，倒指計之，甲子十周矣。朝市屢更，廢興非一。近代又罹天興之變，殊庭秘宇，版蕩無遺。暨」皇朝撫定，紀綱漸復。歲丙申，同塵李公真人承清和大宗師之命，興復祖宫。于時天元應瑞，玄教興行。加以二真師道隆德盛，人天欽仰，門下之士皆裹糧赴役」，不遠千里而至，同誠協力，百工競舉。營造祖宫之外，其諸别業，又各分任興葺。是觀之復，蓋藉諸方師友之力。殿宇既立，復以執事者齟齬不合，宗師教劄敦諭」，清規遂定。同塵乃命知宫王志安兼任焚脩。厥後住持者徙易不恒，日見陵替。蓋同塵之於道，躬行實蹈，不事形迹，一動一止，無非教也，學者不薦，從事於邊徼」者衆矣，以故本微而末勝。至元丁丑，宫之耆德以門下何公志遠楨幹可委，畀典觀事。志遠既至，篤意修理，寒不及爐，暑不暇扇，歲月不輟，奂然改觀。新秘殿，構」重門，創雲室，闢田疇，萃冠褐，齋筵醮會，歲無虚節。緣力駸駸日盛，方爲遐邇歸敬。而西山日薄，上征及期，以甲午臘月十八日返真，付門弟潘道治以後事。明年」冬杪，宗主提點趙公志玄挈道治登經臺，以重建事實禱予文以刻石。義不可却，因原開元立觀之由，叙述天人感應之理，以爲之記，且繫之銘曰」：

局部

蒼蒼大象猷倚□，是中真精窅難睹。遠之不疏近莫取，萬形媸妍誰賦與。緬惟玄元道之祖，開天亶爲造化主」。一物不遺咸煦嫗，妙同水月應何普。開元天子正當宁，醉心龍經嚴教父。悦兮神會若盼許，俄形玄象瑞此土」。甲子十周迹未腐，蒼碑尚燦靈芝譜。同塵重来爹其户，希聲還要舊家舉。調古不諧世律吕，暖暖姝姝何可語」。□□玄□□鐘鼓，聽渠金鼎躍龍虎。聽渠馘魔奮雷斧，聽渠象緯密探數。惟期復樸忘爾汝，惟期觀妙参衆甫」。惟期忽恍見真素，惟期襲明續玄緒。相依經臺閱千古，屹然道海存底柱」。

大德四年歲舍庚子閏八月癸酉朔十五日丁亥

清真安逸大師知觀事潘道治立石」

劉道常□」

按

會靈觀，位于周至樓觀臺説經臺之東。爲唐玄宗夜夢老子真容，命于樓觀説經臺東側建會靈觀，以記其事。現已無存。

521.1303　元重建文始殿記

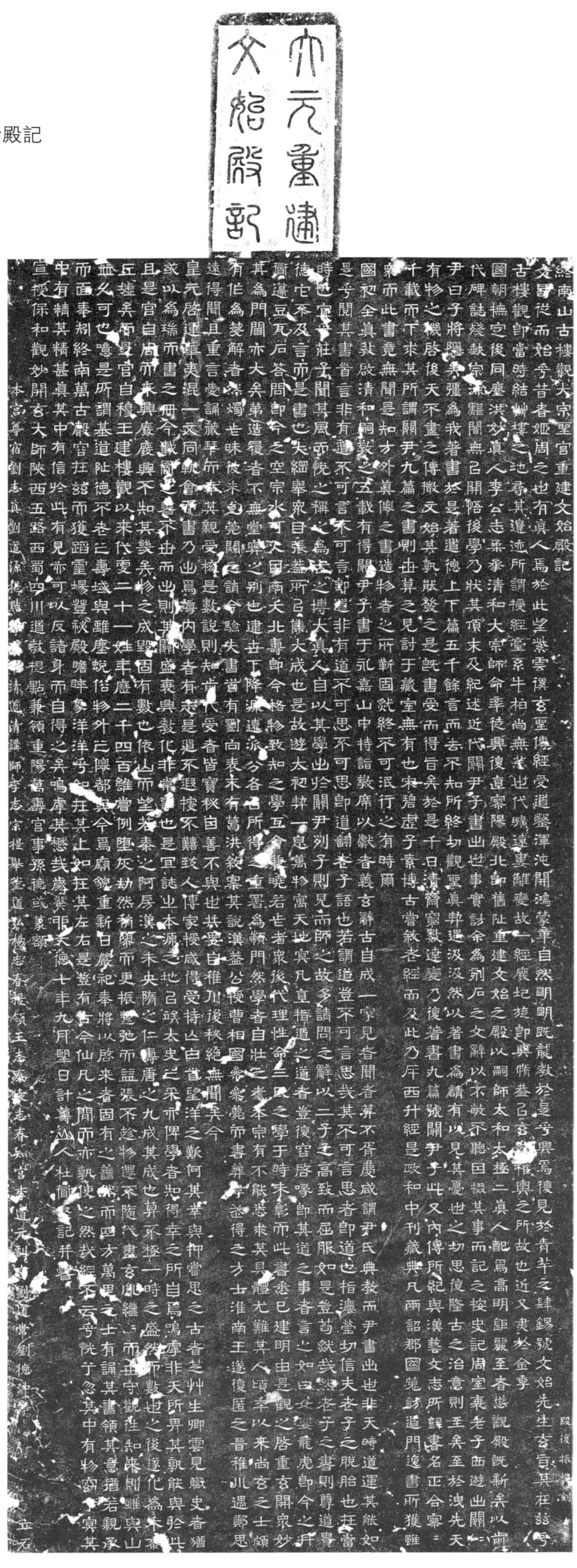

説明

元大德七年（1303）九月刻。碑螭首龜座。通高485厘米，寬120厘米。額文2行，滿行4字，篆書“大元重建」文始殿記」”。正文隸書26行，滿行66字。杜道堅撰文並書丹，孫德彧篆額。標題行末有楷書“段復振模刻”5字。現存周至樓觀臺宗聖宮文始殿舊基東側。《道家金石略》《樓觀臺道教碑石》等著録。

釋文

終南山古樓觀大宗聖宮重建文始殿記」

文曷從而始乎？昔者姬周之世，有真人焉，於此望紫雲，徯玄聖，傳經受道，鑿渾沌，開鴻蒙，章自然，明明既襲，教於是乎興焉。復見於青羊之肆，錫號文始先生，玄旨其在玆乎」。古樓觀即當時結草樓之地。尋其遺迹，所謂授經臺、系牛柏尚無恙，世代曠遠，屢離變故，一經廢圮，旋即興脩，蓋以玄教權輿之所故也。近又燼於金季」。國朝撫定後，同塵洪妙真人李公志柔，承清和大宗師命，率徒興復，直寥陽殿北，即舊址重建文始之殿，以嗣師太和、太極二真人配焉。高明鉅麗，至者慫觀。殿既新矣，以前」代碑誌殘缺，宗源黮闇，無以開悟後學，乃狀其顛末及紀述近代關尹子書出世事實，訪余爲刻石之文。辭以不敏，不聽，因掇其事而記之。按《史記》，周室衰，老子西遊出關，關」尹曰：子將隱矣，彊爲我著書。於是著《道》《德》上下篇五千餘言而去，不知所終。切觀聖真契遇，汲汲然以著書爲請，有以見其憂世之切，思復隆古之治，意則至矣。至於洩先天」有物之機，啓後天不盡之傳，微文始，其孰能發之。是既書受而得旨矣。於是千日清齋，窮數達變，乃復著書九篇，號《關尹子》。此又内傳所紀，與《漢藝文志》所録書名正合。寥寥」千載而下，求其所謂《關尹》九篇之書，則世莫之見，討于藏室無有也。宋碧虚子素博古，嘗敘老經而及此，乃斥《西升經》是政和中刊藏典，凡兩詔郡國，蒐訪道門逸書，所獲雖」衆，而此書竟無聞。是知方外真僊之書，造物者之所靳固，然終不可泯，行之有時爾」。國初，全真教啟，清和嗣教之五載，有得《關尹子》書于永嘉山中，持詣教席以獻者。義玄辭古，自成一家，見者聞者，莫不胥慶，咸謂尹氏典教而尹書出世，非天時道運，其能如」是乎。閲其書，首言“非有道不可言，不可言即道；非有道不可思，不可思即道”，翻老子語也。若謂道豈不可言、思哉，其不可言、思者，即道也。指法瑩切，信夫老子之脱胎也。在當」時也，宜乎莊子聞其風而悦之，稱之爲古之博大真人，自以其學出於關尹；列子則見而師之，故多請問之辭。以二子之高致而屈服如是，豈苟然哉！然老子之書，則尊道貴」德，它不及言。而是書也，大綱舉，衆目張，蓋所以集大成也。是故遊太初，契一息，萬物寓，天地冥，凡直指道之道者，豈復容啓喙。即其道之事者言之，如曰女嬰龍虎，即今之丹」道；籩豆瓦石答問，即今之空宗；水可火因，南夭北壽，即今格物致知之學。互會兼曉，若此者衆。後代理性命三氏之學，于時未彰，而此書悉已建明。由是觀之，啓重玄，開衆妙」，其爲門閫亦大矣。第造履者，不無堂奥之别也。逮世下降，源遠派分，各以所得之重，署爲顯門。然學者自壯之耄，本宗有不能悉，求其具體，尤難其人。頃年以来，尚玄之士頗」有作爲箋解者，然燭此昧彼，未免管窺之誚。今驗夫書，首有劉向表，末有葛洪敘，案其説，漢蓋公授曹相國參，參薨而書葬，孝武得之方士，淮南王遂復匿之，晉稚川遇鄭思」遠，得聞且重言愛誦，葳拜而幸其親受。核是數説，則知前代受者皆寶秘自善，不與世共。要自稚川後，秘絶無聞矣。今」皇元啓運，華夷混一，文同軌會，而書乃出焉。海内學者有志是道，不遐搜，不艱致，人傳家授，咸得受持，亡白首望洋之歎，何其幸與！抑嘗思之，古者芝草生，卿雲見，職史者猶」或以爲瑞而書之册。今載道之書，不世而出，則其關盛衰，興教化，非常事也。是宜誌之本源之地，以俟太史之采，亦俾學者知得幸之所自焉。嗚虖！非天所畀，其孰能與於此」。且是宫自周而来，興廢廢興，不知其幾矣。物之成毁，固有數也。依山而望，若秦之阿房，漢之未央，隋之仁壽，唐之九成，其成也，莫不極一時之盛，然而數世之後，遂化爲禾黍」丘墟矣。而是宫自穆王建樓觀以来，代更二十一姓，年歷二千四百，雖嘗例墮灰劫，然稍隳而更振，暫弛而益張，不趁物遷，不隨代盡，玄胤繼繼而世守，觀往知来，則雖與山」並久可也。噫，是所謂基道址德，不老之壽域與。離塵蜕俗，物外之僊都與。今焉廟貌重新，日嚴祀奉，將以啓来者固有之善。然而四方萬里之士，有誦其書領其意，猶若親承」而面奉，矧終南萬古，聲容在玆，而獲

後同塵洪妙眞人李公志渠承清和大宗師命率徒興復章寥陽殿北即舊址重建
缺宗源懸闇無以開悟後學乃狀其顛末及紀述近代關尹子書出世事實詣余為
隱矣彊為我著書於是著道德上下篇五千餘言而去不知所終切觀聖眞朞遇汲
啓後天不盡之傳徽文始其孰能發之是既書受而得旨矣於是千日清齋窮數達
求其所謂關尹九篇之書則世莫之見討于藏室無有也宋碧虛子素博古嘗敘老
竟無聞是知方外眞僊之書造物者之所靳固然終不可泯行之有時爾
教啓清和嗣教之五載有得關尹子書于永嘉山中持詣教席以獻者義玄辭古自
書晉言非有道不可言不可言即道非有道不可思不可思即道翻老子語也若謂
莊子聞其風而悅之稱之為古之博大眞人自以其學出於關尹列子則見而師之
言而是書也夫細舉衆目張蓋所以集大成也是故遊太初契一息萬物寓天地冥
后答問即今之空宗水可火因南天北壽即今格物致知之學互會兼曉若老者衆
亦大矣第造寢者不無堂奥之別也逮世下降源遠派分各以所得之重署為額門
解者然獨老昧彼未免莞關之請今驗夫書當有劉向表末有葛洪敘案其說漢蓋
重言復誦藏琴而求其親受核是數說則知前代受者皆寶秘自善不與世共要自
華夷混一文同軌會可書乃出爲海內學者有志是道不遐搜不囍致人傳家授咸
而書之冊今載簡之書不世而出則其關盛衰興教化非常事也是宜誌之本源之
周而來興廢廢興不知其幾矣物之成毀固有數也依山而望若秦之阿房漢之未
是宮自穆王建樓觀以來代更二十一姓年歷二千四百雖嘗例墮灰劫然稍陳而
噫是所謂基道阯德不老之壽域與離塵蛻俗物外之僊都與今爲廟貌重新白嚴
終南萬古嚴容在茲而獲蹈靈場豈秘殿瞻晬象洋洋乎如在其上如在其左右是

局部

蹈靈場，登秘殿，瞻睟象，洋洋乎如在其上，如在其左右，是豈有古今仙凡之間，而亦孰使之然哉。經不云乎：恍兮忽其中有物，窈兮冥其」中有精。其精甚真，其中有信。於此有見，亦可以反諸身而自得之矣。嗚虖，其懋哉！

歲癸卯大德七年九月望日

計籌山人杜道堅記并書」

宣授保和觀妙開玄大師陝西五路西蜀四川道教提點兼領重陽萬壽宫事孫德彧篆額」

本宫尊宿劉志真、劉道源，提點□□□靖道清，講師李志宗，提舉董道弘、楊志春，提領王志泰、袁志春，知宫李道元，副宫劉道常、劉德沖等立石」

按

碑文所記文始殿之興廢、老子思想及道教義理之淵源，對于研究道教歷史及其教義有一定的價值。此碑書法代表了元代隸體清秀悦目、舒展大方的書寫風格。

撰並書者杜道堅，史載不詳。

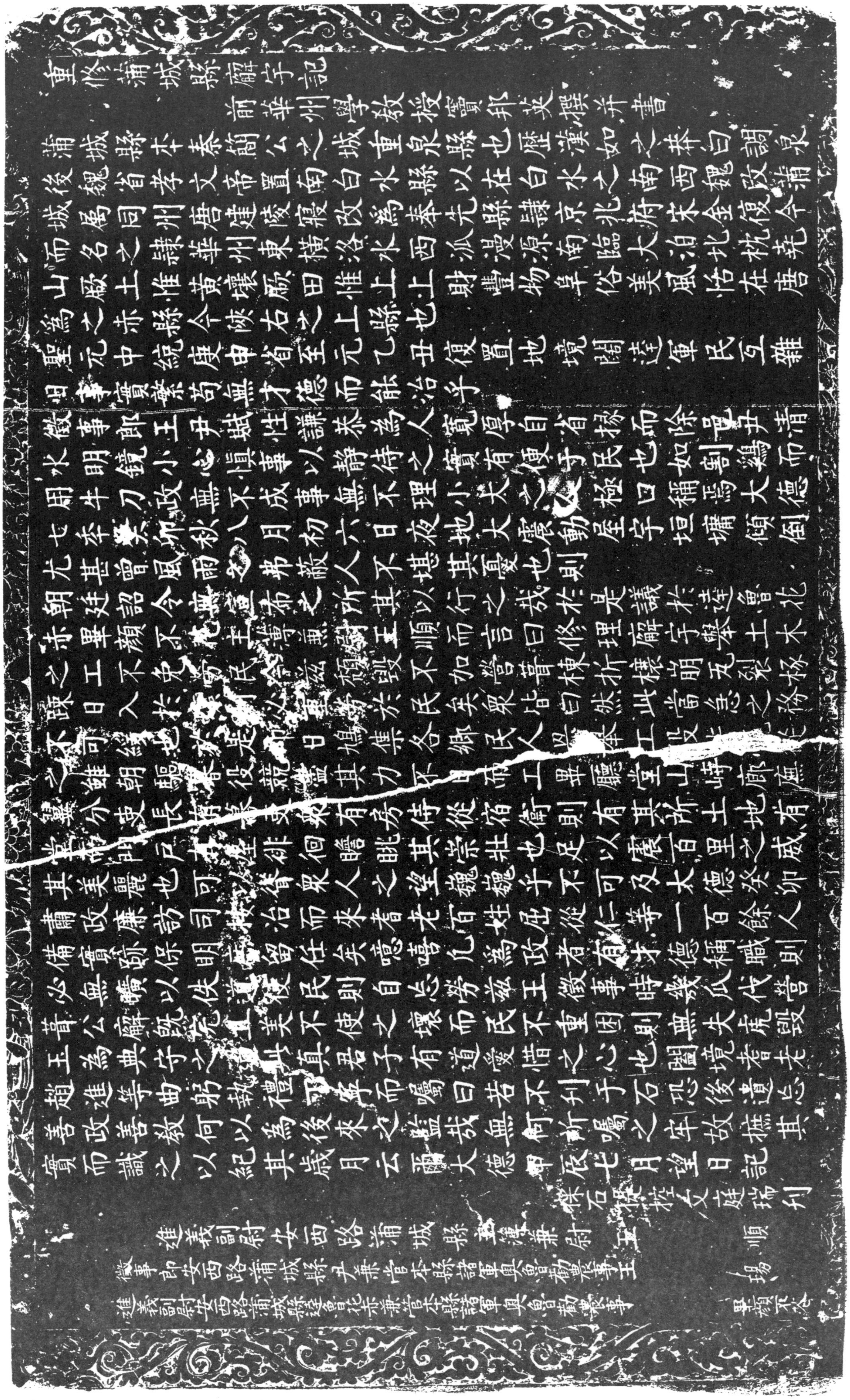

522.1304　元重修蒲城縣廨宇記

説 明

元大德八年（1304）七月刻。碑長方形。長124厘米，寬78厘米。正文楷書36行，滿行21字。竇邦英撰文並書丹。上下邊飾牡丹蓮花圖案，左右邊飾如意雲頭紋。碑中部有裂紋一條。原豎于蒲城縣衙儀門旁。現存蒲城縣博物館。

釋 文

重修蒲城縣廨宇記」

前華州學教授竇邦英撰并書」

蒲城縣本秦簡公之城重泉縣也。歷漢如之。莽曰調泉」。後魏省，孝文帝置南白水縣，以在白水之南。西魏改蒲」城，属同州。唐建陵寢，改爲奉先縣，隸京兆府。宋、金復今」而名之，隸華州。東横洛水，西派漫源，南臨大泊，北枕堯」山，厥土惟黄壤，厥田惟上上，財豐物阜，俗美風恬。在唐」爲之赤縣，今陝右之上縣也」。聖元中統庚申省，至元乙丑復置。地境闊達，軍民互雜」，日事實繁，苟無才德而能治乎」。徵事郎王尹，賦性謙恭，爲人寬厚，自省掾而除邑尹，清」水明鏡，小心慎事，以静待之，實有便于民也。如割鷄而」用牛刀，政無不成，事無不理，小大之人，極口稱焉。大德」七年癸卯秋八月初六日夜，地大震動，屋宇垣墉傾倒」尤甚，曾風雨之弗蔽，人不堪其憂也。則」朝廷詔令無宣布之所，其以行之哉！於是議於達魯花」赤畢顔不花、主簿兼尉王順，而言曰："修理廨宇，舉土木」之工，不免勞民。今兹頹毁，不加營葺，棟折榱崩，瓦裂椽」踈，日入於□□，必重勞於民矣。"衆皆曰："然此當急之務」，不可緩也。"於是即日鳩集各鄉民人，具舉工役，□□從」之。雖朝驅暮役，競盡其力，不日而工畢。廳堂山峙，廊廡」翼分。吏長有幕，吏衆有房，侍從宿衛則有其所。土地有」堂，而門户有屋。徘徊瞻眺，其崇壯也，足以震百里之威」；其美麗也，可以聳衆人之望。巍巍乎，不可及。大德癸卯」，肅政廉訪司按治而來，耆老百姓屈從仁等一百餘人」，備實迹保明，庶留任矣。噫嘻！凡爲政者，有才德稱職，則」必無曠以佚道，使民則自忘勞。兹王徵事時，幾瓜代營」葺，公廨既完且美，不使之壞，而民不重困，則無失虎毁」玉，爲典守之道，此真君子有道愛惜之心也。闔境耆老」趙進等，曲躬執禮，丁寧而囑曰："若不刊于石，恐後遺忘」善政善教，何以爲後來之監哉！"無何，所囑之牢，故摭其」實而識之，以紀其歲月云爾。

大德甲辰七月望日記」

採石提控文庭瑞刊」

進義副尉安西路蒲城縣主簿兼尉王順」

徵事郎安西路蒲城縣尹兼管本縣諸軍奥魯勸農事王瑒」

進義副尉安西路蒲城縣達魯花赤兼管本縣諸軍奥魯勸農事畢顔不花」

523.1304　張楫墓誌

大元故興元路行用庫使張君墓誌銘并序
同恕撰并題蓋　成章書
世或以矯情飾貌取譽於鄉鄙宗族蹔可能也久不可能也今有人焉慈祥
忠信溫然慤然無戚疎小大均稱之爲善人自始至終無異辭此豈聲音笑
貌所能得哉有諸己而信諸人理不誣也其人謂誰張君仲濟是已君諱楫
仲濟字也先世邠之三水縣東六里人曾祖曾祖贇皆不仕父浩仕金爲敦
武校尉母程生三子君序居二自少任家事孝友恭慎和易寬平蓋自性成
敦武嘗病憂勞忘寢食百方求愈至刲股以進母病又如之喪祭哀誠兩盡
事兄韓城令翼如事敦武接弟昭恩則兄而文則友也隣里姻舊吉凶慶弔
厚薄中禮而情意周洽居常怡怡或雖甚忤詞色不少異與人言惟恐傷之
樂聞人善必再三咨美或毀此譏彼則漠若不吾與者家庭肅然教子學業
慈而不敢故皆以卓越蚤致名位祿養雍愉人以是榮君又以是知善積之
果獲報也君會計精審嘗歷安西路千斯倉副使轉運司豐濟庫副使興元
路行用庫使中歲即優游自適日與耆季宿德相過從如韓令彥寶年幾八
十尤不易與人交得君驩甚朝談暮語無往不偕其爲達尊慕悅如此大德
八年六月己丑以疾不起親賓来者皆哭盡哀享年六十有七娶高氏婦順
妻柔克配君子生五男長煒登仕佐郎延安路鄜州判官次煜承直郎甘肅
等處行中書省左右司員外郎次炫次炳次焞炫焞皆蚤世炳亦孝謹能家
二女長適陝西行省宣使周璟次適成章孫五人四男惠孫早夭梁孫祿孫
當孫一女適
安西邸承應臺判石仲瑜初敦武徙居長安遂葬咸寧縣龍首鄉春明門東
原煒等卜以九月癸酉窆君泣奉行實之狀謁銘於恕恕與君里居分南北
君每忘年禮接佩義深矣登仕昆仲哀懇復如此顧雖淺拙不得辭也乃按
其狀參以鄉論敘而銘之銘曰
德輶如毛民鮮克舉如其舉之不曰賢矣維張仲君嗚呼洵美克弟克兄
克父克子兢兢其容坦坦其裏六十七年有譽無毀好還者天其聽甚邇
有子而才鸞鵠並起親名載榮之慶之始辭以告幽竁兮安只　曾祿刊

説 明

元大德八年（1304）九月刻。蓋佚。誌長60厘米，寬57厘米。誌文楷書27行，滿行29字。同恕撰文並題蓋，成章書丹。出土具體時、地不詳。現存西安博物院。《新中國出土墓誌（陝西叁）》著録。

釋 文

大元故興元路行用庫使張君墓誌銘并序」

同恕撰并題蓋

成章書」

世或以矯情飾貌取譽於鄉黨宗族，暫可能也，久不可能也。今有人焉，慈祥」忠信，温然愨然，無戚踈小大，均稱之爲善人，自始至終無異辭，此豈聲音笑」貌所能得哉？有諸己而信諸人，理不誣也。其人謂誰？張君仲濟是已。君諱楫」，仲濟字也。先世邠之三水縣弟六里人。曾祖曾、祖贇，皆不仕。父浩，仕金爲敦」武校尉。母程，生三子，君序居二。自少任家事，孝友恭慎，和易寬平，蓋自性成」。敦武嘗病，憂勞忘寢食，百方求愈，至刲股以進。母病，又如之。喪祭哀誠兩盡」。事兄韓城令翼，如事敦武。接弟昭，恩則兄，而文則友也。鄰里姻舊，吉凶慶吊」，厚薄中禮，而情意周洽。居常怡怡，或雖甚忤，詞色不少異。與人言，惟恐傷之」。樂聞人善，必再三咨美。或毁此譏彼，則漠若不吾與者。家庭肅然，教子學業」，慈而不敗，故皆以卓越蚤致名位，禄養雍愉，人以是榮。君又以是知善積之」果獲報也。君會計精審，嘗歷安西路千斯倉副使、轉運司豐濟庫副使、興元」路行用庫使。中歲即優游自適，日與耆年宿德相過從。如韓令彦賓，年幾八」十，尤不易與人交，得君驩甚，朝談暮語，無往不偕，其爲達尊慕悦如此。大德」八年六月己丑，以疾不起。親賓来者，皆哭盡哀。享年六十有七。娶高氏，婦順」妻柔，克配君子。生五男：長煒，登仕佐郎、延安路鄜州判官；次煜，承直郎、甘肅」等處行中書省左右司員外郎；次炫、次炳、次焞。炫、焞皆蚤世，炳亦孝謹能家」。二女：長適陝西行省宣使周璟；次適成章。孫五人。四男：惠孫早夭；梁孫、禄孫」、當孫。一女適」安西邸承應臺判石仲瑜。初，敦武徙居長安，遂葬咸寧縣龍首鄉春明門東」原。煒等卜以九月癸酉窆君，泣奉行實之狀，謁銘於恕。恕與君里居分南北」，君每忘年禮接，佩義深矣。登仕昆仲哀懇復如此，顧雖淺拙，不得辭也。乃按」其狀，參以鄉論，敘而銘之。銘曰」：

德輶如毛，民鮮克舉。如其舉之，不曰賢矣。維張仲君，嗚呼洵美。克弟克兄」，克父克子。兢兢其容，坦坦其裏。六十七年，有譽無毁。好還者天，其聽甚邇」。有子而才，鸞鵠並起。親名載榮，之慶之始。辭以告幽，魂兮安只。

曾禄刊」

524.1305　郝天澤墓誌

説 明

元大德九年（1305）八月刻。誌、蓋均長方形。蓋長90厘米，寬73厘米；誌長92厘米，寬71厘米。蓋文6行，滿行4字，篆書“大元故少」中夫四川」道宣慰副」使僉都元」帥府事郝」公墓誌銘」”。誌文楷書41行，滿行33字。郭松年撰文。誌文間有漫漶不清之處。三原縣魯橋鎮出土，具體時間不詳。現存三原縣博物館。《咸陽碑刻》著録。

釋 文

少中大夫四川道宣慰副使僉都元帥府事郝公墓誌銘」

公諱天澤，姓郝氏，保定安肅人。其先出赫胥氏，當太昊之王天下，赫胥爲佐。入殷，封其」裔於太原之郝鄉，始得姓焉。公高祖廣，基善累德，明攝養術，壽極期頤。廣生佺，喜游俠」，尚氣節，周急赴難，若食飲然。佺生增，早世。增生公父和尚，從北俗，以小字行。生有異質」，少長，頭角嶄聳，大非俗子比。屬金季衰亂，王師南下，附焉。涵濡天休，氣煦體育。未」幾，通譯語，善騎射，驍果絶人。十五，從國使連入金、宋，皆著奇效。自後天兵經理四方，常」爲前鋒，攻城戰野，所向克捷。以功結主知，號和尚拔都，屢被恩錫，佩金虎符」，爲五路萬户，加河東北路行省以終。公資稟勁邁，雖生長膏粱間，無豪習氣。每自□將」家子，當以汗馬立功名，取貴富。故讀書務知大義，風節卓犖，不欲作章句儒。年逾三十」，尚未出仕。至元壬申，皇子開國安西，公始起。繇門資充侍從，沐風沐雨，不憚勞苦」。蜀南諸蛮二奚不薛，相扇繼叛，攻殺長吏，大爲邊害，詔發兵討之。君曰：此非吾時」邪！奮躍請行，從之，不果往。二十六年，加朝列大夫、大理金齒等處宣慰副使、兼管軍萬」户。雲南既極邊遠，雖稱撫定，而叛服不常，其每歲差税，軍國所需，必須兵力催辦。君到」任，巡行招来，諭以恩威，府甸率職聽命。二十九年，改受金虎符，仍前副宣慰使，僉都元」帥府事。至是，永昌一帶蒲蠻皆反。蒲蛮本名樸子蠻，近瀾滄部落，性極頑獷，聲近而訛」，以樸爲蒲。其俗多以婦人治田作，而男子日以治槍弩、礪鋒刃爲事。官軍至，山路險陿」，伏林篟中，候其過，横擊中斷，捷出神怪，影響莫測。至是，大率衆犯永昌。公提兵守城，躬」自巡邏，調度儲偫，嚴守備，遠斥候，賊動静必預知，折其尾毒，卒不得施，伺怠掩擊，蒲蛮」以平。三十一年，鎮西總管阿藍□結群蛮繼叛。雲南行省議討捕，命公供給餽餉脩橋」道。永昌東北四十里，有江曰瀾滄，大兵所經，其江兩岸峻峭，洪濤迅激，聲聞十餘里。舊」以藤索爲橋，廣四五尺，袤五百餘尺，下臨江面，高數十丈，架空而過，人不得並行，其鞍」馬輜重，别尋間道，拏舟而濟，甚爲艱阻，過者苦之。公創意作木橋，機巧如神，曠古未有」。橋成，人皆便之。阿藍平，别種阿皮復叛，梗絶歸路，遮殺疲卒商旅，我軍患之。君建議：今」我軍久勞於外，且不設備，而蛮賊離其砦柵，出爲寇暴，或前或後，伺怠攻我，此危道也」。請分兵擣其巢穴，彼必自救不暇，道路既清，而吾之衆可以出險。如此則進退久速，唯」我所欲。意与主帥合，從之。諸蛮遁走，凱旋獻捷于朝。賞賚有加，改四川道宣慰副」使，仍僉帥府。蛮夷易動，兵事紛拏，往来奔命，略無暇日，可謂勞矣。君出入生死十五餘」年，得謝而歸。方將幅巾藜杖，優游田里，邀清風，友明月，以樂乎桑榆之景。乃以大德九」年六月六日辛巳疾終于家，享年六十二。是年八月初十日，葬于三原縣脩真鄉長孫」村利谷西原先塋兆次。初，君在南中，其俗多以賄貨與人男女，託名恩養，其實賣也。公」至，設法禁之，仍以爲例。公踈快洞朗，不爲險阻，喜於待接賓客。与人交，必以信。加之躬」謀而成，臨事果決，断析不疑，故所莅□成功，去則人思之。自段氏國大理，始建文廟。歸」元以来，未暇脩飭。公力爲經營，頗還舊觀，春秋奠享，俎豆莘莘，夷人慕之。公娶夫人程」氏，絳州尹程武德女，作配君子，實其淑行。生二男三女。男長曰文彬，進義副尉、蘭州同」知，在治有善政，百姓安之。次文郁。女長適甘肅省宣使張拜顔不花，次適榮經縣尹王」良賢，次適甘泉縣達魯花赤解也先不花。孫男四人：師德、德德、添壽、安安，庶出。孫女六」人：錦茶、慶童、宣童、玉童、貴童、楚楚。將葬，嗣子文彬以遺命具公行實来請銘，乃序而銘」之。辭曰：

木以深固，源以峻潔。濬之培之，其可踣竭。惟郝之宗，功隆位崇。本枝既豐，其慶」不窮。有燁其文，有洸其武。人一莫舉，公則兼取。始政于南，終政于蜀。不以害怵，不爲利」梏。釋負而還，始趨高閑。胡不憖遺，壽以天慳。兄弟孔殷，燕及孫子。從先塋葬，是曰受」祉。

前僉淮西江北道肅政廉訪司事郭松年撰」

按

墓主郝天澤之父郝和尚拔都，《元史》卷一五〇有傳。其子十二人，天澤其行第六，傳載其爲“夔州路總管”，餘不詳。則誌所載郝天澤之生平事迹、任職征戰、品德意氣及其妻、子等情況，均可補史載之闕。特别是誌所載蜀南、雲南之地理形勢，及平定叛亂等，對于研究元初之政治、經濟、軍事、歷史地理等，都有一定的價值。

撰者郭松年，史載不詳。撰此誌時署“前僉淮西江北道肅政廉訪司事”。

525.1306　徐寬墓誌

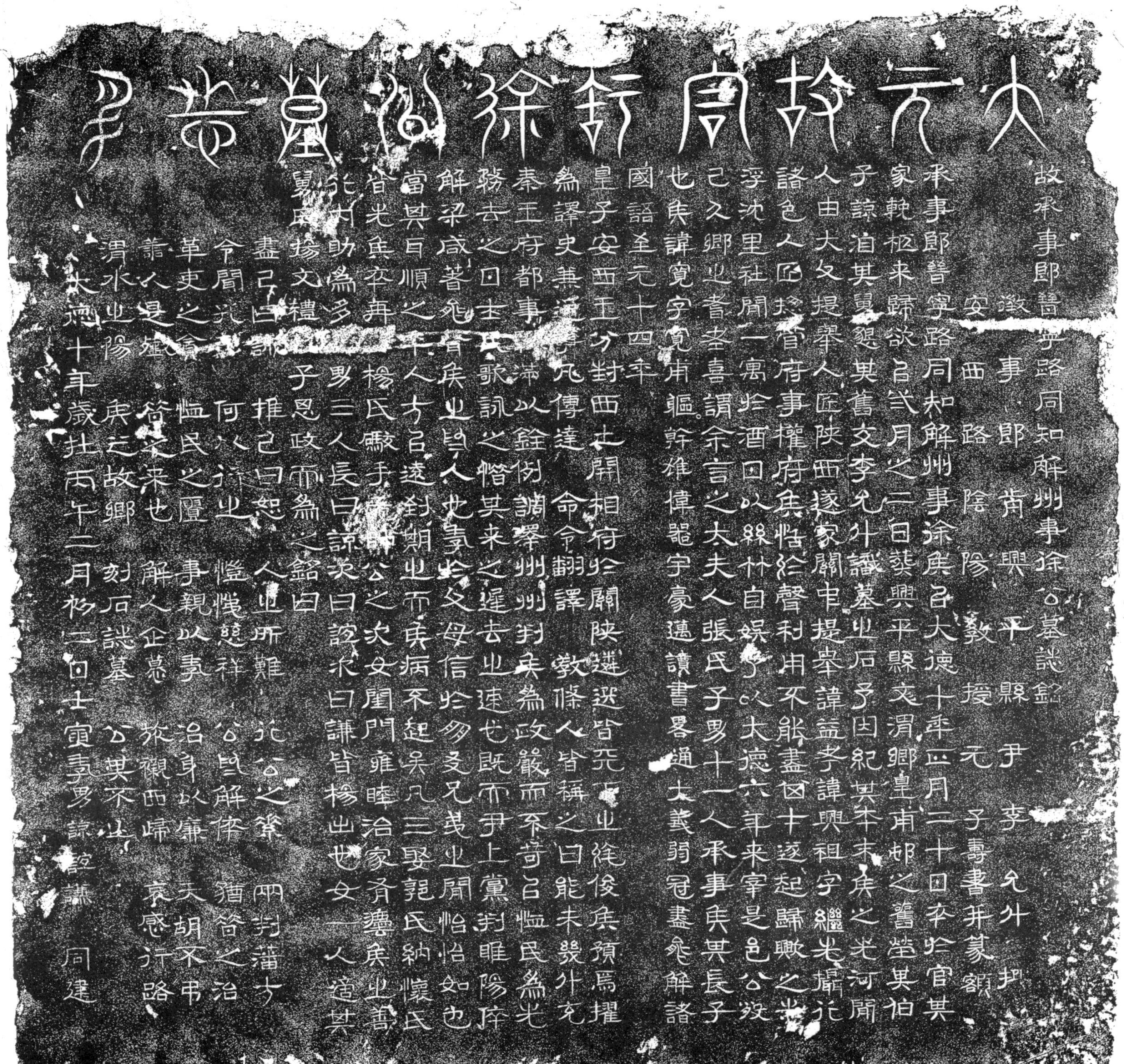

大元故[illegible]軒徐公墓誌銘

故承事郎晉寧路同知解州事徐公墓誌銘
徵事郎前興平縣尹李允升撰
安西路陰陽教授元子壽書并篆額

承事郎晉寧路同知解州事徐侯以大德十年四月二十日卒於官其家執柩來歸欲以是月之二日葬興平縣之渭鄉皇甫邨之舊塋其伯子諒洎其男懇其舊交李允升識墓也石予因紀其本末侯之先河間人由大父提舉人匠陝西遂家關中提舉諱益考諱興祖字繼先擢諸色人匠總管府事權府侯性於聲利用不能盡四十遂起歸興之□浮沈里社間一寓於酒日以絲竹自娛予以大德六年來宰是邑公效己之鄉也耆老喜謂余言之太夫人張氏子男十一人承事侯其長子也侯諱寬字寬甫軀幹雄偉器宇豪邁讀書畧通大義弱冠盡兇解諸國語至元十四年

皇子安西王分封西土開相府於關陝遴選皆充□也從俊侯預焉擢為譯史兼□□凡傳達　命令翻譯數條人皆稱之曰能未幾升充秦王府都事□滿以銓例調澤州州判侯為政嚴而不苛以恤民為先務去之日士民歌詠之惜其來之遲去之速也既而尹上黨判睢陽倅解梁咸著□□侯也與人也孝於父母信於朋友兄弟也閒怡怡如也當其耳順之年人方以遠到期之而侯病不起矣凡三娶郭氏納懷氏皆先侯卒再娶楊氏繼□□公之次女閨門雍睦治家齊肅侯也善於內助為多男三人長曰諒次曰諠次曰謙皆楊出也女一人適其舅氏楊文禮子恩政而為之銘曰

盡己曰誠　推己曰恕　人也所難　於公之篤　兩判藩方
令聞光□　何以得之　愷悌慈祥　公皆解修　猶管之治
革吏之貪　恤民之瘼　事親以孝　治身以廉　天胡不弔
善人是殲　爵不來也　解人企慕　旅櫬西歸　哀感行路
渭水之陽　侯之故鄉　刻石誌墓　公其不忘

大德十年歲在丙午二月初二日壬寅孝男諒諠謙同建

説 明

元大德十年（1306）二月刻。誌正方形。邊長94厘米。額文1行，篆書“大元故同知徐公墓誌銘”。誌文隸書27行，滿行27字。李允升撰文，元子壽書丹並篆額。1982年興平市莊頭鎮變電站出土。現存興平市博物館。《咸陽碑刻》著録。

釋 文

故承事郎晉寧路同知解州事徐公墓誌銘」

徵事郎前興平縣尹李允升撰」

安西路陰陽教授元子壽書并篆額」

承事郎晉寧路同知解州事徐侯以大德十年正月二十日卒於官，其」家輓柩来歸，欲以弍月之二日葬興平縣文渭鄉皇甫邨之舊塋。其伯」子諒，洎其舅懇其舊交李允升識墓之石，予因紀其本末。侯之先，河間」人，由大父提舉人匠陜西，遂家關中。提舉諱益。考諱興祖，字繼先，攝行」諸色人匠，總管府事，權府。侯恬於聲利，用不能盡其才，遂起歸歟之志」。浮沈里社間，一寓於酒，日以絲竹自娱。予以大德六年来宰是邑。公殁」已久，鄉之耆老喜謂余言之。太夫人張氏子男十一人，承事侯，其長子」也。侯諱寬，字寬甫。軀幹雄偉，器宇豪邁，讀書略通大義。弱冠，盡能解諸」國語。至元十四年」，皇子安西王分封西土，開相府於關陜，遴選皆天下之旄俊，侯預焉。擢」爲譯史兼通事。凡傳達命令，翻譯教條，人皆稱之曰能。未幾，升充」秦王府都事。秩滿，以銓例調澤州州判。侯爲政嚴而不苛，以恤民爲先」務。去之日，士民歌詠之，惜其来之遲，去之速也。既而尹上黨，判睢陽，倅」解梁，咸著能聲。侯之爲人也，孝於父母，信於朋友，兄弟之間，怡怡如也」。當其耳順之年，人方以遠到期之，而侯病不起矣。凡三娶，郭氏、納懷氏」，皆先侯卒。再□楊氏，礮手元帥公之次女，閨門雍睦，治家有法，侯之善」行，内助爲多□。男三人：長曰諒，次曰誼，次曰謙，皆楊出也。女一人，適其」舅氏楊文禮之子思政。而爲之銘曰」：

盡己曰誠，推己曰恕。人之所難，行公之素。兩判藩方」，令聞孔彰。何以行之，愷悌慈祥。公爲解倅，猶昔之治」。革吏之貪，恤民之匱。事親以孝，治身以廉。天胡不吊」，善人是殲。昔之来也，解人企慕。旅櫬西歸，哀感行路」。渭水之陽，侯亡故鄉。刻石誌墓，公其不亡」。

大德十年歲在丙午二月初二日壬寅

孝男諒、誼、謙同建」

按

誌主徐寬，史載不詳。誌所載其生平事迹、任職情況及家族世系等，均可補史載之闕。

撰者李允升，史載不詳。撰此誌時署“徵事郎前興平縣尹”，撰《張謙墓誌》時署“徵事郎興平縣尹”。

526.1306　元天樂真人李道謙道行碑

説明

元大德十年（1306）五月刻。碑螭首龜趺。通高392厘米，寬122厘米。碑額圭形，額文2行，滿行7字，篆書“玄明文靖天樂真」人李公道行碑銘」”。正文行楷33行，滿行62字。宋渤撰文並書丹，張孔孫篆額。原立于户縣祖庵鎮北郊田野，1962年移豎于重陽宫後院中。現存西安市鄠邑區祖庵重陽宫碑廊。《道家金石略》《陝西碑石精華》《重陽宫道教碑石》等著録。

釋文

玄明文靖天樂真人李公道行銘并序」

集賢學士嘉議大夫宋渤文并書」

集賢大學士中奉大夫商議中書省事張孔孫篆額」

終南山之尊高，雲夢澤之廣闊，在天地間不知凡幾區，惟二者處今中原，故獨稱最鉅，亮有神奠之。靈明變化，雨暘開闔，古今以来，中有不可測。英奇秀拔，魁傑壯」偉，人物之出，亦不可常得。近世大宗師重陽王公以道德絶倡，號稱全真，矗興金大定中。始方羊於東海上，既而演溢於八表。行至人之無爲，説千載之心傳，二百」年於兹矣。公生終南山下，舊居地尚存。後其弟子盛啓之，擬成宫室，歷代崇飾之。嗣致香火，又敕扁其顔曰“重陽萬壽宫”。主宫中務者，非名勝閎博之士，蓋莫得」與其選。天樂真人李公和甫，當師席者三十年。操行踐履，羽流想聞神采；言論風旨，玄教景其範模。諱道謙，汴梁人，代爲豪家。考諱師孟，學成行尊，不爲舉子計，鄉」郡高之曰隱君，不敢名。金末，喪亂歲飢，出私積賑施貧餓。母游氏，亦賢謹，能助隱君爲善。公資秀穎，能言便開，敏知擬指。七歲以六經童子貢禮部。天興癸巳金亡」，朝廷遣使區别四民，凡衣冠道釋之流寓者，異籍之。公在儒者籍，時兵事方殷，遂改著道者服，以謂世利多累，弗若究性命之真，終已可樂無窮也。遂於三墳五典」之正，老氏五千言之微，及所謂内聖外王之説，祠祀上章金丹玉訣之秘，咸詣精奥。當時，全真之門，老師耆德所在尚多，争欲邀致之，公悉無所許。壬寅，西游秦中」，見洞真真人于公持籙方嚴，著見幽顯，心然之，即執贄往拜，列弟子行。洞真器其賢，待以文章翰學事，尋傾平生所得舉付之。丙午，從洞真演教秦隴。戊申春，東還」鄉里，葬其先府君於夷山，付家産於侄德，令經紀宗族，識者嘉其克終人子之孝。庚戌，洞真羽化，遺命甚勤。辛亥，真常李公主玄教，署提點重陽宫事」。憲宗皇帝詔真常設醮于終南祖庭，見公奉職周飭，復委營辦庶事，於諸方色色具集。人初疑之，既而咸服真常知鑒。公行方見異聞勝迹，仙聖韶舉，必詳録之爲」成書，以開示後學爲已任。戊午，誠明真人張公主玄教，俾公充京兆路道録。至元二年，陞京兆道門提點。臨衆以寬簡平允爲務，道民宜之，行臺廉、商諸公皆以名」士賓禮，故一時帖然，無敢嘩者。九年，淳和王公請至京師，授諸路道教提舉，尋辭西歸。十四年，安西王開府陝西，得承制除拜署公提點陝西五路西蜀四」川道教，兼領重陽萬壽宫事，仍遺之黄金冠法錦服。十五年，王復令修大醮祠于重陽宫，以公爲領祀師。事已，錫予優渥，且俾刻石紀其歲月。十七年」，世祖皇帝申降璽書，守前職。二十四年，謁嗣安西王於六盤山，王賜之白玉鈎、名馬鞍轡。二十五年，永昌王遣使致師贄。甲午」，上踐祚。秋七月，賜公號玄明文靖天樂真人。元貞二年夏六月，忽微疾。己未，遽長逝，歲七十有八矣。公私聞之，咸来吊祭，無不盡哀。葬之日，會者數萬人，霞五采」覆壙上，群鶴翔雲中，觀者歎異之。公純誠清粹，負氣正大。雖爲道者師，不眩以誕，不擾以紛，不妄語笑，平居澹然，人莫測其津涘。終身未嘗廢書不觀，經史百家，靡」不周覽。晨起日課，取《道德經》《周易》洛誦一通，盛寒暑弗輟。重陽爲宫，四方都會，園田殖産，收入不少，而自奉菲儉，不減寒素。問學必踐履，許予必公是。疎財尚義，一」錢須内之宫帑，掌者敬事，亦不敢肆私見欺。宫西北有小溪，竹石林樾可愛，洞真居時嘗名曰筠溪，公復爲堂其上，爲文章詩詠其中，積有什一帙，曰《筠溪集》，奇麗」超詣，若陶、謝風致，作者尚之。蓋公本儒家子，能讀六經，及入道者門，輔之以清浄性命之學，故蓄之胸臆者義理精深，溢爲言議則英華粲發，非直枵中枯形而已」者也。往時先輩如紫陽楊先生奂、雪齋姚公樞、翰長永年王公磐、左山商公挺，公皆從之翱翔，爲方外友。許可之文，見於往還篇章中。岐山舊有周公廟，歲久圮，公」遣徒庀工，一復故制。長安中有司作新孔子廟堂，又助棟宇費十三四。無貴賤長幼，識與不識，聞而賢之。著述有《祖庭内傳》三卷、《七真人年譜》一卷、《終南山記》三十」卷、《仙源録》六卷、《筠溪筆録》一十卷、《詩文》五卷。大德八年春二月，嗣提點陝西四川道教葆和觀妙開玄大師孫德彧、提舉佑玄安道通誼大師龐德益等来京師，請」銘公道行於集賢學士宋渤，敬爲之銘曰」：

道德格言如日星，南華綺辯尤丹青。西漢玄默尚清寧，魏晋虚談但儀刑。重陽老仙出近世，一語蕭然便超詣」。至今門庭

道德純倡號稱全真嘉興金大定中始方羊於東海上既而演溢於八表行至人無爲說千載
國朝之擬成宮室歷代崇飾之嗣致香火又勑扁其額曰重陽萬壽宮主宮中務者非名勝
行戢偃羽流想聞中朵言論風旨者莫其能轉講道謙汴梁人代爲豪家孝謙師孟學成行尊不
始從餘母游日市騎誰能幽隱者爲善公資秀穎能言便開敏知擬指七歲以六經童子貢禮部天
之公在儒者籍時兵事方殷遂改善道[illegible]師以謂世利多累莫若究性命之真終已可樂無窮也遂
祀上章金身正訣之秘咸洽精與當時全真之門老師尊德所在尚多爭欲邀致之公悉無所許壬
辰執贄往拜弟子行洞真器其賢[illegible]章輪學事尊傾平生所得舉付之丙午從洞真演教秦隴
宗族識者帝其克終人子之孝庚[illegible]洞真羽化遺命甚勤[illegible]永真常李公主玄教署提點重陽宮事
領復委重[illegible]事於諸方邑[illegible]人初疑之既而咸服真常知鑒公行方見異聞勝跡仙聖詔學
玄教俾公充京兆路道錄至元二年陞京兆道門提點臨解以寬簡平允爲務道民宜之行臺廉訪
全京師授諸路道教提舉尊辭西歸十四年安西王開府陝西得承制除拜署公提點陝西
服十五年[illegible]復令修大醮祠于重陽宮以公爲領祀師事已錫予優渥且俾刻石紀其歲月十六
嗣安西王於六盤山[illegible]王錫之白金鈞名馬鞍韀二十五年永昌王遣使致師幣甲午
貞二年夏六月忽被疾已未遽長逝歲七十有八矣公私聞之咸來弔祭無不盡哀葬之日會者數
氣正大雖爲道者師不眩以詭不擾以紛不妄語嘆平居澹然人莫測其津涯終身未嘗履書不觀
者弗掇重陽爲宮四方都會園田殖産收入不少而自奉菲儉不減寒素問學必踐履許予必公是
北有小溪竹石林樾可愛洞真居時嘗名曰蹟溪公復爲堂其上爲文章詩詠其中積有什一帙曰
六經及入道者門補之以清淨性命之學故蓋之多聰者義理精深溢爲言議則英華發非直
長永年王公磐左山商公挺公皆從之翺翔爲方外友許可之文見於往還篇章中岐山舊有周公
文與棟宇贊十三四無貴賤長幼識與不識聞而贊之著述有祖庭內傳三卷七真人年譜一卷終
八年春二月嗣提點陝西四川道教孫和觀妙翊玄大師孫德彧提舉佑玄安道通誼大師龐德益
冉青 西漢玄默尚清寧 魏晉虛誕但儀刑 重陽老仙出近世 一語蕭然使超詣
無樂 終南萬仞仙者源 天樂獨當師座尊 危冠揮麈講黃老 外羽流無聞言
且致 望之使人意也消 夫豈知力所能至 名山秘府神明司 師事[illegible]流光[illegible]宜
抑之 [illegible]識昔秦藩老賓客 杖竭皆造煙霞室 說權說正皆入理 不覺傾[illegible]窮日之

局部

如山立，盡掃前代空無弊。終南萬仞仙者源，天樂獨當師座尊。危冠揮麈講黄老，□外羽服無閒言」。才品懸殊不可易，有竊非據寇且致。望之使人意也消，夫豈知力所能至。名山秘府神明司，師事勝流允云宜」。公如明珠與白璧，未嘗即人人即之。我昔秦藩老賓客，杖舄曾造煙霞室。説權説正皆入理，不覺傾倒窮日夕」。公如白雲恒夷猶，百年厭世不可留。帝居五城十二樓，騎麟翳鳳參遨游。門人上根接性理，中下清脩傳操履」。文辭斑斑映筠溪，人得粗餘猶佳士。千載令威當飛還，吾其俟之緱氏山。非煙非霧空碧際，有神將過鄠杜間」。

大德十年夏五月

門人王德頤、司德馨、李德裕等建」

按

碑所載李道謙之生平事迹，以及他對全真道教義教理之傳播、對教内事務之精心管理、對道教宫觀的修葺重建、對全真教及歷史人物資料的整理輯録，及其對教外公益事業之熱心等，都可補史載之闕。

撰並書者宋渤，《元史·宋子貞傳》附載："子渤，字齊彦，有才名，官至集賢學士。" 撰此碑時署 "集賢學士嘉議大夫"。

篆額者張孔孫，《元史》卷一七四有傳。篆此碑時署 "集賢大學士中奉大夫商議中書省事"。傳稱其于 "大德十一年卒，年七十五"。則爲此碑篆額時年已七十四矣，其字依然勁拔剛健，爲元篆之佳品。

527.1307 張謙墓誌

大元故奉直大夫南陽屯田副總管張公墓誌銘
徵事郎興平縣尹李允升撰
將仕郎諸色人匠副總管商庸書丹
承直郎隨路諸色民匠副都總管石孟瑛題蓋
公諱謙字受益世居雲中之天城因官寓關中遂占籍焉五世祖有仕遼為參政者曾
祖志全少中大夫良鄉縣令祖德元隱德不仕父諱昺號大郎君娶雲內州轉運使呂
氏之女公其長子也幼有夙成之度眉目秀整聰慧過人人皆以奇童目之弱冠六經
諸子無所不通於史學為尤長論古今成敗如在目前其族兄為京兆課稅大使辟為
參佐公制科條定程式課歲增而民不擾中統改元蜀土未平大軍攻兩川供餽頗艱
行省事於關陝聞其能辟公充興元等處軍儲規措副使公通水陸以便漕運招商賈
以中鹽糧平蜀之役兵食常足公有力焉四年
宣授成都漕運副使是時益部初定兵革未息公綜理有方道路無壅寬關市之征定
鹽茶之額行之逾年民不告病而國用饒足考績為諸路之最改授奉直大夫陞充本
司同知至元十年大兵圍困襄樊 大帥劉公宣撫汴梁辟公為參佐以從行公建
言襄陽荊楚之門戶襄陽既下破竹之勢迎刃而解但所患者糧餉不繼當為屯田久
駐之基以足兵食 行省遂於唐鄧申穎等處為屯所奏授公以副總管俾經畫其
事公創立營屯按行水利置陂塘濬畎澮相高下均土田具器械畜牛種加之年穀屢
[illegible]糧餉不絕民忘其勞矣宰相姚公賦詩以美其能上功於
[illegible]不及升用而薨享年五十有七夫人何氏澤州士族有賢行早卒生子國綱字振之
[illegible]慨尚氣義樂施与名卿才大夫多与之游終於豐備總庫提舉女二人長適故參政
王公之子子華欽授
宣命充米石等處茶鹽提舉次適舅氏同知趙州事何季治之次子何義再娶賈氏雲
內等州大帥賈公之女生子國維字之翰今為御臺察院書吏國綱娶鄉里士族部參
謀之孫女生男曰仁今為
安西王府掾女一人適儀成局提舉劉恭國維娶廉訪司經歷李士觀之女生男一人
女一人尚幼常論公在中統至元之間聲名顯著三領錢穀供饋軍儲皆有政績可紀
而壽与位而止於斯可哀也已其子國維与其孫仁大德丁未八月二十八日奉公之
柩歸葬于長安縣華林鄉北良村之原乞文於余允升与公有鄉曲之舊与其子振之
相友愛不敢以固陋辭而為之銘銘曰
家世簪纓 鄉閭所稱 或隱或仕 待君而興 伐蜀之役
公領漕計 帶甲百萬 賴公以濟 楚貢不供 襄樊是攻
營田積穀 兵食以豐 勉其怠惰 教以耕耨 邦民歌之
召父杜母 功業甫就 天不假年 我銘公墓 以永其傳

説明

元大德十一年（1307）八月刻。蓋佚。誌正方形。邊長51厘米。誌文楷書33行，滿行33字。李允升撰文，商庸書丹，石孟瑛題蓋。1996年西安市長安區郭杜鎮香積寺村出土。現存西安市長安博物館。《長安碑刻》《新中國出土墓誌（陝西叁）》著録。

釋文

大元故奉直大夫南陽屯田副總管張公墓誌銘」

徵事郎興平縣尹李允升撰」

將仕郎諸色人匠副總管商庸書丹」

承直郎隨路諸色民匠副都總管石孟瑛題蓋」

公諱謙，字受益，世居雲中之天城，因官寓關中，遂占籍焉。五世祖有仕遼爲参政者。曾」祖志全，少中大夫、良鄉縣令。祖德元，隱德不仕。父諱鼎，號大郎君，娶雲内州轉運使吕」侯之女，公其長子也。幼有夙成之度，眉目秀整，聰惠過人，人皆以奇童目之。弱冠，六經」、諸子無所不通，於史學爲尤長，論古今成敗，如在目前。其族兄爲京兆課税大使，辟爲」参佐。公制科條，定程式，課歲增而民不擾。中統改元，蜀土未平。大軍攻两川，供餽頗艱」。行省事於關陝，聞其能，辟公充興元等處軍儲規措副使。公通水陸以便漕運，招商賈」以中鹽粮。平蜀之役，兵食常足，公有力焉。四年」，宣授成都漕運副使。是時，益部初定，兵革未息。公綜理有方，道路無壅。寬關市之征，定」鹽茶之額。行之逾年，民不告病，而國用饒足，考績爲諸路之最。改授奉直大夫，陞充本」司同知。至元十年，大兵圍困襄樊。大帥劉公宣撫汴梁，辟公爲参佐以從行。公建」言："襄陽，荆楚之門户。襄陽既下，破竹之勢迎刃而解。但所患者，粮餉不繼。當爲屯田久」駐之基，以足兵食。"行省遂於唐、鄧、申、預等處爲屯所，奏授公以副總管，俾經畫其」事。公創立營屯，按行水利，置陂塘溝畎，瀹相高下。均土田，具器械，畜牛種。加之年穀屢」登，粮餉不絶，民忘其勞矣。宰相姚公賦詩以美其能，上功於」朝。未及升用而薨，享年五十有七。夫人何氏，澤州士族，有賢行，早卒。生子國綱，字振之」，慷慨尚氣義，樂施与，名卿才大夫多与之游，終於豐備總庫提舉。女二人：長適故参政」王公之子子華，欽授」宣命，充采石等處茶鹽提舉；次適舅氏同知趙州事何季治之次子何義。再娶賈氏，雲」内等州大帥賈公之女。生子國維，字之翰，今爲御臺察院書吏。國綱娶鄉里士族部参」謀之孫女，生男曰仁，今爲」安西王府掾；女一人，適儀成局提舉劉恭。國維娶廉訪司經歷李士觀之女，生男一人」，女一人，尚幼。常論公在中統、至元之間，聲名顯著，三領錢穀，供饋軍儲，皆有政績可紀」。而壽与位而止於斯，可哀也已。其子國維与其孫仁，大德丁未八月二十八日，奉公之」柩，歸葬于長安縣華林鄉北良村之原，乞文於余。允升与公有鄉曲之舊，与其子振之」相友愛，不敢以固陋辭，而爲之銘。銘曰」：

家世簪纓，鄉閭所稱。或隱或仕，待君而興。伐蜀之役」，公領漕計。帶甲百萬，賴公以濟。楚貢不供，襄樊是攻」。營田積穀，兵食以豐。勉其怠惰，教以耕耨。邦民歌之」，召父杜母。功業甫就，天不假年。我銘公墓，以永其傳。」

按

誌主張謙，史載不詳。誌所載其家族世系、任職爲官及其生平事迹等，均可補史載之闕。特别是誌文所述中統初平蜀之役，可補史載之闕；至元十年襄樊之重大戰役，可與史載互證；營屯之制，可佐證《元史》之載。

528.1315　大元敕藏御服之碑

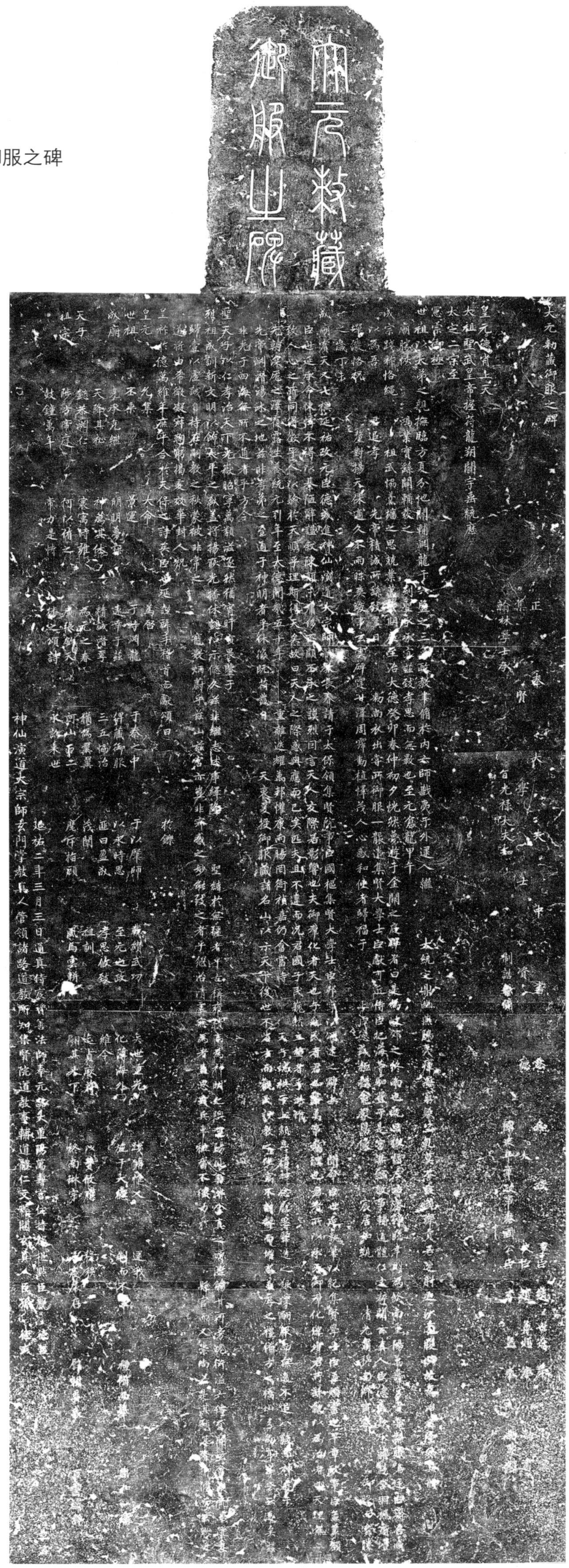

説 明

元延祐二年（1315）三月刻。碑螭首龜趺。通高523厘米，寬138厘米。額文2行，滿行4字，篆書“大元敕藏」御服之碑」”。正文楷書34行，滿行81字。趙世延撰文，趙孟頫書丹，李孟篆額。碑下部泐蝕較重，部分文字不清。原立于户縣祖庵鎮北郊田野，1962年移豎于重陽宫後院中。現存西安市鄠邑區祖庵重陽宫碑廊。《道家金石略》《陝西碑石精華》《重陽宫道教碑石》等著録。

釋 文

大元敕藏御服之碑」

正奉大夫中書參知政事臣趙世延奉敕撰」

集賢學士資德大夫臣趙孟頫奉敕書」

翰林學士承旨光禄大夫知制誥兼脩國史平章政事秦國公臣李孟奉敕篆額」

皇元德肖上天」。太祖聖武皇帝握符龍朔，闢宇垂統，歷」太、定二宗，至」憲宗御極」，世祖以太弟之親撫臨方夏，分地關輔，淵龍于六盤之三年，政教聿脩於内，六師戡夷于外。逮入繼大統，定鼎幽燕，鵰夷瘴海，窮髮竺乹，莫不□覲琛貢，若運肘足以達腹，以故爲治益隆。然其册」廟勝，恢鴻業，實繇關輔發之。列聖承承，宜兹致孝思而無斁也。至元倉龍甲午」，成宗踐祚，恪繩祖武，協羹墻之思，兢業萬幾，期□至治。大德癸卯春仲初夕，恍然夢遊于金闕之庭，蹕者曰：是爲岐郊之終南也。既旦，諏諸左右，審諦臨幸，則爲終南重陽萬壽宫，昔嘗隸鳳鳴。廷臣齊咨，咸」以爲吾君追孝先帝，積誠所繇致。翼日，敕尚衣出嘗所御服一襲，遣集賢大學士臣獻可、近侍臣把海等，馹置于是宫。其經教事輔道體仁文粹開玄真人臣德彧欽承□趨合羽襹，肅壇」墠，儼恪祝釐，對揚天休。適久不雨，昧爽竣事。玄雲砰霆，甘澤周霈，動植懌茂，人心感和。使者歸福于上，臣德彧極□龕殿髣像，扆居如覲，清光肅穆，南鄉寅奉御服而寶縢」之。歲丁未」，成廟賓天。又七祀，延祐改元。臣德彧進神仙演道大宗師嗣教長春，請于太保領集賢院事臣國樞、集賢大學士臣邦寧以頌述之辭。上聞，命臣世延執筆以紀，集賢學士臣孟頫書之，平章政事臣孟篆額」。臣世延承命悚悸，不得以綦陋辭，謹敘陳顛末。庸侈丕顯丕承之謨烈，因言天人交際若影響也。夫御群化者，天也；子兆民者，君也；宰萬事者，理也。君者，所以承天御群化；理者，君所繇執以爲治者也。天理無二」致，人心之所同，得徵乎人，以驗於天，順乎理，斯得天矣。故曰天人之際，感與應而已矣。匹夫且不違，而況君國子民巍然立極者乎。洪惟」先朝深厖之澤，覆露生養，統元引年，至大德間幾五十年。重離迭耀，萬邦歡康，雨暘罔愆，禎嘉仍答。當時天子端拱于上，顓其精神念慮，思肇造之艱，□嗣服而無逸，不追八駿，而神遊于」先帝淵潛湯沐之地，兹非孝弟之至通于神明者乎。休徵既符，發自天衷。爰授御服，藏諸名山，以示天下後世。不省方而觀民設教之化寓，不封禪而增高益厚之禮備，方之橋山弓劍亭亭云云遠矣，兹」非光于四海無所不通者乎。方今」聖天子以仁孝治天下，光嶽昭寧，萬類滋遂。然猶宵旰寅畏，鑒于」烈祖成訓，新文明以飾太平之盛，盖將揚耿光播休懿以示悠久，兹非繼志述事繹隆聖緒於無疆者乎。古稱雍積高爲神明之隩，重陽仙翁濬全真之源，濫觴甘河，旁魄衍溢，六傳至開玄，會衆流而導其」歸壹，以虚誠自持。在嗣教之秋，蒙被非常之寵數，炳蔚乎兹山兹宫，亦豈非寂感之妙能致之者乎。繼治清虚無爲者，盍思□兵車租庸不徵力於縣官，而又崇尚若是，其顯其隆，抑脩而玄默之」道，將由希微凝寂，鞠躬揭虔，效華封人，祝」皇祚於億萬維年，庶乎合於天保之詩矣。臣世延謹拜手稽首而獻頌曰：

於鑠」皇元，允集大命。篤啓」世祖，丕乘景運。于時淵龍，于秦之中。于以肇師，載纘武功。奕世重光，踐脩惟人。逮我」成廟，克承克繼。明明夢寐，遠幸于兹。俾藏御服，以永時思。至元之政，化薄海外。施于大德，制而不□。禮備而舉，樂和以衆」。天降其祉，神薦其休。精誠潛孚，三五協治。匪曰盈成，孝思攸致。維今」天子，懿恭淵仁。寰宇時雍，爲元之春。猶

翰林學士承旨光祿大夫知制誥

天

帝握符龍朔闢宇垂統歷

之親撫臨方夏分地開輔淵龍于□盤之三□政教聿脩於內六師戡夷于外逮入繼 大統文鼎

鴻業寶繇闢輔發之□列聖承□宜茲致孝思而無斁也至元蒼龍甲午

繩祖武協熏壚之思兢業萬幾期底至治大德癸卯春仲初夕恍然夢遊于金闕之庭釋者白是

君追孝 先帝精誠所繇致是日勅尚衣出嘗所御服一襲遺集賢大學士臣獻可近

釐對揚天休邇久不雨晬奕竣事玄雲砰霆甘澤周霈動植懌茂人心感和使者歸福于

七

禩延祐改元臣德成進神仙演道大宗師□教長春請于太保領集賢院事臣國樞集賢大學士臣邦

命怵惕不得以慕陋辭謹敘陳顛末庸俢不顯丕承之謨烈曰言天人交際若影響也夫御衣化者天也

所同得徵乎人以驗於天順乎理斯得天矣故曰天人之際感與應而已矣匹夫且不違而況君國子民

之澤覆露生養統元列年至大德閱幾五十年 重離迭耀萬邦懽康而暘雨衍禎嘉仍會當時

湯沐之地茲非孝弟之至通于神明者乎休徵既荐發自 天衷爰授御服藏諸名山以示天下後

海無所不通者乎方今

孝治天下光嶽昭寧萬類滋遂然猶宵旰寅畏鑒于

文明以飾太平之徽蓋將揚厥光播休懿以示億久茲非繼志述事繹隆 聖緒於無疆者乎古稱

誠自持在嗣教之秋蒙被非常之 寵數炳蔚乎茲山茲宮亦豈非孚感之妙能致之者乎繼治清

徵凝甯鞠躬揭虔效華封人祝

維年庶年合於天保之詩矣臣世延謹拜手稽首而獻頌曰 於鑠

允集 大命 萬啓

丕乘 景運 于時淵龍 于泰之中 于以肇師 載纘武功

克承克繼 明明夢寐 遠莘于茲 俾藏御服 以永時思 至元之政

天降其祉 神薦其休 精誠潛孚 三五協洽 匪曰盈敘 孝思攸致

懿恭淵仁 褒寓時雍 為元之春 猶為翼翼 茂闡 祖訓

局部

爲翼翼，茂闡祖訓。迄貞厥符，以贊攸應。穆穆」祖宗，陟方帝庭。何以侑之，廣張鈞天。河山百二，麾斥指顧。風馬雲軿，翩其来下。終南琳宇，若宸扆存。譬朝委裘，百靈駿奔」。鼓鐘萬年，帝力是恃。播之頌詩，永詔来世」。

延祐二年三月三日

通真侍宸資善法師奉元路大重陽萬壽宮住持都提點臣龐德益」、神仙演道大宗師玄門掌教真人管領諸路道教所知集賢院道教事輔道體仁文粹開玄真人臣孫德彧立石」

按

撰者趙世延，《元史》卷一八〇有傳。撰此碑時署“正奉大夫中書參知政事”。

書者趙孟頫，《元史》卷一七二有傳。書此碑時署“集賢學士資德大夫”。書《孫德彧道行碑》時署“翰林學士承旨榮禄大夫知制誥兼修國史”。元代書法家，尤精楷書，與顏真卿、柳公權、歐陽詢並稱四大家，其書體世稱“趙體”。此碑爲其中年後所書，筆力更顯純熟精到，爲楷書之珍品。

皇元加封

上天眷命

皇帝聖旨維明有禮樂幽有鬼神妙顯微之一貫在

天爲星辰在地爲河嶽形功用於兩間關治亂於

於大猷必有對揚之志典冊七曲山文昌宮梓潼

帝君光分張宿慶詠周詩相予泰運則以忠孝而

左右斯民炳我文則以科名而選造多士每歎

封於當世彰感應於勸懲貢舉之令再須考察之

籍先定賁飾雖加於渙汗徽稱未寵於朕心於戲

予欲人材輩出爾丕炳江漢之靈予欲文治宣昭

爾濬蘉奎璧之府庶臻嘉貺以答寵光可加封

輔元開化文昌司祿宏仁帝君主者施行

延祐三年七月

説明

元延祐三年（1316）七月刻。碑平首方趺。高137厘米，寬63厘米。額文2行，滿行2字，篆書“皇元」加封」”。正文楷書12行，滿行19字。原立于漢中府城内文昌巷文昌宫，1980年移置于漢中市古漢臺。現存漢中博物館。《漢中碑石》著録。

釋文

上天眷命」皇帝聖旨：維明有禮樂，維幽有鬼神，妙顯微之一貫，在」天爲星辰，在地爲河嶽，形功用於兩間，矧能陰騭」於大猷，必有對揚之懋典。蜀七曲山文昌宫梓潼」帝君，光分張宿，發詠周詩。相予泰運，則以忠孝而」左右斯民；柄我坤文，則以科名而選造多士。每禦」救於菑患，彰感應於勸懲。貢舉之令再頒，考察之」籍先定。賁飾雖加於涣汗，徽稱未究於朕心。於戲」！予欲人材輩出，爾丕炳江漢之靈；予欲文治宣昭」，爾濬發奎壁之府。庶臻嘉貺，以答寵光，可加封」輔元開化文昌司禄宏仁帝君，主者施行」。

延祐三年七月」

530.1317　褒封全真五祖七真碑

説 明

元延祐四年（1317）三月刻。碑螭首龜趺。通高400厘米，寬124厘米。額文3行，滿行4字，篆書“皇元褒封」全真五祖」七真制辭」”。正文分三欄，上欄楷書27行，滿行26字；中欄楷書30行，滿行26字；下欄楷書27行，滿行10字。碑下部有泐蝕。原立于户縣祖庵鎮北郊田野，1962年移豎于重陽宫後院中。現存西安市鄠邑區祖庵重陽宫碑廊。《道家金石略》《陝西碑石精華》《重陽宫道教碑石》著録。

釋 文

上天眷命」皇帝聖旨：三玄教由天所畀，玆統攝于群靈；五百年名世者生，始恢」揚于正紀。昔東華帝居太晨宫，祚綿綿而莫知其始終，氣混混而莫」窮其涯涘。離形離兆，有自而然；爲福爲祥，不言而喻。傳之」太上，是曰全真。守其一，處其和，應不求，爲不恃。絳格琅虬之上下，龜」圖麟筞之周旋。法之著兮可存于浩劫，後之承者迭出于高真。惟」朕之賓師，有今之明素。能仁能勇，至孝至貞。所守彌堅，不待歲寒而」後見；所言必應，其於事會則周知。及身之渥已申，報本之誠愈切。温」綸特降，顯號循加。於戲！神人和而王道平，遐不謂矣；教化行而治功」立，永言保之。可贈東華紫府輔元立極大帝君，主者施行」。

至大三年二月日」

上天眷命」皇帝聖旨：昔聞太上教闡全真，法天地之常經，因陰陽之大順，始自」東華之變現，訖于開化之垂緣。由漢及唐，必曠代而至人出；以金繼」宋，際」熙朝而玄統章。恢其衆妙之門，鎮以無名之朴。或得意忘象，涵泳于」靈樞；或驂星馭龍，飛游於紫極。不可聞，不可見，雖與造物者爲徒，翛」然往，翛然来，亦曰隨時而示應。矧載傳於後裔，猗叶贊于元功。盍」殊」級之循加，俾宗風之永紹。除始祖東華帝君别議旌崇，餘仰主者一」例施行」。

正陽開悟傳道鍾離真君可加贈正陽開悟傳道垂教帝君」

純陽演正警化吕真君可加贈純陽演正警化孚佑帝君」

海蟾明悟弘道劉真君可加贈海蟾明悟弘道純佑帝君」

重陽全真開化王真君可加贈重陽全真開化輔極帝君」

右付玄門演道大宗師掌教凝和持正明素真人苗道一」收執，准此」。

至大三年二月日（以上第一欄）

上天眷命」皇帝聖旨：天造草昧，惟君子以經綸；聖運隆昌，亦至人之扶衛。昔」皇祖肇基於朔土，有真仙應現于東隅。行無畦畛，而天下之事靡不」知；學有淵源，而天下之書靡不究。所急者拯民于溝阱，所先者鋤道」之榛荆。律身之戒惟嚴，及物之功則溥。逮」芝綸之疊降，躡雲舄以来從。率英賢凡十八人，言宗社非一二事。心」冥神契，猶軒轅之師廣成；辭簡義深，若漢文之禮河上。既成功于諸」夏，俾主教于長春。其以肖以續者得其真，故曰希曰夷而永其壽。翊」我延洪之祚，爲今持正之師。再振玄門，彼此皆一時也；爰疏鴻渥，後」先豈二理哉。宜進號以追崇，尚傳規于不朽。其長春演道主教真人」丘處機可加贈長春全德神化明應真君，主者施行」。

至大三年二月日」

上天眷命」皇帝聖旨：佑于一德，天惟顯思。作者七人，道之行也。如辰極之運元」造，如機衡之契靈儀。誰之子，象帝先，盡老氏、關尹之妙；無不爲，將自」化，行東萊、西陝之間。或遁迹于塵區，或栖身于環堵。逌際」皇元之興運，親承」聖祖之眷知。嘉猷敷陳，允矣濟時之具；玄機沖寂，超乎與天爲徒。莫」不窮師友之淵源，咸詣霄晨之閫域。闡乃宗規之舊，緊予藩邸之賓。弘」才偉學以相承，景貺靈禎之荐格。其加顯級，以賁真風。除主教丘長」春别示旌崇，餘仰主者一例施行」。

丹陽抱一無爲真人馬鈺可加贈丹陽抱一無爲普化真君」

長真雲水藴德真人譚處端可加贈長真凝神玄静藴德真君」

長生輔化明德真人劉處玄可加贈長生輔化宗玄明德真君」

玉陽體玄廣度真人王處一可加贈玉陽體玄廣慈普度真君」

廣寧通玄太古真人郝大通可加贈廣寧通玄妙極太古真君」

上天眷命
皇帝聖旨三玄教由天所畀兹統攝于群靈五百年名世者生始按
攝于正紀昔東華帝君居太晨宮祚緜緜而莫知其始終氣混混而莫
究其涯涘離形離北有自而然為福為祥不言而喻傳之
太上是曰全真守其一裹其和應不求為不恃絳格琅凼之上下龜
圖麟策之園旋法之著兮寸存于浩劫後之承者迭出于高真惟
朕之寶師肖命之明素能仁能勇至孝至貞所守彌堅不待歲寒而
後見所言必應其於事會則周知及身之涯已申報本之誠愈切温
綸特降顯號循加於戲神人和而王道平遐不謂矣教化行而治功
益永言俻之可贈東華紫府輔元立極大帝君主者施行
至大三年二月　日
上天眷命
皇帝聖旨昔聞太上教闡全真法天地之常經因陰陽之大順始自
東華之變現設于開化之垂緣由漢及唐必曠代而至人出以金繼
宋際
熙朝而玄統華恢其衆妙之門鎖以無名之朴或得意忘象涵泳于
靈樞或驂星馭龍飛游於紫極不可聞不可見雖與造物者為徒脩
然往脩然來亦曰隨時而示應故載傳於後嗣特賛于元功盡殊
級之循加俾宗風之永紹除始祖東華帝君別議推崇餘仰主者一
例施行
正陽開悟傳道鍾離真君可加贈正陽開悟傳道垂教帝君
純陽演正警化呂真君可加贈純陽演正警化孚佑帝君
海蟾明悟弘道劉真君可加贈海蟾明悟弘道純佑帝君
重陽全真開化王真君可加贈重陽全真開化輔極帝君
右付玄門演道大宗師掌教凝和持正明素真人苗道一
收執准此
至大三年二月　日

上天眷命
皇帝聖旨天造草昧惟君子以經綸聖運
皇祖肇基於爾土有真仙應現于東隅行
知學有淵源而天下之書靡不究所急者
之據荊律身之戒惟嚴及物之功則溥逮
芝綸之疊降蹕雲鳥以來從率英賢凡十
冥神契猶轅轅之師廣成辭簡義深若漢
夏俾主教于長春其以肖以續者得其真
我延洪之祚為令持正之師再振玄門彼
先豈二理哉宜進號以追崇尚傳規于不
丘處機可加贈長春全德神化明應真君
至大三年二月
上天眷命
皇帝聖旨佑于一德天惟顯思作者七人
造如機衡之契靈儀雖之子象帝先盡老
化行東萊西陝之間式遊跡于塵區或栖
皇元之興運親承
聖祖之眷知嘉猷數陳允矣濟時之異玄
窮師友之淵源咸諳霄晨之關域闡乃宗
才偉學以相承景既靈禎之薦格其加顯
春別示推崇餘仰主者一例施行
丹陽抱一無為真人馬鈺可加贈丹
長真雲水蘊德真人譚處端可加贈
長生輔化明德真人劉處玄可加贈
玉陽體玄廣度真人王處一可加贈
廣寧通玄太古真人郝大通可加贈
清淨淵貞順德真人孫不二可加贈
右付玄門演道大宗師掌教凝
收執准此

局部

清静淵貞順德真人孫不二可加贈清浄淵貞玄虚順化元君」

右付玄門演道大宗師掌教凝和持正明素真人苗道一」收執，准此」。

至大三年二月日」（以上第二欄）

欽惟」聖元建國以來，事天治民」，動與道合」。神宗」聖祖，爲善孳孳。至於垂裕」後昆，既昌而熾。施及」武宗皇帝，乃神乃文，英邁」蓋世。不以萬幾爲勞，尤尚」玄元之教。方」龍飛之二年，加封」五祖帝君」、七真真君，玄門諸師，均受」恩寵。玉字綸音，曲盡□嘉」之實，直令草木泉石淵□」流光而照耀今昔也。臣忝」居簪褐之長，敢不繕録」誥詞，劖諸翠琰。庶與幽人」羽士，時獲諷詠」天章，沾沐」聖澤，上以祝」無疆之休，下以贊昇平之」化，誠至樂也，誠至願也。臣」孫德彧誠惶誠恐，頓首稽」首載拜□言」。

延祐四年歲次丁巳三月初三日」

宣授大重陽萬壽宫住持」都提點臣龐德益上石」（以上第三欄）

按

此制辭在陜西尚有銅川藥王山所存元延祐七年所刻碑。則元武宗至大三年所頒佈之褒封全真五祖七真制辭，影響既廣且久，説明元代統治者對道教特别是全真教之重視與寵嘉。

531.1319　賀仁傑墓誌

説明

元延祐六年（1319）刻。誌、蓋均正方形。邊長均130厘米。蓋文5行，滿行5字，篆書"大元光禄大｣夫平章政事｣商議陜西等｣處行中書省｣事賀公墓銘｣"；左右兩邊跋文楷書9行，行字不等。誌文楷書54行，滿行54字。吕埅撰文，蕭𣂏書丹並篆蓋。1953年户縣秦渡鎮張良寨出土。現存西安市鄠邑區秦渡鎮張良寨村。《陜西碑石精華》《户縣碑刻》《新中國出土墓誌（陜西叁）》著録。

釋文

蓋跋文：

大德十一年春正月癸酉｣，仁宗皇帝至自覃懷削平内亂，遣使召光禄大夫、平章政事、商議陜西行中書省｣事賀公入朝京師。言念｣世祖皇帝舊人，宜速駕以来，有所咨訪故也。公承命就道，六月十有九日薨於｣樊橋。徵使以聞｣，三宫爲之震悼。

尋贈公恭勤竭力功臣、儀同三司、太保、上柱國，封雍國公，謚曰忠貞。距易名」之歲十有二年」，聖天子起懷賢之思，猶以公褒崇之典爲未稱，特加推誠宣力翊運功臣、太師、開府儀同」三司、上柱國，追封奉元王，仍謚忠貞。

孝孫惟一頓首百拜書」

誌文：

大元故光禄大夫平章政事商議陝西等處行中書省事賀公墓誌銘并序」

奉議大夫前華州知州吕埊撰

集賢侍讀學士少中大夫蕭𣂏書篆」

大德丁未五月，命使馬野先持中咨具大臣奉旨諭秦省，若曰：“光禄大夫平章政事賀仁傑，先朝舊人也。欲與議事，其勸駕以來」。”平章公手其文以示其友覃懷吕埊，曰：“吾無他長，知能勤與實爾，荷累朝恩厚至此。今老矣，復何能？唯凡可以建白報稱者，恨不能知，知」則能入告求言且於衆。況與子交逾四紀，幸無隱。行有日，能相祖至臨潼否？”埊應曰：“諾。”由是凡其平生，語無不及。及應可以啓沃者，必命書之」。六月戊申至臨潼，乃言曰："吾以君父之靈，獲侍禁闥餘五十年，日聆聖教，沐浴恩光，實爲天幸」。嗣皇尚不弃遺，願以所識烈祖成訓，上補高明。非此，無爲報效。"且别，泣而言曰："君恩難報，丘壟難忘，親友難會。吾雖老，必還秦。"涕」泗交下。辛亥至樊橋，忽疾作。適詔使来云："上即位，恩禮舊人。嗣相參政勝拜平章政事矣。"公撫膺感謝，良久而逝，壽七十四。七月辛未」，問聞，三宫悼惋。癸酉，賜嗣平章乘傳馬十，奔喪以葬，哭盡哀。既得兆，泣謂鋆曰："勝不天禍，遽及先公。知先公之詳莫先生。如葬有期，敢以」誌銘爲請。"鋆不克以不文辭。公字寬甫。曾祖而上，世爲隰州人。祖種德徙長安，生三子。伯貴，不仕。仲賓，公考府君也。奇偉倜儻，少從軍，善居室，至」完美。妣鄭，同里人，豐碩克家。生五子：長公，次義立、禮貴、智明、信仲。女一，適王權省子貴用。歲甲寅，因板築，得白金三千七百兩，府君曰："無故得」財，未必爲福，不專己私，庶可保。"時」世祖居潛六盤，以二千五百兩獻，上不肯受，曰："天所賜汝者。"府君進曰："京兆，上湯沐邑，況今征大理，神其或者爲軍而出此金，故願」奉充軍實。況臣所留，猶懼弗任，幸賜哀憐。"既留内，乃還。時公從軍漢中，主將以金故，欲害公。上聞而怒，主將幾危殆。明年，歸」潛邸宿衛，近侍日親。凡己未渡江及龍飛後北征，時皆扈從，旦夕不可離。考府君後得京兆諸軍奥魯總管，佩金符；叔贇亦」得同知京兆諸軍奥魯總管府事；弟義立徵事郎、朝邑縣尹；禮貴事親不仕，其子儉京官五品；智明進義校尉、管州判官；信仲奉議大夫」、南道宣慰副使。皆以公。省院臺皆欲仕公，公不從，上亦不欲離外。時有董公文中同宿衛，協力贊襄，善善惡惡，必達之」上，上甚信重，善類倚以集事。時論人物，目爲董、賀。奸臣奏罷天下案察，莫有能諫止。鋆時國學生，先師左丞許文正公付鋆奏章，屬」二公，案察之復立，二公與有力。此類非一。秦灞水湍駛，古今病之，魯人劉斌多智數，良於諸工，欲橋以石。即功八年未有緒，且有沮害其成」者。沁人道者蘇可璥閔其勞，以爲非縣官力不可，自秦赴都以屬公，公言於上。上召斌，凡兩廷見。上相其人，以爲必可爲，賜力」與人。前後三十年，迄底于成，爲秦永利盛觀，公父子力也。至元十三年，江南平，川蜀獨不下。時宋將張珏行四川制置，據重慶，王立行合州安」撫，據釣魚，控制二十餘州。朝廷選重臣行兩樞密院以規取。西院由嘉、敘、瀘趨重慶。東院困釣魚已有年，釣魚自謂嘗阻」憲宗兵，意城破必屠夷俘虜，以故負固不可下。西院副樞李公德輝分治成都。十四年冬，潼川招討使劉偉以所獲立軍士張合等上李公，放」還，使持檄喻皇子安西王教，許以不殺，招立来降。立遣合等齎蠟書，乞李公自来則降。十五年春，李公来與東院官同受立降，同犒賜署立」招討使矣。而東院官復誣奏李公越境邀其功，上怒，遣使就釣魚誅立者三，王皆止之，立若誅，則釣魚人皆當爲俘虜。王欲陳於」上，未行而薨。留立京兆獄，而行院、王相府、樞密院皆莫與之辨。時鋆以西院從事例至都，謀諸先師許公，以爲宜言於公。言之，公果奏」。上驚悟，召樞密僚屬，怒之曰："汝等以人命爲兒戲耶？速召立来，立生則已，如死，吾必刑汝輩！"立至，授金虎符，位三品。許公聞之，曰："賀公有回天」之力，其有後乎！"至今李公廟食合州，出於公者，人不知也。十六年，公方在告，忽被旨召，至則已積白金二千五百兩御榻前」，上指示曰："此卿父六盤所獻之數也。時吾得此以勞軍，不爲無補。聞卿母来，今還此金，卿以供具。"公固辭，不許，受而散諸族人。十七年，上都」留守闕，上遽言曰："賀仁傑其人也。"即授正議大夫、上都留守兼本路都總管、開平府尹，以子勝代宿衛。十八年春，進上都，秩二品，階公資」德大夫。秋，授兼虎賁親軍都指揮使、三珠虎符。二十五年，中省擬公平章政事，行省江浙。上以留守爲重，無可倚任者，乃階公榮禄大夫」、中書右丞，餘如故。以子勝參知政事，居中省，欲日聞機務。上倚注公父子者如此。前後賜元寶五万貫，御衣、金帽、玉帶、貂裘，異物無算」。大德乙巳，公年七十有三，以勝襲留守位，始得歸老于秦。加公光禄大夫、平章政事、商議陕西等處行中書省事，以御服、玉帶、元寶二万五」千貫、白金五百兩爲賾。君臣之間，其懿如此。蓋公事上行己，一以忠信孝弟爲主。精勤篤實，人鮮與儷。其所感格，亦非尋常所及，故能歷」事累朝，始終眷顧如一」。新天子臨御，軫念舊人，首被徵車，不辭老疾，不畏暑途，懷曾皇之教，急欲告君，豈非其孝弟忠信之藴于中者無有窮已。中道薨逝」，悲夫！公明敏温恭，坦夷信義，疾惡之心，不畏彊禦，好善之誠，見義必爲。方奸臣用事，狡計鋒出，凡近侍要人不以權利籠絡，則以機穽傾摧，於」公百無所施。及權臣繼之，其虐焰滔天，非奸臣比。塞蔽聰明，困折豪英，鞭笞四海，雖名王家嫡莫有憚忌。公在留臺已十載，百色求公，竟」無所得。必欲以疑似中公，四旬之内，凡七十餘奏，至于廷争，上怒而後已。人以此知公律身嚴而處事詳，非上意曲護而免。上都所」部，以畿甸故，人多豪縱，地瀕沙漠，政治風俗與他郡異，號稱難治。自公莅事，立法制，明簿籍，抑强扶弱，均賦薄徭，平刑法，弛鹽禁，井井有條。惠」愛之政，五年有成。百姓作生祠李老谷，像公而祀，上聞而嘉之。其事親也，迹遠而心邇。宿衛以来，率數歲奉命一省覲，不一再月而還」。温凊定省，有不暇施。與人言及其親及其昆弟，未嘗不流涕。終之父母，承顧恤，享盛名，闔族官禄，祖宗有光，此則孝之大者。於諸弟嚴厲，有」微過，絲豪不少貸，要欲其皆成立，廁時髦，昌大其門户爾。此亦友弟之大者，然人鮮知之。公先有嫠嫂，年盛，族黨欲依國俗，公會族人而誓」之曰：“吾雖不能讀古聖人書，安能違古聖人制？”禮其嫂彌敬。携侄鎰之上都，薦其才，使稱其官，今已累及四品。其還鄉也，人以晝錦榮之。公不」知其身之貴也，里閭熙熙，老老幼幼，無異平日。喪来，遠近悲悼。公始娶夫人劉氏，生男勝，女適奉議大夫、上都路兵馬都指揮使夾谷合班。其」再娶也，上欲以勢家巨族妻之，公辭以臣本寒族，所不願也。乃娶今夫人順德鄭氏，國醫大使龍岡老人師真孫，適公數年而喪明。公曰」以貴，平生無妾媵，賓敬三十餘年。生男勗，年三十二，後公兩月而卒。女三人。故河東山西道案察使韓世英男慶、參知政事董士珍男守正、武」略將軍虎賁親軍總管楊琪，其壻也。孫男三：寧、慶、興，皆幼。女二：齊、康，在室。諸弟之子男十八人，女九人。孫男九，女四。以是年九月壬午，葬鄠」縣太平鄉先塋之側，劉夫人祔。銘曰」：

堯舜之盛，人皆可爲。先民有言，良不吾欺。堯舜之道，孝弟而已。推而擴之，無逾於此。孝可移君，弟可移尊。人之欲仁，則仁斯存。宿衛之良，世稱」賀董。繼繼承承，荷蒙光寵。維公父子，殿天子之邦。生而嗣之，再世平章。已老還鄉，猶不忘棄。何以致之，曰維孝弟。古有能者，通於神明。况」是人爵，公胡不能。君君臣臣，父父子子。夫夫婦婦，兄兄弟弟。朋友之交，貴賤無異。公於人倫，亦可謂至。澆漓有間，可覺後覺。孰云少文，吾謂已」學。君使臣以礼，乃奕葉相沿。臣事君以忠，亦奕世相傳。君臣之際，可云兩全。隆古則有，今稱」我元。烏呼！爲公之子孫，尚其勉旃！

韓有鄰摹刊」

按

據誌文云：誌主賀仁傑葬于大德十一年九月二十一日。又據蓋刻跋文：“距易名之歲十有二年”，則此刻于延祐六年無疑。誌主賀仁傑，《元史》卷一六九有傳，唯此墓誌記載更爲詳實，可與史傳互補互證。特别是墓誌所記兄死妻嫂之風俗，祖、孫名諱不加避諱等，對于瞭解元代的社會風俗等，都具一定的價值。其子《賀勝墓誌》見本書534.1327條。

撰者吕壄，《元史》卷一六七有傳。撰此誌時署“奉議大夫前華州知州”。

532.1320　元玄通弘教披雲宋真人道行碑

説 明

元延祐七年（1320）五月刻。碑螭首龜趺。通高450厘米，寬128厘米。額文3行，滿行4字，篆書“玄通弘教」披雲真人」道行之碑」”。正文行書30行，滿行65字。王利用撰文，韓沖書丹並篆額。原立于户縣祖庵鎮北郊田野，1962年移豎于重陽宫後院中。現存西安市鄠邑區祖庵重陽宫碑廊。《道家金石略》《陝西碑石精華》《重陽宫道教碑石》著録。

釋 文

玄通弘教披雲真人道行之碑」

前翰林直學士太中大夫西蜀四川道提刑按察使王利用撰」

奉元路總管兼府尹嘉議大夫工部尚書致仕韓沖書并篆額」

三燈傳一燈，光明不得不大；一燈續三燈，氣焰不得不弘。金聲於前，玉振於後，源委歸正，授受無窮，宜其大且弘也。真人姓宋氏，諱德方，字廣道，萊州士林右族。驚姜之夕」，里人見其祥光照徹，異之。生而挺嶷，長而好學，於書無所不讀，觀今所傳樂全辭翰，自不可誣。年十二，悟夢幻之無常，企真仙之遐舉，遽棄家詣長生劉宗師而學道焉。長」生愛其骨格清秀，音吐不凡，留侍几杖。於洒掃應對之間，憤悱堙鬱之際，投以正法而啓發之。尋得度於玉陽，占道士籍。後事長春師，其致知格物之學、識心見性之理，洞」達精研，涵泳踐履。積真力久，道價日增，抑所謂三燈傳一燈、一燈續三燈者，此也。由是行成于内，聲達于」朝。歲己亥」，合西觧太子賜以披雲真人之号。乙巳」，皇子闊端加以玄都至道之稱。辛亥」，皇太弟旭烈祟以披雲天師之位。至元丙寅」，塔察兒大王褒以玄都教主流通至道披雲天師。庚午春三月」，今主上璽書追贈玄通弘教披雲真人，仍錫雲州金閣山雲溪觀額曰崇真。嘻，非至德動人，英邁葢世，其孰能與此乎。初」，大元太祖聖武皇帝遣近侍劉仲禄起長春師於東海，其從行者一十八人，真人與其選。往復三載，還燕，住長春宫。是時海衆皆躬塵勞，真人獨燕處，日以琴書自娱。或訴」之師，師曰：“汝等毋呶呶，斯人異日扶宗翊教，塵勞固不在汝下。”又嘗私謂曰：“汝緣當在西南。”因授以披雲子号。無幾何，長春霞飛，清和嗣法，命真人提點教門事，一舉一措」，無偏無私，内外道流，靡不悦服。癸巳，丞相胡公天禄時行臺河東，敦請主崞州及平陽醮事。甲午，率門徒遊太原之西山，得古昊天觀故址，榛莽無人迹，中有二石洞，聖像」儼存。壁間有“宋童”二字。真人葺之三年，恍然一洞天也。昊天落成之秋，胡公再設大醮於平陽，真人繼主之。丁酉，真人思及長春曩昔緣在西南之語，私自謂曰：“吾長春師」以神化天運之力，發而爲前知之妙，凡有言之於先，莫不驗之於後。即今」聖皇開國之初，仙真立教之際，與其蕭閑度日，獨善其身，曷若以大本大宗、道德性命之學而接引後進者哉。”歲辛丑春正月，涉河赴終南祖庭，會葬重陽祖師。甫畢，則演」道於秦鞏鳳隴之間，而嚮慕者甚衆。癸卯，謁拜純陽於河東永樂鎮祠下，見其荒蕪湫隘，乃招集道衆，住持以開闢之。厥後，掌教真常李君奏請」朝命，大行興建焚修之地，蓋張本於真人也。至於東萊神山開九陽洞，及建立宫觀於燕趙秦晋間凡四十餘區，門下傳道者不啻千百數，抑所謂光明氣焰大且弘者，此」也。甲辰春，復來祖庭，赴羅天醮事。醮竟，即閑居雪堂，日與洞真、白雲、無欲三宗師暨諸耆年宿德談經論道，教養爲心。丁未冬十月十有一日，沐浴更衣，示微疾而逝，春秋」六十有五。越七日，葬于宫之仙蜕園。戊申冬，門弟子楊太初奉堂下命，遷仙柩於永樂鎮。己丑冬十二月，法孫張道祺來自長安，偕道録王志明賫秦蜀道教提點天樂真」人李君之書，逕詣成都，致懇於予曰：“先師披雲真人，今已改葬於純陽宫乾維之原，儻不碑而表之，殆失」皇家褒贈之意，抑亦法子法孫之過也。敢請！”予義其請，繫之以辭。其辭曰」：

至人御氣周六虚，下視海會袪昏愚。仙風道骨兮既投其針芥，凡籠塵鞅兮莫得而囚拘。披雲老師，身與道俱。詩書肺腑」，簪冠範模。彷徉兮蓬閬之境，聯翩兮雲水之徒。綰三師之祕印，欲不仙而得乎」。

挺嶷長而好學於書無所不讀觀今所傳樂全辭翰自不可誣年十二悟夢幻之
侍几杖於灑掃應對之間憤悱壇鬱之際授以正法而盛贊之尋得度於玉陽占
價日增稱所謂三燈傳一燈一燈續三燈者是也由是行成于內聲達于
号乙巳
辛亥
位至元丙寅
通至道披雲子師庚午春三月
雲真人仍錫雲州金閣山雲溪觀額曰棲真嗟非至德動人英邁蓋世其孰能與
仲祿起長春師於東海其從行者一十八人真人與焉還往後三載還燕住長春
日扶宗翊教塵勞因不在汝下又嘗私謂曰汝緣當在西南因授以披雲子号無
癸巳丞相胡公天祿時行臺河東敦請主寧州及平陽醮事甲午率門徒遊太原
年乙三年恍然一洞天也昊天觀成之秋胡公再設大醮於平陽真人主之丁酉
之妙凡有言之於先莫不驗之於後即今
與其蕭閑度日獨善其身曷若以大本大宗道德性命之學而接引後進者哉歲
甚衆癸卯謁拜純陽於河東永樂鎮祠下見其荒蕪湫隘乃招集道衆住持以開
於本於真人也至於東萊神山開九陽洞及建立宮觀於燕趙秦晉間凡四十餘區
事醮竟即閑居雪堂日與洞真白雲無欲三宗師曾諸耆年宿德談經論道教養
既擴戊申冬門弟子楊太初奉堂下命遷仙柩於永樂鎮己丑冬十二月法孫張
於予曰先師披雲真人今已改葬於純陽宮乾維之原儻不碑而表之殆失
之過也敢請予義其請繫之以辭其辭曰
山風道骨兮先從真針芥

局部

延祐七年歲次庚申五月己卯朔二日庚辰」

賜紫崇真明素通義大師奉元路大重陽萬壽宫副提點兼門下事王志政」、賜紫崇玄明道沖素大師前奉元路大重陽萬壽宫副提點兼領本宗事陳德遇等建」

祖庭劉道希刊」

按

披雲宋真人,《元史》不載。碑所載其生平事迹及元代統治者對全真教之尊奉寵嘉,對于研究元代全真教歷史有一定的價值。

書者韓沖,書此碑時署“奉元路總管兼府尹嘉議大夫工部尚書致仕”。其書法仿王右軍《聖教序》,行雲流水,圓潤嫻熟,爲元之佳品。

533.1325　太華山創建朝元洞碑

説 明

元泰定二年（1325）十月刻。碑螭首龜趺。通高501厘米，寬120厘米。額文2行，滿行3字，篆書“創修朝」元洞碑」”。正文楷書28行，滿行64字。井道泉撰文，李晫書丹，楊演篆額。現存華山朝元洞。《華山碑石》著録。

釋 文

太華山創建朝元洞之碑」

終南山人洞元子井道泉撰」

翰林修撰同知制誥兼國史院編修官承務郎陝西諸道行御史臺監察御史李晫書」

朝請大夫西蜀四川道肅政廉訪使集賢直學士兼國子祭酒楊演篆」

禹奠九州，黑水西河惟雍，山川之殊勝，原陸之膏腴，民俗之質厚，號爲海内最。西顥之氣，鍾爲靈嶽。其孤高勁拔，培塿群望，則太華之於山又最乎雍者也。若夫儲英蘊」秀，産奇孕靈，暢之爲風雲，滋之爲雨露。巍巍乎，其福生民，隆景運，以贊成天地之化功，其來尚矣。是以志巢許，踵喬松者，率棲迹焉。至元丙子，元希賀尊師來自」隴西，一笻一鉢，徜徉泉石間。尋卜築玉泉之西以居，雖署觀全真，而規制草昧，以謂振宗風、崇德化爲未足，遂登華之巔，闢山膺而洞焉。其肇基也，聚葛而懸，踞虆以鑿」。當其泛青冥，瞰幽壑，蒼壁玉立，風煙憑陵，雖猿狙之便，鷹隼之鷙，將猶睥睨而却退爾。乃精神不懾，肌肉弗疵，方優游容與，以施其巧。苟非神守弗遷、遺形去智者，疇克」爾耶？惟心其恒，日改月化，乃鑱鳥道而東，寓雷龕以棲爨焉。神宅其幽，時示變異，師應以誠，潛符肸蠁。未幾，怳見奇形怪狀者群出霆雨中，陵虚而去，自是晏然。復絙銕」構道，西折而下，得平臺崖腹間，石室在焉。歲舍己丑，安育夫人卑守真，夙膺師訓，躬謁洞宫，省功感歎，迺營之以力而庇護之，薦之以名而榮達之，懋哉！既而日薄西山」，返真及期，輒趣駕而西憩長安之潛真庵，凡所知必訣焉。尋以後事囑其徒姚道常，且誡之曰：“夫建諸善緣，堅一歲獲一歲之利，固百年享百年之休，況竝天地同日月」而壽乎無窮者乎？汝輩其勖諸！”遂曲肱而逝，實大德己亥冬十一月也，享年八十有八。守真輩衰絰哀泣，若喪考妣。執紼祖道，歸葬觀之西麓，禮也。道常接其武，勠力叶」心，惟墜命是懼。越十有四載，績乃成。實始事於丙子，而畢功壬子也。又二年，儼像儀，奂金碧，凡小大四百軀，署以朝元而落成，遵遺訓也。作别洞朝元之左，以祀五雷，幽」明之德，兹交歸焉。風境一新，遠邇趨敬，而太華游觀之最又在是矣。緣力方殷，觀事斯舉，田疇闢矣，徒侶集矣。雲構崇興，不日而成。至若同之别業，敷水之洞仙橋，皆裕」爲之矣。壬戌春，迺狀其顛末來徵文，僕力以不敏辭。又二年，挈其徒陳志通懇至再四，遂按狀次第之。或詢其名洞之意，僕曰：夫運乎著者在乎微，制其多者必其寡，理」固然也。故仰而萬象，俯而萬彙，其會之者一耳，一即元也。故天得之以清，地得之以寧。元即一也，故在乾而物資始，在坤而物資生。以是知天所以天，地所以地，人所以」人，物所以物，莫非元也，莫非一也。唯達者即一物中可以得朝元之説，而况陟萬仞之巔，蹈神真之境，濯形乎寥廓，息意乎杳冥，殆將忘其肝膽，遺其智慮，飄然自喻，蟬」蜕於塵滓之外者，是宜即象以明玄，因言而得理，朝元之道，庶矣乎。如曰不然，則父作之，子述之，竭力盡悴於四十餘年之間，適所以適衆人耳目之所適哉。且夫物之」任也不重，則功之成也不久；功之成也不久，則民之信也不厚。功成乎久，民信乎厚，化之弗行，其可得乎？師諱志真，元希其号，德順之隆德人。年十四，有學道志，父母奪」而妻之，每不顧問。父母知其不可强，遂聽之。師長春宗師高弟通明吕君爲全真學，時年二十三。尋謁祖庭，復執弟子禮於白雲綦君之門。三載，玄理洞」明，環居耀之孫姜村，苦節自勵，神魔鬼試不介意，以弘化度人爲己任。足迹所及，力事興建，若隴之玉宸，平凉之朝元，耀之長春、集靈，德順之昊天、玉泉、純陽、壽聖，曰宫」曰觀，皆建功之地，其感人悟物可知矣。門人百餘，其任畀付之重，成繼述之能，有姚道常、朱道寳、劉道源在。道常号明真崇正凝遠大師，世居鳳鳴，年十二夢游太華，覺」而詢諸父，父異之。越四年，將議婚，逃之山，易衣而道，親侍巾舄餘二十年。和而謀，謹而寬，師門推爲入室云。銘曰」：

坤靈削玉峙三峰，金天顥氣扶蒼龍。河山百二疇與雄，縹緲四洞神靈通。离方正陽尊居中，敻絶萬古寰塵蹤。玉蓮花開世罕逢，隴右躍起元希翁」。平生膽氣陵霓虹，葛絙草畚懸秋空。緣雲躡景輕飛鴻，金鎚隱隱寒生風。蒼煙鑿破驚神工，奔走魍魅移豐霳。有作有承光有終，明真夙契非凡童」。長春白雲道可宗，源清流廣波瀾洪。弱水萬里瀛與蓬，絳闕清都天九重。東岱北恒南祝融，朝元一理歸玄同。神人和兮教道隆，金成底效徵時雍」。殊級旌功名愈崇，孫謀有奕貽帡幪。化鶴時來訪故宫，排雲一咲嗟奇功。芳草萋萋深桂叢，山陰樓殿煙蒙籠。他山之石貞且豐，大書頌德昭無窮」。

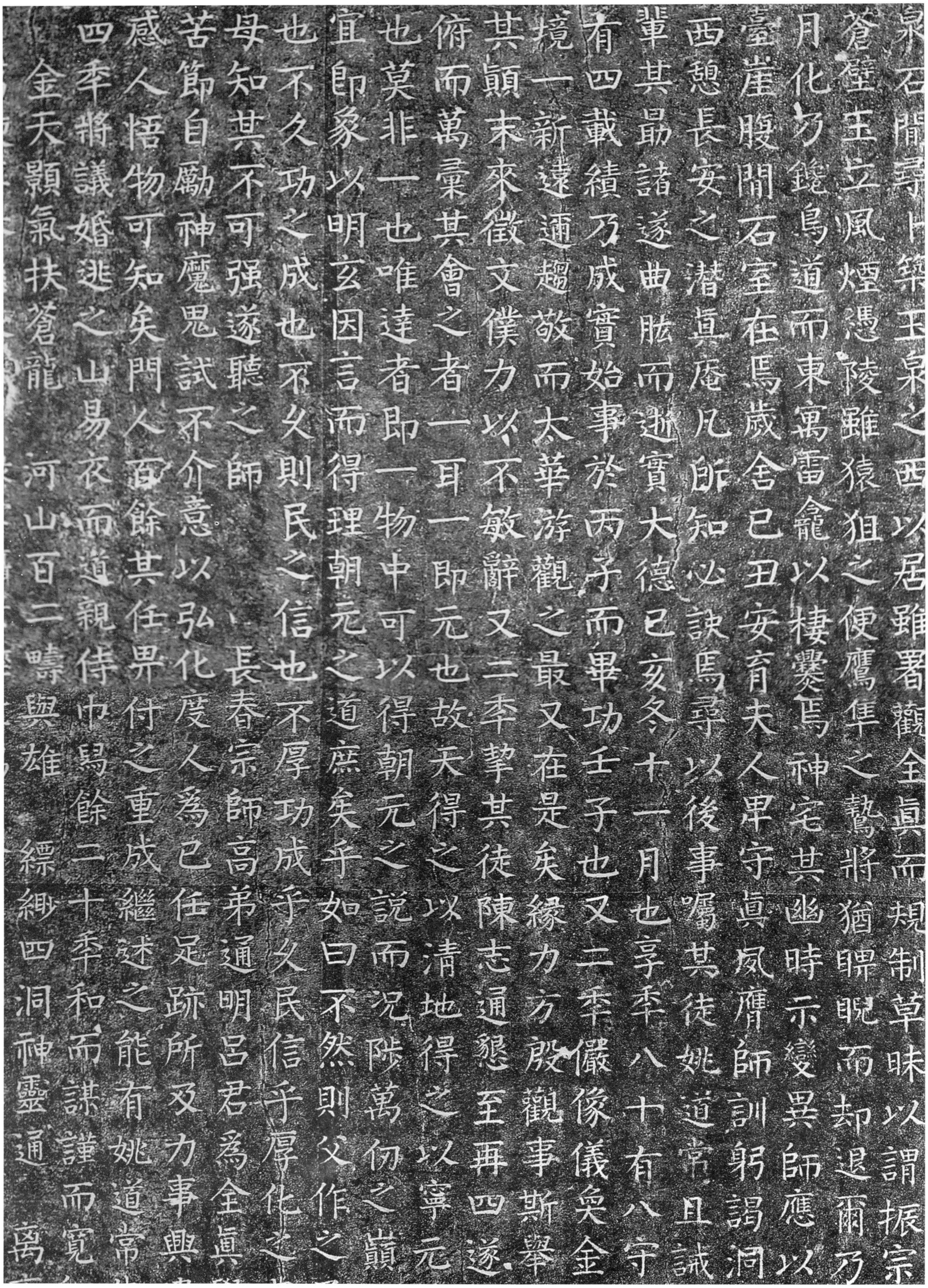

泉石間尋卜築玉泉之西以居雖署觀全真而規制草昧以謂振宗
蒼壁玉立風煙憑陵雖猿狙之便鷹隼之鷙將猶睥睨而卻退爾乃
月化劝鑱鳥道而東寓雷龕以棲爨焉神宅其幽時示變異師應以
臺崖腹闢石室在焉歲舍己丑安育夫人畢守真風靡師訓躬謁洞
西憩長安之潛真庵凡館知必訣焉尋以後事囑其徒姚道常且誠
輩其勗諸遂曲肱而逝實大德己亥冬十一月也享年八十有八守
有四載績乃成實始事於丙子而畢功壬子也又二年儼像儀矣金
境一新遠邇趨敬而太華游觀之最又在是矣緣力方殷觀事斯舉
其顛末來徵文僕力以不敏辭又二年摯其徒陳志通懇至再四遂
俯而萬彙其會之者一耳一即元也故天得之以清地得之以寧元
也莫非一也唯達者即一物中可以得朝元之說而況陟萬仞之巔
宜即象以明玄因言而得理朝元之道庶矣乎如曰不然則父作之
也不久功之成也不久則民之信也不厚功成乎久民信乎厚化之
母知其不可强遂聽之師長春宗師高弟通明呂君為全真
苦節自勵神魔鬼試不介意以弘化度人為己任足跡所及力事興
感人悟物可知矣門人百餘其任畀付之重成繼述之能有姚道常
四年將議婚逃之山易衣而道親侍巾舄餘二十年和而謙謹而寬
金天顥氣扶蒼龍河山百二疇與雄縹緲四洞神靈通禹

局部

泰定二年歲次乙丑下元日

門下法孫本宗提舉明素凝真玄應大師陳志通立石

奉元石匠提領黃德用刊」

按

朝元洞，即全真觀，在華山北麓。

撰者井道泉，史載不詳。據至元二年《大元重修四真堂記碑》所署“洞元純素致虚履常大師教門高士井道泉大淵撰”和元統二年《大元重修聚仙觀碑》所署“純素致虚履常大師教門高士井道泉大淵撰”，知其字大淵，號純素致虚履常，爲道門高士。撰此碑時署“終南山人洞元子”。

書者李晫，《元史》無載。書此碑時署“翰林修撰同知制誥兼國史院編修官承務郎陝西諸道行御史臺監察御史”。此碑楷體書法得唐歐陽詢之精髓，質樸厚重，工整美觀，爲元楷之佳品。

534.1327　賀勝墓誌

大元故左
丞相開府
儀同三司
上柱國贈
推忠宣力
保德功臣
太傅謚惠
懿賀秦國
公墓誌銘

説明

元泰定四年（1327）十月刻。誌、蓋均長方形。蓋長168厘米，寬94厘米；誌長172厘米，寬103厘米。蓋文9行，滿行4字，隸書“大元故左」丞相開府」儀同三司」上柱國贈」推忠宣力」保德功臣」太傅謚惠」愍賀秦國」公墓誌銘」”。誌文楷書85行，滿行43字。虞集撰文，高巘書丹，同恕題蓋。誌文略有漫漶不清之處。1953年户縣秦渡鎮張良寨出土。現存西安市鄠邑區文物管理委員會。《户縣碑刻》《新中國出土墓誌（陝西叁）》著録。

釋文

大元故中書左丞相開府儀同三司上柱國贈推忠宣力保德功臣太傅謚惠愍賀秦國公墓誌銘」

翰林直學士奉議大夫知制誥同修國史虞集文」

奉議大夫前太子左贊善同恕題蓋」

世祖皇帝建上都於灤水之陽，控引西北，東際遼海，南面而臨制天下，形勢尤重於大都。大駕歲巡幸，中外百」官咸從，而宗王藩戚之期會朝集，冠蓋相望，供億之計，壹統之留守，故爲職最要焉。自非器鉅而慮周，望孚而」幹固，明習國家典要，深爲上所信嚮者，殆不足以勝其任也。自」世祖時以屬諸賀氏，至於今三世矣。方奉元忠貞王爲政時，一府之中，非無國人貴姓與之共位，又有材僚佐布在」行列，求其臨事決議之際，必得其一言而後定，則它人固不能矣。是以終至元之世，數十年間，有增秩賜金，而終」不可遷居他官焉。公，忠貞之子也，諱勝，字貞卿，一字舉安，小字伯顔，以小字行。幼從魯國許文正公學，通經傳大」義。年十六，以大臣子備宿衛」，世祖甚器重之。入則侍帷幄，出則參乘輿，無晝夜寒暑，未嘗暫去左右。故事，論奏兵政機密，非國族大臣，無得」與聞者，時獨不避公。或更命留聽近侍。或言《論語·八佾》之五章，若訕今日者，盍去諸？上以問公，公曰：“夫子」爲當時言，距今二千餘載，豈相及哉？且國家受天命，爲天子，有天下，固當下比古之逖遠小名而自居乎」？”上然之。二十四年，乃顔叛，率其兵入寇，上親將討之。將戰之夕，唯近臣只兒哈良帶劍立寢門外，雖親王貴」人，不得輒至。而公直帳中，受密旨，出入指授諸將。及戰，公擐甲前導，牙纛既成列，還侍上側。王師奮擊，遂」克乃顔。明日，上顧謂近侍曰：“昨者之戰，飛矢及於朕前，毅然無懾容者，唯伯顔爲然。”都人見上之親」征也，頗恟懼。上欲慰安之，故亟還。夜行卧輿中，苦足寒，公解衣以身温上足，乃安寢。及旦蹕駐，始寤。它」日，上自校獵，還宫，伶人道迎，有被色繒綴雜旄象師子以爲戲者，載輿象見之驚逸，執輿者莫能制。公時侍」上在輿中，即自投下，奮當其觸突，後至者始得追及，断靷脱象，乘輿乃安。而公創已甚，上親撫之，命尚醫」、尚食謹護視，蓋三月而後安。是時，天下初定，四方以遽聞者，上欲亟賜報。公方少壯，能日馳千里，又」上所親信，有使事輒見遣，受命無留行，復命無後期。所區畫動合旨意，或朝至而夕復出，亦不少憚也。故六詔」、西域、交廣之屬，無不至焉。概計其所歷，無慮數十萬里。上春秋已高，海内已定，每嚴畏天象以自警，司天有」奏，得非時以聞。因拜公集賢學士，服一品服以領之。喪哥之爲相也，怒忠貞之尹京常不下己，危中之上前」。旬月之間，數十奏不止。賴上察公父子深，故免。廷臣共知其奸，無敢爲上先言之者，公常啓其端，而言」者繼之，始服罪。上之改尚書省爲中書也，方卜相，顧謂公曰："汝以爲孰當吾心者？"公再拜曰："命相，國之大」政，非小臣所敢知。然求之輿望，以爲太子詹事完哲，先真子也，端重忠實，可屬大事。"上曰："然。吾并得所」以佐之者矣。"遂相完哲，而以公爲參知中書政事，時年二十八耳。參决朝議，明允通練，一時驚異焉。久之，又拜僉」樞密院事。又拜大都護，典外國之来屬者」。成宗皇帝即位之十年，忠貞告老，尋歿于家。而公拜榮禄大夫、上都留守兼本路都總管、開平府尹、虎賁親軍都指」揮使，服忠貞所佩虎符。至大四年，拜光禄大夫、左丞相、行上都留守兼本路都總管府達魯花赤。延祐元年，拜開」府儀同三司、上柱國。三進而彌尊，遂兼台司之貴，而留鑰之寄如一，蓋世官矣。上都地寒，不敏於樹藝，無土著之」民，自穀粟布帛以至纖靡奇異之物，皆自遠至。宫府需用萬端，而吏得以取其無闕者，則商賈之資也。吏多並緣」爲奸，一旦稱遽發所居以集事，而直不時得，人用病焉。公常閱文書，按而予之，無或失其業。故来藏市者，沛然日」增，以稱京師之盛。公坐府治事，謹辰酉，吏舍肅然，具牘無敢玩，出内無敢欺。貴人大家或以上命得給賜，若」營繕市易，多遣私人，逼脅府史，凌辱僚吏，搒係其民人，豪横過取，無可誰何。公必晝奏抑治之，而善柔者亦必使」得所當而去。吏有持上供物入宫門，迫暮不得出，所司捕得，奏誅之。公曰："此有故，非闌入也。"力争之，吏得不死。奉」聖州民高氏，隸籍虎賁衛，以多貲名，身死而子幼。貴官有利其家財者，使部曲强娶其婦。公爲辯之上前，不」聽娶，高氏乃得全其家。公以民之飢也，嘗便宜發廩，不待得請。以民之不知教也，始大爲學舍，禮儒師，以風化之」。是以吏民不識貴强之凌暴，承其教戒，仰之若神明焉。相率爲祠於西門之外，設公像而祝之。阿思罕之爲亂也」，關陜震動。公方朝正月於大都，上曰："上京，根本之地，其速還鎮。"即日告行。都人見公至，如孤弱得慈母。時安」王將兵北行，所過多侵掠，公謂之曰："君父倚王以保民禁暴，今未出國門而行次失律」，天子或以爲問，奈何？"王悟，謝之。整兵以行，民周安堵。時方隆寒，士馬凍乏，縣官芻糗、衣著不時具，公以私藏足之，行」者以爲感」。仁宗皇帝乃命工畫公像，敕學士爲贊識，以」天子之璽而賜之，俾傳示子孫。於是，公有足疾，辭不任劇，願賜骸骨歸。上曰」："祖宗以上京屬卿父子，民安化行，朝無顧慮久矣。徒卧護可也。"乃賜小車，俾乘以出入，得至禁廷焉。當是時，太師」怙木迭爲丞相，子弟縱虐於民，公壹繩之以法。官峙宿儲，而丞相家奴擅罔市利，責高直於官，公每裁抑之。又惡」其帷薄之不修也，而貪嫉日盛，絶不與往来。都人張弼殺人，獄具，丞相受其金錢無筭，爲折辱留守，脅使易辭，出」之。公持不可，而中書平章政事蕭拜住、御史中丞楊朶兒只等遂與公等顯奏之」。天子震怒，罪且不測。賴」太后仁恕，以爲言，幸得罷去相位，而諸公之怨不可解矣」。英宗皇帝之即位也，怙木迭復爲丞相，乘間肆毒，睚眦之私無不報者。蕭、楊二公既已被害，即誣公乘賜車出迎詔」書，爲非禮而執之。激怒」主上，遂置之死。京師之人，巷哭相聞，而士大夫憤怒，相視以目。自是廷中不附己者，固已盡中傷之無遺矣。久之」，天子察其故，斥不得居位，遂死於家。敕仆所樹頌功碑，而言者始昌言蕭、楊及公之冤，未及有所昭雪而」上崩」。今上皇帝入繼大統，發明詔以慰撫天下。顧未暇它及，而首以公之枉爲言。蓋知天人積憤之故，本由臣奸殘忍以」啓之也。於是奸忠逆順之辯大明，死者固已少自釋於地下，而天下之公議亦少振焉。明年，乃贈公推忠宣力保」德功臣、太傅、開府儀同三司、上柱國，追封秦國公，謚惠愍。贇書哀惻，聞者感動。命下之日，都人走詣其殯，不約」而至者幾萬人。而其子惟一即拜正議大夫、同知上都留守司事。泰定四年秋，集執經講帷，從在上都，而惟一適」遷陝西廉訪副使，乃来告曰："家世荷國厚恩，受京邑之托，父子一心，所以圖報稱於萬一者，天實臨之」，列聖實鑑之。我先人遭罹奸兇，遘履危禍，此惟一泣血終身而不忍言者也」。皇上聖明灼見，隱伏不避故舊，褒邺之典，極於哀榮。又不以惟一不肖，俾嗣世職。感恩戴誼，是以未敢申其情」事，期滿歲而請行。今易節以西，實過鄉里，是天所以賜惟一也。將以泰定四年十月初三日，奉以歸葬焉。惟先人」終始定於國是，非一家之私言也。托諸幽宫，以期不朽者，非太史氏，其何徵乎？敢以爲請。此又惟一忍死以待」者也。"集受其言而悲之，乃考諸見聞與其客吕弼所爲狀，得」祖宗付囑賀氏以上都之事與賀氏父子之爲治者，乃并朝廷哀忠臣、懲往失之意，而具書之。按，賀氏世家平」洛隰州之永和，今爲京兆鄠縣人。曾祖種德，封通奉大夫、護軍、雍郡公。妣郝氏，贈雍國夫人。祖賁，京兆路總管諸」軍奥魯，贈輸忠立義功臣、銀青榮禄大夫、大司徒，封雍國公，謚貞憲。妣鄭氏，贈雍國夫人。考仁傑，光禄大夫、上都」留守、虎賁親軍都指揮使、平章政事、商議陝西等處行中書省事，贈推誠宣力翊運功臣、太師、開府儀同三司、上」柱國，追封奉元王，謚忠貞。妣劉氏、鄭氏，皆封雍國夫人，改奉元王夫人。娶張氏，早卒。又娶揑古真氏，亦先公卒，皆」封雍國夫人，改封秦國夫人。子男二：惟一、惟賢，以世家子備宿衛。女二：長適平章政事阿不海牙，次適捌立忽攀」断事官。公墓在鄠縣」。

巍巍神京」，世祖所營。殿於漠南，治朝廣廷。有城有闕，民之攸止。大纛周廬，亦有舍次。始命董兹，國有榦楨。舉綱挈維，紀」目亦程。維昔周郊，陳實繼旦。慎始和中，異體同貫。我則不然，世官尚賢。保綏成功，動循故先。公始侍中，年壯氣」鋭。出入踐敭，百試無替。乃贊國均，乃佐本兵。乃斂長籌，以督畿垧。時巡至止，百用具給。清宫言還，留鑰是執」。歲率其常，年與位遷。膂力則非，精思弗愆。時入禁闥，衆起咸拜。名王細侯，亦仰而慨。曰此老成」，世皇之臣。祖事孫承，矧其都人。公出視政，獄市無擾。商曰予獲，民曰予保。公田于野，徒御不囂。有警無邀，具咨公」勞。公惟小心，不懈彌謹。義之有激，事在無隱。竊位爲權，彼兇滔天。我則老臣，忍從危顛。二三君子，掎角以制。不」竟于断，階此大厲。嗚呼昊天，不淑謂何。假爲神明，偏爲百訛。國論素定，公則不隕。揚言孔昭」，天子之聖。保終没寧，豈必謂身。身枉義伸，抑又何呻。我哀公子，知忠念孝。還葬忍緩，思報之道。奉節過家」，天子命之。承志正丘，天道聽之。嗟彼都人，不歌以相。曰此有祠，公庶来享。南山峨峨，其鹿維林。公從先王，歸復自」今。貞珉刻辭，作于太史。千載之徵，無愧孫子」。

後學高巘書」

按

誌主賀勝，《元史》卷一七九有傳。誌、傳可互證互補。其父《賀仁傑墓誌》見本書531.1319條。

535.1335　元體仁文粹開玄真人孫德彧道行碑

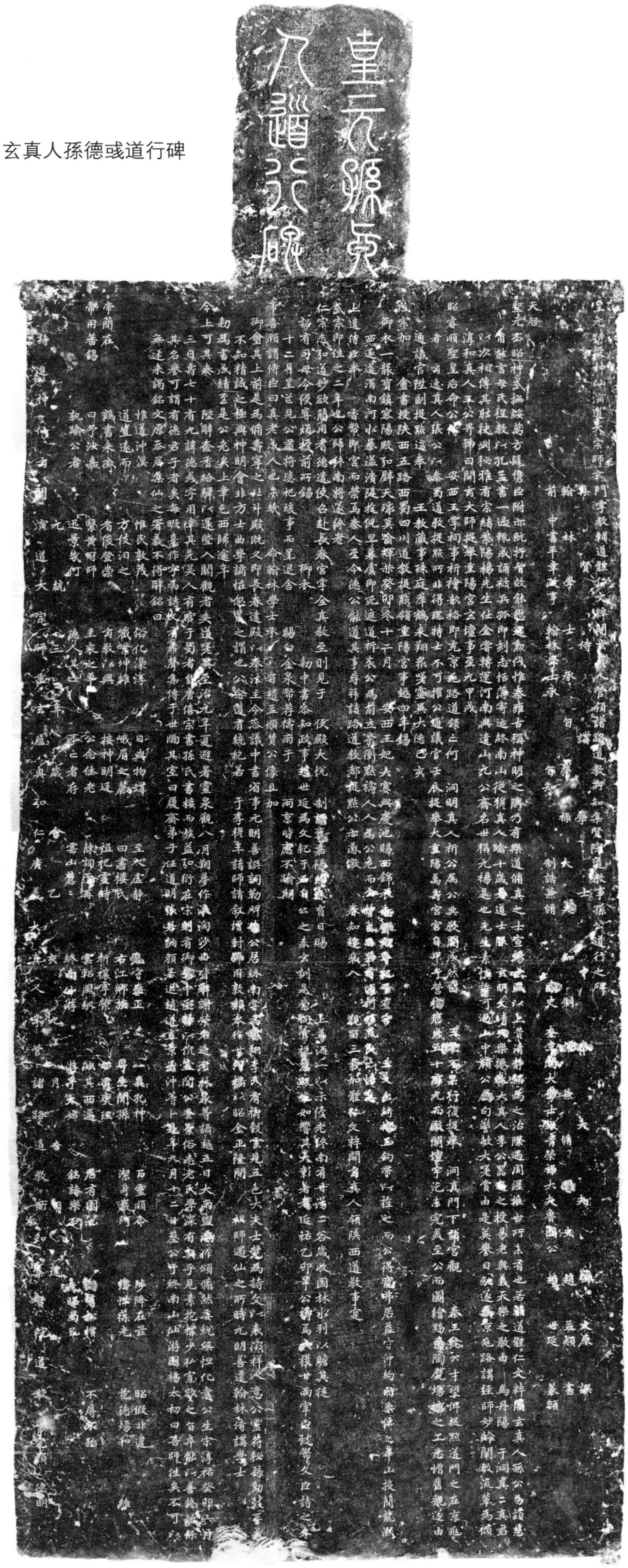

説明

元元統三年（1335）九月刻。碑螭首龜趺。通高422厘米，寬119厘米。額文2行，滿行4字，篆書“皇元孫真」人道行碑」”。正文行楷35行，滿行78字。鄧文原撰文，趙孟頫書丹，趙世延篆額。原立于户縣祖庵鎮北郊田野，1962年移豎于重陽宫後院中。現存西安市鄠邑區祖庵重陽宫碑廊。《道家金石略》《陝西碑石精華》《重陽宫道教碑石》等著録。

釋文

皇元特授神仙演道大宗師玄門掌教輔道體仁文粹開玄真人管領諸路道教所知集賢院道教事孫公道行之碑」

集賢侍講學士中奉大夫鄧文原撰」

翰林學士承旨榮禄大夫知制誥兼脩國史趙孟頫書」

前中書平章政事翰林學士承旨知制誥兼脩國史奎章閣大學士銀青榮禄大夫魯國公趙世延篆額」

天啓」聖元，丕昭神武，撫綏萬方，髦儁臣附，亦既抒智效能，懋建勳伐。惟秦雍古稱神明之隩，乃有樂道脩真之士宣暢玄風，以上贊清静無爲之治，際遇周渥，振古所未有也。若輔道體仁文粹開玄真人孫公，幼穎慧」，甫能言，母氏程教以孔孟書，一過輒成誦。被兵孤，即刻志恬薄，寄迹終南山，從穆真人，逾十歲，著道士服。玄明文靖天樂振教大真人李公器遇之，授易、老奥義。天樂之教由馬丹陽、于洞真二真君」以次相傳，其肱抉淵秘，雅有宗緒。紫陽楊先生仕金，嘗轉運河南，與遺山元公齊名，世稱元楊是也。先生素慎許可，過山中，顧公屬句警敏，大嗟賞，由是英譽日馳，遂爲京兆路講經師。妙齡闡教，流輩爲傾」。淳和真人王公畀號曰開玄大師，提舉重陽宫玄壇事。至元甲戌」，昭睿順聖皇后命公侍安西王，掌祠事。祈禬歆格，即充京兆路道録。亡何，洞明真人祈公屬公典教開成，然留王所，不果行。復提舉洞真門下諸宫觀。秦王稔公才望，俾提點道門之在京兆」者。玄逸真人張公，以秦蜀道教提點所非得瑰特士不可，擢公通議官。壬辰，提舉大重陽萬壽宫。宫自甲午營構，歷歲五十有九，而殿閣壇宇訖未完美。至公而圖繪黝堊，陶甓墁□之工，悉增舊觀。遂由」通議官陞副提點，遄奉王教，蕆事殊庭，群鶴来翔，衆嗟靈異。大德己亥」，成宗加璽書，授陝西五路西蜀四川道教提點，領重陽宫事。越四年，錫」御衣一襲，寶鎮寥陽殿，弘璧天球，莫喻輝赫。癸卯冬十二月，安西王妃大宴興慶池，賜西錦衣赤驥。期年，祀於靈宫，王又出綺袍玉鈎帶以旌之。而公得寵弗居，益守沖約。因乘傳之華山，投簡龍湫」。西還，道渭南，河水暴溢潰堤，旄倪旦暮虞即死，遮道祈哀。公爲前立奔衝默禱，人人爲公危，而公神色自若。有頃，河北流民以恬息」。上遣侍臣奉香幣即宫而禜焉。秦人至今德公，能道其事。尋拜諸路道教都提點。公亦感激眷知，趣裝入覲。留三載，加體仁文粹開玄真人，領陝西道教事，寔」武宗即位之二年也。公歸終南，將遂終老」。仁宗志弘道妙，欲簡用耆德，遣使召赴長春宫掌全真教。至則見于便殿，大悦，制詔褒嘉，陽煦春育，日賜上尊酒一，以示優老。終南有甘、澇二谷，歲收園林水利以贍其徒」，詔有司毋令侵奪煩擾。前所錫御衣，敕中書參知政事趙世延爲文紀于石。自公之來，玄訓是崇，祠官祝釐，貺施如響。其大彰著者，延祐乙卯旱，公禱焉，大獲甘雨，宰臣致幣，文臣詩之。冬」十二月，星芒見，公肅將毖祀，竣事而星退舍，賜白金泉幣。荐禱雨于兩京，皆應，不逾期」。帝喜，顧謂侍臣曰：“真老成人也。”未幾，命翰林學士承旨趙孟頫贊公像，且加」御璽其上。前是，爲脩壽寧之北斗殿，既又即長春建殿以奉法，主令參議中書省事元明善撰詞勒碑。昔公居終南，嘗爲鳳翔李氏有禱，致雲見五色，大夫士競爲詩文，以表徵祥。人意公靈符秘籙，動致孚感」，不知精誠之極，與神明會，非方士曲學譎怪忽荒之謂也。公念道有統紀，若于、李、穆、王諸師，請敘增封號，用敦報本。作甘河橋，以昭金正隆間祖師遇仙之所。時元明善遷翰林侍講學士」，敕爲書成績。至是，公老矣，上章乞西歸。逾年」，今上可其奏，陛辭奩香，給驛以還。暨入關，觀者夾道嗟異。至治元年夏，避暑靈泉觀。八月朔，夢作《浪淘沙》曲，皆辭謝榮名、逸老林泉等語。越五日，大雨，盥浴作頌，翛然委蜕，無怛化意。公生宋淳祐癸卯六月」三日，壽七十有九。諱德彧，字用章。其先吴人，有官于蜀者，自唐僖宗書孫氏書樓而族益弘衍，在宋則有御史中丞抃，以伉直聞。公蚤棄俗，志老氏學，深有契乎見素抱樸、少私寡欲之旨，卒能以善終始，保」其名譽，可謂有德君子者矣。每暇，喜作字爲詩文，有《希聲集》傳于世，榜其室曰履齋。弟子任道明、張若訥、顔若退、趙道直、景若沖等，卜是年九月十二日，葬公于終南山仙游園。楊太初曰：吾師往矣，不可以」無述，来謁銘文。原忝居集仙之署，義不得辭。銘曰」：

惟道沖漠，惟民敦茂。俗化澆淳，日與物媾。至人虚静，克守至正。一氣孔神，百靈順令。陟降在兹，昭假非違」。道豈遠而，方伎汩之。巖嶫坤維，峨眉之麓。曰書樓氏，右江鄉族。粤生聞孫，潔身巖阿。□性葆光，抱德煬和。維」帝簡在，鶴書来

人王公昇號曰開玄大師提舉重陽宮玄壇事至元甲戌
后命公侍安西王掌祠事祈禬歆格即充京兆路道錄之何
洞明真人祈公屬公典
逸真人張公以秦蜀道教提點所非得瑰特士不可擢公通議官壬辰提舉大重陽萬壽宮
陞副提點遥奉王教藏事殊庭犀鶴来翔衆嗟靈異大德己亥
龕書授陝西五路西蜀四川道教提點領重陽宮事越四年錫
寶鎮冢陽殿弘辟天球莫踰輝赫癸卯冬十二月安西王妃大宴興慶池賜西錦衣
渭南河水暴溢潰隄捲俔旦暮虞即死遮道祈哀公為前立斧衛默禱人人為公危而
香幣即宮而禜焉秦人至今德公能道其事尋拜諸路道教都提點公亦憖𢿃
二年也公歸終南將遂終老
妙欲簡用者德遣使召赴長春宮掌全真教至則見于便殿大悦制誥褒嘉陽
今侵奪煩擾前所錫御衣勅中書叅知政事趙世延為文紀于石白公
星芒見公肅將䖍祀竣事而星退舍賜白金泉幣荐禱雨于兩京皆應不踰期
臣曰真老成人也未幾命翰林學士承旨趙孟頫賛公像且加
前是為脩壽寧之北斗殿既又即長春建殿以奉法主令叅議中書省事元明善譔詞勒碑
誠之極與神明會非方士曲學譎恠忽荒之謂也公念道有統紀若于李穆主諸師請叙
績至是公老矣上章乞西歸逾年
陞辭奩香給驛以還暨入關觀者夾道嗟異至治元年夏避暑靈泉觀八月朔夢作
七十有九諱德彧字用章其先吴人有宦于蜀者自唐僖宗書孫氏書樓而族益弘衍在宗
可謂有德君子者矣每暇憙作字為詩文有希聲集傳于世牓其室曰履齋弟子任道明張
謁銘文原忝居集仙之署義不得辭銘曰
惟道沖漠 惟民敦厖 俗化澆漓 曰興物孅 至人虚静
道豈遠而 方伎汩之 巑𡾋坤維 峨眉之巔 曰書樓氏
鶴書来徵 者俊登崇 玄教以興 接神明廷 祗祀靈畤
局部

徵。耆俊登崇，玄教以興。接神明廷，祇祀靈畤。祈禳雩禜，亦資燮理」。帝用蕃錫，曰予汝嘉。緊黄冠師，圭衮之華。公念休老，陳詞于再。雲軺風馭，歘其西邁。居有園池，樹有松檟。不辱不殆」，孰逾公者。迅景幾何，德人其亡。不亡者存，雲山蒼蒼。終南仙游，游乎太始。銘詩樂石，光昭曷已」。

元統三年歲舍乙亥九月吉日建」

特進神仙玄門演道大宗師重玄蘊奥弘仁廣義大真人掌管諸路道教所知集賢院道教事完顏德明」

按

碑所載輔道體仁文粹開玄真人孫德彧之生平、行道、封賜等，是全真教的重要資料。關于此碑之書者，《潛研堂金石跋尾》卷一九載“德彧没於至治元年，文稱今上者謂英宗也。松雪於至治二年六月卒，碑末云元統三年歲舍乙亥九月吉日建，蓋二公撰、書之後又十餘年而始勒之石。碑末所題年月及完顏德明題名，皆後人續書，非松雪筆也”，當是。

撰者鄧文原，《元史》卷一七二有傳。撰此碑時署“集賢侍講學士中奉大夫”。

536.1336　元祀太玄妙應真人記

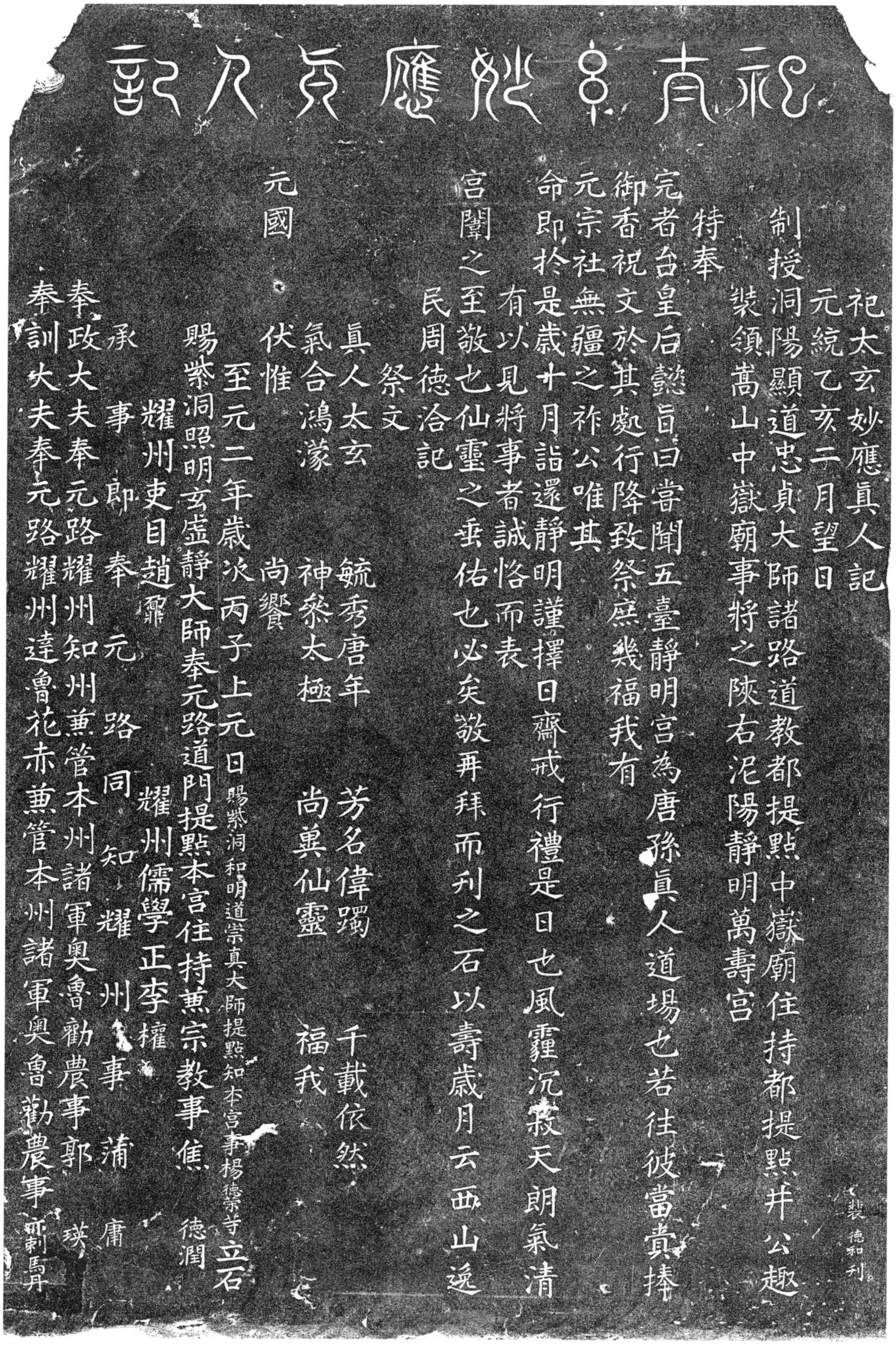

祀太玄妙應真人記

祀太玄妙應真人記
元統乙亥二月望日
制授洞陽顯道忠貞大師諸路道教都提點中嶽廟住持都提點井公趣
裝領嵩山中嶽廟事将之陝右汜陽靜明萬壽宮
特奉
完者台皇后懿旨曰嘗聞五臺靜明宮為唐孫真人道場也若往彼當賫捧
御香祝文於其處行降致祭庶幾福我有
元宗社無疆之祚公唯其
命即於是歲十月詣還靜明謹擇日齋戒行禮是日也風霆沉寂天朗氣清
有以見将事者誠恪而表
宮闈之至敬也仙靈之垂佑也必矣敬再拜而刋之石以壽歲月云西山逸
民周德洽記
祭文
真人太玄　毓秀唐年　芳名偉躅　千載依然
氣合鴻濛　神參太極　尚冀仙靈　福我
元國　伏惟　尚饗
至元二年歲次丙子上元日　賜紫洞和明道宗真大師提點知本宮事楊德宗等立石
賜紫洞照明玄虛靜大師奉元路道門提點本宮住持兼宗教事焦德潤
耀州吏目趙鼎　耀州儒學正李權
承事郎奉元路同知耀州事蒲庸
奉政大夫奉元路耀州知州兼管本州諸軍奥魯勸農事郭瑛
奉訓大夫奉元路耀州達魯花赤兼管本州諸軍奥魯勸農事亦剌馬丹
裴德和刊

説明

元惠宗至元二年（1336）正月刻。刻于宋徽宗題楮慧龍章雲篆詩文碑碑陰。碑圓首方座。高124厘米，寬72厘米。額文1行，碑額左行横題篆書“祀太玄妙應真人記”。正文楷書22行，滿行26字。周德洽撰文。原存銅川耀縣藥王山南庵。現存銅川藥王山博物館。《關中金石志補遺》《陝西碑石精華》《藥王山碑刻》等著録。

釋文

祀太玄妙應真人記」

元統乙亥二月望日」，制授洞陽顯道忠貞大師、諸路道教都提點、中嶽廟住持都提點井公趣」裝領嵩山中嶽廟事，將之陝右泥陽静明萬壽宫」，特奉」完者台皇后懿旨，曰：“嘗聞五臺静明宫爲唐孫真人道場也。若往彼，當賫捧」御香祝文於其處行降致祭，庶幾福我有」元宗社無疆之祚。”公唯其」命。即於是歲十月，詣還静明，謹擇日齋戒行禮。是日也，風霾沉寂，天朗氣清」，有以見將事者誠恪，而表」宫闈之至敬也，仙靈之垂佑也必矣。敬再拜而刊之石，以壽歲月云。西山逸」民周德洽記」。

祭文」：

真人太玄，毓秀唐年。芳名偉躅，千載依然」。氣合鴻濛，神参太極。尚冀仙靈，福我」元國。伏惟尚饗」。

至元二年歲次丙子上元日

賜紫洞和明道崇真大師提點知本宫事楊德榮等立石」

賜紫洞照明玄虚静大師奉元路道門提點本宫住持兼宗教事焦德潤」、耀州吏目趙鼐、耀州儒學正李權」、承事郎奉元路同知耀州事蒲庸」、奉政大夫奉元路耀州知州兼管本州諸軍奥魯勸農事郭瑛」、奉訓大夫奉元路耀州達魯花赤兼管本州諸軍奥魯勸農事亦剌馬丹」

裴德和刊」

537.1348　元洞陽顯道忠貞真人井德用道行碑

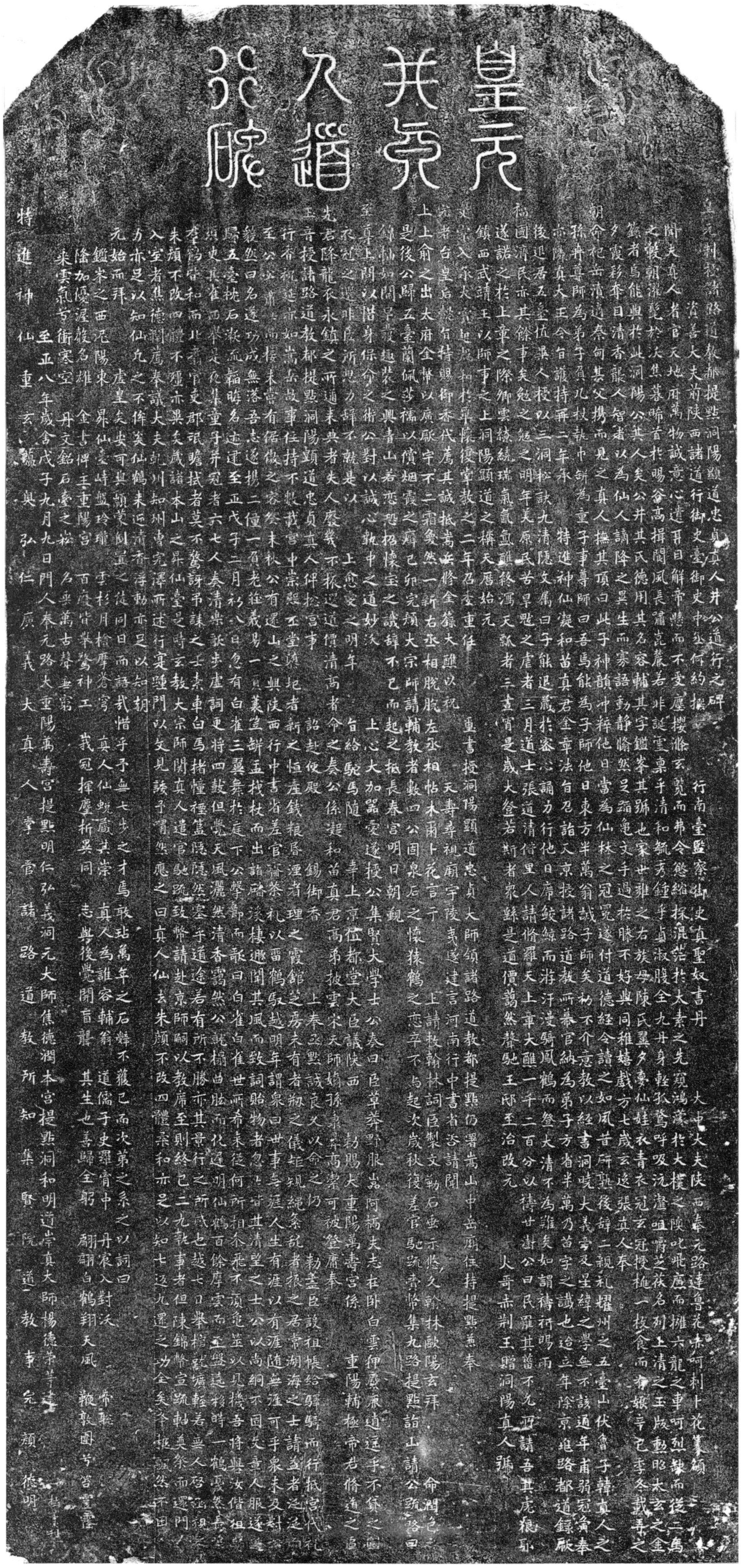

説 明

元至正八年（1348）九月刻。方首方趺。碑高192厘米，寬98厘米。額文4行，滿行2字，篆書“皇元」井真」人道」行碑」”。正文楷書37行，滿行65字。何約撰文，真聖奴書丹，呵剌卜花篆額。原存銅川耀縣藥王山南庵。現存銅川藥王山博物館。《陝西金石志》《陝西碑石精華》《藥王山碑刻》等著録。

釋 文

皇元制授諸路道教都提點洞陽顯道忠貞真人井公道行之碑」

資善大夫前陝西諸道行御史臺御史中丞何約撰

行南臺監察御史真聖奴書丹

大中大夫陝西奉元路達魯花赤呵剌卜花篆額」

聞夫真人者，官天地，府萬物，誠意心，遺耳目，解帝懸而不受塵攖，滌玄覽而弗令欲縮，探混茫於太素之先，窺鴻濛於大樸之隩，叱飛廉而擁六龍之車，呵烈缺而從二馬」之轂，朝濯髦於沃焦，暮晞首於暘谷，高揖閶風，長嘯崑麓。若非誕靈禀乎清和，毓秀鍾乎貞淑，腹全九丹，身輕孤鶱，呼吸沆瀣，咀嚼芝茯，名列上清之玉版，勳昭太玄之金」籙者，烏能與於此？洞陽公其人矣。公井其氏，德用其名，容輔其字，鑑峯其號也。家世雍之右族。母陳氏翼夕夢仙娃衣青衣，冠玄冠，授桃一枚，食而有娠。辛巳季冬，載弄之」夕，霞彩奪目，清香襲人，智者以爲仙人謫降之異。生而寡語，動静翛然。足蹈龜文，手過於膝，不好與同稚嬉戲。方七歲，玄逸張真人奉」朝命祀岳瀆，適秦甸，其父携而見之。真人撫其頂曰：“此子神韻冲粹，他日當爲仙林之冠冕。”遂付《道德經》，令讀之，如夙昔研熟。後辭二親，礼耀州之五臺山伏魯子韓真人之」孫冉尊師爲弟子，負几杖，執巾瓶，爲童子事。尊師曰：“吾焉能爲子師？他日東方半萬翁誠子師矣。”初不介意。教以經書，洞曉大義。旁及星緯之學，無不該通。年甫弱冠，僉奉」亦鄰真大王令旨護持。再二年，承特進神仙凝和苗真君金章法旨，召詣天京，授諸路道教所幕官，納爲弟子，方省半萬乃苗字之讖也。迨立年，除京兆路都道録。厥」後，退居五臺。值異人，授以三洞秘訣、九清隱文。屬曰：“子能退藏於密，心誦力行，他日席鮫鯨而游汗漫，騎鳳鶴而登大清，不爲難矣。如謂禱祈暘雨」，福國濟民，亦其餘事矣。勉之勉之。”明年，美原民苦旱魃之虐者三月，道士張道清偕里人請脩羅天上章大醮一千二百分以禱甘澍。公曰：“民罹其菑，不允所請，吾其虎狼耶」？”遂諾之。於上章之際，卿雲繚繞，瑞氣氤氲。醮終，瀉天瓢者三晝宵，是歲大登。若斯者衆，繇是道價靄然，聲馳王邸。至治改元，火哥赤荆王贈洞陽真人號」，鎮西武靖王以師事之，上洞陽顯道之稱。天曆始元」，文宗入承大寳，起凝和於覃懷，復掌教之。二年，召委重任璽書，授洞陽顯道忠貞大師，領諸路道教都提點，仍署嵩山中岳廟住持提點。兼奉」完者台皇后懿旨，特賜御香，代薦其誠。抵嵩岳，修金籙大醮，以祝天壽。尋視廟宇陵夷，遂建言河南行中書省，咨請聞」上。上俞之，出太府金幣，以廣厥宇。不二霜，奂然一新。右丞相脱脱、左丞相帖木爾卜花言于上，請敕翰林詞臣製文勒石，垂示悠久，翰林歐陽玄拜命潤色之」。是後，公歸五臺，蘭佩莎褠，以償烟霞之癖。己卯，完顔大宗師請輔教者數四，公固泉石之懷，猿鶴之恋，卒不與起。次歲秋，復差官馳疏賫幣、集九路提點詣山請公，疏略曰」：錦軸如開，早發趣裝之興；青山若恋，恐招懷宝之譏。辭不已而起之，抵長春宫。明日朝覲」至尊，上問以惜身保命之術，公對以誠心執中之道，妙沃上心，大加器愛。遂授公集賢大學士。公奏曰：“臣草莽野服，巖阿槁夫，志在卧白雲，狎麋鹿，逍遥乎不貸之圃」。衣冠之選，非臣所思。”力辭不就。是以上愈愛之。明年，旨給駝馬，随幸上京。值都堂大臣議陝西敕賜大重陽萬壽宫，係重陽輔極帝君脩道之區」，先君降龍衣永鎮之所，邇来典者失人，廢綫不振，選道價清高者命之。奏公係凝和苗真君高弟，披雲宋天師嫡孫，秉彝高潔，可被登庸。奉」玉音授諸路道教都提點，洞陽顯道忠貞真人，俾總宫事。詔赴便殿，錫御香，上奉函默誠良久以命之，仍敕蓋臣設祖帳、給驛騎而行。抵宫，代礼」行香祝延，亦如嵩岳故事。住持不數載，宫中崇殿丕堂隳圮者新之，恒産錢粮昬湮者理之，霞館芝房未有者創之，儀矩規繩紊亂者振之。居常湖海之士請益者泛泛而」至，公必肅□而接，未嘗有倨傲之容。癸未秋，公有還山之興，陝西行中書省差官齎茶礼以留鶴馭。越明年，謂衆曰：“世事無涯，人生有涯。以有涯随無涯，可乎？”衆未及對，公」毅然曰：“名遂功成，無落吾志。”遂携二僮，一負老莊羲易，一負蓑笠瓶盂，拽杖而出，詣礌溪棲遁。聞其風而致詞貽物者忽□，皆其清望之士。公以尚絅不固，文章人服，遂遥」歸五臺，枕石漱流，韜晦名迹。逮至正戊子二月初八日，忽有白雀三翼舞於庭下，公擊節而歌曰：“白雀白雀世所希，来從何所相參飛。不須龜筮以見機，吾將與汝偕徂歸」。”須臾，其

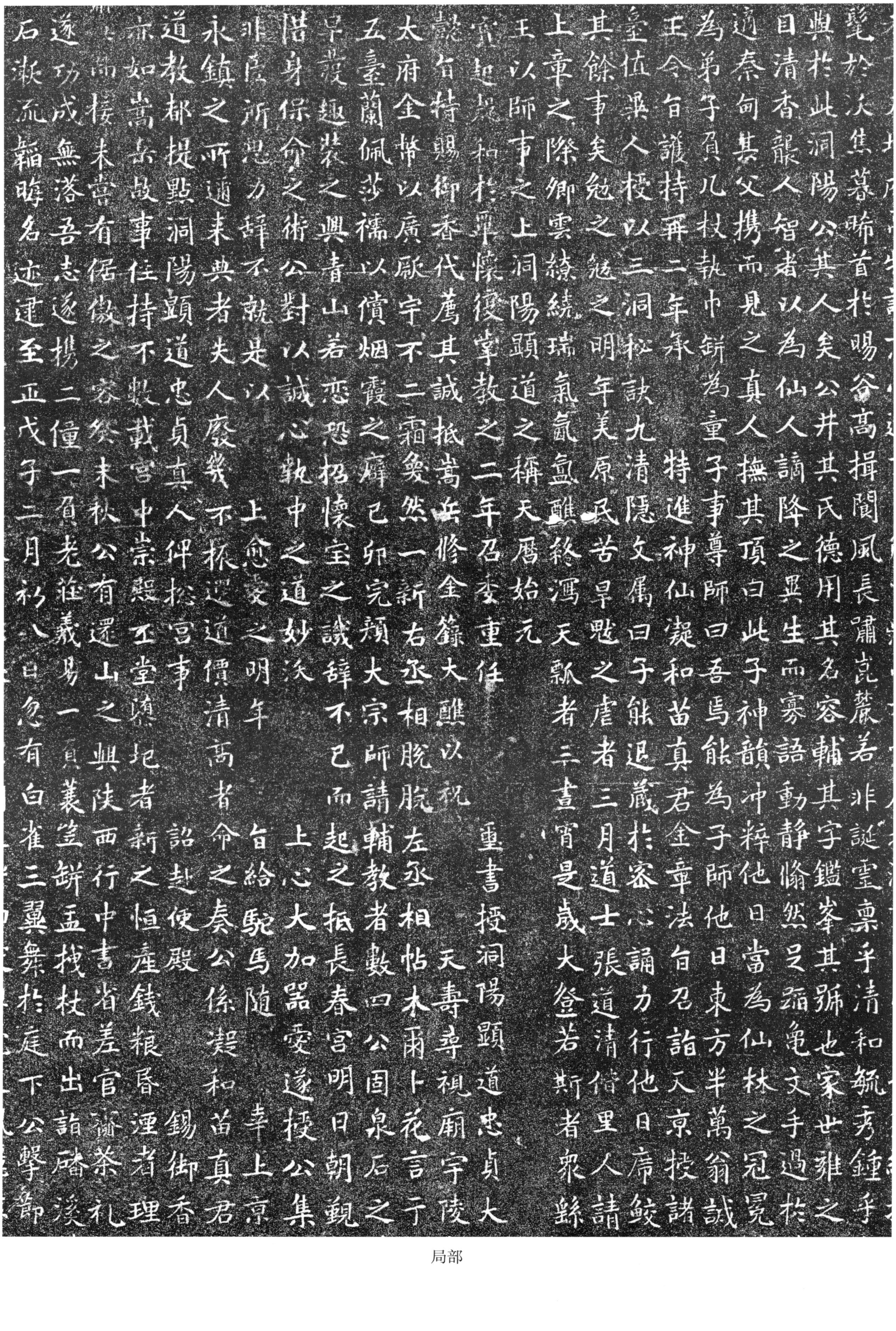
鬘於沃焦暮晞首於暘谷高揖閬風長嘯崑叢若非誕靈稟乎清和毓秀鍾乎
與於此洞陽公其人矣公井其氏德用其名容輔其字鑑峯其號也家世雅之
目清香龍人智者以為仙人謫降之異生而寡語動靜翛然足躡龜文手過於
適秦甸其父携而見之真人撫其頂曰此子神韻沖粹他日當為仙林之冠冕
為弟子負几杖執巾缾為童子事尊師曰吾焉能為子師他日東方半萬翁誠
王令旨護持再二年參 特進神仙凝和苗真君金章法旨召詣天京授諸
壘佐渠人授以三洞秘訣九清隱文屬曰子能退藏於密心誦力行他日扃鮫
其餘事矣勉之勉之明年美原民苦旱魃之虐者三月道士張道清偕里人請
上章之際卿雲續續瑞氣氤氳醮終渴天瓢者三晝宵是歲大登若斯者衆縣
王以師事之上洞陽顯道之稱天曆始元
賓起居和於畢懷優掌教之二年召赴重任 重書授洞陽顯道忠貞大
懿旨特賜御香代薦其誠抵嵩岳修金籙大醮以祝 天壽尋視廟宇陵
太府金幣以廣厥宇不二霜煥然一新右丞相脫脫左丞相帖木爾卜花言于
五臺蘭佩蕊襦以償烟霞之癖己卯完顏大宗師請輔教者數四公固泉石之
早叢趣裝之興青山若戀恐招懷寶之譏辭不已而起之抵長春宮明日朝覲
階身保命之術公對以誠心執中之道妙決 上心大加器愛遂授公集
非臣所思力辭不就是以 上愈愛之明年 旨給驛馬隨 幸上京
永鎮之所道來典者失人廢幾不振還道價清高者命之奏公係凝和苗真君
道教都提點洞陽顯道忠貞真人俾掄宮事 詔赴便殿 錫御香
京如嵩岳故事住持不數載宮中崇殿丕堂遼圯者新之恒產錢糧昏湮者理
而棲未嘗有倨傲之容癸未秋公有還山之興陝西行中書省差官齎茶礼
遂功成無落吾志遂携二僮一負老莊義易一負囊筌餅盂拄杖而出詣磻溪
石潄流韜晦名迹逮至正戊子二月初八日忽有白雀三翼舞於庭下公擊節

局部

雀西舉。是夜，集童子并冠者六七人，奏清樂，歌步虚詞。更將四鼓，但覺天風灑然，清香靄然，公就榻曲肱而化。遲明，仙鶴百餘摩雲而至，盤繞移時，一鶴戛然長鳴」，群鶴皆和而北翥。官吏郡氓瞻拭者，莫不驚訝。吊誄之士，素車白馬，楮幢禋篕，隱隱然塞乎道途，若有所不勝，亦其景行之所感也。越七日，舉棺就壙，輕若無人。啓函視之」，朱顔不改，四體不僵，亦異矣。藏諸本山之昇仙臺。是時，玄教大宗師闞真人遣官馳疏致幣，請赴京師，嗣以教席。至則終已。二九執事者但陳錦幣，宣疏軸，奠祭而還。門人」入室者焦德潤，薦奉議大夫乹州知州曹完澤所述行寔，踵門以文見諉。予喟然應之曰："真人仙去，朱顔不改，四體柔和，亦足以知七返九還之功全矣。舉柩飄然，不困人」力，亦足以知仙凡之不侔矣。仙鶴来迎，清香浮動，亦足以知朝」元始而拜虚皇矣。安可與顓蒙倒置之徒同日而語哉？惜乎予無七步之才，焉敢玷萬年之石？"辭不獲已，而次第之，系之以詞曰」：

鑑峯之西泥陽東，昇仙臺峙盤玲瓏。雲杉月檜摩蒼穹，真人仙蜕藏其崇。真人爲誰容輔翁，道儒子史羅胸中。丹宸入對沃帝聰」，隆加優渥聲名雄。金書俾主重陽宫，百廢皆舉驚神工。峨冠揮麈析異同，志與後覺開盲聾。其生也善歸全躬，翩翩白鶴翔天風。鞭敦圄兮笞靈蘁」，乘雲氣兮衝寒空。丹文銘石臺之嵸，名垂萬古聲無窮」。

至正八年歲舍戊子九月九日

門人奉元路大重陽萬壽宫提點明仁弘義洞元大師焦德潤、本宫提點洞和明道崇真大師楊德榮等建」

特進神仙重玄藴奥弘仁廣義大真人掌管諸路道教所知集賢院道教事完顔德明」

杜善榮刊」

按

碑所載洞陽顯道忠貞真人井德用之生平、行道、封賜及其事迹等，是研究元代道教的重要資料。

撰者何約，史載不詳。撰此碑時署"資善大夫前陕西諸道行御史臺御史中丞"。